**Probleme räumlicher Planung und Entwicklung
in den Grenzräumen an der
deutsch-französisch-luxemburgischen Staatsgrenze**

CIP-Kurztitelaufnahme der Deutschen Bibliothek

Probleme räumlicher Planung und Entwicklung in den Grenzräumen an der deutsch-französisch-luxemburgischen Staatsgrenze. –
Hannover: Vincentz, 1983.
  (Veröffentlichungen der Akademie für Raumforschung und Landesplanung:
  Forschungs- und Sitzungsberichte; Bd. 149)
  ISBN 3-87870-752-5

NE: Akademie für Raumforschung und Landesplanung (Hannover): Veröffentlichungen der Akademie für Raumforschung und Landesplanung/Forschungs- und Sitzungsberichte

VERÖFFENTLICHUNGEN
DER AKADEMIE FÜR RAUMFORSCHUNG UND LANDESPLANUNG

Forschungs- und Sitzungsberichte
Band 149

Probleme räumlicher Planung und Entwicklung in den Grenzräumen an der deutsch-französisch-luxemburgischen Staatsgrenze

CURT R. VINCENTZ VERLAG · HANNOVER · 1983

Zu den Autoren dieses Bandes

Harald Spehl, Dr. rer. pol., o. Professor an der Universität Trier, Korrespondierendes Mitglied der Akademie für Raumforschung und Landesplanung.

Hans Kistenmacher, Dr. rer. pol., o. Professor, Lehr- und Forschungsgebiet Regional- und Landesplanung an der Universität Kaiserslautern, Ordentliches Mitglied der Akademie für Raumforschung und Landesplanung.

Dieter Gust, lic. rer. reg., Regionalplaner, Koordinierungsstelle Südpfalz der Planungsgemeinschaft Rheinland-Pfalz, Landau.

Peter Moll, Dr. phil., Ministerialrat, Leiter des Referates Landesplanung und Regionalplanung beim Minister für Umwelt, Raumordnung und Bauwesen des Saarlandes, Saarbrücken, Korrespondierendes Mitglied der Akademie für Raumforschung und Landesplanung.

Robert H. Schmidt, Dr. phil., Dr. rer. pol., o. Professor für Politologie an der Technischen Hochschule Darmstadt.

Günter Endruweit, Dr. jur., Professor, Institut für Sozialforschung der Universität Stuttgart, Korrespondierendes Mitglied der Akademie für Raumforschung und Landesplanung.

Karl Guckelmus, Dipl.-Kfm., Leiter der Wirtschaftsabteilung der Arbeitskammer des Saarlandes, Saarbrücken.

Best.-Nr. 752
ISBN 3-8787-752-5
ISSN 0344-0311

Alle Rechte vorbehalten: Curt R. Vincentz Verlag, Hannover 1983
© Akademie für Raumforschung und Landesplanung, Hannover
Gesamtherstellung: Th. Schäfer Druckerei GmbH, Hannover
Auslieferung durch den Verlag

INHALTSVERZEICHNIS

		Seite
	Verzeichnis der Abkürzungen	VII
Harald Spehl, Trier	Einführung: Grenzen und Grenzräume – Zur Einordnung der Arbeiten in diesem Band	1
Hans Kistenmacher/ Dieter Gust, Kaiserslautern	Grundzüge der Raumplanungssysteme in der Bundesrepublik Deutschland und in Frankreich und Möglichkeiten einer besseren Abstimmung in beiderseitigen Grenzräumen	9
Hans Kistenmacher/ Dieter Gust, Kaiserslautern	Erfordernisse und Probleme der grenzübergreifenden Abstimmung bei der Raumplanung im deutsch-französischen Grenzraum am Oberrhein	41
Peter Moll, Saarbrücken	Der Beitrag der Raumordnung zur Überwindung der Grenzen im Gebiet Saarland/Rheinland-Pfalz – Lothringen – Luxemburg	71
Robert H. Schmidt, Saarbrücken	Das Deutsch-Französische Hochschulinstitut für Technik und Wirtschaft Saargemünd	107
Günter Endruweit, Stuttgart	Grenzlage als Bewußtseins- und Imageproblem – Das Beispiel des Saarlandes	137
Karl Guckelmus, Saarbrücken	Einflüsse der nationalen Grenze auf die Lebensbedingungen saarländischer Arbeitnehmer	169
Harald Spehl, Trier	Wirkungen der nationalen Grenze auf Betriebe in peripheren Regionen, dargestellt am Beispiel des Saar-Lor-Lux-Raumes	199

Mitglieder der Landesarbeitsgemeinschaft Hessen/Rheinland-Pfalz/Saarland

Professor Dr. H. Spitzer (Leiter)
Leitender Ministerialrat Dr. H. Schirrmacher (Stellv. Leiter)
Ministerialrat Dr. P. Moll (Geschäftsführer)
Professor Dr. Chr. Becker
Professor Dr. I. Bog
Ministerialdirigent Dr. G. Brenken
Professor Dr. W. Hamm
Leitender Planer Dr. E. Hein
Professor Dr. H. Kistenmacher
Leitender Planer Dr. R. Klein
Stadtrat a. D. Dr. H. Michaelis
Ministerialdirigent Dipl.-Vw. H. Oettinger
Beigeordneter Dipl.-Ing. H. Petzholdt
Professor Dr. G. Preuß
Professor Dr. H. Quasten
Professor Dipl.-Met. H. Schirmer
Professor Dr. K. Schmidt
Professor Dr. P. Schulze
Professor Dr. K. Schwarz
Professor Dr. H. Spehl
Leitender Ministerialrat Dr. H.-J. Steinmetz
Ministerialdirigent Dipl.-Ing. A. Weyrath
Professor Dr. K. Wolf

Mitglieder der Arbeitsgruppe „Grenzräume"

Professor Dr. H. Spehl (Leiter)
Ministerialrat Dr. P. Moll (Geschäftsführer)
Professor Dr. G. Endruweit
Abteilungsleiter Dipl.-Kfm. K. Guckelmus
Professor Dr. H. Kistenmacher
Professor Dr. Dr. G. Ress
Professor Dr. Dr. R. H. Schmidt
Professor Dr. H. Spitzer

Die Landesarbeitsgemeinschaft stellt der Arbeitsgruppe deren Aufgaben und Themen und diskutiert die einzelnen Beiträge mit den Autoren. Die wissenschaftliche Verantwortung für jeden Beitrag trägt der Autor allein.

Verzeichnis der Abkürzungen

AA	Auswärtiges Amt
BROP	Bundesraumordnungsprogramm
CES	Comité Economique et Social (Wirtschafts- und Sozialausschuß)
CELOR	Comité d'Expansion de l'Est Lorrain (Ausschuß für die Entwicklung Ostlothringens)
CIAT	Comité Interministériel d'Aménagement du Territoire (Interministerieller Raumplanungsausschuß)
CNAT	Commission Nationale d'Aménagement du Territoire (Nationale Raumplanungskommission)
DAAD	Deutscher Akademischer Austauschdienst
DAN	Directives d'Aménagement Nationales (Nationale Raumplanungsrichtlinien)
DATAR	Délégation à l'Aménagement du Territoire et à l'Action Régionale (Behörde für Raumplanung und Regionalplanung)
DDA	Direction Départementale d'Agriculture (Departementale Landwirtschaftsdirektion)
DDE	Direction Départementale de l'Equipement (Departementale Direktion für Infrastruktur)
DFG	Deutsch-Französisches Gymnasium
DFHI	Deutsch-Französisches Hochschulinstitut für Technik und Wirtschaft Saargemünd (s. ISFATES)
DRE	Direction Régionale de l'Equipement (Regionale Direktion für Infrastruktur)
DFSG	Deutsch-Französische Sachverständigengruppe
DUT	Diplôme Universitaire de Technologie (s. IUT) (Universitätsdiplom für Technologie)
FAD	Fonds d'Aide à la Décentralisation (Hilfsfonds zur Dezentralisierung)
FDA	Fonds de Décentralisation Administrative (Fonds zur Verwaltungsdezentralisierung)
FDES	Fonds de Développement Economique et Social (Fonds für Wirtschafts- und Sozialentwicklung)
FH	Fachhochschule
FHS	Fachhochschule des Saarlandes
FIAT	Fonds d'Intervention pour l'Aménagement du Territoire (Interventionsfonds für Regionalentwicklung)
FRR	Fonds de Rénovation Rurale (Entwicklungsfonds für den ländlichen Raum)

GEP	Groupe d'Etudes et de Programmation (Untersuchungs- und Planungsgruppe der DDE)
IHK	Industrie- und Handelskammer
IMARO	Interministerieller Ausschuß für Raumordnung
IRI	Institut für regionalpolitische Zusammenarbeit in innergemeinschaftlichen Grenzräumen
ISFATES	Institut Supérieur Franco-Allemand de Technique et d'Economie (s. DFHI)
IUT	Institut Universitaire de Technologie (Universitätsinstitut für Technologie)
KMK	Kultusministerkonferenz
KMS	Kultusministerium des Saarlandes
KOR	Konferenz Oberrheinischer Regionalplaner
LEPL	Landesentwicklungsplan
LEPR	Landesentwicklungsprogramm
MKRO	Ministerkonferenz für Raumordnung
OEDA-Alsace	Organisation d'Etudes de Développement et d'Aménagement de la Région Alsace (Organisation für Entwicklungs- und Planungsstudien für das Elsaß)
OREAM-Lorraine	Organisation Régionale d'Etudes et d'Aménagement des Aires Métropolitaines de la Région Lorraine (Organisation für Entwicklungs- und Planungsstudien für das lothringische Ballungsgebiet)
PAP	Programmes d'Actions Prioritaires (Programme für Prioritätsmaßnahmen)
PAPIR	Programmes d'Actions Prioritaires d'Initiative Régionale (Programme für regionale Prioritätsmaßnahmen)
PAR	Plan d'Aménagement Rural (Entwicklungsplan für ländliche Gebiete)
PDA	Programme de Développement et d'Aménagement (Entwicklungs- und Planungsprogramm)
PME	Programme de Modernisation et d'Equipement (Modernisierungs- und Infrastrukturprogramm)
POS	Plan d'Occupation des Sols (Bodennutzungsplan)
PRDE	Programmes Régionaux de Développement Economique (Regionalprogramm zur Wirtschaftsentwicklung)
ROG	Bundesraumordnungsgesetz
RROPL	Regionaler Raumordnungsplan
SAM	Schéma d'Aménagement de la Métropole (Gebietsentwicklungsplan für den Verdichtungsraum)

SDAU	Schéma Directeur d'Aménagement et d'Urbanisme (Bereichsentwicklungsplan)
SLL	Saarland-Lothringen-Luxemburg (Saar-Lor-Lux)-Kommission, -Gebiet
UK A	Unterkommission (der DFSG) Aufbaustudium
UK E	Unterkommission (der DFSG) Erststudium
WRK	Westdeutsche Rektorenkonferenz
ZEP	Zone d'Environnement Protégé (Naturschutzgebiet)

Einführung: Grenzen und Grenzräume

Zur Einordnung der Arbeiten in diesem Band

von

Harald Spehl, Trier

Gliederung

1. Einordnung des Themas
2. Zu den Arbeiten dieses Bandes
3. Ausblick

1. Einordnung des Themas

Zum Thema Grenzen gibt es eine kaum übersehbare Literatur. Wenn man das Gebiet auf den Bereich der politischen Grenzen einengt, findet man immer noch eine Vielzahl von Abhandlungen und Untersuchungen. Vor allem Geschichts-, Rechts-, Wirtschafts- und Sozialwissenschaftler, Geographen, Planungs- und Verwaltungswissenschaftler haben sich neben anderen Disziplinen mit Grenzen und Grenzräumen befaßt. Auch innerhalb der AKADEMIE FÜR RAUMFORSCHUNG UND LANDESPLANUNG haben sich in den vergangenen Jahren verschiedene Forschungsausschüsse mit Problemen der Grenzen und Grenzräume beschäftigt[1]).

Man kann davon ausgehen, daß Territorialität ein Merkmal des Menschen ist, Grenzen also zu seinem Wesen gehören. Soziologische Untersuchungen zeigen, daß sich der Mensch Aktionsräume schafft, die auf den subjektiv wahrgenommenen Ausschnitten der objektiv vorhandenen räumlichen Umwelt basieren. Sowohl die wahrgenommenen Räume als auch die Distanzen und Grenzen können dabei erheblich von den realen Gegebenheiten abweichen. Die „mental maps" sind niemals getreue Abbilder der tatsächlichen räumlichen Verhältnisse. Dies ist für Grenzräume von besonderer Bedeutung, da auch die subjektive Wahrnehmung vorhandener Grenzen und ihrer Eigenschaften sehr unterschiedlich sein kann.

Moderne Territorialstaaten sind nur denkbar bei klar feststellbaren und festgelegten Grenzen, die das Staatsgebiet und damit die räumliche Ausdehnung des Geltungsbereiches des jeweiligen Staatsrechtes bestimmen. An der nationalen Grenze endet die Gebietshoheit des Staates, d. h. seine ausschließliche Kompetenz, „... in einem begrenzten Raum, dem Staatsgebiet, Rechtsakte zu setzen und dabei auch über das Staatsgebiet selbst zu verfügen"[2]). Grenzräume entlang nationaler Grenzen sind folglich Gebiete, in denen solche Kompetenzen nebeneinander bestehen und eventuell auch aufeinanderstoßen.

In vielen Staaten ist das Staatsgebiet selbst wiederum in Planungs- und Verwaltungsgebiete aufgeteilt. Die entsprechenden Grenzen solcher Planungs- und Verwaltungsräume legen somit den Handlungsbereich der zuständigen Behörden fest. Die damit zusammenhängenden verfassungs- und verwaltungsrechtlichen Probleme sind Gegenstand vieler rechtswissenschaftlicher Arbeiten. Zur Klärung der Fragen einer zweckmäßigen Verwaltungsgliederung und der damit verbundenen Verwaltungsgrenzen haben im Zuge der Gebiets- und Verwaltungsreform der siebziger Jahre in der Bundesrepublik Deutschland vor allem die Planungs- und Verwaltungswissenschaften beigetragen.

Die Bestimmung der Grenzen von Marktgebieten ist ein Spezialbereich der Wirtschaftswissenschaften. Die klassische Nationalökonomie ging dagegen, wie schon der Name sagt, üblicherweise vom Nationalstaat als räumlicher Analyseeinheit aus und hat für ihre Modellüberlegungen das Staatsgebiet sogar häufig durch die Prämisse, daß die Transportkosten vernachlässigt werden könnten, zu einem Punkt vereinfacht. Mit der Ausbildung der Stadt- und Regionalökonomie seit Ende des vergangenen Jahrhunderts werden der Raum und damit auch die Grenzen, die bestimmte Raumeinheiten bilden, zum Gegenstand der wirtschaftswissenschaftlichen Forschung. Nationale Grenzen werden dabei zumeist als ein Faktor gesehen, der Marktgebietsgrenzen beeinträchtigt. Erst in jüngster Zeit finden sich auch ökonomische Analysen von Grenzräumen.

---

[1]) Vgl. z. B.: Die Landwirtschaft in der Europäischen Wirtschaftsgemeinschaft, 4. Teil: Agrarische Anpassungsprozesse an den Binnengrenzen (Raum und Landwirtschaft 5). ARL: FuS Bd. 27, Hannover 1964. Grenzbildende Faktoren in der Geschichte (Historische Raumforschung 7). ARL: FuS Bd. 48, Hannover 1969.

[2]) BALLREICH, H.: Artikel „Gebietshoheit". In: Handwörterbuch der Sozialwissenschaften, Bd. 4, Stuttgart, Tübingen, Göttingen 1965, S. 217.

Die Erforschung und Festlegung von Grenzen ist auch ein wichtiges Arbeitsgebiet der Geographie. Entsprechenden Untersuchungen verdanken wir die Ermittlung von Siedlungsgrenzen, Vegetationsgrenzen, Kulturgrenzen, Sprachgrenzen usw.

Der moderne Grenzbegriff und die trennscharfe Festlegung von nationalstaatlichen Grenzen sind überhaupt erst durch die Entwicklung von entsprechenden Techniken der Landvermessung und der Kartographie möglich geworden. Zur politischen Geographie gehört der Begriff der nationalen Grenze ebenso zentral wie zum modernen Staats- und Völkerrecht. Juristen müssen von eindeutig festgelegten Grenzlinien ausgehen, Geographen hingegen sehen seit jeher vor allem die Probleme einer solchen Festlegung. Schon bei RATZEL kann man nachlesen, daß wir es in der Realität eigentlich mit Grenzstreifen, Grenzgebieten oder Grenzsäumen zu tun haben: ,,Die Grenzlinie ist nur eine Abstraktion von der Tatsache, daß, wo ein Körper sich mit dem anderen berührt, er Veränderungen erfährt, die seine Peripherie von seinem Inneren unterscheiden''[3]).

Der Begriff der Grenze ist noch relativ jung, er wurde ,,erst von LUTHER eingeführt, entspricht dem altdeutschen mark, bedeutet also ursprünglich eine Grenzmark, einen siedlungsarmen oder siedlungsleeren Grenzraum, der zwei Gebiete voneinander schied. Erst allmählich hat sich die Grenze zur Linie verfestigt und verdünnt''[4]).

Man findet eine Vielzahl von Definitionen des Begriffs Grenze. Der Brockhaus definiert Grenze als ,,Trennungslinie zwischen verschiedenen Gebieten (natürlicher oder rechtlicher Art), im übertragenen Sinn auch zwischen gesellschaftlichen Gegebenheiten, im Rechtssinn die das Gebiet zweier Staaten und damit die Reichweite ihrer Staatsgewalten (vgl. Gebietshoheit) angebende Linie (Staatsgrenze)''[5]).

HEIGL hat eine ganze Reihe von Definitionen zusammengestellt[6]). Danach sieht K. BLASCHKE ,,eine qualifizierte Bedeutung des Begriffes Grenze im geographischen und politischen Sinn darin, daß sie Verbreitungsgebiete gleichartiger Kategorien trennt: Naturräume, Klimazonen, Siedlungsgebiete, Territorien, Wirtschaftsräume, Geltungsbereiche von kodifiziertem und Gewohnheitsrecht, Sprach- und Mundartgebiete etc.''.

J. WYSOCKI definiert die Grenze als extreme Markierungslinie der räumlichen Ausdehnung von Hoheitsrechten, während E. VON SALOMON feststellt: ,,Die Grenze ist das erste Element der Ordnung und Form''. Nach J. MÖSER besteht jedes Territorium aus lauter Grenzen.

HEIGL selbst definiert: ,,Unter Grenze versteht man jene juristisch fixierte und/oder in der Natur gegebene Linie, die jene homogenen und/oder heterogenen Regionen, die eine administrative und/oder wirtschaftliche und/oder politische Einheit bilden, zusammenfaßt. Eine Grenze kann geschlossen, partiell offen oder offen sein, je nachdem, ob sie eine administrative und/oder wirtschaftliche und/oder politische Zäsur darstellt. Die Grenzlinie übergreifend bildet sich ein Grenzraum. Er kann beidseits der Grenzlinie durch gleichsinnige oder diametrale Merkmalsabweichungen charakterisiert sein''[7]).

Zusammenfassend kann man sagen, daß die nationale Grenze heute in rechtlicher und politischer Hinsicht als Trennungslinie zwischen den Gebieten zweier Nationalstaaten verstanden wird und insoweit die Reichweite der jeweiligen Staatsgewalt und Planungshoheit begrenzt. Das unterscheidet sie von der Verwaltungsgrenze, die eine Trennungslinie zwischen

---

[3]) RATZEL, F.: Politische Geographie. 2. umgearb. Aufl., München, Berlin 1903, S. 538.
[4]) MEINKE, D.: Artikel ,,Grenze''. In ARL: Handwörterbuch der Raumforschung und Raumordnung, Bd. I, Hannover 1970, Spalte 1060.
[5]) Stichwort ,,Grenze''. In: Brockhaus Enzyklopädie, Bd. 7, Wiesbaden 1969, S. 600.
[6]) HEIGL, F.: Ansätze einer Theorie der Grenze. Wien 1978, S. 11.
[7]) Ebenda, S. 36.

Gebieten örtlicher Zuständigkeiten nationaler Behörden darstellt, und von der Grundstücksgrenze, die eine Trennungslinie zwischen bestimmten Grundstücken darstellt und damit die Rechte der Nutzung dieses Ausschnittes der Erdoberfläche begrenzt.

Grenzräume entlang solcher nationaler Grenzen sehen sich aufgrund der Eigenschaften dieser Grenzen besonderen Entwicklungsbedingungen und Planungsaufgaben gegenüber[8]). Sie variieren je nach konkreter Ausgestaltung der Grenze, dem Grad der Durchlässigkeit, Art und Umfang der Kontrollen sowie den mit der Grenze verbundenen politischen, rechtlichen, ökonomischen und sonstigen Tatbeständen.

Die Untersuchungen dieses Bandes beziehen sich auf den deutsch-französisch-luxemburgischen Grenzraum und den deutsch-französischen Grenzraum am Oberrhein. Mit dem Beitritt zur damaligen Europäischen Wirtschaftsgemeinschaft und heutigen Europäischen Gemeinschaft hat die Bundesrepublik Deutschland wie die anderen Mitgliedsstaaten der EG bestimmte Verpflichtungen im Hinblick auf die mit den Grenzen verbundenen Regelungen und Handlungsweisen übernommen. In der Realität hat das Zusammenwachsen der Staaten der Europäischen Gemeinschaft im Laufe der letzten Jahrzehnte zu einer verstärkten Durchlässigkeit der Binnengrenzen der Europäischen Gemeinschaft geführt. Andererseits gibt es immer noch eine Vielzahl von Problemen in den Grenzräumen der Europäischen Gemeinschaft.

2. Zu den Arbeiten dieses Bandes

Ausgehend von den besonderen Problemen des Saarlandes hat sich die Landesarbeitsgemeinschaft Hessen/Rheinland-Pfalz/Saarland der AKADEMIE FÜR RAUMFORSCHUNG UND LANDESPLANUNG 1978 in zwei Sitzungen mit der Frage befaßt, inwieweit die nationalen Grenzen angesichts der erreichten Fortschritte der Integration der Europäischen Gemeinschaft für das Saarland und andere Gebiete an den Binnengrenzen einen negativen oder vielleicht auch positiven Faktor darstellen. Da dieser Problematik sowohl im Hinblick auf das Saarland speziell als auch auf die allgemeine Fragestellung der Wirkungen von Grenzen von der Landesarbeitsgemeinschaft erhebliche Bedeutung zugemessen wurde, wurde eine Arbeitsgruppe „Grenzräume" gebildet, die die Diskussion im Rahmen der LAG weiter vertiefte und konkretisierte und ausgewählte Aspekte der Gesamtproblematik in den Jahren 1979 bis 1982 bearbeitete.

Innerhalb der Arbeitsgruppe bestand bald Einigkeit, daß die Probleme und Chancen, die mit den nationalen Grenzen innerhalb der Europäischen Gemeinschaft verbunden sein könnten, anhand von praktischen Fällen und konkreten Untersuchungsräumen behandelt werden sollten. Nach entsprechenden methodischen und inhaltlichen Vorstudien ergab sich eine Gruppe von empirischen Untersuchungen in den Grenzräumen an der deutsch-französisch-luxemburgischen (Saar-Lor-Lux) und der deutsch-französischen Staatsgrenze am Oberrhein, deren Ergebnisse in diesem Band vorgelegt werden.

Es ist nicht das Ziel dieser Arbeiten, eine in sich geschlossene Theorie der Eigenschaften und Wirkungen der Grenze im allgemeinen oder relativ offener, nationaler Grenzen im speziellen zu entwickeln. Die Untersuchungen setzen vielmehr an einzelnen Planungs- und Entwicklungsproblemen der untersuchten Grenzräume an. Es wird jeweils das empirische Material zum untersuchten Problem zusammengetragen, analysiert und soweit möglich versucht, daraus

---

[8]) MALCHUS V. v.: Partnerschaft an europäischen Grenzen, Bonn 1975; ders.: Landesplanerische und regionalpolitische Bemühungen der Arbeitsgemeinschaft Europäischer Grenzregionen (AGEG). ARL: Beitr. Bd. 26, Hannover 1978; Heigl, F. (Hrsg.): Probleme grenznaher Räume I. und II., Innsbruck 1973/74.

verallgemeinerbare Schlußfolgerungen abzuleiten. Diese Schlußfolgerungen können sich sicherlich nur auf den Typ von Grenzräumen beziehen, die an relativ offenen und durchlässigen Grenzen zwischen kooperativen Staaten liegen, und sind nicht anwendbar auf Probleme, die sich aus so geschlossenen Grenzen wie denen zwischen den Bundesländern Bayern und Hessen einerseits sowie der Tschechoslowakei und der Deutschen Demokratischen Republik andererseits ergeben. Die empirischen Untersuchungen spiegeln sicher auch die historische Situation und die jeweiligen nationalen und regionalen Besonderheiten der Untersuchungsgebiete wider. Sie führen aber doch in der Regel zu darüber hinausreichenden Ergebnissen.

Die Arbeiten dieses Bandes lassen sich in zwei Gruppen aufteilen. Die eine Gruppe widmet sich Problemen, die aus dem Aneinandergrenzen verschiedener Rechts- und Planungssysteme resultieren, versucht die gemachten Erfahrungen zu verarbeiten und gegebenenfalls Vorschläge für Verbesserungen zu machen. Zu dieser Gruppe gehören die Arbeiten von KISTENMACHER/ GUST, MOLL und SCHMIDT. Während die Untersuchungen dieser Gruppe beim Handeln staatlicher Akteure ansetzen, befaßt sich eine zweite Gruppe von Arbeiten mit den Auswirkungen der Grenze auf das Handeln privater Akteure. In den Beiträgen von ENDRUWEIT, GUCKELMUS und SPEHL wird untersucht, wie sich die nationale Grenze auf die Menschen im Grenzraum auswirkt, sei es in ihrer Eigenschaft als Arbeitnehmer, als Unternehmer oder Angestellter in einem Betrieb, als Politiker, Journalist und schließlich als Bewohner der untersuchten Grenzräume.

In der ersten Gruppe zeigen die beiden Beiträge von KISTENMACHER/GUST sowie der Beitrag von MOLL, wie vielfältig und zum Teil auch gar nicht auf den ersten Blick faßbar die Probleme sind, die sich aus dem Aneinandergrenzen von jeweils unterschiedlichen nationalen Planungssystemen ergeben. Die Beispiele für die beiden untersuchten Grenzräume Oberrhein und Saarl-Lor-Lux zeigen die Schwierigkeiten, die dem Versuch im Wege stehen,

– sich mit den Planungsträgern „auf der anderen Seite" in Kontakt zu setzen
– sich zu informieren und gegenseitig zu verstehen
– die Absichten der anderen Seite bei den eigenen Planungen zu berücksichtigen
– die gemeinsame Arbeit auf eine über das Informelle hinausgehende Basis zu stellen
– zu gemeinsamen Vorstellungen für ein gemeinsam gesehenes zusammengefaßtes Planungs- und Politikfeld zu kommen
– sich über gemeinsame Projekte zu verständigen
– diese im nationalen Rahmen auch zu vertreten und durchzusetzen
– schließlich zu so etwas wie einer gemeinsamen Politik und Planung für „den Grenzraum" oder „die grenzübergreifende Region" zu kommen.

Die genannten Beiträge zeigen auch mit aller Deutlichkeit, wie wenig sicher es ist, daß die vorstehende Aufzählung eine Art aufsteigende Entwicklung in ihrem historischen Vollzug darstellt. Sie machen deutlich, auf wie schwachen Fundamenten in diesem Bereich die Deklamationen eines gemeinsamen „Grenzräumebewußtseins" stehen, wie man sie im politischen Raum etwa durch die Arbeitsgemeinschaft Europäischer Grenzregionen immer wieder findet. Damit soll nicht behauptet werden, der Versuch, durch gemeinsames Auftreten aus der jeweiligen nationalen Randsituation herauszukommen, sei von vornherein sinnlos. Es zeigt sich nur, wie schwierig und vor allem langwierig diese Prozesse sind.

Wie schnell eine solche an konkreten Fällen und Regionen ansetzende Arbeit sich ausweitet, zeigt der Beitrag von KISTENMACHER und GUST über die „Grundzüge der Raumplanungssysteme in der Bundesrepublik Deutschland und in Frankreich und Möglichkeiten einer besseren Abstimmung in den beiderseitigen Grenzräumen", der eine über den Beispielraum hinausgehende Analyse des französischen Planungssystems im Vergleich zum deutschen beinhaltet. Der

Vergleich der Beiträge von MOLL zum Saar-Lor-Lux-Raum einerseits und KISTENMACHER/GUST zum Grenzraum am Oberrhein andererseits zeigt auch, daß die Einschätzung einzelner Aspekte der so unterschiedlichen Planungssysteme in Frankreich und der Bundesrepublik Deutschland angesichts verschiedenartiger praktischer Handhabung und der dabei gesammelten Erfahrungen teilweise differiert.

Ein besonders plastisches Beispiel der Probleme einer grenzüberschreitenden Zusammenarbeit bildet die Fallstudie von SCHMIDT über das deutsch-französische Hochschulinstitut für Wirtschaft und Technik in Saargemünd. In diesem Beitrag wird in seltener Deutlichkeit herausgearbeitet, wie sehr sich objektive Probleme, die von den unterschiedlichen Politikkonzepten und Verwaltungssystemen der beteiligten Nationalstaaten ausgehen, mit subjektiven Einflüssen, die auf die politische Einstellung und das persönliche Engagement der Akteure zurückgehen, bei einem konkreten grenzüberschreitenden Projekt vermischen.

Zusammenfassend kann man sagen, daß diese erste Gruppe von Beiträgen deutlich zeigt, daß die Grenze trotz der erreichten Durchlässigkeit ihre Wirkung als Trennlinie für das Handeln staatlicher Akteure auf den verschiedensten Ebenen weiterhin ausübt. Es wird klar, daß der jeweilige subjektive Wille, die objektiv gegebenen Möglichkeiten auszufüllen bzw. die objektiv bestehenden Schwierigkeiten zu überwinden oder umgekehrt die Grenze zur willkommenen Rechtfertigung einer ausschließlich national bezogenen Sicht- und Handlungsweise zu machen, von erheblicher Bedeutung für die Planung in den Grenzräumen im allgemeinen und für die einzelnen untersuchten Fälle im besonderen ist. Zugleich wird aber auch deutlich, daß es angesichts der objektiv gegebenen Rahmenbedingungen, insbesondere hinsichtlich der unterschiedlichen Rechts- und Planungssysteme, recht schwierig ist, einen weiteren Abbau der von den Grenzen ausgehenden Behinderungen gemeinsamer Planungen zu erreichen.

Es muß offenbleiben, ob Fortschritte hier eher dadurch zu erzielen sind, daß Spielräume für eine engere Zusammenarbeit und einen damit verbundenen Interessenausgleich, die in den Planungssystemen vorhanden sind, genutzt werden, oder daß trotz der aufgezeigten Schwierigkeiten doch angestrebt wird, eine Annäherung der unterschiedlichen Rechts- und Planungssysteme, d. h. eine Änderung des objektiv gegebenen Rahmens zu erreichen.

Während sich die Untersuchungen der ersten Gruppe empirisch auf vorliegende rechtliche Bestimmungen, Planwerke und konkrete Einzelplanungen stützen, fußen diejenigen der zweiten Gruppe auf statistischen Daten, Zeitungsauswertungen und eigens durchgeführten Erhebungen.

Im Beitrag von ENDRUWEIT wird auf der Basis einer Zeitungsanalyse und einer kleinen Befragung ermittelt, wie sich die Darstellung der Grenze im Saarland im Zeitablauf geändert hat und wie sich dies im Bewußtsein der Bewohner dieses Grenzraumes niederschlägt.

GUCKELMUS analysiert den Einfluß der Grenze auf die Lebensbedingungen saarländischer Arbeitnehmer. Dazu wurde eine Erhebung bei Lehrgangsteilnehmern durchgeführt, wobei vor allem die Auswirkungen der Grenzsituation auf die räumliche Mobilität untersucht wurden.

Im Beitrag von SPEHL wird ein theoretischer Rahmen für die Untersuchung der Wirkungen der nationalen Grenze auf Betriebe in Grenzräumen entwickelt und in einer Befragung bei Institutionen und Betrieben im Saar-Lor-Lux-Raum empirisch gefüllt und überprüft.

Zusammenfassend läßt sich feststellen, daß bei den verwendeten Methoden der Zeitungsanalyse und der direkten Befragung immer dann Schwierigkeiten aufgetreten sind, wenn es darum ging, die Wirkungen der Grenze auf die Mentalität und das Bewußtsein zu analysieren, oder darum, subjektiv wahrgenommene Eigenschaften der Grenze und Reaktionen darauf zu ermitteln. Weiterhin hat sich gezeigt, daß die Trennung der Effekte, die von der nationalen peripheren Lage einerseits und von der Lage im Grenzraum andererseits ausgehen, sehr schwierig ist. Die Ergebnisse der Arbeiten im Hinblick auf die Eigenschaften der Grenze, ihre Darstellung und ihre Wirkungen auf die privaten Akteure im Saar-Lor-Lux-Raum sind differenziert. In einigen Bereichen sind kaum noch Behinderungen festzustellen, die von der nationalen Grenze ausgehen, während in anderen noch erhebliche negative Wirkungen bestehen.

3. Ausblick

Insgesamt zeigen die hier vorgelegten Untersuchungen, daß die nationalen Grenzen trotz der erreichten Fortschritte bei der Integration der Europäischen Gemeinschaft für die Räume an den Binnengrenzen nach wie vor eine ganze Reihe von besonderen Problemen und Entwicklungshemmnissen aufwerfen. Zugleich weisen die Beiträge aber auch auf, wo man ansetzen könnte, um diese Hindernisse und negativen Wirkungen weiter abzubauen.

Es soll nicht verschwiegen werden, daß es in dem gesetzten Rahmen nicht immer im gewünschten Umfang möglich war, die Betrachtungsweise der französischen und luxemburgischen Seite einzubeziehen. Eine weitere Ergänzung aus dem jeweils ,,anderen nationalen Teilraum" bleibt daher aus unser aller Sicht weiter wünschenswert und wird angestrebt.

Zusammenfassend muß man aber sicher auch sagen, daß mit diesem Band die Grenzen der Arbeitsmöglichkeiten einer Gruppe in einer Landesarbeitsgemeinschaft der AKADEMIE FÜR RAUMFORSCHUNG UND LANDESPLANUNG erreicht, vielleicht zum Teil sogar überschritten worden sind.

Es stellt sich daher durchaus die Frage, ob die offenbleibenden Probleme der Wirkungen der Grenzen auf die Regionen innerhalb der EG nicht in anderem Zusammenhang weiterbehandelt werden müßten. Angesichts der Planungen der EG-Kommission, die Grenzräume innerhalb der EG ganz aus der Förderkulisse der europäischen Regionalpolitik herauszunehmen, angesichts auch der zunehmenden Behinderungen des Austausches von Gütern und Diensten, ja sogar der Geldtransaktionen an den Binnengrenzen der EG vor dem Hintergrund zunehmender nationaler wirtschaftlicher Schwierigkeiten, verdienen die hier analysierten Probleme wie auch die erarbeiteten Positionen und Vorschläge sicherlich weitere Vertiefung.

Grundzüge der Raumplanungssysteme in der Bundesrepublik Deutschland und in Frankreich und Möglichkeiten einer besseren Abstimmung in den beiderseitigen Grenzräumen

von

Hans Kistenmacher und Dieter Gust, Kaiserslautern

Gliederung

1. Problemstellung, Zielsetzung und Vorgehensweise
2. Die Organisation der Raumplanungssysteme in der Bundesrepublik Deutschland und in Frankreich und ihre wesentlichen Unterschiede

   2.1 Die grundsätzlichen Unterscheidungsmerkmale, das unterschiedliche Raumplanungsverständnis
   2.2 Die Organisation der Raumplanung auf nationaler Ebene

       2.2.1 Das Zusammenwirken des „Comité Interministeriel d'Aménagement du Territoire" (CIAT) und der „Délegation à l'Aménagement du Territoire et à l'Action Régionale" (DATAR)
       2.2.2 Der „Conseil central de planification" und die „Commission Nationale à l'Aménagement du Territoire" (CNAT), Organe zur Verknüpfung von Raumplanung und nationaler 5-Jahres-Planung

   2.3 Die Organisation der Raumplanung auf regionaler Ebene
   2.4 Die Organisation der Raumplanungsebenen mit engeren kommunalen Bezügen

3. Vergleich der wesentlichen Planungsinstrumente in der Bundesrepublik Deutschland und in Frankreich

   3.1 Der unterschiedliche Rahmen für die raumplanerischen Konzeptionen
   3.2 Vergleich der Inhalte, Methoden und Elemente im Überblick
   3.3 Die Regionalisierung der Ziele des nationalen 5-Jahres-Planes, die Übernahme der regionalen Ziele in den 5-Jahres-Plan
   3.4 Die OREAM-Pläne
   3.5 Raumplanungskonzeptionen mit engeren kommunalen Bezügen

4. Durchsetzungs- bzw. Vollzugsinstrumente der Raumplanung

   4.1 Die Rechtsverbindlichkeit der Planwerke
   4.2 Abstimmungsverfahren zur Koordination bzw. Integration von Einzelmaßnahmen
   4.3 Die direkte Steuerungspolitik durch Finanzfonds und Verträge in Frankreich

       4.3.1 Die Regionalisierung des Staatshaushaltes
       4.3.2 Finanzierungshilfen der staatlichen Raumplanungsbehörden
       4.3.3 Förderprogramme auf Vertragsbasis

   4.4 Der Einsatz von „Etudes" im Vorfeld raumwirksamer Planungen und Entscheidungen in Frankreich

5. Zusammenfassende Bewertung:
   Ansätze für eine verbesserte grenzübergreifende Abstimmung
6. Perspektiven der Dezentralisierung in Frankreich

Einführung

Bei der Analyse der Grenzprobleme und Abstimmungserfordernisse im Bereich der Raumplanung, die sich im Rahmen der LAG-Untersuchungen auf Teile des deutsch-französischen Grenzgebietes am Oberrhein sowie auf den Grenzraum Saarland/westliches Rheinland-Pfalz/Lothringen/Luxemburg bezieht, zeigte sich sehr bald, daß die speziellen regionalen Probleme und die verschiedenen Vereinbarungen über die grenzübergreifende Zusammenarbeit stets vor dem Hintergrund zweier nationaler Raumplanungssysteme zu sehen und zu beurteilen sind: dem deutschen und dem französischen. Sie weisen grundlegende Unterschiede auf.

Eine systematische, wissenschaftlichen Ansprüchen genügende Auseinandersetzung mit den relevanten Zusammenhängen erfordert daher jeweils auch ein tieferes Eindringen in die unterschiedlichen organisatorischen und instrumentellen Voraussetzungen einschließlich der Kompetenz- und Entscheidungsstrukturen. Um dieser Notwendigkeit Rechnung zu tragen, werden zunächst in einer gesonderten Abhandlung die deutschen und französischen Raumplanungssysteme einer vergleichenden Analyse unterzogen, um daraus generelle Folgerungen für eine Verbesserung der Abstimmung in den beiderseitigen Grenzgebieten abzuleiten. Daran schließen sich 2 Forschungsberichte an, in denen die speziellen Zusammenhänge in den Grenzgebieten am Oberrhein sowie im Grenzraum Saarland/Rheinland-Pfalz, Lothringen und Luxemburg durchleuchtet werden. Im Rahmen der letzteren Untersuchungen werden dabei auch die Grundlinien des luxemburgischen Raumplanungssystems verdeutlicht. Bei diesen raumspezifischen Arbeiten handelt es sich um eigenständige Untersuchungen, die in ihrer Methodik und in der Problemkennzeichnung auf die jeweiligen Gegebenheiten ausgerichtet sind und deshalb notwendigerweise dementsprechende Unterschiede aufweisen. Darüber hinaus werden teilweise auch divergierende Bewertungen insbesondere hinsichtlich der Flexibilität der französischen Raumplanung deutlich, die im wesentlichen aus dem unterschiedlichen regionalpolitischen Vollzug in den untersuchten Grenzgebieten resultieren.

Der vorgegebene Umfang dieses Forschungsberichts erfordert eine knappe Darstellung der wesentlichen Zusammenhänge und Untersuchungsergebnisse[1]. Zum besseren Verständnis der folgenden Ausführungen sind daher einige Erläuterungen erforderlich. Der Kürze wegen wird das Raumplanungssystem der Bundesrepublik Deutschland weitgehend als bekannt vorausgesetzt und lediglich zu Vergleichszwecken auszugsweise und mitunter auch in etwas verkürzter Problemsicht dargestellt. Es ergibt sich daraus eine Schwerpunktverlagerung auf das französische System, die bewußt angestrebt wird, jedoch nur in der Darstellung und nicht in der Bewertung. Die vertiefende Beschäftigung mit dem französischen Raumplanungssystem erweist sich auch im Hinblick auf eine möglichst umfassende Offenlegung der Abstimmungsproblematik in Grenzgebieten und der Verbesserungsmöglichkeiten als notwendig beinhaltet gleichzeitig die Fragestellung, welche Anregungen daraus für die bundesdeutsche Raumplanung gewonnen werden können. Insofern erscheint es gerechtfertigt, daß einzelne Elemente des französischen Planungssystems intensiver behandelt werden, ohne damit zum Ausdruck bringen zu wollen, daß das französische System insgesamt besser sei und eine unmodifizierte Übernahme einzelner Elemente bzw. Teile des französischen Raumplanungssystems wünschenswert wäre.

---

[1] Zur Vorbereitung der Untersuchung wurde von den Verfassern eine umfangreiche Literaturliste zusammengestellt; ihre Veröffentlichung bleibt evtl. einem nachfolgenden Materialband zu diesem Thema vorbehalten.

Letztlich ist es das Ziel dieser Untersuchung, auf den verschiedenen Raumplanungsebenen der beiden Staaten die Voraussetzungen und Ansätze für eine verbesserte Zusammenarbeit im Grenzraum herauszuarbeiten, da eine weitgehende Unkenntnis über die Funktionsweisen des Raumplanungssystems des Nachbarn die Kooperation bisher erschwerte. Dafür ist es erforderlich, das gesamte Planungssystem der öffentlichen Hand als Untersuchungsgegenstand anzusehen. Das französische Planungssystem, das in vieler Hinsicht über das hinausgeht, was in der Bundesrepublik als Raumplanung verstanden wird, erweist sich dabei als sehr komplex. Aus der Fülle des vorhandenen Materials galt es deshalb eine strenge Auswahl zu treffen, wobei zwei Kriterien im Vordergrund standen:

– was ist für das Untersuchungsziel relevant;
– was ist zum Verständnis der zu treffenden Aussagen an allgemeiner Information nötig?

Es wurde versucht, mit Hilfe dieser beiden Kriterien die Auswahl so zu treffen, daß auch ohne die Lektüre weitergehender Literatur dieser Forschungsbericht nachvollziehbar ist. Er ist vornehmlich für den deutschen Leser geschrieben und beinhaltet bewußt auch Aussagen zur aktuellen Diskussion über die Raumplanung in der Bundesrepublik Deutschland. Die zusammenfassende Auswertung der ausgewählten Unterlagen führte bei der Auswahl der konkreten Beispiele zu Problemen. Dem Anspruch einer umfassenden systematischen Gegenüberstellung können sie nicht in vollem Umfang gerecht werden. Es wird noch zu klären sein, ob die zusammengestellten Unterlagen insgesamt zugänglich gemacht werden können.

Auch einige Anmerkungen zu den historischen bzw. aktuellen Bezügen müssen dem Bericht vorangestellt werden. Das französische Raumplanungssystem ist in mancher Hinsicht offener und flexibler angelegt als das doch eher statische Raumplanungssystem in der Bundesrepublik. Bestimmte Sachverhalte oder auch Begriffe sind daher in bezug auf die französische Seite an Zeiträume, häufig im Zusammenhang mit den jeweiligen 5-Jahres-Plänen, gebunden. Es erscheint deshalb unumgänglich, den historischen Aspekt bei einzelnen Problemen jeweils mit einzubeziehen. Auf eine umfassende Darstellung der historischen Entwicklung des französischen Raumplanungssystems mußte jedoch verzichtet werden. Wenn dieser Beitrag trotzdem zum Zeitpunkt seiner Vorlage in vieler Hinsicht historisch erscheinen muß, so liegt dies an den jüngsten Veränderungen im französischen Verwaltungs- und Entscheidungssystem, die mit dem Regierungswechsel von 1981 und der danach begonnenen Dezentralisierung bzw. Regionalisierung zusammenhängen. Diese weitreichenden Maßnahmen können nur schrittweise vollzogen werden. Welche Konstellation sich bei deren Abschluß ergeben wird, ist gegenwärtig noch nicht hinreichend zu übersehen. Der Beitrag bezieht sich daher weitgehend auf die bisherigen Strukturen bis zum Stand von 1981. Zu den erkennbaren künftigen Tendenzen und Richtungen der begonnenen Reformen hat uns Herr Dr. Lemmel Informationen und persönliche Einschätzungen mitgeteilt, die wir als Ausblick in einem besonderen Abschnitt am Ende des Beitrages verarbeitet haben.

Unseren französischen Kollegen, Herrn Prof. Dr. G. Wackermann von der Universität Haut-Rhin in Mulhouse und Herrn Dr. R. Lemmel, der in der französischen Planungsadministration tätig ist und gegenwärtig seine Habilitation vorbereitet, sei sehr herzlich für die fruchtbare Zusammenarbeit gedankt. Vor allem die profunde Kenntnis der Praxis der französischen Raumplanung von Herrn Dr. Lemmel öffnete uns einen vertiefenden Zugang zu Kernfragen des französischen Raumplanungssystems und ermöglichte es uns letztlich, den Forschungsbericht in dieser Form zu erstellen.

1. Problemstellung, Zielsetzung und Vorgehensweise

Die Umweltbedingungen für Bevölkerung und Wirtschaft in den Grenzräumen werden in wesentlichem Maße durch die dort aufeinandertreffenden Raumplanungssysteme und -strategien mit ihren verschiedenartigen konzeptionellen Inhalten und Durchsetzungsinstrumentarien geprägt. Dies gilt sowohl hinsichtlich der Grundlagen als auch des Systems der Raumplanung. Die Konzeptionen werden im staatlich nationalen Rahmen festgelegt und in unterschiedlichen hierarchischen Systemen regionalisiert. Dabei dominieren jeweils die binnenstaatlichen Prinzipien gegenüber den speziellen Erfordernissen der Grenzregionen, d. h., die Blickrichtung ist vornehmlich auf nationale Interessenlagen bzw. Problemfelder ausgerichtet. Die grenzübergreifende Abstimmung der Raumordnungs- und Entwicklungspläne sowie konkreter raumwirksamer Maßnahmen wird dadurch erheblich erschwert. Dies gilt insbesondere auch für den deutsch-französischen Grenzraum. Es kommt dabei auch zwangsläufig zu vielerlei Mißverständnissen. Man verfängt sich in zeitraubenden Koordinationsbemühungen angesichts verschiedenartig aufgebauter Planungs- und Durchsetzungsinstrumentarien und stößt vielfach gar nicht zu den konkreten Kernproblemen vor.

Durch die vergleichende Untersuchung der Organisations- und Entscheidungsstrukturen in den raumplanungsrelevanten Bereichen sollen die Unterschiede in den Entscheidungsprozessen offengelegt und die Ursachen möglicher Reibungsverluste bei der grenzübergreifenden Zusammenarbeit analysiert werden. Da sich die grenzübergreifende Zusammenarbeit gegenüber den eingefahrenen internen Verwaltungsabläufen aus vielen Gründen als schwieriger erweist, hängt der Erfolg der Zusammenarbeit vor allem auch wesentlich davon ab, ob die Zielvorstellungen der Partner rechtzeitig und an kompetenter Stelle in den Abwägungs- und Entscheidungsprozeß eingebracht werden. Durch das Aufdecken der Stellen, an denen die betreffende Organisation/Behörde im Verlauf des Entscheidungsprozesses nach außen hin noch offen ist, sei es zum Zweck der Zielfindung oder der Beschlußfassung durch öffentliche (politische) Gremien, kann die Untersuchung Grundlagen für die Erarbeitung von Verfahren bzw. Instrumenten zielorientierter grenzübergreifender Zusammenarbeit liefern.

Die Untersuchung hat seine doppelte Fragestellung zum Inhalt: eine inhaltliche nach den Zielsystemen und den angewandten Planungselementen und eine formale nach der Einbindung der Raumplanung in das jeweilige nationale System der Politik und Verwaltung. Davon ausgehend sollen durch den analytischen Vergleich der verschiedenen Organisationsstrukturen (Kap. 2), der angewandten Planungsmethoden und -instrumente (Kap. 3) sowie der unterschiedlichen Durchsetzungsverfahren (Kap. 4) Ansätze für eine verbesserte grenzübergreifende Abstimmung (Kap. 5) gefunden werden.

2. Die Organisation der Raumplanungssysteme in der Bundesrepublik Deutschland und in Frankreich und ihre wesentlichen Unterschiede

2.1 Die grundsätzlichen Unterscheidungsmerkmale, das unterschiedliche Raumplanungsverständnis

Die Grobkennzeichnung der grundsätzlichen Systemunterschiede läßt sich durch die gängigen Schlagworte vornehmen: Zentralstaatliche Rahmenkompetenz und Föderalismus auf der deutschen Seite sowie zentrale Entscheidungs- und Durchsetzungsmechanismen auf der französischen Seite.

Das System der Raumplanung als räumlich koordinierende Gesamtplanung ist in der Bundesrepublik Deutschland durch zwei Verfassungsgrundsätze geprägt, zum einen durch den föderalistischen Staatsaufbau und der damit einhergehenden Kompetenzverteilung zwischen Bund und Ländern, zum anderen durch das Selbstbestimmungsrecht der Kommunen, das ihnen u. a. die sogenannte Planungshoheit für ihr Gemeindegebiet garantiert. Entsprechend diesen Vorgaben ist die Aufgabe und Organisation der Raumordnung im Bundesraumordnungsgesetz (ROG) von 1965 sowie den Landesplanungsgesetzen der Länder festgelegt.

Der im Grundgesetz (GG Art. 75) verankerten Planungshoheit der Gemeinden wird vor allem durch die im Bundesbaugesetz von 1960 (§ 2 Abs. 1) festgelegte Verpflichtung der Gemeinden, in eigener Verantwortung Bauleitpläne aufzustellen, Rechnung getragen. Das Resultat dieses aus Rahmenkompetenz des Bundes, Föderalismus und Planungshoheit der Gemeinden bestehenden Systems der Raumplanung ist sowohl aus inhaltlicher als auch organisatorischer Sicht ein durchgängig hierarchisch gegliederter Aufbau der Raumplanung in der Bundesrepublik Deutschland. Aufgabenstellung (räumlich-koordinierende Gesamtplanung) und Kompetenzverteilung (Bund-Länder-Gemeinden) führen inhaltlich zu umfassenden und räumlich flächendeckenden Planwerken auf 3 Stufen:

– den Landesraumordnungs- und -entwicklungsplänen (bzw. -programmen) der Länder
– den regionalen Raumordnungsplänen der regionalen Planungsgemeinschaften bzw. -verbände (oder der staatlichen Mittelinstanzen)
– den Flächennutzungsplänen der Gemeinden bzw. Gemeindeverbände.

Diese Planwerke besitzen einen rechtlich fixierten Eigenwert durch ihr von oben nach unten abgestuftes System der Verbindlichkeit. Hinzukommt auf nationaler (Bundes-)Ebene das bereits erwähnte Bundesraumordnungsgesetz von 1965, das rahmensetzend die Grundsätze der Raumordnung formuliert und das in Abstimmung mit den Ländern über die Ministerkonferenz für Raumordnung (MKRO) mit dem Bundesraumordnungsprogramm von 1975 eine Konkretisierung auf Bundesebene erfahren hat.

Ein Vergleich mit dem französischen Planungssystem ist bereits durch die Bezeichnung des Gegenstandes der Untersuchung erschwert: Raumplanung im Sinne von räumlich koordinierender Gesamtplanung wird in Frankreich nicht in derselben Form wie in der Bundesrepublik betrieben und ist nicht eindeutig zugeordnet. Man kann bei der Grobkennzeichnung des französischen Systems unterscheiden in[2]:

– Aménagement du territoire: Politik zur nationalen räumlichen Entwicklung, die darin besteht, durch geeignete Maßnahmen wie z. B. den räumlich differenzierten Ausbau der Infrastruktur die wirtschaftliche Entwicklung so zu lenken, daß die natürlichen Ressourcen und die strukturräumlichen Gegebenheiten Frankreichs optimal zum Vorteil der Bürger genutzt werden.

– Planification: ressortübergreifende Planung zur Lenkung der staatlichen Maßnahmen hinsichtlich der wirtschaftlichen Entwicklung und auch der räumlichen Verteilung von Wirtschaft und Bevölkerung.

---

[2]) Vgl. LANVERSIN, I.: La Région et l'aménagement du territoire. Paris 1979, S. 9 ff. Ebenso: LACOUR, C: Aménagement du Territoire et Développement Régional. Paris 1973, S. 38 ff. S. auch: BILLAUDOT, F.; BESSON-GUILLAUMONT, M.: Environnement, Urbanisme, Cadre de vie. Paris 1979. Übersichtsdarstellungen über die Organisation der Raumplanung in Frankreich finden sich u. a. bei: LANG, S.: Raumordnung in Frankreich. In: Raumforschung und Raumordnung, 23. Jahrg. 1975, Heft 1. WACKERMANN, G.: Die französische Republik. In ARL: Daten zur Raumplanung, Teil A II., S. 3., Hannover 1981. Internationales Institut für Rechts- und Verwaltungssprache (Hrsg.): Europa-Glossar B. 9, Raumordnung. Berlin, München, Paris 1970. THUMM, U.: Die Regionalpolitik als Instrument der französischen Wirtschaftspolitik. Eine Untersuchung des Aménagement du Territoire. Berlin 1968.

- Programmation: ressortübergreifende mittelfristige Finanzplanung zur Durchführung der Maßnahmen von Aménagement du territoire und Planification.

- Documents d'urbanisme: verbindliche, räumlich koordinierende Planung mit Schwerpunkt auf Siedlungsentwicklung und Infrastrukturplanung unter Berücksichtigung des Umweltschutzes als räumliche Konkretisierung der Ziele des Aménagement du territoire und der Planification.

Diese Planungsarten sind organisatorisch größtenteils miteinander verwoben. Eine Hierarchie zwischen diesen Stufen ist gesetzlich nicht festgelegt, bei der Durchführung der Pläne faktisch jedoch vorhanden.

Eine intensive horizontale Ressortkoordination durch interministerielle Gremien bei sehr ausgeprägten vertikalen Durchsetzungsmechanismen auf direktem Weg über die regionalen bzw. departementalen Dienststellen der Ministerien und der Präfekten charakterisiert das französische Planungssystem. Die im Vergleich zur Bundesrepublik relativ schwache Position der Gemeinden resultiert daraus, daß die französischen Gemeinden keine Planungshoheit besitzen. Die Unterschiede im System der Raumplanung bzw. im Netz raumwirksamer Planungen sowie der Verfahrensweisen, Entscheidungsstrukturen und Verbindlichkeiten ergeben sich vor allem auch aus divergierenden Auffassungen über Art und Umfang der Raumplanung und ihrer Leistungsfähigkeit im Rahmen von raumwirksamen Planungs- und Entscheidungsprozessen, d. h., es besteht in vieler Hinsicht ein unterschiedliches Raumplanungsverständnis bzw. eine unterschiedliche „Planungsphilosophie".

Die Raumplanung wird in Frankreich vor allem im überörtlichen Rahmen nicht ausschließlich in der formalen, rechtlich präzis zu fixierenden Eigenständigkeit und Wirkungsweise gesehen wie in der Bundesrepublik, sondern darüber hinaus in einer engeren Verknüpfung mit der Wirtschaftsentwicklung und deren Beeinflussung sowie mit dem allgemeinen staatlichen Handeln. Die französische Raumplanung ist daher weit mehr als die deutsche programm- bzw. aktionsorientiert und wird als ein Teil einer umfassenderen staatlichen Planung begriffen. Ihr Aufgabenstellung erscheint gegenüber der deutschen Raumplanung formal bescheidener, zumal sie nicht dem Anspruch auf flächendeckende Aussagen unterliegt. Praktisch aber ergibt sich insgesamt gesehen eine durchaus starke Stellung der mehr auf die Regionalpolitik ausgerichteten Raumordnungsaktivitäten im Rahmen staatlicher französischer Planung und Politik[3].

Trotz gewisser Zuordnungsprobleme erscheint es für die Überschaubarkeit der Untersuchung angebracht, die Planungssysteme beider Länder in drei Bereiche hinsichtlich ihres nationalen, regionalen (incl. departementalen) und kommunalen Bezugsfeldes zu gliedern.

2.2 Die Organisation der Raumplanung auf nationaler Ebene

Der Verwaltungsrahmen der französischen Raumplanung bzw. Regionalpolitik ist bisher gekennzeichnet durch einen streng zentralistischen Aufbau. Trotz mehrfacher Umstrukturierungen, Reformen und Dezentralisierungs- bzw. Regionalisierungsbestrebungen liegt letztlich die Kompetenz für die Regionalpolitik, bestehend aus Planification und Aménagement du territoire, beim Premierminister[4]. Die wesentlichsten querschnittsorientierten Planungsinstitutionen sind die DATAR und das CIAT, die daher den Schwerpunkt der folgenden Darstellung bilden.

---

[3] Vgl. FRITSCH, A.: Planification und Regionalpolitik in Frankreich. Stuttgart 1972. S. auch: THUMM, U.: Die Regionalpolitik als Instrument der französischen Wirtschaftspolitik. Eine Untersuchung des Aménagement du Territoire. Berlin 1968.

[4] Zum Folgenden siehe LANVERSIN, a. a. O., Fn 2, sowie SCHMITGES, R.: Raumordnung als Koordinationsaufgabe – das französische Modell. Königstein/Ts. 1980. S. auch LANG, S.: Raumordnung in Frankreich. In: Raumforschung und Raumordnung, 23. Jahrg. 1975, Heft 1.

2.2.1 Das Zusammenwirken des „Comité Interministeriel d'Aménagement du Territoire" (CIAT) und der „Délégation à l'Aménagement du Territoire et à l'Action Régionale" (DATAR)

Das interministerielle Raumplanungskomitee CIAT wurde am 19.11.1960 beim Premierminister eingesetzt. Seine Schaffung war die Antwort auf die als dringend notwendig erachtete bessere Koordination zwischen den verschiedenen Regierungsinstanzen hinsichtlich raumwirksamer Maßnahmen. Das CIAT ist beauftragt, die allgemeinen Probleme räumlicher Aktivitäten im Hinblick auf die Vorbereitung von Regierungsentscheidungen auf diesem Gebiet vorzubereiten. Das Komitee entscheidet besonders über die Verwendung der Mittel des FIAT, des Interventionsfonds für Raumplanung (Fonds d'Intervention pour l'Aménagement du Territoire), der dazu bestimmt ist, die ergänzenden Ausstattungsmaßnahmen zu finanzieren, die für die Verwirklichung der nationalen Raumplanungspolitik als notwendig erkannt wurden. Das CIAT besitzt hinsichtlich seiner Zusammensetzung eine gewisse Ähnlichkeit mit dem IMARO[5]), wenngleich die Kompetenzen des CIAT in allen planerischen Angelegenheiten und insbesondere in der Einflußnahme auf die Finanzierung raumbedeutsamer Maßnahmen sehr viel weiter reichen. Der Zusammenhang von CIAT und DATAR ist sehr eng, die wesentliche Verbindung besteht darin, daß die DATAR verantwortlich ist für die Vorbereitung und Durchführung der Sitzungen des CIAT, d. h., sie nimmt wesentlichen Einfluß auf die Tagesordnung und damit auf die Beratungsthemen. Implizit ist damit auch eine erhebliche Einflußnahme bei der Vergabe der Interventionsmittel aus dem FIAT verbunden (vgl. dazu Kap. 3).

Eine der DATAR vergleichbare Institution existiert in Deutschland auf Bundesebene nicht.

Die „Délégation à l'Aménagement du Territoire et à l'Action Régionale" wurde durch Erlaß vom 14.2.1963 geschaffen. Obwohl sie den Ministerien aus der Sicht der personellen Kapazitäten weit unterlegen ist – die DATAR hat einen Mitarbeiterstab von nur etwa 40, jedoch hochqualifizierten Personen –, besitzt sie eine relativ hohe Durchsetzungskraft, die sie aus ihrer besonderen Stellung zum Premierminister bezieht. Nach mehrfachem Wechsel der ressortmäßigen Zuordnung untersteht die DATAR seit 1978, wie zu Beginn, direkt dem Premierminister.

Über die o. g. Verknüpfung der DATAR mit dem CIAT hinaus bestanden bis 1975 weitergehende horizontale Verbindungen auf der Regierungsebene durch die CNAT (Commission Nationale à l'Aménagement du Territoire), in der der Leiter der DATAR (Délégue) per Amt als Vizepräsident eingebunden war. Auf die CNAT wird im folgenden noch kurz einzugehen sein. Auch hat die DATAR die Möglichkeit, direkt den einzelnen Ministerien Vorschläge zu den Entwürfen ihrer Budgets zu unterbreiten. In vertikaler Richtung ist es der DATAR möglich, über die Regionalmissionen (Missions Régionaux) direkt auf die Regionalpräfekten einzuwirken, die in den Regionen die Rolle von Koordinatoren der Raumordnungsvorschläge innehaben und die zentralen Raumordnungsbeschlüsse in der Region ausführen. Für sektorale Aufgaben hat die DATAR sogenannte zentrale Planungsgruppen (Groupe central) geschaffen, die direkt von ihr abhängig sind. Diese Planungsgremien sind verantwortlich für die Durchführung der sektoralen Maßnahmen, sie stehen jedoch außerhalb der allgemeinen Verwaltungshierarchie.

Beispielhaft können die folgenden Planungsgruppen genannt werden:
- „Groupe central de planification urbaine" (zentrale Stadtplanungsgruppe)
- „Groupe central des villes nouvelles" (Planungsgruppe für neue Städte)
- „Groupe central des villes moyennes" (Planungsgruppe für mittlere Städte).

---

[5]) IMARO = Interministerieller Ausschuß für Raumordnung der Bundesregierung.

Diese interministeriell zusammengesetzten Gruppen unter der Leitung der DATAR sind ausschließlich themengebunden zusammengefaßt, sie sind weder an Ressortabgrenzungen noch räumliche Verwaltungsgrenzen gebunden[6]) und sichern somit der DATAR einen beständigen Unterbau einerseits und eine relativ große Unabhängigkeit bei der Erfüllung ihrer Koordinationsaufgabe andererseits. Über die Koordinationsaufgabe hinaus hat die DATAR die Möglichkeit, zusätzlich Schwerpunkte für die eigene Arbeit zu setzen und über das CIAT bzw. die von ihr zu beeinflussenden Finanz-Fonds auch konkrete wirtschaftliche Impulse zu geben[7]).

2.2.2 Der „Conseil central de planification" und die „Commission Nationale à l'Aménagement du Territoire" (CNAT), Organe zur Verknüpfung von Raumplanung und nationaler 5-Jahres-Planung

Der „Conseil central de planification" wurde mit Beginn der Amtszeit des Präsidenten Giscard d'Estaing Ende 1974 gegründet. Er tritt monatlich unter dem Vorsitz des Staatspräsidenten zur ständigen Aktualisierung und Fortschreibung des 5-Jahres-Planes zusammen und hat im Laufe seiner Tätigkeit zunehmend die Initiativen für Neuerungen hinsichtlich der nationalen Raumplanungsstrategien übernommen, wie z. B. die Priorität des Schutzes der natürlichen Umwelt und der Lebensqualität. Die CNAT, eine Kommission aus Vertretern der staatlichen Verwaltung, der Berufsverbände und der Regionen, hatte die Aufgabe, auf der Grundlage der Analyse der regionalen Disparitäten geeignete Vorschläge für regionalpolitische Maßnahmen zur Vorbereitung der 5-Jahres-Pläne zu erarbeiten[8]). Sie war eine ständige Einrichtung zur Beratung des „Commissariat général du Plan"[9]), von der die wesentlichen Raumplanungsstrategien wie z. B. das Konzept der „Métropoles d'équilibre" (vgl. Kap. 4.3) vorgeschlagen worden war. Die CNAT hat seit der Vorbereitung des VI. Plans zu Beginn der 70er Jahre viel von ihrer Bedeutung verloren. Sie wurde insbesondere durch die Kommission „Aménagement du territoire et cadre de vie" ersetzt. Diese 1975 geschaffene Kommission ist im Gegensatz zur CNAT keine ständige Einrichtung, sondern tritt nur zur Vorbereitung des 5-Jahres-Planes zusammen. Auf ihre Anregung erfolgte u. a. die Schwerpunktbildung des VII. 5-Jahres-Planes auf die Umweltprobleme und die Lebensqualität (cadre de vie). Ein Vergleich der Raumordnungsinstanzen und Kompetenzen in Frankreich und Deutschland, der sich auf die nationale Ebene beschränkt, ist methodisch mit Problemen behaftet, trotzdem sollen hier die grundsätzlichen Unterschiede kurz zusammengefaßt gekennzeichnet werden:

Eine nationale Raumordnungsinstitution mit den Entscheidungsbefugnissen, wie sie die DATAR besitzt, existiert in der Bundesrepublik nicht und wäre in dem föderalistischen Staatsaufbau und der damit verbundenen Kompetenzverteilung in dieser Form nicht möglich.

Die Rahmenkompetenz des Bundes gegenüber den Ländern ermöglicht auf der nationalen Ebene nur relativ abstrakte Zielformulierungen (vgl. ROG und BROP), die vornehmlich einen generellen Ordnungsrahmen definieren und aus denen Handlungsanweisungen nicht direkt ableitbar sind. Demgegenüber verzichtet die DATAR als nationale Raumordnungsbehörde des Staates auf allgemein verbindliche Zielformulierungen und Rahmenkonzepte (die sie ja auch selbst binden würden) und legt die Handlungsschwerpunkte ad hoc und entsprechend der analysierten Problemlage fest. Die fehlende ressortmäßige Einbindung der DATAR und ihre direkte Zuordnung zur Regierungsspitze sichert der französischen Raumordnungspolitik eine

---

[6]) Vgl. SCHMITGES, R.: a. a. O., Fn. 4, S. 53 ff.

[7]) Ebenda, S. 49 ff.

[8]) Vgl. WACKERMANN, G.: Die französische Republik. In ARL: Daten zur Raumplanung, Teil A II. 5.3, Hannover 1981.

[9]) Commissariat général du Plan = federführende Organisation zur Erarbeitung des 5-Jahres-Planes.

Flexibilität, die man aus deutscher Sicht in einem zentralistischen Staatsaufbau zunächst nicht erwartet. Als Beispiel für die umfassenden Möglichkeiten zum Ergreifen von Initiativen sei hier bereits das Programm zur Förderung der Grenzregionen in Frankreich genannt, das auf Vorschlag der DATAR durch das CIAT im Februar 1976 verabschiedet wurde. Einer der Schwerpunkte dieser Initiative lag in der Absicht, durch verbesserte grenzübergreifende Kooperation die Lebensbedingungen in den Grenzregionen zu verbessern.

2.3 Die Organisation der Raumplanung auf regionaler Ebene*)

Die französischen Regionen stellen im Gegensatz zu den Regionen in der Bundesrepublik keine Raumplanungseinheiten dar. Die beiden Begriffe dürfen deshalb nicht synonym verwendet werden. In Frankreich wurden die Regionen im Rahmen der Regionalreform von 1972 durch den Zusammenschluß mehrerer Departements geschaffen. Sie bilden, ähnlich wie die Regionen in der Bundesrepublik, keine neue Verwaltungsebene. Man spricht hierbei von „établissements publics régionaux" (öffentlich rechtliche Einrichtungen der Region).

Ihre Aufgaben sind folgendermaßen definiert:

„Das ‚établissement public régional' hat unter Beachtung der Befugnisse der Departements und der Gemeinden die Aufgabe, zur ökonomischen und sozialen Entwicklung der Region beizutragen, durch

– Studien über die regionale Entwicklung

– Vorschläge, die eine Koordination und Rationalisierung der Entscheidung über Investitionen der öffentlichen Hand herbeiführen

– die Beteiligung an der Finanzierung von Gemeinschaftseinrichtungen von direktem regionalem Interesse

– die Verwirklichung von Gemeinschaftseinrichtungen von direktem regionalem Interesse in Übereinstimmung mit den Belangen der örtlichen Gebietskörperschaften oder dem Staat"[10]).

Die Organisationsstruktur der Regionen ist durch drei Institutionen gekennzeichnet:

– den Regionalpräfekten mit der ihm zugeordneten koordinierenden Dienststelle, der „mission régionale", und den regionalen Außenstellen der staatlichen Verwaltung

– den Regionalrat (Conseil régional), der sich zusammensetzt aus den Abgeordneten der Region in der Nationalversammlung und den Senatoren sowie Vertretern der Generalräte (Conseil général) und Vertretern der Stadt- bzw. Gemeinderäte

– das Komitee für Wirtschafts- und Sozialfragen (comité économique et social, CES), ein rein beratendes Gremium, das sich u. a. aus Vertretern der Verbände, Kammern etc. zusammensetzt.

Zur Ausübung seiner Funktionen erhält der Präfekt der Region Richtlinien vom Premierminister und für die Angelegenheiten fachlicher Zuständigkeit von den betreffenden Ministern. Hingegen handeln die Präfekten der Departements unter der Dienstaufsicht der zuständigen Minister. Aufgabe des Präfekten der Region ist es, die Regierungspolitik bezüglich der Wirtschaftsentwicklung und der Raumplanung auszuführen. Zu diesem Zweck koordiniert er die Aktivitäten der Präfekten der Departements und auch die der Abteilungsleiter der

---

*) Es ist hier nochmals darauf hinzuweisen, daß sich die folgenden Ausführungen auf den Stand Januar 1981 beziehen; zu den neueren Entwicklungen siehe Kap. 6.

[10]) Art. 4 des Gesetzes zur Regionalform von 1972.

staatlichen Dienststellen. Auf dem Gebiet der Raumplanung ist er beauftragt, die Durchführung der Ziele der regionalen Abschnittes des jeweiligen 5-Jahres-Plans zur ökonomischen und sozialen Entwicklung zu betreiben. Die verwaltungsmäßige Koordination der regionalen Dienststellen bildet den zweiten Teil der Befugnisse des Präfekten der Region. Er ist auf regionaler Ebene der ausschließlich Beauftragte für zentrale Kompetenzen auf allen Gebieten (vgl. auch Kap. 3.3). Dennoch sind ihm die Verantwortlichen der Außendienststellen der verschiedenen Ministerien nicht hierarchisch untergeordnet.

Die Praxis der letzten Jahre hat die regionale Ebene auf Kosten der des Departements beachtlich gestärkt. Bei der Erarbeitung der Raumplanungspolitik ist die besondere Rolle des ,,Trésorier Payeur Général"[11]) und des ,,Directeur Régional de l'Equipement"[12]) zu unterstreichen:

- Man erfragt die Meinung des ,,Trésorier Payeur Général" zu den finanziellen Aspekten und insbesondere zur ökonomischen Rentabilität der geplanten Maßnahmen, für die der Präfekt der Region Entscheidungs- bzw. Vorschlagsrecht bekommen hat.
Der ,,Trésorier Payeur Général" gewinnt dadurch auf regionaler Ebene zunehmend eine ebenso bedeutende Stellung wie der Finanzminister auf nationaler Ebene.

- Der ,,Directeur Régional de l'Equipement" (DRE) untersteht der Zuständigkeit des Ministers für Umwelt und Lebensqualität (cadre de vie) und der des Verkehrsministers. Er ist insbesondere beauftragt, die Durchführung einer umfassenden Siedlungspolitik zu fördern, Programme zur Aufteilung des regionalen Abschnitts des 5-Jahres-Plans bezüglich der Investitionen vorzubereiten und die Programme für Studien zur Siedlungsentwicklung durch die Verteilung der Mittel für Untersuchungen in der Region vorzubereiten.

Auf der departementalen Ebene übernimmt die ,,Direction Départementale de l'Equipement" (DDE) mit der ihr untergeordneten Planungsgruppe, der ,,Groupe d'Etudes et de Programmation" (GEP), die Erarbeitung der Pläne nach dem code de l'urbanisme (SDAU, POS etc.), die nach Maßstab, Abgrenzung und Inhalten bereits enge kommunale Bezüge aufweisen. Auf sie wird in Kap. 2.4 näher eingegangen.

Neben den Planungsgruppen (GEP) der ,,Direction Départementale de l'Equipement", die Außenstellen des Ministers für Umwelt und Lebensqualität sind, existieren auf der regionalen Ebene Planungsorganisationen, die vom CIAT auf Anregung der DATAR (1966) eingesetzt wurden und direkt dem Regionalpräfekten zuarbeiten.

Diese OREAM (Organisations Régionales d'Etudes et d'Aménagement des Aires Métropolitaines) wurden nicht flächendeckend und auch nicht zur gleichen Zeit eingesetzt, so daß sie in den verschiedenen Regionen oft auch unterschiedliche Ausprägungen in der internen Struktur, dem Aufbau ihrer raumplanerischen Konzeptionen und den Arbeitsergebnissen zeigen[13]). In Übereinstimmung mit den Zielen des V. 5-Jahres-Plans war es ursprünglich die Aufgabe der OREAM, Zielvorstellungen für die zukünftige Entwicklung der Ausgleichsmetropolen (Métropoles d'équilibre) zu erarbeiten, räumlich waren die Studien auf das Umland dieser Städte beschränkt. Zu Beginn der 70er Jahre wurde ihr Aufgabenfeld insgesamt erweitert und jeweils auf die gesamte Region ausgedehnt[14]). Auf die Arbeitsweise der OREAM wird am Beispiel der OEDA-Alsace und der OREAM-Lorraine in den folgenden Abhandlungen näher eingegangen.

---

[11]) Zu übersetzen etwa als oberster regionaler und departementaler Finanzverwalter; er allein ist in Frankreich befugt, öffentliche Finanzmittel freizugeben.

[12]) Zu übersetzen etwa als ,,Regionaldirektor der Abteilung Infrastruktur, Raumordnung, Städtebau und Bauwesen".

[13]) Vgl. D.A.T.A.R. (Hrsg.): Les OREAM et l'aménagement du territoire 1966–1976. Paris 1977.

[14]) Ebenda.

2.4 Die Organisation der Raumplanungsebenen mit engeren kommunalen Bezügen

Als wesentliches Unterscheidungsmerkmal auf den kommunalen Planungsebenen ist das Fehlen einer in diesem Bereich autonomen und mit entsprechenden Kompetenzen ausgestatteten Struktur in Frankreich hervorzuheben. Der Planungs- und Verwaltungshoheit der deutschen Gemeinden steht in Frankreich bislang kein vergleichbarer Verfassungsgrundsatz gegenüber. Die Raumplanung mit stärkeren kommunalen Bezügen ist in Frankreich Raumplanung für die Gemeinden und nur in sehr begrenztem Umfang von den Gemeinden[15]).

Die für die Kommunen tätigen departementalen Planungsgruppen der DDE, die GEP, sind in ihrer Abhängigkeit vom Präfekten des Departements und als Außenstellen des Ministeriums für Umwelt und Lebensqualität (cadre de vie) vornehmlich als zentralstaatliche Behörde zu betrachten. Bei der GEP aber liegt die Erarbeitung der ,,Documents d'urbanisme" (SDAU, POS, etc.), soweit sie von den größeren Städten bzw. Gemeindeverbänden nicht selbst in den ,,Agences d'urbanisme", jedoch unter der Verantwortung der DDE erstellt werden. In jedem Fall aber erfolgt die Genehmigung dieser Pläne mit engerem kommunalen Bezug durch den Präfekten des Departements, bei Departementsgrenzen überschreitenden SDAU durch den Regionalpräfekten.

Für die Erarbeitung der ,,Documents d'urbanisme" werden Kommissionen und Arbeitsgruppen gebildet (Commissions locales d'aménagement et d'urbanisme), deren Zusammensetzung der Präfekt bestimmt, ebenso wie er die Aufstellung des Planes und die Abgrenzung des Plangebietes festlegt. In diesen Kommissionen und Arbeitsgruppen sind die Kommunen teilweise direkt über Bürgermeister und Gemeinderäte vertreten, teilweise auch über die Generalräte sowie die Abgeordneten und Senatoren, die die Interessen der Kommunen wahrnehmen. In den Arbeitsgruppen zur Vorbereitung der POS führt in der Regel der Bürgermeister den Vorsitz. Da diese Kommissionen nur zum Zweck der Aufstellung der Pläne eingesetzt werden, stellen sie keine permanente Entscheidungs- bzw. Aufsichtsorganisation dar, die auch über die Umsetzung der Pläne wachen könnte.

Ausnahmen bilden die ,,Agences d'urbanisme" der Metropolräume (z. B. Strasbourg) und anderer Agglomerationen. Für die Metropolräume wurden 1967 durch die Verwaltungsreform sogenannte ,,Communautés urbaines" geschaffen. Diese neuen Verwaltungskörperschaften ersetzen nicht die Gemeindeverwaltungen. Es wurden ihnen lediglich einige wichtige Kompetenzen übertragen, darunter auch die Bereichsentwicklungs- bzw. Bauleitplanung. Nur einige städtische Agglomerationen besitzen somit eine ständige Einrichtung, die die Raumplanung auf der kommunalen Ebene betreibt und denen neben der Aufstellung der Documents d'urbanisme (vgl. Kap. 3) unter Federführung der DDE auch deren Fortschreibung obliegt.

Da die Planungsräume oftmals nicht nach bestehenden Verwaltungsräumen abgegrenzt wurden, existieren auf den Planungsebenen mit engerem kommunalen Bezug auf der französischen Seite räumliche und zeitliche Lücken (keine permanent geltenden Raumplanungszuständigkeiten) im Vergleich zur Regionalplanung und zur Bauleitplanung auf deutscher Seite. Diese Lücken konnten auch nicht durch das Gesetz zur Gemeindegebietsreform vom 16. Juli 1971 geschlossen werden, das die freiwillige Zusammenarbeit in wichtigen Verwaltungsaufgaben in gleichgearteten Kommunen begünstigt. Die Bereitschaft dazu war auf kommunaler Ebene bisher nicht sehr ausgeprägt[16]).

---

[15]) Vgl. LANVERSIN, J.: a. a. O., Fn 2.
[16]) Vgl. PONTIER, J. M.: L'Etat et les Collectivités Locales. La repartition des compétences. Paris 1978.

3. Vergleich der wesentlichen Planungsinstrumente in der Bundesrepublik Deutschland und in Frankreich

3.1 Der unterschiedliche Rahmen für die raumplanerischen Konzeptionen

Die unterschiedliche Ausgangssituation für die Erarbeitung und die Anwendung der Raumplanungskonzeptionen ist auf den überörtlichen Ebenen gekennzeichnet durch ein flächendeckendes, in Inhalt und Zielsetzung umfassendes System von Raumordnungsplänen bzw. Raumordnungsprogrammen auf deutscher Seite. Dem stehen in Frankreich die in Zielbezug und Inhalt jeweils auf besondere Problemschwerpunkte ausgerichteten, sich nur auf bestimmte Gebiete erstreckenden Pläne mit dem Charakter von Aktionsprogrammen zur Beeinflussung der Raumstruktur gegenüber.

Die drei Hauptziele der französischen Raumordnungspolitik sind:
- rationelle Nutzung der Produktivkräfte durch langfristige Planung
- Korrektur der Disparitäten zwischen Paris und den übrigen, zumeist ländlich strukturierten Regionen
- Verbesserung der Lebensbedingungen der Menschen durch Gewährleistung gleicher Ausbildungschancen und den Schutz der natürlichen Umwelt[17]).

Die beiden zuletzt genannten Ziele finden sich als Raumordnungsgrundsätze auch auf deutscher Seite wieder. Das erste Ziel, nämlich „rationelle Nutzung der Produktivkräfte durch langfristige Planung", hat in dieser speziellen Ausprägung keine direkte Entsprechung in den Zielen und Grundsätzen der Raumordnung (vgl. ROG 8.4.1965 §§ 1 und 2) in der Bundesrepublik Deutschland.

Die Zielanalyse läßt auch die unterschiedlichen Ziel-Mittel-Relationen im bundesdeutschen und französischen Planungssystem erkennen:
- umfassende Zielformulierung auf teilweise hohem Abstraktionsniveau auf der deutschen Seite, wobei die ordnende Funktion der Raumplanung betont wird
- demgegenüber aktions- bzw. programmorientierte Ausrichtung der Pläne in Frankreich, wobei „aménagement du territoire" nicht als übergeordnetes Zielsystem gesehen wird, sondern als Mittel zur Erhöhung der wirtschaftlichen Produktivität und der allgemeinen Lebensqualität (cadre de vie).

Es existiert in Frankreich keine nationale Raumordnungskonzeption, die dem über die MKRO entstandenen Bundesraumordnungsprogramm (BROP) vergleichbar wäre.

Die Raumordnungsstrategien sind demgegenüber eingebunden:
- in den jeweiligen nationalen 5-Jahres-Plan für die Wirtschafts- und Sozialentwicklung
- in die staatlichen Förderprogramme (Vertragspolitik): Métropoles d'équilibre, Contrats de ville moyenne, Contrats de pays[18]).

Der „Conseil Central de Planification" (vgl. Kap. 2) kann darüber hinaus nach Bedarf einzelne Ziele und Programme fortschreiben oder neu aufstellen, ebenso wie die DATAR die Möglichkeit hat, Schwerpunkte der Raumordnungspolitik zu artikulieren bzw. zu definieren.

---

[17]) Vgl. Informationsblätter der französischen Botschaft, 27. Jahrgang Nr. 179, Bonn, Dez. 1977, S. 16.
[18]) Vgl. D.A.T.A.R.: Politique des contrats de pays, Bilan et directives. Paris 1977.
LERUSTE, PH: Le contrat d'aménagement de villes moyennes. La documentation française. Paris 1975.

In Frankreich besteht kein allgemeines Gesetz, das dem Raumordnungsgesetz des Bundes mit seinen Grundsätzen (Oberzielen) der Raumordnung oder den Landesplanungsgesetzen der Länder entsprechen würde. Mit den „Directives d'Aménagement Nationales" (DAN) hat das CIAT bzw. die Regierung jedoch die Möglichkeit, spezielle Ziele zu Raumordnungsgrundsätzen zu erklären (z. B. Entwicklung und Schutz der Gebirgsregion, Nov. 1977, Schutz gegen Fluglärm, Sept. 1977 etc.). Kernpunkt der staatlichen Planung in Frankreich ist der nationale 5-Jahres-Plan, der in seiner Fortschreibung offen ist und sich den nationalen Erfordernissen sehr flexibel anpaßt[19]).

Nachdem es sich ursprünglich um mehr oder weniger reine Wirtschafts- und Investitionspläne handelte, wurden im IV. Plan (1962–1965) zum ersten Mal Ziele der Raumordnung eingearbeitet, da dieser Plan Bezug auf regionale Besonderheiten nahm. In diesem Zusammenhang kam es 1964 zur Gründung der DATAR und zur Verwaltungsreform mit dem Ziel der „Dekonzentration"[20]). Aus der Vorbereitung des V. Planes (1965–1970) kamen die Anstöße zur Ausweisung der Entlastungsmetropolen (Métropoles d'équilibre) und zeitgleich zur Gründung der dazugehörigen Planungsinstitutionen (OREAM). Daneben wurden in den einzelnen Regionen die sogenannten „études d'armature urbaine" für die Stärkung der regionalen Zentren erarbeitet. Der V. Plan hatte mit dem „Programme de Modernisation et d'Equipement" für Städte mit mehr als 50 000 Einwohnern offensichtlich einen Schwerpunkt auf die städtische Entwicklung als Teil der Raumordnung gelegt. Eine gewisse Vertiefung und Ausweitung in Richtung auf die kleineren Städte und die Industrialisierung des ländlichen Raumes brachte der VI. Plan (1971–1975).

Der VII. Plan (1975–1980) schließlich legte einen Schwerpunkt auf die Regionalisierung der Investitionsentscheidungen, indem deutlich unterschieden wird in:

– allgemeine Überlegungen zur langfristigen Entwicklung auf nationaler Ebene

– Prioritätsprogramme mit 25 Punkten (PAP) = Programmes d'actions prioritaires[21])

– Bericht zur regionalen Entwicklung (hier fließt beispielsweise das „Schéma d'orientation et d'aménagement de l'Alsace" ein) mit

– Prioritätsprogrammen auf regionaler Ebene (PAPIR) = Programme d'actions prioritaires d'initiative régionale.

Der VIII. Plan hat im Zuge des Regierungswechsels im Jahre 1981 keine Verbindlichkeit erreicht. Der Rhythmus ist zum gegenwärtigen Zeitpunkt durch einen sogenannten Übergangsplan (Gültigkeit für 2 Jahre) 1982/83 durchbrochen; damit soll eine Angleichung des Zeithorizontes des folgenden 5-Jahres-Planes an die Amtszeit des Präsidenten MITTERAND erfolgen. Die Verknüpfung der Raumplanung mit den nationalen 5-Jahres-Plänen für die wirtschaftliche und soziale Entwicklung kennzeichnet die Absicht zur aktiven Entwicklung durch koordiniertes staatliches und privates Handeln in allen Bereichen. In der Bundesrepublik Deutschland finden demgegenüber die in den 70er Jahren begonnenen vielfältigen Bemühungen um eine verstärkte, systematische Ressortkoordination sowie um eine engere Verknüpfung der Finanz-, Investitions- und Maßnahmenplanung mit der Raumordnungsplanung im Sinne einer integrierten Entwicklungsplanung kaum eine Fortsetzung. Vielmehr steht die Tendenz im Vordergrund, Koordinierungsprogramme und Rahmenpläne auf das unbedingt notwendige Maß zu beschränken.

---

[19]) Insbesondere aus der Vorbereitung der jeweiligen 5-Jahres-Pläne kamen in der Vergangenheit die wesentlichsten Impulse für neue Raumplanungsstrategien.

[20]) Vgl. SCHMITGES, R.: a. a. O., Fn. 4, S. 29 ff. sowie WACKERMANN, G.: a. a. O., Fn. 8.

[21]) Im nationalen Prioritätsprogramm des VII. 5-Jahres-Planes ist z. B. der Ausbau des Rhein-Rhone-Kanals enthalten.

Das unterschiedliche Planungsverständnis erklärt sich auch daraus, daß die Entwicklung der überörtlichen Raumplanung in beiden Ländern verschiedenartig verlief:

- in Deutschland aus dem Städtebau heraus (architekturorientiert) mit der Tendenz zu flächendeckenden, umfassenden planerischen Aussagen und Darstellungen (physical planning)
- in Frankreich in enger Anlehnung an ökonomisch- bzw. budgetorientierte staatliche Planung, daher von Anfang an engere Verknüpfung mit staatlichem Verwaltungshandeln und weniger direkt raumorientiert.

Die französische Raumordnungspolitik erscheint daher mehr pragmatisch und weniger grundsätzlich systematisch angelegt.

3.2 Vergleich der Inhalte, Methoden und Elemente im Überblick

Spezielle, allgemein gültige Vorgaben zu den Planungselementen bzw. -instrumenten der überörtlichen Raumplanung finden sich in Frankreich nicht. Der grenzübergreifende Vergleich von Raumordnungskonzeptionen kann dadurch erheblich erschwert werden. So wurden die Inhalte und Planungsinstrumente der Entwicklungspläne, die für den Bereich der ,,Metropoles d'équilibre" aufgestellt worden sind, nicht näher vorgegeben. Es bleibt also weitgehend offen, wie die Konkretisierung der ,,Politique d'équilibre" planungsmethodisch und regionalpolitisch erfolgt. Durch spezifische, auf die Region zugeschnittene Maßnahmen sollen die Vorteile des betreffenden Raumes besser zur Geltung gebracht und dessen Nachteile überwunden werden. Die einzelnen Pläne weichen daher sowohl in ihrem Inhalt als auch in ihrer planungsmethodischen Strukturierung erheblich voneinander ab[22]). Hier zeigt sich ein grundlegender Unterschied in den planungsmethodischen Auffassungen:

- In Frankreich weitgehend Spielraum für eine regionalspezifische Ausgestaltung von Analyse und Konzeption als Voraussetzung für eine hohe Wirksamkeit durch struktur- und problemspezifische Vorgehensweise.
- In der Bundesrepublik Streben nach Einheitlichkeit vor allem hinsichtlich der Vergleichbarkeit, d. h. Vorgabe umfassender Gliederungen und der zu verwendenden Planungsinstrumente (vgl. MKRO-Entschließungen, Vorgaben der Landesplanung, Erlasse etc.).

Es ergeben sich daraus in den beiden Staaten unterschiedliche, einander weitgehend entgegengesetzte Vor- und Nachteile, so u. a. in Frankreich konzeptionelle Lücken. Umgekehrt zeigen sich in der Bundesrepublik deutlich die Grenzen, die sowohl planungsmethodisch als auch anwendungsbezogen dem Anspruch einer umfassenden, in sich konsistenten räumlichen Zielkonkretisierung gesetzt sind[23]).

Bei derart unterschiedlichen Planungsansätzen muß der Vergleich vor allem auf der Ebene der Grundlinien nationaler Raumordnungsstrategien angestellt werden. Hier zeigen sich, wie bereits angedeutet, trotz unterschiedlicher Planungssysteme durchaus ähnliche Zielsetzungen in Richtung auf den Abbau großräumiger Disparitäten durch Förderung eines Netzes leistungsfähiger Schwerpunkte vor allem in den strukturschwachen Gebieten:

- in der Bundesrepublik mit Hilfe des punkt-axialen Systems und seiner schrittweisen Konkretisierung anhand vorgegebener, weitgehend vereinheitlichter Planungsinstrumente

---

[22]) Vgl. D.A.T.A.R.: (1977), Les OREAM . . . a. a. O., Fn. 13.
[23]) Vgl. HOBERG, R.: Regionalplanung als Koordinierungs- und Abstimmungsinstrument muß gestärkt werden. In: Raumplanung in der Krise? BfLR Informationen zur Raumentwicklung, Heft 12, Bonn 1980.

– in Frankreich durch die ,,Politique d'équilibre", d. h. Förderung von Schwerpunkten vor allem durch die wirtschaftliche Stärkung und insbesondere den Infrastrukturausbau in den regionalen Oberzentren, den Mittelstädten (Villes moyennes) und den ländlichen Zentren, die nach dem ,,Contrat de pays" gefördert werden können.

Die französischen Regionen stellen, wie schon ausgeführt, im Gegensatz zu den Regionen in der Bundesrepublik keine Raumplanungseinheiten dar. Weder für sie, noch für die Departements werden generell bzw. flächendeckend Raumordnungspläne aufgestellt. Nach dem Dezentralisierungskonzept der Förderung von acht Ausgleichsmetropolen (Métropoles d'équilibre) wurden für diese Schwerpunkträume punktuelle Entwicklungspläne (Schémas d'Orientation) von speziellen, dafür eingerichteten Planungsinstitutionen erarbeitet, es sind dies die in Kap. 1 bereits dargestellten OREAM (Organisation Régionale de l'Etude et d'Aménagement des Aires Métropolitaines) bzw. die OEDA-Alsace. Daneben fließen die Raumordnungsziele der Regionen auch in den nationalen 5-Jahres-Plan ein.

Hinsichtlich der planungsmethodischen Arbeitsweise ergibt ein auf die drei Grundformen planerischer Elemente, nämlich die Punkt- bzw. Zentrenelemente, die linearen Elemente (Bänder, Achsen) und die Flächenelemente (Schutz-, Vorrangzonen) ausgerichteter zusammengefaßter Vergleich die folgenden Ergebnisse:

Punktelemente

Generell ist festzustellen, daß ein Zentrale-Orte-Konzept, das dem der Bundesrepublik vergleichbar wäre (4- bzw. 3stufig hierarchisch aufgebaut als Versorgungsnetz), in Frankreich auf nationaler Ebene keine Anwendung findet. Die verschiedenen Schwerpunkt- bzw. Zentrenkonzepte (Métropoles d'équilibre, Villes moyennes) enthalten zwar auch zentralörtliche Elemente, sind jedoch gegenüber dem versorgungsorientierten deutschen Ansatz meist sehr eng mit dem gesamten wirtschaftlichen Potential verknüpft (Stärkung der Wirtschaftskraft, Arbeitsplatzschwerpunkt, ökonomische Ausstrahlung) und besitzen daher mehr Ähnlichkeit mit dem im Rahmen des BROP in den Vordergrund gestellten Konzept der ,,Entwicklungszentren"[24].

Lineare Elemente

Abstrahierte lineare Planungselemente, die den deutschen Achsenkonzepten vergleichbar wären, finden in den französischen Raumordnungskonzeptionen auf nationaler Ebene explizit keine Anwendung. Dabei ist zu beachten, daß die bisherige Einbeziehung von Achsen in Raumordnungskonzeptionen innerhalb der Bundesrepublik in sehr verschiedener Form und teilweise auch überhaupt nicht erfolgte. Sie vermochten bisher sowohl planungsmethodisch als auch in ihrer Koordinationswirkung nur in eingeschränktem Maße zu überzeugen[25]. Gleichzeitig ergaben sich daraus zusätzliche Koordinationsprobleme an den Grenzen zwischen Bundesländern mit unterschiedlichen Achsensystemen, so z. B. im Oberrheingebiet zwischen Rheinland-Pfalz und Baden-Württemberg. Planerische Aussagen im Sinne der Achsen finden sich jedoch implizit auch in den französischen Raumordnungskonzeptionen. So ist z. B. mit dem Konzept der ,,Métropoles d'équilibre" ein gezielter Ausbau des Verkehrsnetzes verbunden, um diese besser an den nationalen und internationalen Markt anzuschließen.

---

[24]) Vgl. Bundesminister für Raumordnung, Bauwesen und Städtebau: Beratungsentwurf, Raumordnung beiderseits der Grenze der Bundesrepublik Deutschland zu den Nachbarstaaten der Europäischen Gemeinschaften sowie der Schweiz und Österreich – unter besonderer Berücksichtigung der Zentren und Achsen. München 1979.

[25]) Vgl. KISTENMACHER, H.: Zur theoretischen Begründung und planungspraktischen Verwendbarkeit von Achsen. In: Zur Problematik von Entwicklungsachsen. ARL: FuS Bd. 113, Hannover 1976.
Ders: Aufbau und Anwendung kleinräumiger Siedlungsachsen. In: Kleinräumige Siedlungsachsen. ARL: FuS Bd. 133, Hannover 1980.

Flächenelemente

Flächenelemente im Sinne von Vorranggebieten für den Schutz des Naturpotentials und für wichtige Freiraumfunktionen wie Landwirtschaft oder Erholung bilden in der Bundesrepublik wesentliche Bestandteile der landes- und regionalplanerischen Konzeptionen. Vergleichbare Festlegungen finden sich in den französischen Plänen bisher nur in Ausnahmefällen.

Im Zuge verstärkter Berücksichtigung ökologischer Erfordernisse im Rahmen der Raumplanung und der zusätzlichen Einbeziehung von Nutzungen wie Kiesabbau werden derartige flächenhafte Ausweisungen beiderseits der Grenzen noch an Bedeutung gewinnen, zumal es auch im Vollzug des französischen Naturschutzgesetzes von 1976 in verstärktem Maße Schutzgebietsfestlegungen gibt, aber auch dort vornehmlich auf den regionalen bzw. kommunalen Ebenen (vgl. dazu Studie der OEDA-Alsace zur ,,Trame verte régionale").

3.3 Die Regionalisierung der Ziele des nationalen 5-Jahres-Plans, die Übernahme der regionalen Ziele in den 5-Jahres-Plan

Eine dreifache Absicht wird durch die Beteiligung der regionalen Ebene an der Erarbeitung und Durchführung des Nationalen Plans und an der Verflechtung der nationalen und regionalen ökonomischen Planung verfolgt[26]):

- die Ziele der Raumplanung und der Perspektiven der regionalen Entwicklung sollen eng mit der nationalen Politik der ökonomischen Entwicklung verknüpft werden

- die Ziele des 5-Jahres-Plans sollen sich auf die genauere Kenntnis des Bedarfs vor Ort stützen

- vor allem aber soll eine größere Effektivität bei der Durchführung des Plans erreicht werden.

Dieses Ziel der Regionalisierung des 5-Jahres-Plans versuchte man seit der Vorbereitung des IV. Plans (1962–65) mit den ,,Operationsabschnitten der regionalen Pläne" (Tranches opératoires) schrittweise zu konkretisieren. Für den V. Plan hatte man die ,,regionalen Abschnitte des Nationalen Plans" festgelegt und ist einem Verfahren gefolgt, das die im März 1964 eingerichtete regionale Verwaltung (Mission régionale) beteiligt. Diese regionalen Abschnitte waren geographische Aufrisse auf der Ebene der Regionen. Sie setzten die Prognosen des Nationalen Plans und dessen Ziele hinsichtlich der Ausstattung mit öffentlichen Einrichtungen auf die jeweilige Region um. Der Ablauf der Regionalisierung des Plans wurde mit der Erarbeitung des VI. Plans präzisiert. Zu diesem Zeitpunkt war das Klima günstig für die Regionen, da die Regierung etwa zeitgleich das Projekt der regionalen Reform vorgelegt hatte, das mit dem Gesetz vom 5.7.1972 abschließt, welches die Schaffung und Organisation der Regionen als ,,Etablissements publics" zum Inhalt hat.

Die Regionalisierung im VI. Plan wurde, ebenso wie im V. Plan, in drei Phasen vollzogen:

- zu Beginn waren die Regionen aufgerufen, Vorschläge aus regionaler Sicht zu formulieren (Programmes Régionaux de Développement Economique, PRDE)

- sie nahmen im Verlauf der Planaufstellung an der Erarbeitung der regionalen Entwürfe teil, die insbesondere auch Angaben über die finanziellen Voraussetzungen und die Möglichkeiten der örtlichen Gemeinschaften enthalten

---

[26]) Vgl. LANVERSIN, J.: a. a. O., Fn. 2.

- nach der Verabschiedung des Plans legte jede Region, beruhend auf den Vorgaben des „Commissariat général du plan", ihr PRDE fest, das ein Programm zum Ausbau der öffentlichen Einrichtungen, eine Rangfolge der Prioritäten und ein Finanzprogramm enthielt.

Die ungünstige Konjunktur verhinderte die vollständige Verwirklichung der PRDE. Dennoch erwiesen sich diese regionalen Entwicklungsprogramme, soweit sich das übersehen läßt, als nützliche Instrumente für die jährliche Verteilung der etatmäßigen Mittel. Für den VII. Plan wurden die Arbeiten gemäß Art. 8 des Gesetzes von 1972 dezentralisiert durchgeführt[27]).

Das Verfahren der Planaufstellung lief dementsprechend in drei verschiedenen Phasen ab, an denen die Regionen teilnahmen:

- In der Vorbereitungsphase zum VII. nationalen 5-Jahres-Plan haben die Regionen (unter Einbeziehung der Regionalräte) ihre wesentlichen Entwicklungsziele bis 1980 in einem vorläufigen Orientierungsbericht vorgelegt.
- Im Gegenstrom dazu wurden die Regionen zur Beantwortung eines Fragebogens aufgefordert, der zur Vorbereitung des 5-Jahres-Plans von staatlicher Seite ausgearbeitet worden war. Aus den eingegangenen Antworten wurde ein Syntheseberich angefertigt, der in den Plan einfloß.
- Während das „Commissariat général du Plan" den endgültigen Nationalen Plan vorbereitete, der durch ein Gesetz vom 21.7.1976 angenommen wurde, haben die regionalen Instanzen dann die eigentliche Vorbereitung ihrer PDA (Programme de Développement et d'Aménagement) in Angriff genommen, die in gewisser Weise als regionale 5-Jahres-Pläne zur wirtschaftlichen und sozialen Entwicklung gewertet werden können.

Die von den Regionalräten Ende 1976 genehmigten regionalen Entwicklungspläne (PDA) stellen die in der jeweiligen Region bis 1980 zu erreichenden Ziele und die daraus zu entwickelnden Maßnahmen dar.

In Verbindung mit dem Spielraum, der es jeder Region überließ, im vorgegebenen Rahmen ihren Plan zur ökonomischen Entwicklung und die Prioritäten festzulegen, sollte nun nicht mehr wie in der Vergangenheit ein vollständiges Verzeichnis aller gewünschten Aktivitäten vorgelegt, noch, wie vorher üblich, die vorgeschlagenen Gesamtinvestitionen abgeschätzt werden. Vielmehr sollte nur noch eine begrenzte Zahl von Vorhaben in das regionale Programm Eingang finden, damit diese dann eher verwirklicht werden können. Der VII. Plan enthält daher eine Zusammenstellung präziser Vorschläge in der Form von 25 „Programmes d'actions prioritaires" (PAP), die zugleich die haushaltsmäßigen Möglichkeiten für Investitionsausgaben, Betriebskosten, Finanzierungsarten etc., die zur Durchsetzung der Programme notwendig sind, berücksichtigen.

Mit der Aufstellung der regionalen Entwicklungspläne (PDA) sind zwar keine rechtlichen Bindungswirkungen gegenüber Dritten verknüpft, jedoch binden sich Staat und Regionen selbst an ein Entwicklungsprogramm, das durch die Regionalisierung des Staatshaushaltes, auf die wir in Kap. 4 noch zurückkommen werden, schrittweise verwirklicht werden soll. Die PDA sind jedoch mit Ausnahme des Elsaß sehr vage und unpräzis geblieben.

Einen direkt vergleichbaren Planungsprozeß für den raumwirksamen Einsatz der Haushaltsmittel gibt es auf deutscher Seite nicht, wenn auch durch die Kompetenzverteilung zwischen Bund und Ländern eine gewisse Regionalisierung gewährleistet ist und für die Raumordnung Einwirkungsmöglichkeiten in die Gemeinschaftsaufgabe „Verbesserung der regionalen Wirtschaftsstruktur" gegeben sind.

---

[27]) Ebenda.

3.4 Die OREAM-Pläne

Von Inhalt und Zielrichtung eher vergleichbar mit den Raumordnungsplänen bzw. -programmen auf der Landes- und Regionsebene in der Bundesrepublik sind die Pläne der OREAM für die bereits erwähnten Metropolräume bzw. derjenige der OEDA-Alsace für die gesamte Region Elsaß. Sie gehen über die Aufstellung von Investitionsprogrammen hinaus, indem sie die Schwerpunkte der Aussagen auf das räumliche Gesamtgefüge und die darin liegenden Entwicklungschancen ausrichten[28]. Da sie, wie bereits dargelegt, inhaltlich und methodisch sehr unterschiedlich aufgebaut sind, kann ein allgemeiner Vergleich nicht durchgeführt werden. Eine spezielle Gegenüberstellung wesentlicher Inhalte des „Schéma d'Orientation et d'Aménagement de la Région Alsace" mit den Regionalplänen der angrenzenden deutschen Gebiete erfolgt daher im folgenden, speziell auf den Grenzraum am Oberrhein bezogenen Aufsatz. Dabei ist jedoch zu berücksichtigen, daß sich dieser Plan zum Teil erheblich von anderen, vor allem älteren OREAM-Planungen insbesondere in der Weise unterscheidet, daß er in seinem Aufbau und in der Verwendung der Planungsinstrumente den deutschen Regionalplänen ähnlicher ist als jene.

3.5 Raumplanungskonzeptionen mit engeren kommunalen Bezügen

Erst auf diesen Raumplanungsebenen werden Planinhalte, Aufstellungsverfahren und Verbindlichkeiten auf der französischen Seite mit den deutschen Regionalen Raumordnungsplänen sowie den Bauleitplänen direkt vergleichbar. Es sind in Frankreich diejenigen Pläne, die im „Code de l'urbanisme" (einschließlich des Loi d'orientation foncière) gesetzlich verankert und mit den entsprechenden Planungsinstrumenten ausgestattet sind. Aber auch auf diesen Ebenen ist die Vergleichbarkeit mit den deutschen Plänen durch eine sehr große Flexibilität hinsichtlich der Gebietsabgrenzungen (z. B. kann ein SDAU 4–5, aber auch mehr als 100 Gemeinden umfassen) und der fehlenden Pflicht zur Aufstellung bzw. der Möglichkeiten der Erarbeitung zusätzlicher Pläne (z. B. PAR anstelle SDAU, „Schéma de secteur" vor dem POS etc.) eingeschränkt. Der Kürze wegen werden die französischen Planarten dieser Ebene nur kurz umrissen. Eine ausführlichere Darstellung erfolgt in Verbindung mit den Ausführungen zu den Raumordnungsproblemen und Planungen im deutsch-französischen Grenzraum am Oberrhein. Der SDAU (Schéma directeur d'aménagement et d'urbanisme), eingeführt durch das „Loi d'orientation foncière" vom Dezember 1967, kann wohl am besten als „Bereichsentwicklungsplan"[29] umschrieben werden. Aufstellungsverfahren, Inhalt und Bindungswirkungen sind geregelt durch den „Code de l'urbanisme". Die Aufstellung eines SDAU ist vorgeschrieben für verstädterte Gebiete mit mehr als 10000 Einwohnern. Auf Anordnung des Präfekten kann ein SDAU auch für andere von der Verstädterung bedrohte Räume aufgestellt werden. Vom Maßstab, dem räumlichen Zuschnitt und den Planinhalten her entspricht der SDAU mehr einem Regionalplan bzw. einem regionalen Teilplan, von der Verbindlichkeit und den Nutzungsfestlegungen her gesehen bestehen mehr Ähnlichkeiten zum Flächennutzungsplan. Das Naturschutzgesetz vom 10. 7. 1976 und seine Durchführungsverordnung vom 12. 10. 1977 haben die Sorge für die Umwelt in den „Code de l'urbanisme" eingeführt und fordern die systematische Berücksichtigung der Belange des Umweltschutzes bei der Erarbeitung der „Documents d'urbanisme", insbesondere des SDAU. Damit ergibt sich eine gewisse Parallelität hinsichtlich der Berücksichtigung landschaftsplanerischer Aspekte in der deutschen Regional- und Bauleitplanung, wo die Integration der Landschaftspläne auf der Stufe der Flächennutzungsplanung und der Landschaftsrahmenpläne auf der Stufe der Regionalplanung festgelegt ist.

---

[28] Vgl. D.A.T.A.R. (1977): Les OREAM . . . a. a. O., Fn 13.

[29] Terminologie abgestimmt nach AUST, B.: Die staatliche Raumplanung im Gebiet der Saar-Lor-Lux-Regionalkommission. Unveröffentlichtes Manuskript, Saarbrücken 1981.

An weiteren französischen Planarten mit engeren kommunalen Bezügen sind zu nennen:

- Schéma de Secteur
  zur Vertiefung eines SDAU für Teilräume
- PAR (Plan d'Aménagement Rural)
  in ländlichen Kantonen anstelle eines SDAU möglich
- POS (Plan d'Occupation des Sols)
  zur gebietsscharfen Festlegung von Flächennutzungen im Rahmen der Vorgaben des SDAU, aber nicht in dem Konkretisierungsgrad eines deutschen Bebauungsplanes
- ZEP (Zones d'Environnement Protégé)
  zum Schutz der Landschaft und landwirtschaftlicher Nutzungen in Gebieten mit starker Siedlungsentwicklung.

Zur Einbindung dieser Planarten in die Organisation der Raumplanung in Frankreich sei auf Kapitel 2.4 verwiesen. Außerdem wird darauf im folgenden Aufsatz am Beispiel der Grenzräume am Oberrhein näher eingegangen.

4. Durchsetzungs- bzw. Vollzugsinstrumente der Raumplanung

4.1 Die Rechtsverbindlichkeit der Planwerke

Die Grundlage des Vollzugs der raumplanerischen Zielvorstellungen in der Bundesrepublik ist die durch das Bundesraumordnungsgesetz, das Bundesbaugesetz und die entsprechenden Landesplanungsgesetze geschaffene Rechtsverbindlichkeit der Planwerke auf den verschiedenen Planungsebenen. Mit der behördlichen Genehmigung bzw. Festlegung der durch landesspezifisch geregelte Aufstellungsverfahren zustande gekommenen Raumordnungs- bzw. Bauleitpläne gewinnen diese Pläne eine hohe formale Bindungswirkung. Die damit verbundenen vertikalen Bindungswirkungen gewährleisten ein formal weitgehend konsistentes Zielsystem der Raumordnungs- und Bauleitpläne. Horizontale Bindungswirkungen sind indirekt damit verbunden, indem eine Abstimmungspflicht (Raumordnungsklauseln in Fachgesetzen) raumbedeutsamer Maßnahmen mit den Zielen der Raumordnung und Landesplanung besteht (vgl. dazu Kap. 4.2).

Trotz durchgängiger rechtlicher Instrumentierung, welche die Durchsetzung der raumplanerischen Ziele garantieren soll, ist die Praxis der überörtlichen Raumplanung in der Bundesrepublik bekanntlich mit erheblichen Durchsetzungsproblemen behaftet[30]. Wesentliche Ursachen dafür sind u. a.:

- Der räumlich und inhaltlich sehr hoch angesetzte Zielhorizont (Verwirklichung einer zielgerechten Raumstruktur) stellt einen in vieler Hinsicht zu hohen Anspruch an die notwendige Koordination bei der Planaufstellung und Plananwendung (zu hoher Konsensbedarf). Daher erfolgt vielfach eine inhaltliche Reduktion im Sinne der Suche nach dem kleinsten gemeinsamen Nenner sowie ein Ausweichen auf abstrakte Zielformulierungen.

---

[30] Vgl. KISTENMACHER, H.; EBERLE, D.: Erfordernisse und Möglichkeiten wirksamer regionalplanerischer Koordinationsstrategien. In: Raumplanung in der Krise? BfLR Informationen zur Raumentwicklung, Heft 12. Bonn 1980.

– Die starke institutionelle Verankerung der Fachplanungen mit eigenem Planungsapparat und Finanzierungsmöglichkeiten.
– Das Konfliktfeld zwischen der Planungs- und Verwaltungshoheit der Gemeinden und den übergemeindlichen raumordnerischen Erfordernissen.
– Die relativ schwache Position der überörtlichen Raumplanung gegenüber partikularen Ansprüchen.

Trotz unbestreitbarer Koordinationserfolge bei raumbedeutsamen Fachplanungen sowie gegenüber der kommunalen Ebene besteht bei dieser Art raumplanerischer Instrumentierung die Gefahr, daß sich Landes- und Regionalplanung durch den sehr hohen Koordinierungsbedarf in ihrer Wirkungsweise teilweise selbst paralysieren[31]).

Generell ergibt sich in Frankreich auf der Ebene der überörtlichen Planungen (oberhalb der Ebene der SDAU) ein geringer formaler Koordinationsbedarf mit den Fachplanungen, da diese Pläne bzw. „Etudes" einen geringeren räumlichen Konkretisierungsgrad besitzen. Aufgrund stärkerer Einbindung der Raumordnungsinstitutionen in die allgemeine Verwaltung und den Vollzug (vgl. z. B. DATAR und CIAT) bestehen jedoch stärkere direkte, verwaltungsintern ablaufende und daher meist schwer nachvollziehbare Einwirkungsmöglichkeiten auf konkrete fachplanerische Maßnahmen.

Anders hingegen bei den Bereichsentwicklungs- und Bauleitplänen (SDAU, POS etc.); hier sind die Probleme der Koordination und Integration von Einzelplanungen bei der Durchsetzung raumplanerischer Konzepte durchaus vergleichbar, denn diese Pläne, die auf der Grundlage des „Code de l'urbanisme" erarbeitet werden, gewinnen durch ihre Genehmigung selbst den Charakter von juristischen Durchsetzungsinstrumenten. Dabei ist eine auffallende Übereinstimmung in der Rechtsverbindlichkeit der deutschen Regional- und Bauleitpläne mit den französischen SDAU und POS etc. festzustellen. Die Inhalte der SDAU sind ebenso wie die der Regional- und Flächennutzungsplanung lediglich behördenverbindlich und gewinnen erst über die Konkretisierung im POS bzw. im Bebauungsplan direkte Verbindlichkeit gegenüber den Bürgern.

Daneben hat die Regierung (über das CIAT), aber auch der Regionalpräfekt die Möglichkeit, einzelne Raumplanungsziele unabhängig von der jeweiligen Planungsebene zu nationalen bzw. regionalen Raumordnungsrichtlinien (Directives d'aménagement) zu erklären, die damit zu verbindlichen Richtlinien werden. So wurden z. B. Teile des „Schéma d'Orientation" des Elsaß zu nationalen sowie zu regionalen Raumordnungsrichtlinien erklärt, wogegen das „Schéma d'Amenagement de la Métropole Lorraine" insgesamt Verbindlichkeit erlangte.

4.2 Abstimmungsverfahren zur Koordination bzw. Integration von Einzelmaßnahmen

Aus dem umfassenden, planerisch konzeptionell konkretisierten und auch rechtlich begründeten Koordinationsanspruch deutscher Raumordnungspläne auf Landes- und Regionsebene kann nicht ohne weiteres gefolgert werden, daß damit auch die tatsächliche Koordinationswirkung im Vergleich zu Frankreich größer sei. So stehen z. B. in der Phase der Planerstellung nicht in allen Fachplanungsbereichen Konzeptionen mit Anspruch auf längerfristige Gültigkeit zur Verfügung, die in den umfassenden räumlichen Koordinationsprozeß der Planaufstellung eingebracht werden können. Die Raumordnungskoordination bei der Planerstellung ist daher teilweise durch unvollständige fachplanerische Entwicklungsvorstellungen begrenzt, die zudem durch neue Entwicklungen vielfach Änderungen unterworfen sind. Es

---

[31]) Vgl. SCHARF, F. W.; SCHNABEL, F.: Steuerungsprobleme der Raumplanung. ARL: Beitr. Bd. 27, Hannover 1979, insbesondere S. 20 ff.

ist daher im Koordinationsprozeß vielfach die faktische Dominanz der Ad-hoc-Koordination fachplanerischer Vorhaben über Raumordnungsverfahren festzustellen.

Dem Raumordnungsverfahren bzw. raumplanerischen Verfahren als behördliches Koordinationsverfahren bei raumbedeutsamen Maßnahmen nach den jeweiligen Landesplanungsgesetzen der Bundesländer steht ein direkt vergleichbares Instrument im französischen Raumplanungssystem nicht gegenüber. Jedoch existieren auch in Frankreich ebenso wie in Deutschland zwei Arten von Anhörungsverfahren, die dem Anspruch der fachübergreifenden Koordination von raumrelevanten Einzelmaßnahmen gerecht werden:

- die „Enquête préalable à déclaration d'utilité publique", sie entspricht in etwa dem Planfeststellungsverfahren
- die „Enquête publique" im Rahmen der Aufstellung von Bauleitplänen (POS, ZEP), sie entspricht etwa den Anhörungsverfahren zur Regional- und Bauleitplanung in der Bundesrepublik Deutschland.

Wie in der Bundesrepublik hat das Rechtsinstitut der „Enquête préalable à la déclaration d'utilité publique"[32] seinen Ursprung in dem Enteignungsgesetz für das Verkehrsbaurecht – insbesondere Eisenbahnbau – der ersten Hälfte des 19. Jahrhunderts[33].

Demgegenüber wird das Verfahren der „Enquête publique" auch bei geringerem Eingriff in das Privateigentum als der Enteignung, so beispielsweise bei der Aufstellung der Bauleitpläne (POS und ZEP) angewandt. Während das Verfahren der „Enquête préalable" im „Code de l'expropriation" (Enteignungsgesetz) geregelt ist, ist das Verfahren der „Enquête publique" bei der Aufstellung der POS und ZEP durch den „Code de l'urbanisme" geregelt. In der Durchführung sind beide jedoch nahezu identisch und den deutschen Verfahren sehr ähnlich, nämlich öffentliche Bekanntmachung (Publicité)[34] und Auslegung des Plans. Im Falle einer „Enquête préalable" muß der Gemeinnützigkeitsbeschluß (Déclaration d'utilité publique) spätestens 1 Jahr nach dem Abschluß des Anhörungsverfahrens vom Präfekten durch ein „Arrête préfectoral" erklärt werden. Diesem schließt sich bei Baumaßnahmen die „Enquête parcellaire" an[35], die nur die Eigentümer der Grundstücke betrifft.

Die Betrachtung der Gesetze und Richtlinien erlaubt nur hinsichtlich der Planunterlagen einen beschränkten Vergleich. Während die vorgeschriebenen Unterlagen in der Bundesrepublik relativ einheitlich festgelegt sind, besteht in Frankreich ein gewisser Spielraum.

Bei der „Enquête publique" sind die Pläne selbst Gegenstand der öffentlichen Auslegung. Bei der „Enquête préalable" gehören zu den Planunterlangen:

- ein Erläuterungsbericht (Notice explicative), der die Maßnahme begründet und die möglichen Alternativen kommentiert
- eine Bewertung der Kosten
- ein Übersichtsplan (nicht parzellenscharf)
- eine „Etude d'impact", die im folgenden erläutert wird.

---

[32] Vgl. dazu BILLAUDOT, F.; BESSON-GUILLAUMONT, M.: Environnement, Urbanisme, Cadre de vie. Paris 1979, S. 163.

[33] FICKERT, H. C.: Planfeststellung für den Straßenbau, Kommentar unter besonderer Berücksichtigung des Umweltschutzes. Köln 1978, S. 12.

[34] Vgl. BILLAUDOT, F.; BESSON-GUILLAUMONT, M.: a. a. O., Fn. 32, S. 168.

[35] „Enquête parcellaire" liegt zwischen Planfeststellungsverfahren und Umlegungsverfahren (Bodenneuordnung) auf deutscher Seite.

Das Naturschutzgesetz von 1976 schreibt für die „Enquête préalable" zwingend eine Umweltverträglichkeitsstudie (Etude d'impact) vor[36]), die im Abstimmungsprozeß zwischen Bürger und Verwaltung in Frankreich einen besonderen Stellenwert bekommen hat. Nach dem Gesetz vom 10. Juli 1976 muß sie die Abschätzung der Folgewirkungen der Maßnahme auf die Umwelt ermöglichen. Nach Art. 3 des Erlasses vom 12. Oktober 1977 ist die „Etude d'impact" bei allen umweltbedeutsamen Maßnahmen (öffentlich oder privat) anzuwenden, die nicht ausdrücklich von dieser Studie befreit sind bzw. wegen ihrer relativen Geringfügigkeit einer vereinfachten Anzeigepflicht (Notice d'impact) unterliegen. Nach Art. 2 des Erlasses vom 12. Oktober 1977 soll der Inhalt der Studie der Bedeutsamkeit des Vorhabens entsprechen. Ferner ist der Aufbau der Umweltverträglichkeitsprüfung wie folgt vorgeschrieben:

- Analyse des bestehenden Zustands des Gebiets und seiner Umwelt und insbes. der natürlichen Gegebenheiten und Besonderheiten, die durch die Maßnahme verändert werden.

- Analyse der durch die Maßnahme verursachten Auswirkungen auf die Umwelt und insbesondere auf die Landschaftsordnung (Fauna, Flora, Biotope) und gegebenenfalls Analyse der Belastungen der Anlieger durch Immissionen.

- Begründung der gewählten Lösung gegenüber Alternativen im Hinblick auf die Umweltverträglichkeit.

- Die vom Baulastträger vorgesehenen Maßnahmen zu Vermeidung, Verminderung und, wenn möglich, Ausgleich der Beeinträchtigungen der Umwelt.

Wenn die Maßnahme, auf die sich die Studie bezieht, einem öffentlichen Anhörungsverfahren unterstellt ist, soll die „Etude d'impact" in den Planunterlagen zum Verfahren enthalten sein. In den Fällen ohne Anhörungsverfahren wird zum Zeitpunkt der Entscheidung (Genehmigung) die Existenz der Umweltverträglichkeitsstudien öffentlich bekanntgegeben. Es besteht dann die Möglichkeit, auf Antrag in die Umweltverträglichkeitsstudie Einsicht zu nehmen. Auch in der Bundesrepublik ist die Umweltverträglichkeit Gegenstand der Überprüfung im Rahmen der Anhörungsverfahren (raumplanerische Verfahren, Planfeststellungsverfahren, Verfahren nach dem Bundesimmissionsschutzgesetz), jedoch ist eine eigenständige Umweltverträglichkeitsstudie nicht generell vorgeschrieben.

Man kann zusammenfassend feststellen, daß die auf deutscher und französischer Seite durchgeführten Verfahren zur Koordination von raumbedeutsamen Maßnahmen und auch die Anhörungsverfahren zur Aufstellung der Bauleitpläne bzw. der „Documents d'urbanisme" als behördliche oder öffentliche Beteiligungsverfahren gewisse Ähnlichkeiten aufweisen. Es bestehen von daher gesehen günstige Voraussetzungen für eine systematische Beteiligung der jeweiligen Nachbarn auch über Staatsgrenzen hinweg[37]).

4.3 Die direkte Steuerungspolitik durch Finanzfonds und Verträge in Frankreich

Direkte verfahrensmäßig geregelte Einflußmöglichkeiten der Raumplanung auf staatliche Investitionsvorhaben bestehen in der Bundesrepublik nicht. Auch fehlen eigene finanzielle Möglichkeiten zur Schaffung von Anreizen oder Initialinvestitionen. Über die Gemeinschafts-

---

[36]) Vgl. Ministère de l'environnement et du cadre de vie: L'étude d'impact. Paris 1980.

[37]) „Vergleichende Untersuchung der Abstimmungsverfahren bei der Genehmigung raumbedeutsamer Maßnahmen in Frankreich und der Bundesrepublik Deutschland, untersucht am Beispiel der Staustufe Au-Neuburg."
Zur Erlangung des Titels eines Lizentiaten der Regionalwissenschaft, vorgelegt von CHRISTIAN KIENY, Manuskript. Karlsruhe, Oktober 1982.

aufgabe zur Verbesserung der regionalen Wirtschaftsstruktur und die übrigen Gemeinschaftsaufgaben ist jedoch eine indirekte Steuerungsmöglichkeit gegeben[38]). Demgegenüber bestehen in Frankreich auch Instrumente zur direkten Einflußnahme auf die Investitionstätigkeit der öffentlichen Hand sowohl auf nationaler als auch regionaler und departementaler Ebene[39]). Dies geschieht vor allem:

– über die Einwirkung auf den 5-Jahres-Plan

– durch die Möglichkeit der staatlichen Raumplanungsbehörden, mit eigenen Finanzierungshilfen raumplanerisch als notwendig erachtete Vorhaben zu fördern

– durch Förderprogramme auf Vertragsbasis (Contrat d'aménagement de ville moyenne, Contrat de pays).

4.3.1 Die Regionalisierung des Staatshaushaltes

Die Umsetzung der Ziele des nationalen 5-Jahres-Plans in konkrete Programme bzw. Maßnahmen geschieht durch die Regionalisierung des Staatshaushaltes. Dabei werden die Ausgaben für standortgebundene öffentliche Maßnahmen Region für Region und nicht mehr nur pro Ministerium verteilt. Diese Regionalisierung ist Gegenstand eines jährlichen Berichts, als Anlage an das Finanzgesetz. Der Bericht wird von der DATAR vorbereitet und im interministeriellen Komitee (CIAT) beschlossen. Der Regionalrat und die ,,Comités Economiques et Sociaux" der Regionen sind an der Vorbereitung und Durchführung des Staatshaushaltes beteiligt. Gemäß den Artikeln 9 und 10 des Gesetzes von 1972 äußert der Regionalrat mindestens einmal im Jahr seine Vorstellungen über die Verwendungsbedingungen der staatlichen Mittel, die für Investitionen von regionalem und Departementsinteresse bestimmt sind. Jedes Jahr legt der Präfekt der Region vor dem Regionalrat Rechenschaft über die Durchführung des Plans in der Region sowie die Investitionen von nationalem oder regionalem Interesse ab, die vom Staat oder unter seiner Mitwirkung verwirklicht wurden.

Im Stadium der Regionalisierung des Haushaltes werden die Investitionsmittel nach vier Kategorien aufgeteilt:

– Die Investitionen der Kategorie I zielen auf die Verwirklichung rein nationaler Ziele. Für sie übernimmt der Staat die völlige Verantwortung, und die Region wird nur fallweise aufgerufen, dazu eine Stellungnahme abzugeben.

– Die Investitionen der Kategorie II erstreben die Verwirklichung von Zielen regionalen Interesses. Ihr Programm wird auf regionaler Ebene gestaltet. Der Präfekt der Region erhält pauschale Zuweisungen, deren genaue Aufteilung und Verwendung er bestimmt.

– Die Investitionen der Kategorie III zielen auf die Verwirklichung der Ziele von Departementsinteresse. Der Präfekt der Region erhält hier die Zuweisungen, nimmt deren Verteilung zwischen den Departements, jedoch nach Rücksprache mit der ,,Conférence Administrative Régionale" und dem Regionalrat vor. Es sind dann die Präfekten der Departements, die nach Konsultation der ,,Generalräte" die Maßnahmen näher festlegen.

– Die Investitionen der Kategorie IV erstreben die Verwirklichung der Ziele lokalen Interesses. Sie entsprechen pauschalen Zuweisungen und werden direkt den Präfekten der Departements zugeteilt, die über ihre Verwendung zusammen mit den örtlichen Gemeinschaften entscheiden.

---

[38]) Vgl. dazu Ergebnisse der Arbeitsgruppe Regionale Wirtschaftspolitik der deutsch-französisch-schweizerischen Regierungskommission: Vergleich direkter und indirekter Förderungsmöglichkeiten zur Verbesserung der Wirtschaftsstruktur (Industrie und Fremdenverkehr), Manuskript. o. O. 1980.
[39]) Vgl. dazu an deutscher Literatur: SCHMITGES, R., Fn. 4; THUMM, U., Fn. 3; FRITSCH, A., Fn. 3.

4.3.2 Finanzierungshilfen der staatlichen Raumplanungsbehörden

Ein wirksames Mittel zur Steuerung öffentlicher und privater Investitionen ist in Frankreich ähnlich wie in der Bundesrepublik die Anreizpolitik über die Vergabe von Finanzierungshilfen. Für die Steuerung raumwirksamer Maßnahmen durch Finanzhilfen stehen in Frankreich folgende Möglichkeiten offen[40]:

– interministerielle Fonds für die Steuerung der regionalen Wirtschaftsentwicklung
– interministerielle Sonderfonds für objektbezogene Förderung, darunter z. B. FIAT (Fonds d'Intervention pour l'Aménagement du Territoire), FAD (Fonds d'Aide à la Décentralisation) etc., FRR (Fonds de Rénovation Rurale), FDA (Fonds de Décentralisation Administrative).

Die DATAR setzt die ihr zugänglichen Finanzierungsmittel strategisch ein, indem sie versucht, durch Förderzusagen für raumbedeutsame Maßnahmen ihrerseits die Fachministerien zu animieren, die von der DATAR favorisierten Maßnahmen vorrangig zu verwirklichen. Da die Fachressorts durch die Annahme der Finanzierungshilfe des FIAT oder des FAD ihr Budget schonen bzw. erweitern können, sind sie in der Regel kooperationsbereit gegenüber der DATAR und den Zielvorstellungen der Raumordnung, die sie vertritt. Bei einem Gesamtvolumen der für Raumordnungsinterventionen zugänglichen Finanzmasse von etwa 1 Milliarde Francs (1976) und einem durchschnittlichen Finanzierungsanteil von 20–30 % kann man von Gesamtinvestitionen bis zu 5 Mrd. Francs ausgehen, die damit direkt raumplanerisch beeinflußt wurden[41].

4.3.3 Förderprogramme auf Vertragsbasis

Neben der Möglichkeit der Steuerung raumrelevanter Investitionen über die sogenannten Interventionsfonds stellt die „Vertragspolitik" im französischen Raumplanungssystem ein weiteres Mittel zur Durchsetzung raumplanerischer Zielvorstellungen dar. Beispielhaft sind hierfür die Verträge zur Entwicklung eines leistungsfähigen Städtenetzes zu nennen. Im V. nationalen 5-Jahres-Plan (1965–1970) wurden dazu auf der Grundlage mehrerer Studien über das französische Städtenetz auf Vorschlag der CNAT acht städtische Agglomerationen als „Gleichgewichtsmetropolen" (Métropoles d'équilibre) ausgewiesen. Bis 1985 verpflichtete sich der Staat, zusammen mit den Gebietskörperschaften (Stadt, Communauté urbaine) gemeinsame Anstrengungen zur Verbesserung der infrastrukturellen Ausstattung dieser Metropolräume zu unternehmen, damit diese eine ausgleichende Rolle hinsichtlich der wirtschaftlichen und demographischen Entwicklung zwischen Paris und den übrigen französischen Regionen übernehmen können.

Im VI. nationalen 5-Jahres-Plan wurde die Politik der Verträge auf die Mittelstädte ausgeweitet. Auch die „Contrats d'aménagement de ville moyenne" beinhalten eine Förderungszusage zum Ausbau der technischen und sozialen Infrastruktur, angepaßt an die speziellen Anforderungen der jeweiligen Stadt[42]. Im VII. Plan schließlich erfolgte mit dem Instrument der „Contrats de pays" die Ausdehnung dieser Politik auch auf den ländlichen

---

[40] Vgl. SCHMITGES, R.: a. a. O., Fn 4, S. 222 ff.
[41] Vgl. ebenda, S. 49 ff.
[42] Vgl. dazu Conseil National des Economies régionales et de la Productivité (CNERP): Elements pour des filières de développement des villes moyennes. Paris 1972. Vgl.: Ministère de l'Environnement et du Cadre de vie: De l'Urbanisme à l'Environnement. Paris 1978, S. 25 ff.

Raum. Da beabsichtigt ist, die Finanzierung der nationalen Verträge der „Villes moyennes" und der „Contrats de pays" insgesamt auf die Regionen zu übertragen, ist wohl mit einer Zusammenfassung dieser Vertragspolitik mit regionaler und nationaler Förderung zu rechnen.

4.4 Der Einsatz von „Etudes" im Vorfeld raumwirksamer Planungen und Entscheidungen in Frankreich

Das inhaltlich offenere bzw. flexiblere französische Planungssystem macht es notwendig bzw. gibt Spielraum dafür, durch die Erarbeitung räumlich und/oder sachlich begrenzter Studien ohne direkte Bindungswirkung (den sogenannten Etudes) spezielle Problemsituationen aufzudecken und Begründungen zur Notwendigkeit der öffentlichen Förderung bzw. zur Aufnahme in eines der nationalen, regionalen oder departementalen Programme zu liefern. Im Unterschied zu den bundesdeutschen Raumordnungsplänen und auch den gesetzlich fixierten französischen Bereichsentwicklungs- und Bauleitplänen (SDAU und POS etc.) unterliegen diese „Etudes" ihrer anderen Aufgabenstellung entsprechend nicht dem Zwang der vollständigen formalen Zielharmonisierung sowie ressort- bzw. flächendeckender Aussagen. Sie sind entweder programm- oder problemorientiert und binden lediglich die am Programm (z. B. Contrat de pays) oder die an der Aufstellung beteiligten Institutionen im Sinne einer Selbstbindung bzw. Absichtserklärung. Diese „Etudes" können in gewisser Hinsicht mit den Gutachten verglichen werden, wie sie von deutschen Planungsträgern im Vorfeld planerischer Konzeptionen oder raumwirksamer Maßnahmen eingeholt werden. Sie treten jedoch in Frankreich angesichts der geringeren Planungsdichte in stärkerem Maße als vorbereitendes strategisches Element der Planung und Entscheidungsbildung in Erscheinung.

Als die wesentlichen Ziele der Anwendung der „Etudes" in Frankreich kann man nennen:

– die lokalen Entscheidungsträger (Politik und Fachverwaltung) zur Beschäftigung mit bestimmten Problemsituationen anzuregen

– Organisationen einzurichten, die sich mit Problemsituationen auseinandersetzen und Lösungen vorbereiten

– mit den Lösungsstrategien die Zuständigen zu benennen und damit Verantwortlichkeiten zu verdeutlichen.

Beispiele für Erfolge bei der Anwendung von „Etudes" gibt auch die DATAR mit der Thematisierung von Raumordnungsfragen. So war der offiziell vom CIAT verkündeten „Politik der ländlichen Räume" (Politique de rénovation rurale) das von der DATAR erarbeitete Konzept der „ländlichen Zonen" (Zones speciales rurales) vorausgegangen. Auswahl von Problemen, Benennung, Publizierung und Eröffnung von Themenkampagnen sind die Mittel der DATAR zur Vorbereitung ihrer interministeriellen Koordinationsinitiativen. Als weiteres Beispiel kann hierzu das Programm zur Förderung der Grenzregionen in Frankreich (vgl. Kap. 2) angeführt werden. Innerhalb der DATAR existiert eine Arbeitsgruppe, die sich speziell mit den Fragen der Grenzregionen auf der Grundlage des o. g. Programmes beschäftigt. „Die Raumordnungsthemen dienen dazu, Anstöße aufzunehmen und umzuformulieren, um Probleme durch ihre Thematisierung aus einzelministeriellen Mechanismen herauszulösen und einer umfassenderen, interministeriell koordinierten Lösung zuzuführen[43])."

---

[43]) Vgl. SCHMITGES, R.: a. a. O., Fn. 4, S. 305.

5. Zusammenfassende Bewertung:
Ansätze für eine verbesserte grenzübergreifende Abstimmung

Die Unterschiede in den nationalen Systemen der Raumplanung und in der Methodik der Raumordnungsstrategien und -konzeptionen sowie bei den dafür maßgebenden Rahmenbedingungen sind größtenteils so grundsätzlicher Natur, daß eine stärkere Angleichung zwischen Frankreich und der Bundesrepublik Deutschland in wesentlichen Punkten nicht zu erwarten ist, zumal landesweit geltende Regelungen und Prinzipien allein wegen der Grenzgebiete nicht geändert werden. Es stellt sich auch die Frage, inwieweit eine Angleichung angesichts unterschiedlicher Voraussetzungen und Rahmenbedingungen überhaupt sinnvoll wäre, die dann ohnehin im Hinblick auf die verschiedenen Grenzgebiete, an denen jeder Staat Anteil hat, im europäischen Rahmen erfolgen müßte. Hier zeigt sich deutlich der grundsätzliche Aspekt, daß Länder mit unterschiedlichen Strukturen sowie historisch gewachsenen und mentalitätsbedingten Verwaltungs- und Entscheidungssystemen darauf ausgerichtete und damit verschiedenartige Raumplanungssysteme benötigen.

Schließlich stellt sich bei einer Vergleichsanalyse die Frage nach einem Effizienzvergleich, um daraus Folgerungen hinsichtlich der jeweiligen Leistungsfähigkeit zu ziehen. Diese Frage läßt sich aufgrund der Ergebnisse der vorliegenden Untersuchung nicht beantworten. Wir stoßen dabei auch auf die ungelösten methodischen Probleme der Erfolgskontrolle im Bereich der Raumplanung, die sich im Vergleich zweier Länder noch um vieles schwieriger darstellen, wie in den vorangegangenen Ausführungen deutlich wurde. Nur für bestimmte engumrissene Aufgaben und Problemfelder dürfte eine solche Erfolgskontrolle im grenzübergreifenden Vergleich möglich sein. Dafür sind jedoch spezielle Untersuchungen notwendig.

Die Erfahrung zeigt, daß eine weitgehende Angleichung von Raumplanungszielen häufig nur dadurch vollzogen werden kann, daß man die Ziele auf eine höhere Abstraktionsstufe anhebt. Dies gilt insbesondere für eine grenzübergreifende Angleichung. Dem formalen Gewinn an Koordinationsleistung würde dann der tatsächliche Verlust an Aussagekraft der Planungsziele auf beiden Seiten gegenüberstehen.

Es ist festzustellen, daß die Raumordnungspläne in Frankreich, soweit sie überhaupt aufgestellt werden, generell eine geringere Koordinationsfunktion besitzen. Sie erlangen nur teilweise durch verschiedene Entscheidungsakte eine den deutschen Plänen formal ähnliche bzw. gleichartige Verbindlichkeit. In den konkreten Auswirkungen bedeutet dies, daß die Ergebnisse der grenzübergreifenden Abstimmung, wenn sie in die deutschen Raumordnungspläne aufgenommen sind, hier eine weit stärkere formale Bindungswirkung besitzen, als dies umgekehrt der Fall ist. Dies gilt es bei den grenzübergreifenden Abstimmungen deutscherseits besonders zu berücksichtigen.

Aus den dargestellten Zusammenhängen heraus ist zu folgern, daß die grenzübergreifende Abstimmung der Raumplanung sich nicht nur auf die Raumordnungspläne beschränken darf, sondern sich mehr als bisher den konkreten Planungs- bzw. Problemfällen und deren Einzelverfahren zur raumbedeutsamen Abstimmung widmen muß, da eine Harmonisierung der Organisationsstrukturen, der Raumplanungssysteme, der Planungsinstrumente sowie der Durchsetzungs- bzw. Vollzugsinstrumente generell nicht durchsetzbar erscheint. Eine Intensivierung der grenzübergreifenden Abstimmung erscheint jedoch dort ohne größere methodische Probleme kurzfristig möglich, wo entweder bereits vergleichbare Instrumente bestehen, z. B. die Planungen nach dem Code de l'urbanisme, SDAU, POS etc., die der deutschen Regional- bzw. Flächennutzungsplanung sehr nahe kommen, oder aber die Problemfälle deutlich einzelnen Fachplanungsträgern zugeordnet werden können und sich die raumplanerische Tätigkeit auf die Koordination beschränkt. Es gilt dabei auch zu prüfen, in welcher Art die beiderseits der Grenzen angewandten Verfahren der Ad-hoc-Koordination, wie z. B. die Raumordnungsverfahren in der Bundesrepublik Deutschland bzw. die Verfahren zur „Déclaration d'utilité publique", dafür weiter ausgestaltet werden können.

In diesem Zusammenhang wäre auch ein verstärkter Informationsaustausch über die Umsetzung der Ziele der Raumordnungspläne bzw. über die Plananwendung zu wünschen. Insbesondere im Hinblick auf die Planungsebenen im engeren kommunalen Bezug bleibt abzuwarten, inwieweit die in Frankreich im Gang befindliche Verwaltungsreform zu Änderungen in Richtung auf eine stärkere Angleichung führen wird. Auf deutscher Seite kann die gegenwärtige Diskussion über die künftige Handhabung der Regionalplanung u. U. zu Veränderungen führen, die eine größere Flexibilität bewirken und auch die grenzübergreifende Koordination erleichtern.

Von den dazu u. a. gemachten Vorschlägen[44]) seien in Stichworten erwähnt:

- Teilweise inhaltliche Reduktion der formal verbindlichen Planinhalte, insbesondere durch Verzicht auf steuerungsineffiziente Darstellungen, dadurch Vereinfachung der Aufstellungs- und Abstimmungsverfahren.

- Verzicht auf einen umfassenden, ohnehin nicht durchzuhaltenden Verbindlichkeitsanspruch und Teilung der regionalplanerischen Aussagen in einen reduzierten verbindlichen Teil und einen empfehlenden Orientierungsrahmen.

- Größere Flexibilität durch unterschiedliche Handhabung des Verbindlichkeitsgrades in Ordnungsräumen und ländlichen Gebieten sowie durch eine regelmäßige Fortschreibung des Orientierungsrahmens.

Einige dieser Vorschläge findet man im französischen Raumplanungssystem schon vom Ansatz her realisiert, und es zeigt sich die Notwendigkeit eines vertiefenden Erfahrungsaustausches. In Verbindung damit sollte der bisher kaum in Gang gekommene planungsmethodische Dialog über die Grenzen hinweg generell intensiviert werden, zumal daraus auch vielerlei Impulse für die bisher viel zu sehr im nationalen Rahmen verlaufende fachliche Diskussion über die Raumplanung erwartet werden können. Angesichts der begrenzten Bedeutung einer allgemeinen raumplanerischen Abstimmung ist es jedoch vor allem notwendig, geeignete Strategien für die grenzübergreifende Koordination im Rahmen der jeweiligen Vorbereitungs- und Entscheidungsprozesse für wichtige raumwirksame Maßnahmen zu entwickeln und dies zu einem Zeitpunkt, zu dem der Entscheidungsprozeß noch offen ist und das Beteiligungsverfahren nicht nur als Beweis für den guten Willen angesehen wird, wie das in der Vergangenheit häufig der Fall war.

Es erscheint weder möglich noch sinnvoll, dafür präzise Koordinationsregeln erarbeiten zu wollen. Zunächst ist ein frühzeitiges Erkennen des Koordinationsbedarfs sicherzustellen, damit rechtzeitig Aktivitäten zur grenzübergreifenden Abstimmung eingeleitet werden können. Als Hilfsmittel dafür könnten in regelmäßigen Abständen durchzuführende zusammenfassende grenzübergreifende Darstellungen der jeweils aktuellen raumstrukturellen Situation auf der regionalen Ebene unter Einbeziehung neuer raumwirksamer Planungen und Planungsabsichten erarbeitet werden. Dabei ließe sich auch das Prinzip der französischen ,,Etudes" bzw. der entsprechenden Studien deutscherseits, eventuell gemeinsam finanziert[45]), anwenden.

Kernpunkt der Koordinationsstrategien zur großräumigen Abstimmung der Siedlungsstruktur und Raumnutzungskonzeptionen muß es sein, nach erfolgter Problemanalyse die geeigneten Instrumente in den unterschiedlichen Planungssystemen zu ermitteln und die Lösungsvorschläge so zu operationalisieren, daß sie möglichst direkt die zuständigen Akteure ansprechen bzw. von diesen umgesetzt werden können. Dies bedeutet nicht die Suche nach weitgehend vereinheitlichten Durchsetzungsinstrumenten. Vielmehr sollen die Koordinationsstrategien den institutionellen Möglichkeiten der jeweiligen Partner angepaßt werden. Gleichzeitig gilt es ein verstärktes problem- und aufgabenorientiertes Regionalbewußtsein der Bevölkerung und ihrer politischen Repräsentanten anzuregen.

---

[44]) Vgl. KISTENMACHER, H.; EBERLE, D.: a. a. O., Fn 30, S. 651 ff.

[45]) Vgl. Ministère de l'Environnement et du Cadre de Vie: a. a. O., Fn. 43, S. 10.

6. Perspektiven der Dezentralisierung in Frankreich

Seit Mai 1981 ist die Dezentralisierung Schwerpunktobjekt der neuen sozialistischen Regierung. Sie wurde auf breiter Basis begonnen, jedoch gab es schon vorher intensive Diskussionen zu diesem Thema, z. B.

– der „Rapport Guichard" 1976[46])
– die Umfrage bei den Bürgermeistern Frankreichs 1977[47])
– die Vorlage mehrerer Gesetzesprojekte, von denen insbesondere der Entwurf vom 20. Dez. 1978 über die Entwicklung der Verantwortlichkeiten der lokalen Gebietskörperschaften[48]) Gegenstand intensiver Diskussion des Senats wurde.

Das Gesetz über die Rechte der Gemeinden, der Departements und der Regionen[49]), das am 2. März 1982 verkündet wurde, stellt den ersten Schritt der neuen Dezentralisierungspolitik dar. Dies ist das erste Gesetz einer Serie von Maßnahmen, die für eine „echte" Dezentralisierung unentbehrlich sind und die „durch ihren stimulierenden Effekt die Bedingungen für eine ökonomische, soziale und kulturelle Entwicklung zu schaffen haben"[50]).

Die Reform soll es den Gemeinden, Departements und Regionen ermöglichen, im Rahmen der zukünftigen 5-Jahres-Pläne ihre Entwicklungen selbst zu bestimmen. Neben dem Transfer zentralstaatlicher Kompetenzen zu den departementalen und regionalen Institutionen, der Umwandlung der Regionen von den sogenannten öffentlich-rechtlichen Einrichtungen (établissements publics regionaux) in Gebietskörperschaften (collectivités territoriales) und der Erweiterung der Interventionsmöglichkeiten der Gemeinden (collectivités locales) auf wirtschaftlichem Gebiet hebt dieses Gesetz die Vormundschaft und A-priori-Kontrolle über die gemeindlichen, departementalen und regionalen Aktivitäten durch die Zentralregierung auf. Im folgenden werden einige der eingeleiteten Maßnahmen in ihren erkennbaren Tendenzen dargestellt.

a) Die Vormundschaft wird durch eine A-posteriori-Kontrolle ersetzt

Der „Commissaire de la République", der den bisherigen Präfekten ablöst, wird nicht mehr die Macht haben, über Beschlüsse der Gemeinde-, General- und Regionalräte zu befinden, d. h. sie zu genehmigen oder zu annulieren. Diese ehemalige Bevormundung wird durch eine A-posteriori-Kontrolle durch das Verwaltungsgericht (Tribunal administratif) ersetzt. Das Verwaltungsgericht allein hat künftig über die Rechtmäßigkeit von Beschlüssen der Parlamente zu entscheiden, wenn vom „Commissaire de la République" oder von einem direkt betroffenen Bürger Einspruch erhoben worden ist. Weiterhin ändert das Gesetz ganz erheblich die Ausübung der Finanzkontrolle. Die Genehmigungspflicht der das Budget betreffenden Beschlüsse wird aufgehoben und die A-priori-Kontrolle des Budgets wird durch eine A-posteriori-Kontrolle durch die „Chambre Régionale des Comptes" (regionaler Rechnungshof) ersetzt. Sie wird die Rechtmäßigkeit der Einnahmen und Ausgaben kontrollieren, sich des vernünftigen Gebrauchs der Finanzmittel vergewissern und die Rechnungen der Kämmerer der Gebietskörperschaften prüfen.

Als weitere Neuerung sieht das Gesetz eine Vereinfachung der Verfahrensabläufe und der Verwaltungsvorschriften vor. In Zukunft sind die Gemeinden nur noch an solche Vorschriften

---

[46]) „Vivre ensemble" Rapport Guichard. Paris, Sept. 1976.
[47]) Rapport de la Commission des Communes de France, Commission AUBERT. Paris, Dez. 1977.
[48]) Projet de Loi Nr. 4002, Développement des Responsabilités de Collectivités Locales. 20. Dez. 1978.
[49]) Gesetz „Droit et Liberté des Communes, des Départements et des Régions", vom 2. März 1982.
[50]) Präambel des Gesetzesvorschlages (Nr. 105) vom 16. Juli 1981.

gebunden, die in einem Gesetz oder einer Ausführungsverordnung (Décret pris en application d'une loi) fixiert sind. Diese Vorschriften werden in einem Gesetzbuch (Code) zusammengefaßt, das zu diesem Zweck erarbeitet wird.

Es wird mit diesen Maßnahmen eine Eigenverantwortlichkeit der Gebietskörperschaften und Kommunen in Frankreich angestrebt, die bei entsprechender Ausgestaltung der Planungs- und Verwaltungshoheit der Gemeinden, wie sie im Grundgesetz der Bundesrepublik Deutschland verankert sind, sehr nahe kommen könnte. Bei vergleichbaren Kompetenzen könnte somit die grenzübergreifende Zusammenarbeit auf den unteren Raumordnungsebenen, wo ohnehin, wie festgestellt, vergleichbare Pläne bestehen, erheblich effektiver gestaltet werden. Die Außendienststellen des Staates werden ihre Beratungsfunktion auf der Ebene der Departements behalten. Dagegen wird es Aufgabe des ,,Conseil Général" sein, die kleinen Gemeinden bei der Ausführung ihrer Aufgaben zu unterstützen. Der ,,Conseil Général" wird ein Verwaltungsorgan auf departementaler Ebene erhalten, dessen Aufgabe es ist, den Gebietskörperschaften (Collectivités territoriales) und den interkommunalen öffentlichen Anstalten im Departement auf Anfrage technische, juristische oder finanzielle Hilfe zu leisten.

b) Die Befugnisse der ,,Conseils Régionaux" und ,,Conseils Généraux" werden gestärkt

Die neue Rolle der Region ist eines der Hauptelemente des Dezentralisierungsgesetzes. Die Region wird als Gebietskörperschaft (collectivité territoriale) von einem ,,Conseil Régional" verwaltet werden, der aus allgemeinen und direkten Wahlen hervorgeht. Bis zu diesen Wahlen, die im Frühjahr 1983 zusammen mit den Gemeinderatswahlen stattfinden sollen, bleiben die Regionen öffentlich-rechtliche Einrichtungen (Etablissements publics) nach dem Gesetz von 1972. Während dieser Übergangszeit werden die Befugnisse der regionalen Instanzen entscheidend erweitert:
- Zusätzlich zu den bisherigen Aufgaben wie z. B. der Zuweisung von Subventionen für Infrastrukturmaßnahmen an Departements und Gemeinden kann die Region über Finanzmittel mitbestimmen, die an Vorhaben von direktem regionalem Interesse gebunden sind.
- Sie kann auch Ausgaben veranlassen, die an notwendige Maßnahmen zum Schutz wirtschaftlicher und sozialer Interessen der Bevölkerung der Region gebunden sind. Diese Maßnahmen müssen vorher jedoch mit den betroffenen Gemeinde- und Generalräten (Conseils municipaux et conseils généraux) abgestimmt sein.

Als künftige Gebietskörperschaft (Collectivité territoriale) erhält die Region neue Kompetenzen im wirtschaftlichen, sozialen und kulturellen Bereich. Die Ausdehnung der regionseigenen Befugnisse soll sich jedoch nicht als Transfer der Kompetenzen und Mittel innerregionaler Stufen (Departements und Gemeinden) vollziehen, sondern als Transfer zentralstaatlicher Kompetenzen.

Artikel 59 des Dezentralisierungsgesetzes bestimmt, daß der ,,Conseil Régional" ,,. . . die Kompetenzen hat, die wirtschaftliche, soziale, kulturelle und wissenschaftliche Entwicklung und die Raumordnung (Aménagement du territoire) seines Gebiets zu leiten und unter Respektierung der Einheit und der Autonomie der Departements und Gemeinden, seine Identität zu sichern". Der ,,Conseil Régional" wird außerdem durch seine Stellungnahme an der Erarbeitung des nationalen Plans beteiligt. Er wird, unter Berücksichtigung der Richtlinien (Orientations) des nationalen 5-Jahres-Plans, einen regionalen 5-Jahres-Plan aufstellen und verabschieden. Zu diesem Zweck sollen alle interessierten Gebietskörperschaften (Collectivités territoriales) gehört werden und Maßnahmen zur Koordination der lokalen öffentlichen Investitionen in der Region vorgeschlagen werden.

Bezüglich der Grenzregionen bestimmt Artikel 65 Absatz 2: ,,Der ,Conseil Régional' kann, zwecks Abstimmung im Rahmen der grenzübergreifenden Zusammenarbeit, mit Zustimmung der Regierung beschließen, regelmäßige Kontakte mit dezentralen ausländischen Körperschaften, mit denen die Region eine gemeinsame Grenze hat, zu organisieren."

In diesem neuen Recht des „Conseil Régional" liegen wesentliche Chancen zur Intensivierung der Kontakte bei der Abstimmung raumbedeutsamer Maßnahmen beiderseits der Grenze. Artikel 62 des Gesetzes sieht außerdem noch Dispositionen vor, die eine neue Zusammensetzung der „Comités Economiques et Sociaux" (CES) und die Bedingungen der Ernennung ihrer Mitglieder betreffen. Es wäre denkbar, daß auch dieses rein beratende Organ stärker als bisher Fragen der grenzübergreifenden Zusammenarbeit aufgreift.

Die wichtigste Neuerung besteht jedoch in der Übertragung der Exekutivgewalt des Präfekten auf die Präsidenten der „Conseils Généraux" und „Conseils Régionaux". Der Präfekt wird zum „Commissaire de la République" und repräsentiert im Departement bzw. in der Region die Zentralinstanz, d. h. jeden einzelnen Minister. Dabei wird er mit zusätzlichen Befugnissen die Leitung der staatlichen Außendienststellen der Ministerien übernehmen und nicht mehr nur koordinierend (Dekret zur Dekonzentration vom 14. März 1964) tätig sein. Der „Commissaire de la République" übt seine Autorität über die Gesamheit der staatlichen Zivilverwaltung aus, mit Ausnahme der Bereiche: Justiz, Erziehung, Steuern, Arbeitsrecht und Verteidigung, die weiterhin in zentralstaatlicher Kompetenz verbleiben.

Die Kompetenzen der Präsidenten der Regional- und Generalräte werden darin bestehen, die „Conseils" einzuberufen, deren Beschlüsse vorzubereiten und auszuführen sowie das regionale bzw. departementale Budget festzulegen. Um ihre Exekutivgewalt ausüben zu können, werden die Präsidenten der „Conseils" die Verwaltung der Departements bzw. die Außenstellen der Zentralregierung während einer Übergangszeit mitbenutzen. Dazu wurden entsprechende Vereinbarungen zwischen den Kommissaren und den Präsidenten der „Conseils" bereits getroffen. Darüber hinaus wurde schon damit begonnen, auch einige Dienststellen einzurichten. Den regionalen und departementalen Autoritäten wird z. Z. ein erheblicher Spielraum gelassen, ihre Dienststellen entsprechend den spezifischen Eigenarten und Bedürfnissen der Regionen und der Departements zu organisieren.

Als eine der ersten konkreten Auswirkungen im Bereich der staatlichen Raumplanung ist festzuhalten, daß die Einrichtung der OREAM (bzw. OEDA etc.), die als regionale Planungsstellen bisher nur in den sogenannten Metropolräumen existieren, auf alle Regionen übertragen wird. Gleichzeitig besteht jedoch die Vermutung, daß diese neuen OREAM ihren Aufgabenschwerpunkt auf Studien für die regionale wirtschaftliche Entwicklung legen und somit nicht mehr für das gesamte Spektrum raumplanerischer Probleme zuständig sein werden.

Auch ist zu erwähnen, daß Möglichkeiten zu wirtschaftlichen Interventionen durch die dezentralen Ebenen geschaffen werden sollen. Die Gemeinden, Departements und Regionen können dann zur Wahrung der wirtschaftlichen und sozialen Interessen der Bevölkerung eigene Maßnahmen ergreifen. Sie müssen hierbei jedoch die Prinzipien der Marktwirtschaft und die Freiheit der Unternehmer, das Prinzip der Gleichheit aller Bürger vor dem Gesetz sowie die im Gesetz zum nationalen 5-Jahres-Plan definierten Regeln der Raumordnung berücksichtigen.

c) Zusätzliche Festsetzungen

Die neue Verteilung der Kompetenzen zwischen Gemeinden, Departements, Regionen und Staat sowie die Verteilung der öffentlichen Einnahmen (Ressources publiques), die aus neuen Steuerregelungen hervorgehen, werden Gegenstand weiterer Gesetze sein. Die Prinzipien der Umverteilung der Kompetenzen zwischen Staat und lokalen Körperschaften sind die folgenden:

– Jeder Transfer von Kompetenzen zugunsten einer Gebietskörperschaft wird von einem Transfer von Steuermitteln begleitet (Art. 102 des Dezentralisierungsgesetzes).

– Die neue Kompetenzverteilung bewirkt keine Vorherrschaft einer Körperschaft über eine andere. Es wird keine Hierarchie zwischen den verschiedenen Gebietskörperschaften geben. Der Staat wird die allgemeinen Regeln der Zusammenarbeit definieren und die Konflikte zwischen den Gebietskörperschaften schlichten.
– Der Artikel 103 des Gesetzes vom 2. März 1982 bestimmt eine Pauschalzuweisung für Infrastrukturmaßnahmen, die die spezifischen Subventionen für einzelne Investitionen ersetzt. Diese nicht zweckgebundenen Zuweisungen werden vom Staat jährlich an Gemeinden, Departements und Regionen verteilt.

Es sind weitere Gesetze und Maßnahmen zur Dezentralisierung in Vorbereitung, wobei dem Zusammenhang zwischen Kompetenzenverteilung und der Verteilung der dazu notwendigen Finanzmittel eine gewisse Schlüsselposition zukommt. Angesichts der erheblichen Schwierigkeiten, die dabei schrittweise zutage treten, ist mit einem raschen Abschluß der Dezentralisierungsverfahren nicht zu rechnen. Es werden wohl sicherlich längere Phasen zur Konsolidierung der eingeleiteten Maßnahmen sowie zur Korrektur eventueller Fehlentwicklungen notwendig werden.

Die sich daraus ergebenden Konsequenzen für die grenzübergreifende Zusammenarbeit in Fragen der Raumplanung sind zwiespältig zu beurteilen. Zum einen wächst die Chance der direkten Zusammenarbeit auf den unteren Planungsebenen durch die Kompetenzverlagerung erheblich, da wesentliche Entscheidungsbefugnisse auf die Ebenen der Regionen, Departements und Gemeinden verlagert werden. Zum anderen aber muß festgestellt werden, daß durch eine straffere Organisation der Entscheidungen im Rahmen der Raumplanung und der zukünftig gestärkten Fachplanungen konkrete Maßnahmenentscheidungen von nationalem Interesse weiterhin auf den zentralstaatlichen Verwaltungsebenen getroffen werden und das Mitspracherecht der Vertreter der regionalen, departementalen und kommunalen Parlamente auf nationaler Ebene erheblich eingeschränkt wird. Wie aus diesen Darstellungen hervorgeht, lassen sich die Auswirkungen der im Gang befindlichen französischen Verwaltungsreform auf die grenzübergreifende Zusammenarbeit noch nicht klar genug erkennen. Es besteht aber die begründete Hoffnung, daß die Dezentralisierungsbestrebungen verbesserte Möglichkeiten hierzu eröffnen.

Erfordernisse und Probleme der grenzübergreifenden Abstimmung bei der Raumplanung im deutsch-französischen Grenzraum am Oberrhein

von

Hans Kistenmacher und Dieter Gust, Kaiserslautern

Gliederung

1. Die speziellen Raumordnungsprobleme der deutsch-französischen Grenzräume am Oberrhein und die bisherigen Abstimmungsbemühungen

    1.1 Die speziellen Raumordnungsprobleme am Oberrhein
    1.2 Schwerpunkte der bisherigen grenzübergreifenden Zusammenarbeit in Fragen der Raumordnung
    1.3 Die unterschiedlichen Bewertungen der bisherigen Aktivitäten

2. Unterschiede und Abstimmungserfordernisse auf den Raumplanungsebenen mit regionalen und kommunalen Bezügen

    2.1 Aspekte der grenzübergreifenden landes- und regionalplanerischen Abstimmung in bezug auf das ,,Schéma d'Orientation et d'Aménagement de la Région Alsace"
    2.2 Die ,,Documents d'urbanisme" im Bereich der Departements Bas-Rhin und Haut-Rhin im Vergleich mit den entsprechenden deutschen Planungen

3. Abstimmungsverfahren zur Koordination bzw. Integration von raumbedeutsamen Einzelmaßnahmen in den Grenzräumen am Oberrhein

4. Die direkten Steuerungsmaßnahmen innerhalb der französischen Raumplanungsstrategien im Elsaß

5. Zusammenfassung

1. Die speziellen Raumordnungsprobleme der deutsch-französischen Grenzräume am Oberrhein und die bisherigen Abstimmungsbemühungen

1.1 Die speziellen Raumordnungsprobleme am Oberrhein

Die Strukturschwäche der Grenzgebiete ist zumeist auch Ausdruck ihrer peripheren Lage zu den im inneren nationalen Bezugsfeld entwickelten Schwerpunkträumen und Zentren. Inzwischen wurden durch den wirtschaftlichen Zusammenschluß der EG-Länder die ökonomischen Grenzen in ihren Wirkungen abgeschwächt. Teilweise sind sie jedoch noch deutlich zu spüren, so auch im Oberrheingebiet trotz dessen zentraler europäischer Lage. Hier wurden zwar die natürlichen Standortvoraussetzungen durch den Ausbau der Infrastruktur, insbesondere der Verkehrswege, stärker zur Wirkung gebracht. Dadurch bestehen auch bei gesamtwirtschaftlicher Stagnation gute Voraussetzungen für weitere ökonomische Aktivitäten. Diese sind jedoch vornehmlich in jenen Wirtschaftsbereichen zu beobachten, die besondere Standortbedingungen erfordern (z. B. hoher Kühl- bzw. Brauchwasserbedarf, direkter Zugang zum Rhein als Wasserstraße für den Massengütertransport etc.) und mit zumeist überdurchschnittlichen Emissionen behaftet sind. Generell drängen stark emittierende Industrien, die in den Ballungsgebieten kaum noch Erweiterungsmöglichkeiten finden und wachsenden Problemen gegenüberstehen, in die meist noch weniger belasteten und dünner besiedelten Grenzräume, was auch für weite Teile des Oberrheingrabens zutrifft[1]).

Von der ökonomischen Seite gesehen bestehen am Oberrhein somit relativ günstige Voraussetzungen für die Überwindung des bisherigen grenzbedingten Entwicklungsrückstandes. Gleichzeitig wächst jedoch die Gefahr der Überlastung dieser Gebiete und der Beeinträchtigung bzw. Zerstörung des Naturpotentials und damit auch wichtiger langfristiger Entwicklungsvoraussetzungen. Wichtige Naturgüter wie Wasser und Kies werden extensiv genutzt mit vielerlei negativen Folgewirkungen, Siedlungsgebiete weiten sich immer mehr aus, gleichzeitig wächst die Nachfrage nach Naherholungsmöglichkeiten, und es ist festzustellen, daß sich die Konflikte mit den Erfordernissen des Natur- und Landschaftsschutzes in der ökologisch sehr empfindlichen engeren Rheinzone ständig verschärfen. Es zeigt sich, daß die daraus resultierenden Schwierigkeiten in Zukunft noch anwachsen werden, wenn es nicht zu einer verstärkten grenzübergreifenden Abstimmung raumwirksamer Planungen und Maßnahmen kommt.

1.2 Schwerpunkte der bisherigen grenzübergreifenden Zusammenarbeit in Fragen der Raumordnung

Aus der Einsicht in diese Problematik entwickelt sich schrittweise eine intensive grenzübergreifende Zusammenarbeit in Fragen der Raumordnung am Oberrhein[2]). Insbesondere ist als offizielle Institution die deutsch-französisch-schweizerische Regierungskommission zu nennen mit den beiden Regionalausschüssen Nord (comité régional bipartite) und Süd (comité régional tripartite), die auf einem Regierungsabkommen der Bundesrepublik Deutschland, der Republik Frankreich und der schweizerischen Eidgenossenschaft vom 22.10.1975 beruht (vgl. Abb. 1).

---

[1]) Vgl. Konferenz Oberrheinischer Regionalplaner (Hrsg.): Planung über die Grenzen, Bonn 1980.

[2]) Vgl. ROTH, U.: Grenzregionsprobleme zwischen Genf und Basel. Ökonomische und institutionelle Auswirkungen; Kooperationsmodelle. Bern 1981. ARNOLD-PALUSSIERE, M.: La coopération transfrontalière régionale en Matière d'aménagement du territoire. Etude du cas de la Vallée du Rhin. Thèse pour le Doctorat. Strasbourg 1979. ARL: Beitr. Bd. 71, Hannover, 1983.
Die folgenden Aussagen stützen sich darüber hinaus auf mehrjährige Erfahrungen der Autoren in den grenzübergreifenden Gremien, in denen sie in verschiedenen Funktionen mitwirken, sowie auf die Analyse der Tagesordnungen und Niederschriften der entsprechenden Sitzungen.

Abb. 1　　　　　*Koordinationsgremien am Oberrhein*

Raumordnungs-
verband
Rhein-Neckar

Arbeitsge-
meinschaft
Mittlerer
Oberrhein/
Südpfalz

Konferenz Oberrheinischer Regionalplaner

Dreiseitige deutsch-französisch-
schweizerische Regierungskommission für regionale Koordination/
Commission tripartite

Konferenz „Kleiner Oberrhein"

Zweiseitiger Regionalausschuß (Nord)
Comité régional bipartite der
Commission tripartite

Arbeitsgemeinschaft der Gewählten

Dreiseitiger Regionalausschuß (Süd)
Comité régional tripartite
der Commission tripartite

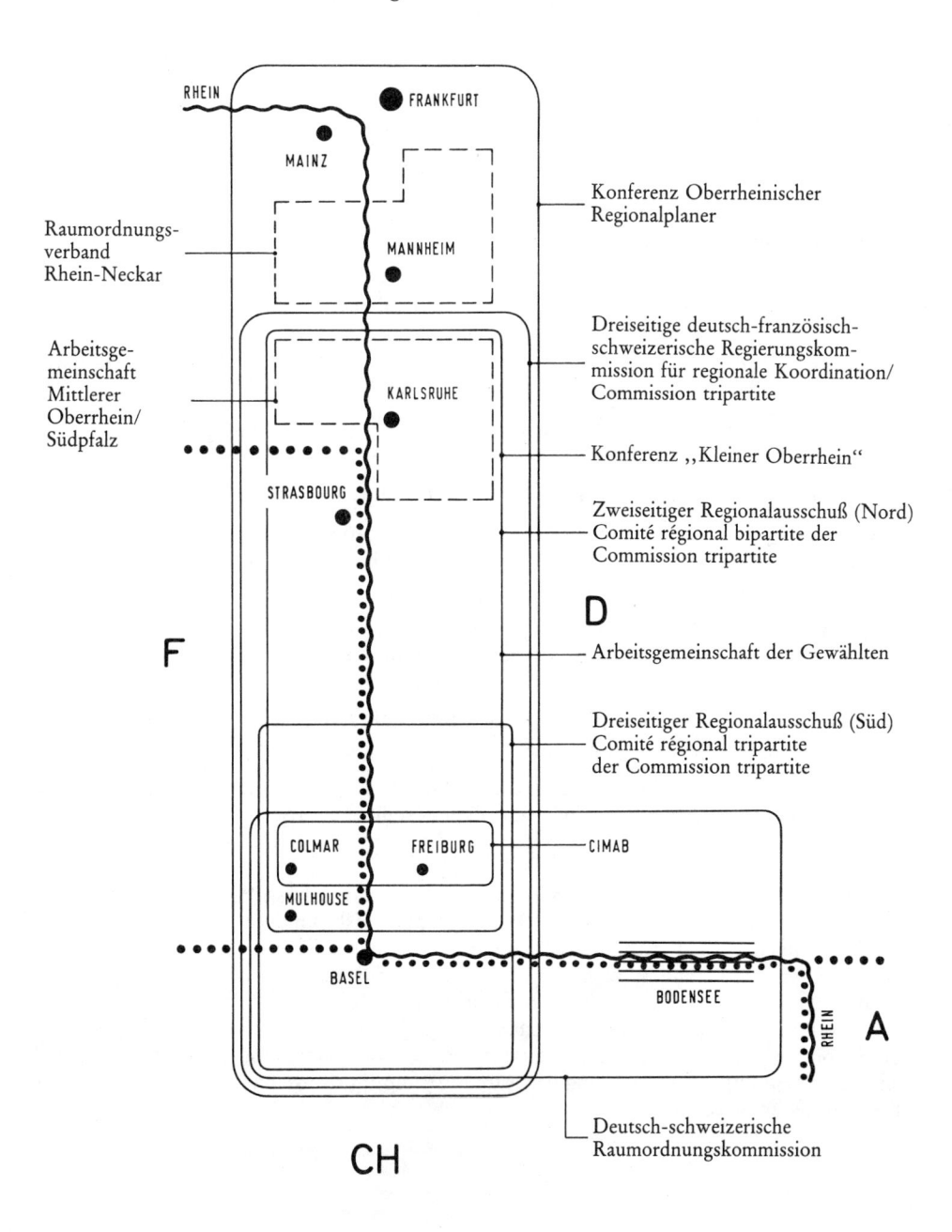

CIMAB

Deutsch-schweizerische
Raumordnungskommission

Quelle: ROTH, U.: Grenzregionsprobleme ..., a. a. O., Fn. 2, S. 49, eigene Ergänzungen.

Zur vertiefenden Behandlung wichtiger Sachbereiche wurden die folgenden Arbeitsgruppen gebildet, die regelmäßig den Ausschüssen berichten[3]:
- Arbeitsgruppe Regionale Wirtschaftspolitik (eingesetzt durch die Regierungskommission)
- Arbeitsgruppe Schienenverkehr (ursprünglich nur für den Regionalausschuß Süd, inzwischen erweitert für den Regionalausschuß Nord)
- Arbeitsgruppe Umwelt (eingesetzt durch die Regierungskommission)
- Arbeitsgruppe Kultur (nur Regionalausschuß Süd)
- Arbeitsgruppe für die Zusammenarbeit Naturpark Pfälzerwald/Regionalpark Nordvogesen (nur Regionalausschuß Nord).

Beispielhaft soll auf die Arbeit des Regionalausschusses Nord kurz eingegangen werden, da er für das Grenzgebiet zwischen Rheinland-Pfalz und dem Elsaß zuständig ist. Er tagt in der Regel 1- bis 2mal jährlich unter wechselndem Vorsitz der Regierungspräsidenten von Karlsruhe und Rheinhessen-Pfalz bzw. dem Regionalpräfekten der Region Elsaß.

Als Schwerpunkte der bisherigen Beratungen, auch in bezug auf den Grenzraum zwischen Rheinland-Pfalz und dem Elsaß, sind zu nennen:
- Zusammenarbeit Naturpark Pfälzerwald/Regionalpark Nordvogesen
- grenzübergreifender Straßenverkehr: Abstimmung der Planung und der Realisierung der durchgehenden linksrheinischen Fernstraßenverbindung (CD 300/B 9), Abstimmung weiterer grenzübergreifender Straßenverbindungen
- grenzübergreifender Schienenverkehr: Wiederaufnahme bzw. Verbesserung der Personenbeförderung auf der linksrheinischen Schienenverbindung zwischen Straßburg und Ludwigshafen
- Abstimmung der Regionalpläne für das Elsaß (OEDA-Alsace), für die Regionen Mittlerer Oberrhein und Südlicher Oberrhein, Ausarbeitung gemeinsamer Stellungnahmen
- Abstimmung und Stellungnahmen zur Fortschreibung der Landesentwicklungsprogramme bzw. -pläne von Rheinland-Pfalz und Baden-Württemberg
- gegenseitige Hilfe in Katastrophenfällen etc.

Im Vorfeld des offiziellen Gremiums des Regionalausschusses Nord hatte sich schon vor dessen Schaffung eine inoffizielle Arbeitsgruppe insbesondere zur planerisch-fachlichen Vorbereitung der Sitzungsthemen gebildet, die Konferenz ‚Kleiner Oberrhein'. Mitglieder sind die Regional- und Landesplaner aus den Räumen Südpfalz, Elsaß, Mittlerer Oberrhein und Südlicher Oberrhein, der zuständigen Bezirksregierungen bzw. Regierungspräsidien und der Präfekturen. Als erste gemeinsame Arbeit konnte bereits 1974, vor der Bildung der offiziellen grenzübergreifenden Gremien, eine zusammenfassende Darstellung der Planungsvorstellungen am Oberrhein unter Einbeziehung der Räume Straßburg, Mittelbaden, Karlsruhe und Südpfalz herausgegeben werden[4].

---

[3]) Vgl. dazu den Beitrag von MOLL in diesem Band. Es fällt auf, daß die Themenbereiche der im Saar-Lor-Lux-Raum eingesetzten grenzübergreifend tätigen Arbeitsgruppen weitgehend mit denen im Oberrheingebiet übereinstimmen.

[4]) Agence d'Urbanisme pour l'Agglomération Strasbourgeoise et al. (Konferenz Kleiner Oberrhein), (Hrsg.): Planungsvorstellungen in den Räumen Straßburg, Mittelbaden, Karlsruhe, Südpfalz, Straßburg, Freiburg, Karlsruhe, Germersheim 1974.

Schwerpunkte der bisherigen Aktivitäten in dieser Arbeitsgruppe, die in der Regel 3- bis 4mal jährlich zusammentritt, waren:

- Voruntersuchungen für die grenzübergreifende Abstimmung der Regionalpläne
- Austausch über Fragen der Planungsmethodik und deren Vergleichbarkeit im Vorfeld konkreter Abstimmungserfordernisse
- Vorarbeiten für vergleichbare Analysen zur Gewässergüte und zur Abwasserbehandlung
- Voruntersuchungen für Kiesabbaukonzeptionen
- Grenzgängerfragen
- Abstimmung der Radwegenetze
- grenzübergreifende kulturelle Beziehungen.

Schließlich werden in diesem Arbeitskreis von Zeit zu Zeit auch die Ergebnisse der bisherigen Zusammenarbeit analysiert und Vorschläge für eine Intensivierung der grenzübergreifenden Koordination im Bereich der Raumplanung entwickelt. Ebenfalls ohne vertragliche Regelungen ist für den Oberrheingraben in seiner Gesamtheit von Basel bis Frankfurt die „Konferenz Oberrheinischer Regionalplaner" (KOR) in Fragen der Raumordnung am Oberrhein tätig. Anliegen dieser Konferenz ist es, die raumbedeutsamen Problembereiche und Planungen in diesem Raum einander vergleichend gegenüberzustellen, um damit mögliche Konflikte aufzuzeigen und das Bewußtsein für die Notwendigkeit der gegenseitigen Abstimmung zu schärfen. Von den jüngsten Veröffentlichungen der „Konferenz Oberrheinischer Regionalplaner" sind zu nennen:

- Strukturdaten des Gebietes am Oberrhein[5])
  (Herausgeber sind die Stat. Landesämter auf Anregung der KOR)
- Planung über die Grenzen[6]) mit insgesamt 5 Einzelberichten zu
  1. Umweltproblemen
  2. natürlichen Ressourcen, Landschaft
  3. Bevölkerung und Wirtschaft
  4. Oberrhein als europäische Verkehrsachse
  5. Möglichkeiten und Grenzen der Siedlungsentwicklung
- Bericht über ein Universitäts-Kolloquium zum Stand der grenzüberschreitenden Raumordnung am Oberrhein[7]).

Diese Publikationen stellen zum Teil Fortführungen bereits früher erschienener Berichte der „Konferenz Oberrheinischer Regionalplaner" dar[8]).

Schließlich ist auch die „Arbeitsgemeinschaft der Gewählten für grenzüberschreitende Zusammenarbeit am Oberrhein" zu nennen. Dieser Zusammenschluß verantwortlicher französischer und deutscher Regionalpolitiker versteht sich als politisches Gegenstück

---

[5]) Institut National de la Statistique et des Etudes Economiques; Eidgenössisches Statistisches Amt; Stat. Landesamt Baden-Württemberg/Hessisches Stat. Landesamt; Statistisches Landesamt Rheinland-Pfalz: Strukturdaten des Gebietes am Oberrhein. Statistiques Communes aux Régions du Rhin Superieur. Strasbourg, Bern, Stuttgart, Wiesbaden, Bad Ems, im Mai 1976.

[6]) S. Fn. 1.

[7]) BECKER-MARX, K.; FRICKE, W.: Stand der grenzüberschreitenden Raumordnung am Oberrhein, Kolloquium am 24.6.1980. In: Heidelberger geographische Arbeiten, Heft Nr. 71, Heidelberg 1981.

[8]) Vgl. z. B. Konferenz Oberrheinischer Regionalplaner (Hrsg.): Oberrheingraben – Dringlicher Antrag. Heidelberg 1974. Konferenz Oberrheinischer Regionalplaner (Hrsg.): Oberrheingraben – Probleme des Verkehrs, Heidelberg 1974.

insbesondere zum Nord-Ausschuß (comité régional bipartite) und zu den übrigen grenzübergreifenden Gremien, in denen vor allem die Verwaltungsebene dominiert. Es werden dabei z. T. die Themenstellungen der offiziellen Gremien vertieft, teilweise setzen die Politiker in der Arbeitsgemeinschaft der Gewählten auch eigene Schwerpunkte, wie z. B. neuerdings das Thema „Grenzgänger" mit den damit verbundenen sozialen und beschäftigungspolitischen Implikationen.

Es zeigt sich also, daß die grenzübergreifende Zusammenarbeit der offiziellen Gremien von inoffiziellen Zusammenschlüssen der Raumplaner und der gewählten Politiker der beiderseitigen Grenzräume begleitet wird. Dadurch konnten wesentliche Grundlagen für eine bessere Verständigung über die Grenzen hinweg geschaffen werden und der Abstimmungsprozeß erfuhr eine Intensivierung. Dennoch ist festzustellen, daß die dabei sich bietenden Möglichkeiten noch nicht voll ausgeschöpft wurden. Dies gilt u. a. hinsichtlich der Intensität der grenzübergreifenden Abstimmungsbemühungen in den zuständigen Gremien (Häufigkeit und Dauer gemeinsamer Sitzungen) und der frühzeitigen Beteiligung an der planerischen Vorbereitung raumwirksamer Maßnahmen im Grenzbereich. Die o. g. grenzübergreifenden Institutionen für das Oberrheingebiet waren in bezug auf ihre Organisationsstrukturen und Arbeitsergebnisse bereits Gegenstand mehrerer wissenschaftlicher Analysen, in denen u. a. viele Details ausführlich dargestellt sind. In den Literaturhinweisen erfolgen nähere Angaben dazu[9]).

Man kann vereinfachend drei Phasen der bisherigen grenzübergreifenden Zusammenarbeit am Oberrhein unterscheiden:

— Die erste Phase ist gekennzeichnet durch eine intensive Bestandsaufnahme bzw. Problemanalyse. In diese Phase fällt u. a. die bereits erwähnte zusammenfassende Darstellung der Planungsvorstellungen durch die „Konferenz Kleiner Oberrhein"[10]), die Erarbeitung einer Karte über Solidaritäten, Interdependenzen und Konkurrenzen beiderseits des Rheines, die Analyse der Verkehrsbeziehungen etc.

— In der zweiten Phase treten die Koordinationsbemühungen bei der Erstellung der Raumordnungspläne in den Vordergrund. In diese Phase fallen die Bemühungen um die grenzübergreifende Abstimmung des „Schéma d'orientation et d'aménagement de la Région Alsace", der Regionalpläne Mittlerer Oberrhein und Südlicher Oberrhein sowie die Abstimmung des Landesentwicklungsplans von Baden-Württemberg und des Landesentwicklungsprogramms von Rheinland-Pfalz.

— Zunehmend treten in einer dritten Phase der Zusammenarbeit einzelne Problemfälle in den Vordergrund, so z. B. Regelungen zu Hilfeleistungen bei Katastrophenfällen, Abstimmung des Ausbaus der Bundesstraße B 9 und der französischen Industriestraße (CD 300), Standortbeurteilungen für neue Rheinbrücken sowie die grenzübergreifenden Eisenbahnverbindungen.

1.3 Die unterschiedlichen Bewertungen der bisherigen Aktivitäten

Sicherlich wurde die unterschiedliche schwerpunktmäßige Behandlung der verschiedenen Themen zu einem erheblichen Teil durch die Problemlage zum jeweiligen Zeitpunkt bedingt. So liegt es in der Natur der Sache, wenn z. B. nach erfolgter Aufstellung und Abstimmung der Raumordnungspläne diese nicht mehr im Mittelpunkt der Zusammenarbeit stehen. Es ist jedoch unverkennbar, daß der Wechsel der Schwerpunkte auch aus einem Gefühl der Unzufriedenheit

---

[9]) Siehe dazu vor allem die unter Fn. 2 genannten Veröffentlichungen von ROTH und ARNOLD-PALLUSIERE sowie BULLINGER, D.: Grenzübergreifende Planungs- und Maßnahmenkoordinierung. Wunsch und Wirklichkeit, am Beispiel der Oberrheinlande. In: Freiburger Geographische Mitteilungen, Jg. 1979/2, S. 73–87.

[10]) S. Fn. 4.

mit den Ergebnissen der bisherigen Arbeit in den Gremien resultiert. In der ersten Phase, der Orientierungsphase in Verbindung mit der Gründung der offiziellen grenzübergreifenden Institutionen, wurde die Übereinstimmung in der Problemsicht von den Beteiligten bereits als Erfolg gewertet. In der zweiten Phase wurde die formale Beteiligung der Nachbarn beiderseits der Grenze am Aufstellungsverfahren von Raumordnungsplänen als weiterführenden Schritt angesehen, wobei jedoch zu wenig beachtet wurde, ob alle Partner genügend Information über die jeweiligen Wirkungen der Pläne und der dazu abgegebenen Stellungnahmen besaßen. Auch die Funktionsfähigkeit der Gremien, die sich bei diesen Beteiligungsverfahren unter Beweis gestellt hatte, konnte als Erfolg angesehen werden. Beides, Problemanalyse und Abstimmung der Raumordnungspläne bzw. -programme, brachte jedoch zunächst nur relativ abstrakte, formale Ergebnisse. Es fehlte das sichtbare Zeichen der funktionierenden Zusammenarbeit vor Ort. Durch die Behandlung von konkreten Einzelmaßnahmen und Einzelplanungen wurde bzw. wird in der dritten Phase versucht, die Zusammenarbeit aus dem mehr abstrakten Rahmen in praktische Arbeitsschritte zu überführen. Die dabei erzielten Ergebnisse vermögen bisher nur teilweise zu befriedigen. Die Diskussion über die künftigen Arbeitsschwerpunkte hält daher neben der Erledigung der aktuellen Aufgaben in den verschiedenen Gremien weiter an.

Als Gründe für die vielfach noch nicht erfüllten Erwartungen werden vor allem genannt:

— ein zu hoch angesetzter Erwartungshorizont, der seinen Ausdruck in der Vorstellung findet, daß Staatsgrenzen als „Narben der Geschichte" bei gutem Willen der Akteure überwindbar sind. Dabei werden wesentliche innere Funktionen von Grenzen vernachlässigt. Es ist zu beachten, daß es auch ohne Staatsgrenzen Probleme bzw. Defizite bei der Zusammenarbeit über die Grenzen von Planungs- und Verwaltungsräumen hinweg gibt, was sich fast täglich auf Länder-, Regions- oder Gemeindeebene in der Bundesrepublik zeigt[11]).

— Zu formal angesetzte Gremien, die zu selten zusammentreten. Es kommt daher meist zu erheblichen Verzögerungen bei der Behandlung der in den Arbeitsgruppen entwickelten Vorschläge, so daß die Effektivität der Abstimmungsbemühungen dadurch vermindert wird[12]).

— Ein Defizit an Informationen über Verwaltungs- und Entscheidungsabläufe beim jeweiligen Partner. Oft stehen sich vergleichbare Gesprächspartner auf gleicher hierarchischer Stufe dies- und jenseits der Grenze nicht gegenüber. Sowohl ihre formale Zuständigkeit als auch ihre tatsächlichen Einflußmöglichkeiten weichen voneinander ab. Gleichartige Probleme erfahren somit häufig eine völlig unterschiedliche Wahrnehmung durch die zuständigen Instanzen[13]).

— Daraus resultiert häufig ein Vollzugsdefizit. Trotz Übereinstimmung in der Problemsicht und dem gemeinsam formulierten Ziel werden die notwendigen Maßnahmen unterschiedlichen internen Verwaltungsverfahren unterworfen, was neben zeitlichen Verzögerungen auch zur Veränderung der ursprünglich gemeinsamen Ziele führen kann[14]).

— Mangelnde Berücksichtigung der unterschiedlichen methodischen, rechtlichen und psychologischen Grundlagen der Planung und des Planungsverständnisses der Partner. Die im Rahmen der Abstimmung der Raumordnungspläne begonnene Informationsarbeit über die jeweiligen Planungssysteme wurde zu formal betrieben und nicht zu Ende geführt[15]).

---

[11]) Vgl. BULLINGER, D.: a. a. O., Fn. 9.

[12]) Ebenda.

[13]) Vgl. auch ROTH und ARNOLD-PALLUSIERE, Fn. 2.

[14]) Vgl. dazu auch BULLINGER, D.: a. a. O. Fn. 9, S. 77, der die zunehmende Spezialisierung der öffentlichen Verwaltung als „Politikfragmentierung" kennzeichnet und darin eine der wesentlichen Restriktionen der gegenwärtigen Koordinationsbemühungen sieht.

[15]) Vgl. dazu den ersten Beitrag von KISTENMACHER/GUST in diesem Band.

Zusammenfassend ist festzustellen, daß die Komplexität der Problemlage am Oberrhein hinsichtlich der faktischen raumplanerischen Konflikte z. T. daraus resultiert, daß bei mangelnder Einbeziehung der Grenze in die jeweils national bzw. regional orientierten Optimierungsziele die Nutzungsansprüche sich kumulieren. Das Potential ist nur einmal vorhanden, wenn jedoch drei Partner Anteil daran haben und jeder so agiert, als würde es ihm allein zustehen, so ist es sehr bald erschöpft bzw. durch Übernutzung zerstört. Die Problemlage hinsichtlich der Friktionen bei der Zusammenarbeit ist zum größten Teil bedingt durch eine vielfältige organisatorische und instrumentelle Gliederung der Zuständigkeiten im nationalen bzw. regionalen Rahmen bei gleichzeitigem Versuch, diese fragmentierten Politiken in den grenzübergreifenden Gremien ,,aus dem Stand" überwinden zu können.

2. Unterschiede und Abstimmungserfordernisse auf den Raumplanungsebenen mit regionalen und kommunalen Bezügen

Eine systematische Darstellung der Raumplanungssysteme Frankreichs und der Bundesrepublik wurde bereits in dem vorangestellten Aufsatz gegeben. Auf dieser Grundlage soll hier näher auf die speziellen Aufgaben in den Grenzräumen am Oberrhein eingegangen werden. Ein zusammenfassender Vergleich der Organisation der Raumplanung auf den ,,unteren" Planungsebenen zeigt hier eine sehr starke Kompetenzzersplitterung auf der französischen Seite mit zentralstaatlichen, departementalen und regionalen Dienststellen. Ihre Aufgabenbereiche sind mehr oder weniger fest umrissen. Sie erfordern einen hohen Koordinationsaufwand durch den Regionalpräfekten mit Unterstützung des ,,Comité Economique et Social de l'Alsace" (CESA) als beratendem Organ und den General- bzw. Regionalräten. Neben den staatlichen departementalen Planungsgruppen, den ,,Groupes d'Etudes et de Programmation" (GEP), arbeitet auf der regionalen Ebene im Elsaß analog zu den OREAM (Organisations Régionales d'Etudes et d'Aménagement des Aires Metropolitaines) in anderen Teilen Frankreichs die OEDA (Organisation d'Etudes de Développement et d'Aménagement de la Région Alsace).

2.1 Aspekte der grenzübergreifenden landes- und regionalplanerischen Abstimmung in bezug auf das ,,Schéma d'Orientation et d'Aménagement de la Région Alsace"

Die Region Elsaß umfaßt die beiden Départements Haut-Rhin und Bas-Rhin mit einer Fläche von insgesamt 14 400 km² und einer Einwohnerzahl von etwa 1,5 Mio. Einwohnern. Sie ist geographisch dem südlichen Oberrheingraben zuzuordnen und greift im Westen in die Randzone der Vogesen hinein. Die wirtschaftliche Situation ist gekennzeichnet durch intensive Landwirtschaft (Weinbau und sonstige Sonderkulturen) außerhalb der drei Zentren Straßburg, Muhlhouse und Colmar und der Konzentration von Industrieanlagen entlang der Rheinachse. Insbesondere Straßburg besitzt im Zusammenhang mit den europäischen Institutionen einen Schwerpunkt im Dienstleistungsbereich. Die hohe Anzahl von Grenzpendlern in der Größenordnung von etwa 29 000 (1975) Arbeitnehmern sowie die Arbeitslosenzahl von etwa 12 000 (1975, 1982 waren es bereits 50 000) weisen auf eine Unterausstattung mit industriellen und gewerblichen Arbeitsplätzen hin. Gleichzeitig wird mit den Grenzpendlern die starke wirtschaftliche Verflechtung mit den angrenzenden schweizerischen und deutschen Ballungsgebieten dokumentiert. Es war dies kurz umrissen die Ausgangslage bei der Ausarbeitung des ,,Schéma d'Orientation et d'Aménagement de la Région Alsace", so wie sie von der OEDA-Alsace analysiert wurde.

Die OEDA-Alsace gehört zur zweiten Generation der OREAM und war daher von Anfang an für das gesamte Gebiet der Region Elsaß (Départements Bas-Rhin und Haut-Rhin) tätig. Die OREAM bzw. Die OEDA-Alsace nehmen im staatlichen Raumplanungssystem eine Sonderstellung ein. Sie stehen (ebenso wie die DATAR auf nationaler Ebene) außerhalb der Verwaltungshierarchie und sichern sich damit eine gewisse Unabhängigkeit, die es ihnen ermöglicht, ihren Aufgabenbereich an die jeweilige Problemlage anzupassen, ohne dem alltäglichen Erledigungsdruck von Verwaltungsaufgaben zu unterliegen[16]). Dabei ist gleichzeitig jedoch zu berücksichtigen, daß die fehlende direkte Einbindung in den hierarchischen Verwaltungsaufbau häufig zu Kompetenzstreitigkeiten führt, in denen sich diese Institutionen nur mit unterschiedlichem Erfolg behaupten können, so daß Durchsetzungsprobleme entstehen, auf die im folgenden Aufsatz von MOLL näher eingegangen wird.

Gewisse Ähnlichkeiten bestehen zwischen der OEDA-Alsace und den regionalen Planungsgemeinschaften (Rheinland-Pfalz) bzw. den Regionalverbänden (Baden-Württemberg) auf deutscher Seite. Auch sie stehen gewissermaßen außerhalb der staatlichen Verwaltungshierarchie, sind jedoch als (kommunal-verfaßte) Körperschaften des öffentlichen Rechts einerseits der Dienstaufsicht der Bezirksregierungen bzw. Regierungspräsidien unterstellt, andererseits aber durch die vorgeschriebenen Gremien (Regionalvertretung bzw. Verbandsversammlung) der Entscheidung und der Kontrolle der kommunalen Gebietskörperschaften unterworfen. Daraus ergibt sich als wesentliches Unterscheidungsmerkmal die Einbindung der Regionalplanung deutscherseits in ein dicht geregeltes System der Raumplanung auf der Landesebene (Landesplanungsgesetz, Landesentwicklungsprogramm) von oben und der Bauleitplanungen der Kommunen von unten.

Der Plan der OEDA-Alsace für die Region Elsaß ist teilweise mit den Landesentwicklungsprogrammen bzw. -plänen von Rheinland-Pfalz und Baden-Württemberg und auch mit den Regionalplänen für die deutschen Gebiete am Oberrhein vergleichbar. Gegenüber den Planungen auf nationaler Ebene in Frankreich geht er über die Aufstellung von Investitionsprogrammen wesentlich hinaus und ist mit dem Schwerpunkt seiner Aussagen auf das räumliche Geamtgefüge des Elsaß' und die darin liegenden Entwicklungschancen ausgerichtet. Das „Schéma d'Orientation et d'Aménagement de la Région Alsace"[17]) unterscheidet sich in seiner den deutschen Raumordnungsplänen ähnlichen Ausprägung zum Teil erheblich von anderen (älteren) OREAM-Planungen in Frankreich. Soweit zu übersehen ist, weist es von den Planungen auf regionaler Ebene in Frankreich die relativ meisten Gemeinsamkeiten mit der deutschen Seite auf. Es wurde also der in Frankreich bestehende erhebliche Spielraum hinsichtlich der inhaltlichen Ausgestaltung derartiger Pläne auch im Sinne der Erfordernisse der Grenzlage genützt. Dies erleichterte der deutschen Seite die Beschäftigung mit den in dieser Konzeption enthaltenen Entwicklungs- und Ordnungsvorstellungen für das Elsaß bei der Erarbeitung einer Stellungnahme dazu und bei den Erörterungen darüber im Regionalausschuß Nord[18]).

Ein Vergleich der Planungselemente des „Schéma d'Orientation" des Elsaß und der landes- und regionalplanerischen Konzeptionen in Rheinland-Pfalz und Baden-Württemberg ergibt folgendes Bild[19]):

---

[16]) Vgl. D.A.T.A.R. (Hrsg.): Les OREAM et l'aménagement du territoire 1966–1976, Paris 1977, sowie die Jahresberichte der OEDA-Alsace (comité de direction, neuester Bericht vom 16.2.1982).

[17]) Vgl. OEDA-Alsace (Hrsg.): Schéma d'Orientation et d'Aménagement de la Région Alsace. Strasbourg 1976.

[18]) Vgl. D.A.T.A.R. (Hrsg.): Fn. 16.

[19]) Zum Vergleich wurden auf deutscher Seite herangezogen: Der Regionale Raumordnungsplan Südpfalz, Germersheim 1971; der Regionale Raumordnungsplan Rheinpfalz, Raum Vorderpfalz, Mannheim 1981; der Regionalplan Mittlerer Oberrhein, Karlsruhe 1980; der Regionalplan Südlicher Oberrhein, Freiburg 1981; das Landesentwicklungsprogramm Rheinland-Pfalz, Mainz 1980; der Landesentwicklungsplan Baden-Württemberg, Fortschreibungsentwurf, Stuttgart 1981.

Richt- bzw. Orientierungswerte

Sowohl im „Schéma d'Orientation" des Elsaß als auch in den Raumordnungsplänen der rheinland-pfälzischen und baden-württembergischen Nachbarn werden Richt- bzw. Orientierungswerte angeführt. Auf deutscher Seite werden diese für die Bevölkerungs- und Arbeitsplatzentwicklung im Rahmen der landesplanerischen Konzeptionen auf Landesebene erarbeitet und den einzelnen Regionen zugeordnet. So sieht das Landesentwicklungsprogramm Rheinland-Pfalz vor, daß die Regionalpläne von diesen Werten ausgehen und sie unter Berücksichtigung der raumordnerischen Zielvorstellungen auf die Teilräume der Region (Mittel- und Nahbereiche) aufgliedern. Dabei soll die Summe der Orientierungswerte für diese Teilräume nur geringfügig von dem Gesamtwert für die Region abweichen. Ähnliche Regelungen bestehen in Baden-Württemberg.

Das „Schéma d'Orientation" des Elsaß gibt dem gegenüber zwei unterschiedliche Bevölkerungsprognosen (ausgehend von einer hohen und einer sehr niedrigen Geburtenrate) an. Dazwischen soll sich die tatsächliche Entwicklung bewegen[20]. Die Prognose wird nur für die gesamte Region erstellt und nicht wie in den deutschen Regionalplänen für Teilräume konkretisiert. Die Bevölkerungsprognose des „Schéma d'Orientation" des Elsaß dient insbesondere dazu, die Zahl der zusätzlich erforderlichen Arbeitsplätze zu ermitteln[21]. Da diese Arbeitsplätze hauptsächlich durch Neuansiedlung von Industrie- und Gewerbebetrieben zu schaffen sind, werden daraus Industrie- und Gewerbeflächen abgeleitet und in ha je Ort auf einer Karte schematisch dargestellt[22]. Diese Flächenausweisungen sind sehr großzügig bemessen, und es bleibt den nachfolgenden Planungen überlassen, sie den lokalen Möglichkeiten und Bedürfnissen anzupassen. Im „Schéma d'Orientation" des Elsaß erfolgt im Gegensatz zur deutschen Seite keine Umsetzung der Bevölkerungsrichtwerte auf Bauflächen. Eine solche instrumentelle Verknüpfung von Bevölkerungsprognose und Ausweisung von Wohnbauflächen wird auf der folgenden Planungsebene, in den SDAU (Schéma Directeur d'Aménagement et d'Urbanisme) in Form von meist großzügig bemessenen Richtwerten für Flächenausweisungen vorgenommen.

Zentrale Orte

Eine weitgehende äußere Ähnlichkeit mit dem deutschen Zentrale-Orte-System besitzt das „Schéma d'Orientation et d'Aménagement de l'Alsace" mit den „Grands centres d'affaires complémentaires" (Oberzentren), den „Villes relais" (Mittelzentren) sowie den „Petites villes, centres de pays" (Unterzentren bzw. Kleinzentren) (siehe Abb. 2). Das „Schéma d'Orientation" ordnet diesen Zentren jedoch weder Einzugsbereiche noch Ausstattungsmerkmale hinsichtlich der Versorgungseinrichtungen zu und unterscheidet sich damit in seinem instrumentellen Charakter wesentlich von den landes- und regionalplanerischen Konzeptionen für die deutschen Grenzgebiete am Oberrhein. Mit den „Villes relais" werden mögliche Förderungsschwerpunkte auf regionaler Ebene (Vertrag mit der Region) vorgeschlagen. Innerhalb ihrer meist peripher gelegenen Einzugsbereiche sollen die „Villes relais" eine gewisse Führungs- und Entwicklungsrolle übernehmen.

Das „Schéma d'Orientation" des Elsaß unterscheidet in ähnlicher Weise wie auf deutscher Seite drei Arten von „Relais"-Ausweisungen (vgl. Abb. 2):

– „Villes Relais", voll ausgestattet (Mittelzentrum)
– „Villes Relais, die noch tertiäre Einrichtungen erhalten sollen" (Mittelzentrum mit Teilfunktionen, auszubauen) und

---

[20] Vgl. Fn. 17, S. 49/40.
[21] Ebenda, S. 122 ff.
[22] Ebenda, S. 68.

Abb. 2   Ancrage au Dynamisme Régional des Zones Excentrées ou Affaiblies

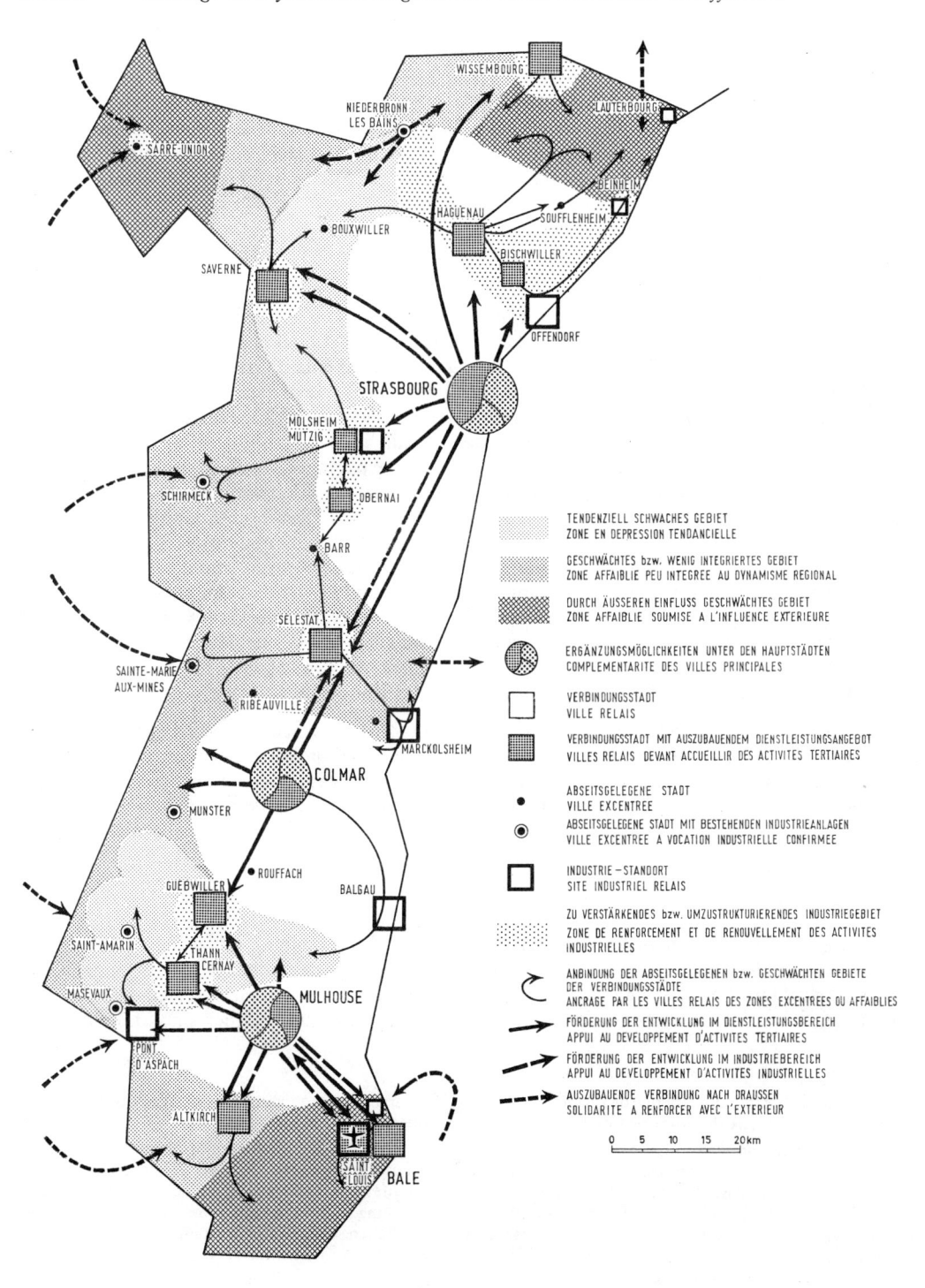

Quelle: Schéma d'Orientation et d'Aménagement de la Région Alsace: a. a. O., Fn. 17, S. 68.

– ,,Site Industriel Relais", industriell zu entwickelnde Schwerpunkte (gewerbliche Ausbauorte).

Es fällt auf, daß keine Übereinstimmung herrscht mit der Terminologie der ,,staatlichen Vertragspolitik" (Métropoles d'équilibre, Villes moyennes) und auch nicht mit der früheren Ausweisung der ,,Etude d'Armature Urbaine", die teilweise auch abweichende Zielvorstellungen beinhalten[23]). Die ,,zentralen Orte" des ,,Schéma d'Orientation" des Elsaß haben sowohl Entwicklungs- als auch Versorgungsfunktion. Im Vordergrund steht dabei die wirtschaftliche Entwicklung des Elsaß, für die ein Netz leistungsfähiger Städte in abgestufter Rangfolge als notwendige Voraussetzung erachtet wird.

Achsen

Das ,,Schéma d'Orientation" des Elsaß sieht die Achsen in erster Linie unter dem Aspekt der Entwicklungs- und Kommunikationsförderung, ähnlich den Zielsetzungen für großräumige Verkehrsachsen in deutschen Plänen[24]). Um der durch die nationale Entwicklung hervorgerufenen Isolation des Elsaß zu entgehen, ist es das Ziel des ,,Schéma d'Orientation", das Elsaß an die Französischen Nachbarregionen und an das europäische Verkehrsnetz bzw. die europäischen Wirtschaftsachsen anzuschließen. Der Gesamtkarte des ,,Schéma d'Orientation" des Elsaß kann entnommen werden, daß sich die Hauptachsen, nämlich die Nord-Süd-Achse Lauterbourg–Strasbourg–Colmar–Mulhouse–Basel sowie die drei geplanten Ost-West-Achsen über die Vogesen, aus Straßen und Schienenwegen zusammensetzen. Gleichzeitig soll innerhalb der Region Elsaß eine schnelle Verbindung der drei ,,Oberzentren" Strasbourg, Colmar, Mulhouse angestrebt werden, die wegen der geplanten wechselseitigen Ergänzung durch Komplementärfunktionen besonders wichtig ist[25]). Außerdem sollen die ,,Oberzentren" mit den ,,Villes relais" und diese untereinander sowie mit ihrem Umland verbunden werden, um einen gesteigerten Leistungsaustausch zu erreichen. Die bereits bestehenden Achsen in Ost-West-Richtung auf Höhe der drei großen Städte des Elsaß, entlang derer sich bereits eine gewisse wirtschaftliche Entwicklung konzentriert hat, sollen weiter ausgebaut werden, ebenso die Verbindung der Nord-Süd-Achse des Elsaß mit der Achse entlang des Rhônetals.

Angesichts der Ausrichtung auf Verkehrsachsen wird im ,,Schéma d'Orientation" keine gesteuerte Siedlungsentwicklung im Sinne der deutschen Siedlungsachsen angestrebt, wie z. B. im Landesentwicklungsplan von Baden-Württemberg und im Regionalplan Mittlerer Oberrhein. Demgegenüber steht eine Verbesserung der Handels- und Verkehrsverbindungen im Vordergrund, um an den europäischen und nationalen Waren- und Leistungsaustausch besser angeschlossen zu werden.

Vorrangflächen

Ausgehend vom Prinzip der räumlich-funktionalen Arbeitsteilung und einem verstärktem Freiraum- und Ressourcenschutz wurde auf der deutschen Seite das Konzept der Vorrangflächen entwickelt. Durch Ausweisung von Vorrangflächen wird bestimmten Gebieten eine vorrangige Nutzung bzw. Funktion zugewiesen, für die sie besonders gut geeignet sind. Im Fall von

---

[23]) Etude d'Armature Urbaine de l'Alsace, Strasbourg 1966, erarbeitet in Vorbereitung des V. Planes durch die regionale Dienststelle des Ministère de l'Equipement et du Logement, S. 31–34.

[24]) Zur Achsendiskussion s. KISTENMACHER, H.: Zur theoretischen Begründung und planungspraktischen Verwendbarkeit von Achsen. In: Zur Problematik von Entwicklungsachsen. ARL: FuS Bd. 113, Hannover 1976. Ders.: Aufbau und Anwendung kleinräumiger Siedlungsachsen. In: Kleinräumige Siedlungsachsen. ARL: FuS Bd. 133, Hannover 1980. Vgl. auch ISTEL, W.; ROBERT, J.: Raumordnung beiderseits der Grenze der Bundesrepublik Deutschland zu den Nachbarstaaten der Europäischen Gemeinschaften sowie der Schweiz und Österreich – unter besonderer Berücksichtigung der Zentren und Achsen – Teil 1 und 2. ARL: Beitr. Bd. 59 (1. Teil), Bd. 60 (2. (Teil), Hannover 1982. S. auch Fn. 23, S. 38 ff.

[25]) Vgl. OEDA-Alsace (Hrsg.): Schéma ... a. a. O., Fn. 17, S. 66, S. 70 etc.

Nutzungskonflikten hat die Vorrangfunktion bei der Abwägung ein größeres Gewicht als die anderen Nutzungen.

Im „Schéma d'Orientation" des Elsaß wird der Begriff der Vorrangflächen explizit nicht verwendet, doch kann man die mit diesem Instrument in der Bundesrepublik angestrebten Ziele auch hier finden. Das „Schéma d'Orientation" erwähnt Gebiete, die aufgrund ihrer Voraussetzungen für gewisse Nutzungen geeigneter sind als andere und daher auch vorrangig für diese Nutzungen bestimmt werden sollen. Es handelt sich um:

- Flächen für die Landwirtschaft[26]
  In der Leitlinie 2 des „Schéma d'Orientation" wird gefordert, daß zur Unterstützung der Landwirtschaft gewisse Flächen langfristig für die landwirtschaftliche Nutzung reserviert werden. Die Flächen werden nicht näher konkretisiert, sie sind allerdings zum Teil in die „Trame Verte Régionale" (regionale Grünzüge) integriert.
- Erholungsräume und Gebiete zum Schutz der Natur und Landschaft bzw. Räume mit ökologischen Funktionen[27]
- Flächen für den Kiesabbau[28]
  Das „Schéma d'Orientation" schlägt einen regionalen Nutzungsplan für Kiesgruben vor (Schéma Régional des Gravières), der den Kiesabbau regeln und auf bestimmte Gebiete konzentrieren soll. Dies stellt die erste Initiative am Oberrhein dar, den Kiesabbau räumlich zu ordnen.
- Gewerbliche Flächen
  Dem wirtschaftlichen Aufschwung wird, wie bereits erwähnt, im „Schéma d'Orientation" große Bedeutung beigemessen. In Frankreich und somit auch in der Grenzregion Elsaß werden allgemein infrastrukturelle Vorleistungen von staatlicher Seite erbracht und Gebiete für Industrieansiedlungen erschlossen, in der Hoffnung, daß die Betriebe folgen. Darüber hinaus werden durch eine aktive Förderpolitik Anreize zur Ansiedlung geschaffen. Die Forderung in Leitlinie 3 des „Schéma d'Orientation"[29], in den Bereichen mit Arbeitskräftepotential ein Angebot von Industrieflächen zu schaffen, kann als Hinweis zur Ausweisung von gewerblichen Vorrangflächen interpretiert werden.

Grünzüge und Siedlungszäsuren

Eine besondere Form der Vorrangflächen sind die Grünzüge und Siedlungszäsuren[30]. Sie kommen deutscherseits ausschließlich auf der regionalen Planungsebene zur Anwendung, wobei in den einzelnen Regionen bisher mit unterschiedlichen methodischen Ansätzen gearbeitet wird. Im Regionalen Raumordnungsplan Rheinpfalz, Raum Vorderpfalz, und im Regionalplan Südlicher Oberrhein[31] werden die Grünzüge als großräumige zusammenhängende Freiflächen definiert, die verschiedene Funktionen, insbesondere ökologische und Erholungsfunktionen, übernehmen. Somit sind sie primär ökologische Vorranggebiete. Sie umfassen auch die von der Besiedlung freizuhaltenden Zwischenräume zwischen den Siedlungsachsen. Die konkrete Ausgestaltung der Grünzüge wird in den Regionalplänen unterschiedlich gehandhabt.

Die den „Trame Verte" im „Schéma d'Orientation" zugewiesenen Funktionen (ökologische Ausgleichsflächen, Erholungsräume) entsprechen im allgemeinen, wie schon die Bezeichnung zu erkennen gibt, denen der Grünzüge und ökologischen Vorrangflächen auf deutscher Seite.

---

[26] Ebenda, S. 107.
[27] Ebenda, S. 97 ff.
[28] Ebenda, S. 94 ff.
[29] Ebenda, S. 123.
[30] Vgl. z. B. LEP 1980 von Rheinland-Pfalz, Fn. 19, S. 21, S. 89.
[31] Vgl. Regionalplan Südlicher Oberrhein, Satzungsbeschluß, Freiburg 1979, S. 67 ff.

Ansatzpunkte sind – wie auch für die deutschen Grünzüge – Wälder, ökologisch bedeutsame Flächen, Schutzgebiete, etc.[32]). Von diesen Ansätzen ausgehend sollen die „Trame Verte" in die Grünzüge der Verdichtungsräume (im Elsaß in die Grünsysteme der großen Städte) als sogenannte „Coulée verte" münden.

Neben den Grünzügen werden in deutschen regionalen Raumordnungsplänen auch Siedlungszäsuren festgelegt. Im „Schéma d'Orientation" kommt der Begriff der Siedlungszäsur im Text zwar nicht vor, in der Gesamtkarte ist er jedoch als „Coulée verte" oder auch teilweise in dem Begriff der „Liaison à conserver ou à créer" enthalten. Da im Elsaß die Gefahr der Ausuferung der Besiedlung in die Landschaft in erster Linie von den drei großen Städten ausgeht, werden auch siedlungszäsur-ähnliche Festlegungen auf diese beschränkt. Sie liegen jedoch nicht nur senkrecht zur Achse Strasbourg – Mulhouse, sondern begrenzen die Siedlungsentwicklung von allen Seiten. Sie sollen nicht nur global das Zusammenwachsen mehrerer Orte verhindern, sondern auch auf Ortsebene Wohngebiete von Industrieflächen trennen.

Raumstrukturelle Gliederung

Die deutsche Landes- und Regionalplanung unterscheidet entsprechend den Entschließungen der Ministerkonferenz für Raumordnung zwischen Ordnungsräumen (Verdichtungsräume und ihre Randgebiete) und ländlichen Räumen, wobei die Zielaussagen auf diese Raumtypen hin konkretisiert werden. Dies findet auch seinen Niederschlag in den Raumordnungskonzeptionen für die deutschen Grenzräume am Oberrhein. Von Seiten der Landesplanung erfolgt ergänzend dazu meist eine landesspezifische Gebietstypisierung. So unterscheidet das neue Landesentwicklungsprogramm Rheinland-Pfalz von 1980 3 Typen von Strukturräumen, wobei für die strukturschwachen Räume eine zusätzliche Differenzierung erfolgt.

Auch im „Schéma d'Orientation" wird eine Klassifizierung der Teilgebiete der Region Elsaß nach städtischen und ländlichen Bereichen vorgenommen. Dort werden unter dem Titel „Landwirtschaft und ländliches Milieu" in einer Karte folgende Räume dargestellt[33]):

- Stadtgebiete und starke Wachstumszonen an der städtischen Peripherie, die mit unseren Ordnungsräumen zu vergleichen sind, da es sich um die Stadtgebiete der drei großen Ballungen des Elsaß' handelt.

- Urbanisierung im ländlichen Bereich. Diese Gebiete grenzen an die beiden erstgenannten oder stehen bereits im Einfluß ausländischer Zentren (wie z. B. Basel).

- Die ländlichen Gebiete werden im Elsaß nach strukturellen Kriterien der Landwirtschaft in drei Klassen untergliedert:

    - Gebiete mit starker landwirtschaftlicher Tätigkeit
    - Gebiete mit abnehmender landwirtschaftlicher Tätigkeit
    - landwirtschaftliche Krisengebiete.

Darüber hinaus erfolgt noch eine weitergehende Kennzeichnung von Teilgebieten im Hinblick auf die Voraussetzungen für künftige landwirtschaftliche Tätigkeiten[34]).

Die konkreten Zielsetzungen und Maßnahmebündel finden sich für ländliche Gebiete in Leitlinie 2 „Aufwertung des ländlichen Charakters" und für Verdichtungsräume in den drei Leitlinien 4 bis 6 zu den drei großen Städten Strasbourg, Colmar und Mulhouse.

---

[32]) Vgl. OEDA-Alsace (Hrsg.): Schéma ... a. a. O., Fn. 17.
[33]) Ebenda, S. 36.
[34]) Ebenda, S. 97 ff.

Zusammenfassend ist festzustellen, daß die vergleichende Gegenüberstellung wesentlicher Planinhalte bzw. Planungsinstrumente des „Schéma d'Orientation" mit denen der deutschen Raumordnungskonzeptionen auf Landes- und Regionsebene sowohl weitgehende Übereinstimmungen oder Ähnlichkeiten als auch Unterschiede erkennen läßt. Letztere werden meist erst nach eingehenderen Analysen deutlich, zumal die Ähnlichkeit einschlägiger Begriffe dies nicht immer vermuten läßt. Man hat daher, wie sich erst nachher deutlicher zeigte, die Koordinationswirkung der abgegebenen Stellungnahmen zum „Schéma d'Orientation" und deren Erörterung in den deutsch-französischen Gremien deutscherseits teilweise überschätzt, da man sich bei den Annahmen über die instrumentelle Wirkung der Planinhalte und die Verbindlichkeit dieses Planes doch zu sehr von den deutschen Regelungen leiten ließ.

Es wurden aber nur Teile des „Schéma d'Orientation" vom interministeriellen Raumordnungsausschuß (CIAT) zu nationalen Raumordnungsrichtlinien (DAN) erklärt. Andere Teile hat der Präfekt der Region Elsaß per Erlaß zu regionalen Raumordnungsrichtlinien erklärt, so z. B. hinsichtlich des Schutzes der elsässischen Rheinauewälder[35]). Hingegen wurde z. B. das „Schéma d'Aménagement de la Métropole Lorraine" insgesamt für verbindlich erklärt. Dessen raumstrukturelle Aussagen sind jedoch insgesamt geringer, wobei das deutsch-französische Grenzgebiet weitgehend ausgeklammert bleibt (vgl. dazu den folgenden Aufsatz von MOLL). Das „Schéma d'Orientation" der OEDA zieht demgegenüber die Grenzlage der Region in sehr ausgeprägter Weise in die konzeptionellen und planungsmethodischen Überlegungen ein, so werden insbesondere bei der Analyse der raumstrukturellen Rahmenbedingungen die Vor- und Nachteile der Grenze (Solidarités, interdépendances vs. concurrences, problèmes) dargestellt und bewertet (vgl. Abb. 3). Es unterscheidet sich damit auch von den landes- und regionalplanerischen Konzeptionen auf der rheinland-pfälzischen und baden-württembergischen Seite, die auf diese Zusammenhänge nicht in dieser Intensität eingehen.

2.2 Die „Documents d'urbanisme" im Bereich der Departements Bas-Rhin und Haut-Rhin im Vergleich mit den entsprechenden deutschen Planungen

Das System der deutschen Bauleitplanung wird hier als bekannt vorausgesetzt und nicht näher erörtert. Als wesentliches Unterscheidungsmerkmal bei den kommunalen Planungsebenen ist das Fehlen einer in diesem Bereich autonomen und mit entsprechenden Kompetenzen ausgestatteten Struktur in Frankreich hervorzuheben. Die Planungen mit stärkeren kommunalen Bezügen in Frankreich werden auf der Grundlage des „Code de l'urbanisme" erarbeitet. Es sind dies die bereits in der vorangestellten Abhandlung allgemein angesprochenen SDAU und POS sowie deren Zwischenstufen bzw. Ergänzungsplanungen. Dabei ist eine weitgehende Übereinstimmung in der Rechtsverbindlichkeit zwischen den deutschen Regional- und Bauleitplänen und den französischen SDAU und POS etc. festzustellen. Die Inhalte der SDAU sind ebenso wie die der deutschen Regional- und Flächennutzungspläne lediglich behördenverbindlich und gewinnen erst über die Konkretisierung im POS bzw. im Bebauungsplan deutscherseits direkte Verbindlichkeit gegenüber den Bürgern.

Die Erarbeitung der „Documents d'urbanisme" (SDAU, POS, etc.), soweit sie von den größeren Städten bzw. Gemeindeverbänden nicht selbst in den „Agences d'urbanisme", jedoch unter der Verantwortung der DDE erstellt werden (z. B. Agence d'Urbanisme pour l'Agglomération Strasbourgeoise), liegt im Elsaß in Händen der beiden zentralstaatlichen Planungsgruppen der Departementverwaltung, der GEP Bas-Rhin (Straßburg) und Haut-Rhin (Colmar). Im Rahmen der grenzübergreifenden Untersuchung wurde ein systematischer Vergleich von vier SDAU's, einem PAR, einem Schéma de Secteur und dreier POS auf elsässischer Seite mit den Regionalplänen, Flächennutzungsplanungen und einigen Bebauungsplänen im pfälzischen Grenzraum durchgeführt. In diesem Bericht können nur die generellen Aspekte der Ergebnisse dargestellt werden.

---

[35]) „Plan de protection de la forêt rhénane", Erlaß des Präfekten der Region Alsace.

Abb. 3   *Solidarités, Interdépendances, Concurrences et Divergences dans L'Espace Rhénan*

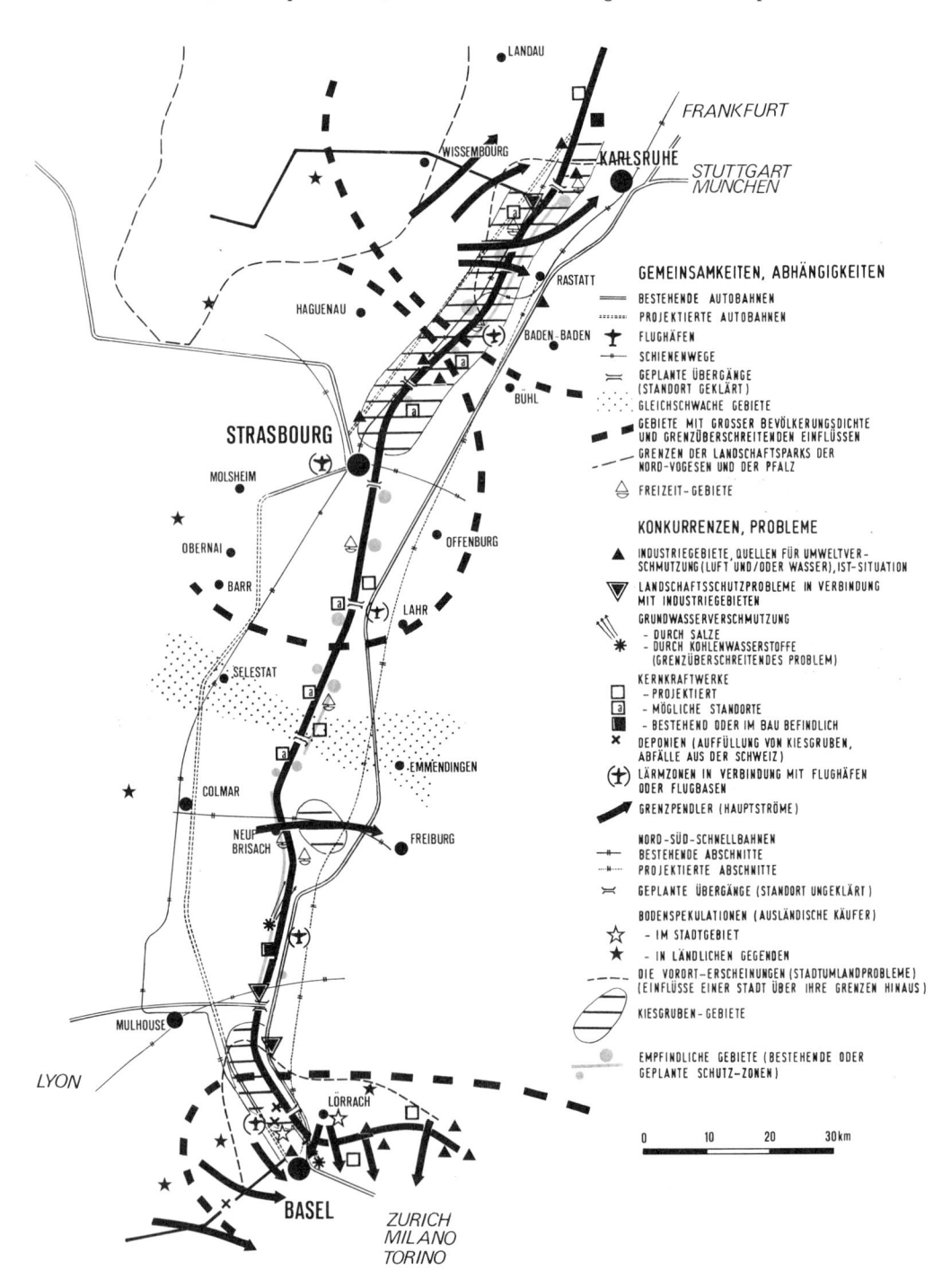

Quelle: Schéma d'Orientation et d'Aménagement de la Région Alsace: a. a. O., Fn. 17, S. 18.

Das „Schéma Directeur d'Aménagement et d'Urbanisme" (SDAU)

Ein SDAU besteht aus den folgenden Teilen:

– einem Erläuterungsbericht, der die Situation der Siedlungs- und Freiräume analysiert, die Planung und die Hauptphasen ihrer Verwirklichung sowie die Analyse des Ausgangszustandes der Umwelt enthält;

– zeichnerischen Darstellungen, im allgemeinen im Maßstab 1:50 000, mit folgenden Inhalten: die allgemeine Funktionsbestimmung der Flächen; die Erweiterungsgebiete; Flächen (frei oder bewaldet), die zu schützen sind; die Verortung der Hauptfunktionen; die Lage der wichtigsten öffentlichen Einrichtungen und Anlagen von allgemeinem Interesse; die Grundlinien des Verkehrs- und Transportwesens; die Hauptelemente des Trinkwasserversorgungsnetzes, des Gesundheitswesens und der Abfallbeseitigung; eventuell die Abgrenzung von „Schémas de Secteur".

Jeder SDAU umfaßt drei planerische Darstellungen, die den gegenwärtigen Zustand (Teil I), den angestrebten Endzustand (Teil II) und die Situation am Ende der 1. Durchführungsphase des SDAU nach 10 bis 15 Jahren (Teil III) räumlich kennzeichnen[36].

Der SDAU hat also koordinierende Aufgaben ähnlich der deutschen Regionalplanung. Er besitzt Elemente eines Entwicklungsprogramms, indem er die vorzusehenden Maßnahmen einer kurz- bzw. mittelfristigen und langfristigen Abstufung unterwirft. Je nach den spezifischen Problemen des Plangebietes kann der SDAU innerhalb der vorgegebenen Grobgliederung unterschiedliche Schwerpunkte aufweisen. So ist z. B. der SDAU Mulhouse besonders auf die Stärkung und Förderung der Wirtschaftskraft ausgerichtet. Der SDAU Bassin Houiller de Lorraine betont daneben besonders die Modernisierung und Umstrukturierung der Ortskerne sowie der Siedlungen des sozialen Wohnungsbaus. Eines der Hauptziele des SDAU Strasbourg ist die Erhaltung und Schaffung peripherer und innerstädtischer Grünflächen. Hinsichtlich der Vergleichbarkeit der SDAU mit der Regional- und Bauleitplanung auf deutscher Seite kann festgehalten werden, daß der SDAU vom räumlichen Zuschnitt, dem Maßstab und den Planinhalten her gesehen den Regionalplänen der angrenzenden rheinland-pfälzischen und baden-württembergischen Regionen sehr nahekommt. Dies gilt vor allem für solche SDAU's, die relativ viele Gemeinden umfassen, wie z. B. der SDAU Bande Rhénane Nord, der das gesamte elsässische Grenzgebiet nördlich der Agglomeration Strasbourg entlang des Oberrheins abdeckt (vgl. Abb. 4).

In bezug auf die Verbindlichkeit und die Nutzungsfestlegungen – der SDAU ist nur behördenintern verbindlich und gilt als Vorgabe für die Erarbeitung der unterhalb dieser Planungsebene angesiedelten „Documents d'urbanisme" – und in einigen spezifischen Aussagen zeigt er auch Ähnlichkeit mit den Flächennutzungsplänen. Über den aktuellen Stand der Planungen der SDAU's im Nordelsaß gibt die Karte in Abbildung 4 Auskunft. Es bleibt zu ergänzen, daß auf deutscher Seite für die an das Elsaß angrenzenden Regionen mittlerweile flächendeckend genehmigte Regionalpläne bestehen. Sie wurden für die Regionen Mittlerer und Südlicher Oberrhein mit der französischen Seite abgestimmt. In der Region Rheinpfalz steht im Zusammenhang mit der Zusammenfassung der beiden Teilpläne für die Räume Südpfalz und Vorderpfalz die Fortschreibung in einem gemeinsamen Regionalplan an.

Das „Schéma de Secteur"

Für Teilräume kann der SDAU durch ein „Schéma de Secteur" vertieft werden, das mit den Grundaussagen des SDAU übereinstimmen muß. Wie der SDAU ist auch das „Schéma de Secteur" ähnlich wie Regionalplan und Flächennutzungsplan verbindlich gegenüber der öffentlichen Verwaltung und ihren raumwirksamen Planungen und Maßnahmen. Im Nordelsaß werden z. Zt. für 3 Teilräume „Schémas de Secteur" ausgearbeitet (Vgl. Abb. 4).

---

[36] Vgl. Code de l'Urbanisme, Art. R. 122–11, R. 122–5. Art. R. 122–20.

Abb. 4 *Etat d'Avancement des SDAU et des Schémas de Secteur*
(Stand der Planungen von SDAU u. Schémas de Secteur)

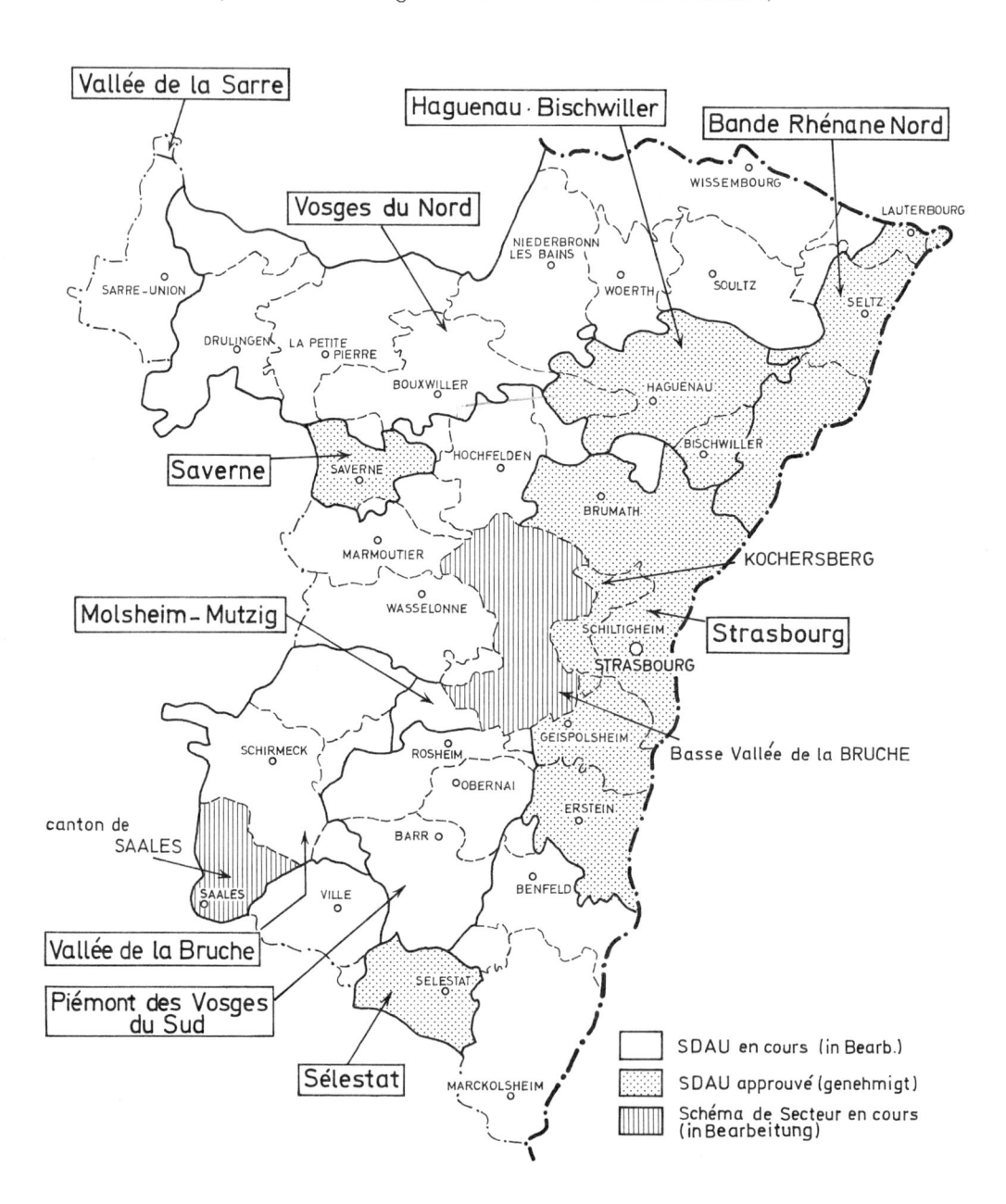

Quelle: D.D.E. BAS-Rhin. G. E. P. Mai 1981.

Der „Plan d'Aménagement Rural" (PAR)

Der SDAU findet in ländlichen Kantonen (weniger als 10 000 Einwohner) seine Entsprechung im PAR (Plan d'Aménagement Rural). Dieser kann dort an Stelle des SDAU erarbeitet werden, besitzt jedoch nicht die gleichen Bindungswirkungen für die Erarbeitung des POS, da er eher die Merkmale eines Entwicklungsprogramms als die einer raumplanerischen Konzeption trägt. Das Instrument des PAR ist aus dem wachsenden Bewußtsein für die gegenseitige Ergänzung Stadt – Land und für die Stellung, die der ländliche Raum in der Landesentwicklung hat, entstanden. Die Verordnung vom 8. 6. 1970[37]) hat sie als „vorausschauende" Dokumente definiert, die „zum Gegenstand haben, die wünschenswerten Perspektiven der Entwicklung und der Ausstattung der Gebiete ländlicher Prägung festzulegen". Sie haben nicht den Wert einer gesetzlichen Regelung, ziehen jedoch die „Documents d'urbanisme" nach sich, die verbindlichen Charakter erlangen.

Ein PAR besteht aus einem Erläuterungsbericht und einer entsprechenden kartographischen Darstellung der Aussagen, deren Kern ein Vorschlag zur Verordnung der Aktivitäten darstellt. Er soll insbesondere Vorschläge enthalten für die Schaffung neuer Arbeitsplätze, für die Entwicklung des Dienstleistungssektors und für den Schutz und die Aufwertung der natürlichen Umwelt.

Die Ausarbeitung eines PAR wird unter Aufsicht des Präfekten von der DDA (Direction Départementale d'Agriculture) geleistet. Das Verfahren läuft in Verbindung mit den örtlichen Gemeinschaften in der Art ab, daß die gesellschaftlichen Gruppen (frz.: organismes socioprofessionnels) und die Bevölkerung selbst beteiligt sind. Bislang gibt es jedoch im Elsaß erst zwei PAR (Munster, Ferrette). Das erklärt sich aus seinem experimentellen Charakter und der zurückhaltenden Position des Landwirtschaftsministers, der mit der Aufstellung der PAR beauftragt ist[38]). In seinen Zielen und Maßnahmevorschlägen, so z. B. über die Einteilung und Entwicklung sowie Förderung landwirtschaftlicher Betriebe zeigt der PAR Munster Ähnlichkeiten mit Nahbereichsuntersuchungen im südpfälzischen Raum, die beispielhaft zum direkten Vergleich herangezogen worden waren[39]).

Der „Plan d'Occupation des Sols" (POS)

Gemäß Art. L 123–1 des Code de l'urbanisme beinhalten die POS im Rahmen der Vorgaben des SDAU, sofern ein solcher für den Raum aufgestellt wurde, allgemeine Festlegungen zur Flächennutzung, die insbesondere auch Baugebiete enthalten können, was durch die gebietsscharfe Ausweisung ermöglicht wird.

Der POS verfolgt vier Hauptziele:

– die Siedlungsentwicklung zu gestalten

– die natürliche Umwelt zu schützen

– zukünftige Infrastrukturmaßnahmen vorzubereiten

– juristische Bindungen zu schaffen.

Der POS besteht aus einem Erläuterungsbericht, einem Vorschriftenteil zu den städtebaulichen Regelungen und einem Kartenteil. In dem Erläuterungsbericht werden die Grundlagen der zukünftigen Entwicklung dargelegt. Darüber hinaus liefert er die Begründung der verschiedenen

---

[37]) Vgl. Code de l'Urbanisme, Art. L 121–1.

[38]) Vgl. OEDA-Alsace: Trame Verte Régionale et Protection du Milieu Naturel. Strasbourg 1976, S. 7.

[39]) Ein detaillierter Vergleich der einzelnen Planarten wurde in einer Studienarbeit an der Universität Kaiserslautern, Lehrgebiet Architektur, Raum- und Umweltplanung, durch die Studentinnen WEDEL, REISER, WEIDENFELLER unter Betreuung der Verfasser durchgeführt. Die Ergebnisse liegen als unveröffentlichtes Manuskript vor.

Maßnahmen und geht insbesondere auf die Auswirkungen der vorgeschlagenen Maßnahmen auf die Landschaft ein. Die von einem POS auszuweisenden Zonen sind vereinfacht in Abb. 5 dargestellt.

Der POS bestimmt zugleich die öffentlichen Maßnahmen, die für die Durchführung der Ziele des Plans erforderlich sind, und ermöglicht eine eventuelle Enteignung der notwendigen Flächen. Diese Möglichkeit betrifft Flächen für öffentliche Wege und Bauwerke, Einrichtungen von allgemeinem Interesse sowie Grünzonen.

Zusammenfassend kann man feststellen, daß der POS vergleichsweise in vollem Umfang der deutschen Bauleitplanung zugeordnet werden kann. Er bestimmt die allgemeinen Regeln und Bindungen zur Flächennutzung und bereitet zukünftige öffentliche Infrastrukturmaßnahmen vor. Seine Verbindlichkeit, auch gegenüber den Bürgern, reicht bis zu der davon abzuleitenden Möglichkeit der Enteignung. Sein Maßstab beträgt generell 1:5000, bei Detailplänen noch darunter. Die Ziele und Planinhalte des POS sind weitgehend vergleichbar mit denen eines Flächennutzungsplanes. In Teilaussagen sowie in seiner direkten Verbindlichkeit gegenüber den Bürgern entspricht der POS jedoch voll den Festlegungen des Bebauungsplanes. Den Konkretisierungsgrad eines Bebauungsplanes erreicht der POS jedoch nicht. Er wird in dieser Hinsicht ergänzt durch den „Plan de masse" bzw. den „Plan de lotissement", auf die hier jedoch nicht näher eingegangen werden kann.

Im elsässisch/rheinland-pfälzischen Grenzgebiet befinden sich für Teilbereiche zwei POS in der Bearbeitung. Der POS Lauterbourg/Scheibenhard ist bereits sehr weit fortgeschritten und wurde bereits in eine inoffizielle grenzübergreifende Abstimmung einbezogen. Die Erarbeitung des POS Wissembourg ist dem Vernehmen nach mit internen institutionellen Schwierigkeiten behaftet, die die Vorlage verzögern.

Die „Zones d'Environnement Protégé" (ZEP)

Die ZEP sind durch das Gesetz vom 31. 12. 1976 (Städtebaureform) eingeführte Planungsdokumente. Sie füllen gewisse Lücken der Raumplanung im Hinblick auf den Landschaftsschutz und den Schutz landwirtschaftlicher Tätigkeit in solchen ländlichen Gebieten aus, die der Gefahr einer unkontrollierten Siedlungsentwicklung ausgesetzt sind. Es ist damit beabsichtigt, den ländlich geprägten Gebieten und ökologisch empfindlichen Landschaften ein rechtlich wirksames und zugleich leicht handhabbares Planungsinstrument bereitzustellen. Die Planung einer ZEP ähnelt in der Konzeption der eines POS. Der Inhalt kann je nach Gegenstand beträchtlich variieren. Die Hauptelemente sind jedoch konstant: der Erläuterungsbericht, die zeichnerischen Unterlagen und die Satzung. Wichtiges Unterscheidungsmerkmal ist jedoch, daß die ZEP keinen Hinweis auf eine mögliche Enteignung für künftige öffentliche Einrichtungen, entsprechend den vorgesehenen Standorten in den POS, enthält[40]). Für die Planungen der ZEP lagen in den Grenzräumen bisher keine Beispiele vor, so daß sie hier nur generell anzusprechen sind.

Gleiches gilt auch für die nachfolgenden Planungen, die der Vollständigkeit halber zu erwähnen sind. Es gibt auf der räumlichen Ebene der Kommunen bzw. ländlichen Bezirke weitere Planungen, die den Charakter von vorbereitenden Studien tragen, z. B.:

Planung zur Zonierung (Zonage)

Analyse der Möglichkeiten zukünftiger Siedlungsentwicklung unter Berücksichtigung der Erfordernisse des Landschaftsschutzes[41]).

---

[40]) S. zu den „Documents d'urbanisme" auch D.A.T.A.R. et al. (Hrsg.): Politique de la montagne, o. O. u. J. (Broschüre) sowie die fünf Bände „Plan d'Occupation des Sols", herausgegeben vom Ministère de l'Environnement et du cadre de vie. Paris 1980/81.

[41]) Vgl. z. B. OEDA-Alsace: Etablissement du zonage dans la vallée de la Zinsel du Sud. Strasbourg 1980.

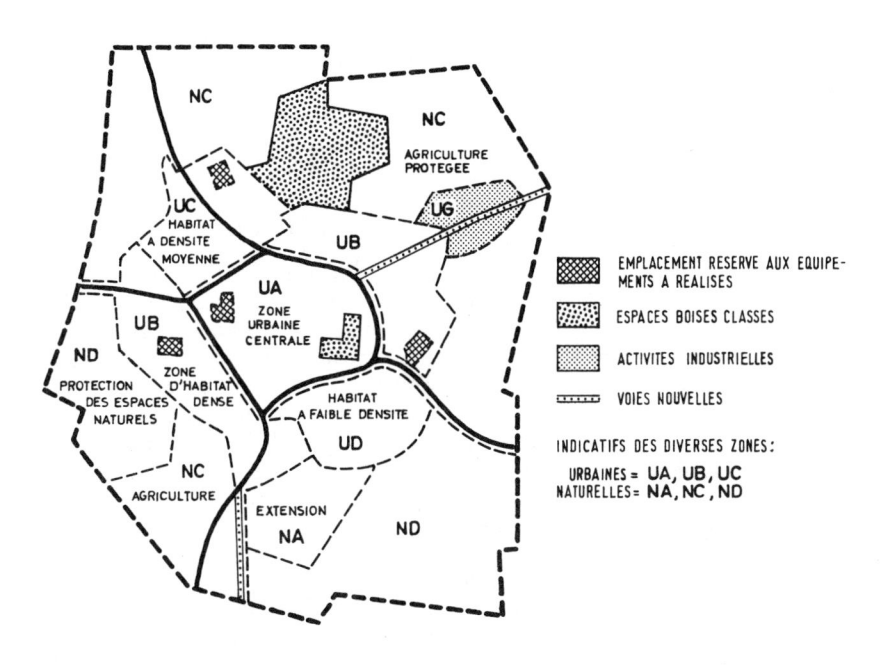

Abb. 5   *Vereinfachte Darstellung des Inhaltes eines POS*
         (Plan d'Occupation des Sols)

U = zones immédiatement constructibles (Gebiete, die sofort bebaubar sind)
NA = zones réservées à l'urbanisation future (Gebiete, die der künftigen Bebauung vorbehalten sind)
NC = zones agricoles protégées (geschützte landwirtschaftliche Gebiete)
ND = zones de protection de site et zones de risques naturels (Landschaftsschutzgebiete und Gebiete mit Risiken für die Natur)

Quelle: DATAR (Hrsg.): L'Action Foncière en Montagne, Politique de la Montagne, Fn. 40, S. 21.

„Carte communale"

Vorbereitende Bauleitplanung für sehr kleine Gemeinden, unverbindlich und auf freiwilliger Basis, etwa vergleichbar mit den Ortsentwicklungskonzeptionen in der Bundesrepublik[42]).

Eine grenzübergreifende Abstimmung der angeführten Planungen nach dem „Code de l'urbanisme" für das Elsaß bzw. der Bauleitplanung auf rheinland-pfälzischer und baden-württembergischer Seite fand bislang kaum statt. Bemühungen, auch die Bauleitplanung bzw. die Planungen nach dem „Code de l'urbanisme" einem generellen grenzübergreifenden Abstimmungsprozeß zu unterziehen, waren 1978 im Regionalausschuß Süd an der Auffassung gescheitert, daß eine zusätzliche Abstimmung dieser „unteren" Planungsebenen nicht mehr notwendig sei, wenn die „oberen" Planungsebenen bereits miteinander abgestimmt worden seien (vgl. dazu die Ausführungen von MOLL im folgenden Aufsatz).

Die Analyse der Planinhalte der „Documents d'urbanisme" mit der Regional- und Bauleitplanung auf deutscher Seite gab jedoch Anlaß dazu, einen neuen Anlauf zur grenzübergreifenden Abstimmung auch dieser Planungen im Grenzraum zu nehmen, zumal dieser Abstimmungsebene wegen ihres höheren, für Abstimmungen im Grenzgebiet vielfach erforderlichen Konkretisierungsgrades eine erhebliche Bedeutung zukommt. Deutscherseits wurden durch entsprechende Erlasse der Bezirksregierung Rheinhessen-Pfalz und der Regierungspräsidien Karlsruhe und Freiburg als oberen Landesplanungsbehörden unter Verweis auf die Beteiligungspflicht der Nachbarn nach dem Bundesbaugesetz die Kommunen aufgefordert, im Rahmen der behördlichen Anhörungsverfahren auch die Nachbarn jenseits der Staats- bzw. Landesgrenzen am Verfahren zu beteiligen. Im Fall der Grenzgemeinde Hagenbach/Pfalz kam dadurch z. B. eine direkte Kontaktaufnahme mit der Nachbargemeinde Lauterbourg zur gegenseitigen Information über die Bauleitplanung zustande. Es handelt sich jedoch nur um eine informelle Verfahrensweise, da die rechtlichen Grundlagen für eine offizielle Beteiligung vor allem auf französischer Seite noch nicht geklärt sind. Zusammenfassend ist festzustellen, daß sich die Verfahrensweisen zur Planaufstellung und Genehmigung hinsichtlich der „Documents" d'urbanisme" und der Regional- und Bauleitpläne zwar sehr stark gleichen, die Möglichkeiten einer direkten Beteiligung der jeweiligen Nachbarn jedoch noch nicht ausgeschöpft sind, wobei sich u. a. auch unterschiedliche Rechtsauffassungen gegenüberstehen.

3. Abstimmungsverfahren zur Koordination bzw. Integration von raumbedeutsamen Einzelmaßnahmen in den Grenzräumen am Oberrhein

Im vorangehenden Aufsatz erfolgte bereits eine vergleichende Gegenüberstellung der deutschen und französischen Verfahren zur Koordination raumbedeutsamer Einzelmaßnahmen. Dabei zeigte sich, daß durchaus Ähnlichkeiten und somit auch günstige Voraussetzungen für eine diesbezügliche grenzübergreifende Zusammenarbeit bestehen. Im deutsch-französischen Grenzgebiet am Oberrhein kommt derartigen Abstimmungsverfahren eine besonders hohe Bedeutung zu, da, durch den Rhein und die mit ihm einhergehenden besonderen Standortverhältnisse bedingt, speziell abzustimmende raumwirksame Einzelprojekte wie Staustufen, Straßen und Brücken, Retentionsräume, Kraftwerke etc. relativ häufig auftreten.

In den grenzübergreifenden Gremien für den Oberrhein wurden mehrfach Projekte beraten, die in ihren Auswirkungen auch den jeweiligen Nachbarn betreffen. Die Ergebnisse dieser

---

[42]) Vgl. Ministère de l'environnement et du cadre de vie: Les cartes communales, six experiences, Paris 1979.

Beratungen und hierbei insbesondere ihr grenzübergreifender Abstimmungseffekt sind unterschiedlich zu bewerten. Die Gründe dafür liegen zu einem Teil an der verschiedenartigen Betroffenheit des Nachbarn an den jeweiligen Maßnahmen, zu einem anderen Teil aber auch an dem Verfahrensgang der Beteiligung bzw. der Abstimmung der Maßnahmenträger über die Grenze hinweg. So sind die gemeinsamen Resolutionen des Regionalausschusses Nord zu den Möglichkeiten neuer Rheinüberführungen im Raum Strasbourg und auch zu der Notwendigkeit der Aufrechterhaltung bzw. Wiederaufnahme der Personenbeförderung auf der grenzüberschreitenden Schienenverbindung Strasbourg–Lauterbourg–Wörth–Ludwigshafen positiv im Sinne einer übereinstimmenden Problemsicht und Zielaussage zu sehen. Gleiches gilt auch für die Beratungen zur geplanten linksrheinischen grenzüberschreitenden Schnellstraßenverbindung (CD 300, B 9). Die Initiativen des Regionalausschusses Nord haben über die politische Ebene zum Teil auch auf der fachplanerischen Ebene positive Ergebnisse im Sinne der Beschleunigung der Verfahren und der Einigung auf Trassen und Standorte für die Brücken und Grenzübergänge gezeitigt.

Hinsichtlich der Verbindung der linksrheinischen Schnellstraßen und der gemeinsamen Abfertigungsanlage am neuen Grenzübergang Scheibenhardt wurden jedoch Abstimmungsprobleme deutlich, die in Unterschieden bezüglich der nach den jeweils gültigen Gesetzen und Vorschriften durchgeführten Planungs- und Genehmigungsverfahren begründet sind. Die mangelnde Berücksichtigung der voneinander abweichenden Verfahrensabläufe führte insbesondere zu zeitlichen Abstimmungsproblemen. Nachdem zunächst auf deutscher Seite die Befürchtung bestand, daß die rechtzeitige Anbindung der CD 300 (vormals RI II) wegen der noch nicht eingeleiteten Genehmigungsverfahren auf französischer Seite nicht gewährleistet ist, zeigte sich anschließend die umgekehrte Gefahr, daß die auf deutscher Seite eingetretenen Verzögerungen zu entsprechenden Problemen führen, da die Planungs- und Genehmigungsphase auf französischer Seite weit weniger Zeit in Anspruch nahm, als zunächst erwartet wurde.

Im Fall der Staustufenplanung bei Au-Neuburg trat neben den zeitlichen Abstimmungsfragen auch eine inhaltliche Problemstellung zu Tage, die durch eine direkte Beteiligung der Nachbarn an den jeweiligen förmlichen Abstimmungs- und Genehmigungsverfahren evtl. hätte entschärft werden können. So wurden im Rahmen des Raumordnungsverfahrens in Baden-Württemberg bzw. des raumplanerischen Verfahrens in Rheinland-Pfalz sehr intensiv auch die möglichen Alternativstandorte der Staustufe und Alternativlösungen zur Verhinderung der Sohlenerosion des Rheines durch eine ständige Geschiebezugabe untersucht und beraten. Die unterschiedliche Interessenlage der französischen Partner, die auf einen Staustufenbau ausgerichtet war und sich dabei auf eine Vereinbarung mit der Bundesrepublik Deutschland sowie dafür geleistete Vorauszahlungen berufen konnte, wurde dabei zu wenig beachtet, so daß eine frühzeitige Information und Erörterung mit der französischen Seite unterblieb. Es darf daher nicht verwundern, wenn die elsässische Seite den schließlich vereinbarten Verzicht auf die Staustufe und die vorläufige Anwendung der Geschiebezugabe sehr skeptisch beurteilt und der dementsprechenden neuen Vereinbarung mit Vorbehalten entgegentritt.

Bei den untersuchten Fallbeispielen wurde ein Informationsdefizit über den jeweiligen Planungsstand auf der anderen Seite der Grenze deutlich, der vor allem darin begründet ist, daß die Beratungen in den grenzübergreifenden Gremien außerhalb der förmlichen Genehmigungs- bzw. Anhörungsverfahren stattfinden. Eine direkte Beteiligung der Nachbarn hätte insbesondere im Hinblick auf die Staustufendiskussion mit Sicherheit zu einer intensiveren Beschäftigung mit den jeweiligen Problemen der anderen Seite hinsichtlich des weiteren Rheinausbaus geführt und wohl auch das Verständnis für die letztlich getroffene Entscheidung verbessert.

Um zu überprüfen, ob und in welcher Form eine grenzübergreifende Beteiligung an den nach nationalem Recht in Frankreich bzw. Bundes- und Landesrecht auf deutscher Seite vorgesehenen Anhörungs- und Genehmigungsverfahren möglich ist, wurde im Rahmen unserer Untersuchungen beispielhaft ein systematischer Vergleich der Planungen zur Staustufe Au/Neuburg, durchgeführt[43]). Die Verfahrensabläufe werden im Hinblick auf die Nachvollziehbarkeit im folgenden kurz skizziert:

Nachdem 1975 die Errichtung einer Staustufe Au-Neuburg zwischen Deutschland und Frankreich vertraglich vereinbart worden war, wurden in Rheinland-Pfalz und in Baden-Württemberg die raumordnerischen und fachplanerischen Abstimmungs- und Genehmigungsverfahren eingeleitet. Der für die Bundeswasserstraßen zuständige Bundesminister für Verkehr hatte vorher bestätigt, daß diese Verfahren einen vorsorglichen Charakter haben sollten, also für den Fall, daß die Staustufe gebaut werden müßte. Es sollte geklärt werden, ob und unter welchen Voraussetzungen die Errichtung der Staustufe mit den Zielen der Raumordnung und Landesplanung zu vereinbaren wäre. Darüber hinaus hat die Wasser- und Schiffahrtsdirektion Südwest die Landesanstalt für Umweltschutz Baden-Württemberg und das Landesamt für Umweltschutz Rheinland-Pfalz beauftragt, landespflegerische Begleitpläne zu erstellen[44]). Gleichzeitig wurden Alternativuntersuchungen zur Verhinderung der Sohlenerosion durchgeführt, die dazu führten, daß nach Auffassung der Wasser- und Schiffahrtsverwaltung des Bundes eine Geschiebezugabe die Erosion unterhalb der Staustufe Iffezheim soweit eindämmen kann, daß weder schädliche Auswirkungen für die Landeskultur und Wasserwirtschaft, noch Behinderungen der Schiffahrt entstehen könnten[45]). Der zuständige Bundesminister für Verkehr zog daraufhin die Geschiebezugabe dem Bau einer Staustufe vor und nahm entsprechende Verhandlungen mit der französischen Regierung auf. Ein Planfeststellungsverfahren, wie es für die Durchführung des Bauvorhabens einer Staustufe nach dem Bundeswasserstraßengesetz in Verbindung mit dem Verwaltungsverfahrensgesetz notwendig gewesen wäre, ist daraufhin nicht mehr durchgeführt worden.

Auf französischem Gebiet wäre es beim Bau der Staustufe notwendig geworden, wegen der durch die Staustufe bewirkten Erhöhung des Wasserspiegels Dämme zu bauen und eine entsprechende Regulierung der Gewässer vorzunehmen. Da das Vorhaben allgemein anerkannt und begrüßt wurde, hat die zuständige staatliche Schiffahrtsdienststelle in Straßburg im Jahre 1975 begonnen, einen Planungsentwurf zu erstellen. Dieser lag alsbald vor und führte dazu, daß der zuständige Minister die Genehmigung für die Eröffnung der notwendigen Abstimmungs- und Genehmigungsverfahren bereits 1978 erteilte. Dementsprechend wurden dann durchgeführt: das Verfahren der „Instruction mixte à l'échelon local" nach einem Gesetz[46]) aus dem Jahre 1952 über ressortübergreifende Bauarbeiten (Travaux mixtes); das Vorverfahren zum Erlaß des Gemeinnützigkeitsbeschlusses (Enquête préalable à la déclaration d'utilité publique) nach einem Erlaß von 1964[47]); sowie schließlich das wasserrechtliche Verfahren (Enquête hydraulique) nach einem Erlaß aus dem Jahre 1971[48]), das vor Genehmigung von Wasserentnahmen und von Bauvorhaben über Wasserwege durchgeführt werden muß. Die Verfahren wurden im Februar 1979 abgeschlossen. Den Beschluß über die Anerkennung der Gemeinnützigkeit des öffentlichen Bauvorhabens faßte der Präfekt des Départements du Bas Rhin ebenfalls

---

[43]) Vergleichende Untersuchung der Abstimmungsverfahren bei der Genehmigung raumbedeutsamer Maßnahmen in Frankreich und der Bundesrepublik Deutschland, untersucht am Beispiel der Staustufe Au-Neuburg. Zur Erlangung des Titels eines Lizentiaten der Regionalwissenschaft, vorgelegt von CHRISTIAN KIENY, Karlsruhe Okt. 1982.

[44]) Vgl. insbes. Landesanstalt für Umweltschutz Baden-Württemberg (Hrsg.): Rheinstaustufe Neuburgweier, landschaftspflegerischer Begleitplan. Karlsruhe 1981. Er geht über den üblichen Umfang landespflegerischer Begleitpläne hinaus und kann als Modellstudie angesehen werden.

[45]) S. dazu: Bericht des untersuchungsbegleitenden Arbeitskreises vom 24.2.1977: „Zu der Frage, ob der Baubeginn der Staustufe Neuburgweier mit Hilfe der Geschiebezugabe als provisorische Maßnahme bis zum Abschluß der Rheinuntersuchung im Jahre 1980 ausgesetzt werden kann."

[46]) Vgl. Loi no 52.1265, du 29 novembre 1952, modifiée, sur les travaux mixtes, Décret no. 55.1064 du 4 août 1955, modifié, portant règlement d'administration publique.

[47]) Vgl. Décret no 64.303 du 1er avril 1964.

[48]) Vgl. Décret no 71.121 du 5 février 1971.

im Februar des Jahres 1979. Da dieser Beschluß etwa dem Planfeststellungsbeschluß nach deutschem Recht entspricht, bedeutete dies, daß nunmehr öffentlich-rechtliche Einwendungen gegen das Bauvorhaben nicht mehr erhoben werden konnten. Bedeutsam für den Vergleich ist auch, daß nach dem Gesetz aus dem Jahre 1976[49]) über den Schutz der Natur eine Studie über die Umweltverträglichkeit der Maßnahmen (Etude d'impact) erforderlich war. So wurden für die im Bereich des französischen Rheinufers durch die geplante Staustufe Au-Neuburg notwendigen Maßnahmen des Dammbaus und der Fluß- und Wasserregulierung zwei Umweltstudien angefertigt und in den Abwägungsprozeß einbezogen[50])[51]).

Um einen vollständigen Vergleich der förmlichen Abstimmungs- und Genehmigungsverfahren zu gewährleisten, ist es erforderlich, das hier kurz umrissene Beispiel Staustufe bei der generellen Betrachtung dieser Zusammenhänge zu ergänzen, da, wie erwähnt, die entsprechenden Planfeststellungsverfahren nicht durchgeführt wurden. Die Verfahrensabläufe für die Planfeststellungsverfahren wurden aus der Straßenplanung übernommen und, grob verallgemeinert, in der Abb. 6 den Verfahrensabläufen auf französischer Seite gegenübergestellt. Der Vergleich zeigt, daß das Fehlen eines den Raumordnungsverfahren bzw. raumplanerischen Verfahren als Koordinationsverfahren bei raumbedeutsamen Maßnahmen direkt vergleichbaren Instrumentes auf französischer Seite die grenzübergreifende Abstimmung am Oberrhein nach unseren Erfahrungen erschwert. Jedoch sind die Verfahren mit stärkeren fachplanerischen Bezügen, wie die „Enquête préalable à la déclaration d'utilité publique" und das deutsche Planfeststellungsverfahren hinsichtlich der durchführenden Behörden, des Planungsablaufes und der Inhalte einander sehr ähnlich. Eine gewisse Schlüsselstellung nimmt bei diesen Verfahren die staatliche Mittelinstanz sowohl im Elsaß (Präfekt) als auch in Rheinland-Pfalz und Baden-Württemberg (Regierungspräsident) ein. Es erscheint nach den bisherigen Erfahrungen durchaus erwägenswert, die benachbarten Mittelinstanzen an den Verfahren zur Abstimmung bzw. Genehmigung raumbedeutsamer Maßnahmen nach jeweils geltenden nationalen bzw. landesspezifischen Regelungen zu beteiligen und damit die grenzübergreifende Abstimmung zu intensivieren.

4. Die direkten Steuerungsmaßnahmen innerhalb der französischen Raumplanungsstrategien im Elsaß

Im deutsch-französischen Grenzgebiet am Oberrhein treffen nicht nur Raumplanungs- und Entwicklungskonzeptionen mit unterschiedlichem Aufbau und verschiedener Wirkungsweise aufeinander, sondern auch verschiedenartige Steuerungsstrategien und -instrumente. Wie bereits im vorangehenden Aufsatz dargelegt wurde, stehen im Elsaß in diesem Rahmen vor allem drei Verfahrensweisen zur Verfügung, für die es direkt vergleichbare Verfahren auf der deutschen Seite nicht gibt:

---

[49]) Vgl. Loi no 76.629 du 10 juillet 1976 sur la protection de la nature.
[50]) Vgl. ECOPOL. Chute d'Au-Neuburg. Endiguement rive gauche: Etude d'impact générale. Paris März 1978.
[51]) Vgl. Ministère de l'Equipement, CETE de l'EST: Chute d'Au-Neuburg, Site inscrit de Seltz-Münchhausen. Etude d'impact sur l'environnement. Strasbourg 1978.

Abb. 6 *Vergleich der Planungs- und Genehmigungsverfahren von raumbedeutsamen Maßnahmen (Beispiel: Staustufe, Straßenplanung)*

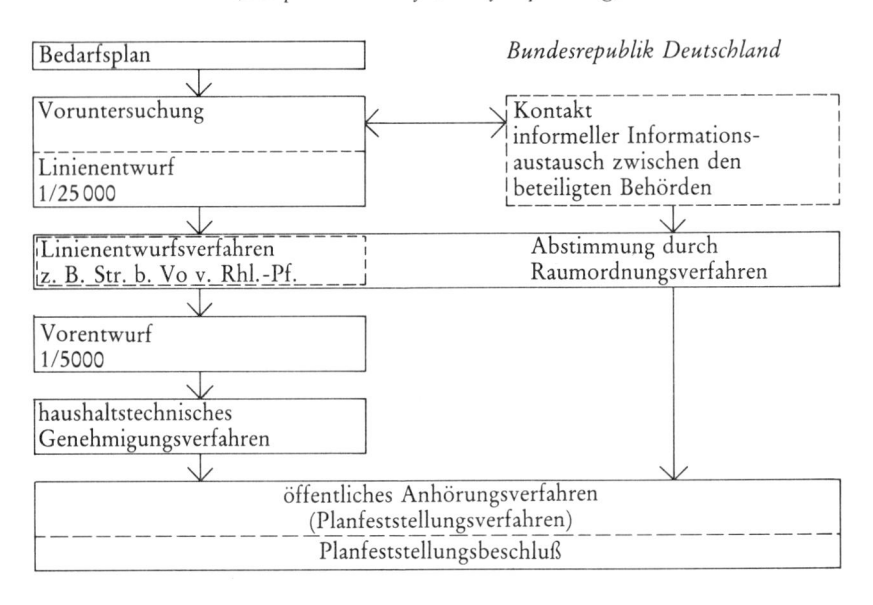

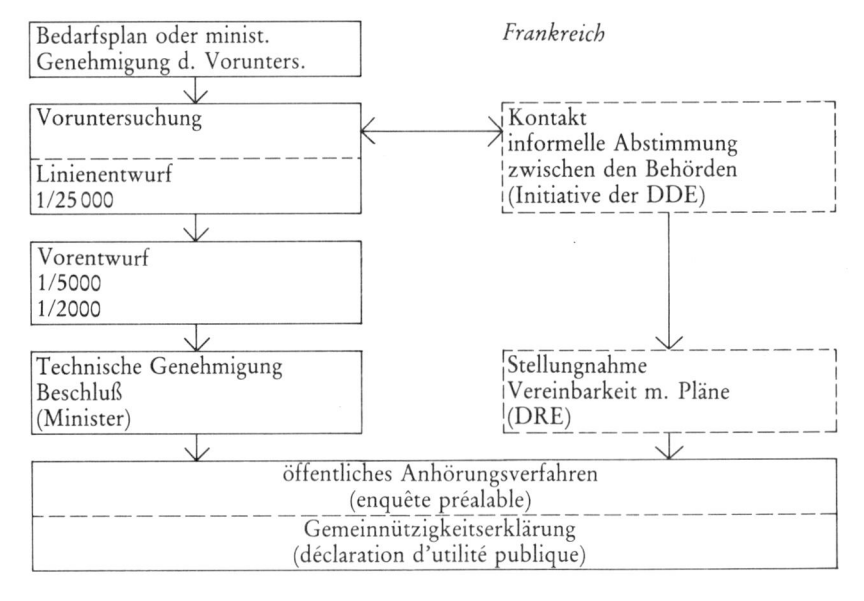

Bundesrepublik Deutschland

```
Bedarfsplan
    ↓
Voruntersuchung           ←→   Kontakt
                                informeller Informations-
Linienentwurf                   austausch zwischen den
1/25 000                        beteiligten Behörden
    ↓
Linienentwurfsverfahren         Abstimmung durch
z. B. Str. b. Vo v. Rhl.-Pf.    Raumordnungsverfahren
    ↓
Vorentwurf
1/5000
    ↓
haushaltstechnisches
Genehmigungsverfahren
    ↓                           ↓
öffentliches Anhörungsverfahren
(Planfeststellungsverfahren)
Planfeststellungsbeschluß
```

Frankreich

```
Bedarfsplan oder minist.
Genehmigung d. Vorunters.
    ↓
Voruntersuchung           ←→   Kontakt
                                informelle Abstimmung
Linienentwurf                   zwischen den Behörden
1/25 000                        (Initiative der DDE)
    ↓
Vorentwurf
1/5000
1/2000
    ↓
Technische Genehmigung          Stellungnahme
Beschluß                        Vereinbarkeit m. Pläne
(Minister)                      (DRE)
    ↓                           ↓
öffentliches Anhörungsverfahren
(enquête préalable)
Gemeinnützigkeitserklärung
(déclaration d'utilité publique)
```

Quellen: Zu den geltenden verfahrensrechtlichen Vorschriften vgl.: Ministère de l'environnement, Ministère des transports: Bulletin officiel: circulaire no 81-23-3/5 du 25 mars 1981. Relative aux modalités d'établissement et d'instruction des dossiers techniques concernant des opérations d'investissement routier. – Ministère de l'environnement et du cadre de vie (Hrsg.): Etudes d'impact sur l'environnement: Guide des procédures administratives et recueil des textes d'application. Paris décembre 1980, S. 84, 85. – Bundesfernstraßengesetz (FStrG) i. d. F. vom 1.10.1974, BGBl I, S. 2431. – Richtlinien für die Anlage von Straßen (RAS), Teil: Landschaftsgestaltung/RASLG, Abschnitt 1 (RASLG 1), Bl. 2-4. Vgl. auch KIENY, Fn. 43.

- Einwirkung auf den nationalen 5-Jahres-Plan (incl. Regionalisierung des Staatshaushaltes)
- Finanzierungshilfen der staatlichen Raumplanungsbehörde durch spezielle Fonds
- Förderprogramme auf Vertragsbasis zwischen Kommune und Staat.

Es kann im Rahmen dieses Beitrages nicht im Detail auf die einzelnen sich dabei bietenden Möglichkeiten und ihre Wahrnehmung im Elsaß eingegangen werden. Generell ist festzustellen, daß bei den raumplanerisch begründeten Steuerungsmaßnahmen der nationalen Raumplanungsbehörde (DATAR) eine Schlüsselstellung zukommt. Da diese Behörde auf der Grundlage von Vergleichen zwischen den 22 französischen Regionen die Entscheidungen vorbereitet und das Elsaß dabei in der Regel eine überdurchschnittliche Position markiert, ist die Gefahr gegeben, daß die speziellen raumplanerischen Probleme des Elsaß als Grenzregion unterbewertet werden (vgl. dazu auch die Ausführungen von MOLL im folgenden Bericht). Andererseits jedoch werden im Elsaß häufig die angrenzenden rheinland-pfälzischen und mehr noch baden-württembergischen Verhältnisse als Maßstab für die eigene Entwicklung herangezogen.

Aus dieser Sachlage resultieren die verstärkten Bemühungen des Elsaß, durch entsprechende Studien und Interventionen die Grenzlage als Restriktion, aber auch als Entwicklungschance den nationalen Gremien ins Bewußtsein zu rücken. So ist es gelungen, den Ausbau des Rhein-Rhône-Kanals als PAP (Programme d'Aménagement Prioritaire) in den VII. 5-Jahres-Plan einzubringen. Trotz mittlerweile unterschiedlicher Einschätzung dieses Projekts wurde es auch in den z. Zt. gültigen Übergangsplan übernommen. Ebenso wurde im V. 5-Jahres-Plan die Stadt Strasbourg in das staatliche Förderprogramm der „metropole d'équilibre" aufgenommen. Damit verbunden ist eine staatliche Förderzusage zum Ausbau der Infrastruktur bis zum Jahre 1985.

Nach dem Programm des „Contrat d'aménagement de Ville moyenne", entsprechend dem VI. 5-Jahres-Plan, werden die beiden elsässischen Städte Haguenau und Selestat gefördert[52]. Dieses Programm kann in etwa verglichen werden mit der Ausweisung von Landesausbauorten in Baden-Württemberg. In Rheinland-Pfalz erfolgt eine derart aufgebaute spezielle Förderung von Seiten des Landes nicht. Auch an dem Programm der „Contrats de pays" des VII. Planes haben einige elsässische Gemeinden Anteil. So wurden vier nationale Verträge (Staat-Kommune) mit elsässischen Gemeindeverbänden geschlossen. Für zwei weitere kam es zu einem regionalen Fördervertrag (Region-Kommune)[53]. Da beabsichtigt ist, die Finanzierung der nationalen Verträge der „Villes moyennes" und der „Contrats de pays" insgesamt auf die Regionen zu übertragen, ist wohl mit einer Zusammenfassung dieser Vertragspolitik mit regionaler und nationaler Förderung zu rechnen[54]. Die „Contrats de pays" besitzen gewisse Ähnlichkeiten mit den landesspezifischen Ortsentwicklungs- bzw. Dorferneuerungsprogrammen der einzelnen Bundesländer. Sie sehen auch eine Beteiligung des Staates an kommunalen Infrastrukturmaßnahmen vor.

Diese verschiedenen im Elsaß zur Anwendung gelangenden Förderprogramme und Maßnahmen sind, wie schon zum Ausdruck gebracht wurde, mit den auf der deutschen Seite bestehenden Regelungen nicht direkt vergleichbar. Die deutschen Raumordnungs- und Landesplanungsbehörden können bekanntlich nicht unmittelbar in die staatliche Mittelvergabe

---

[52]) Vgl. dazu Conseil National des Economies régionales et de la Productivité (CNERP): Elements pour des filiéres de developpement des villes moyennes. Paris 1972. Vgl. auch OEDA-Alsace: Selestat, Dossier Ville Moyenne. Strasbourg 1977.

[53]) Vgl. Ministère de l'Environnement et du Cadre de vie: de l'Urbanisme à l'Environnement. Paris 1978, S. 25 ff. S. auch OEDA-Alsace: La politique des Contrats de pays en Alsace, bilan et perspectives. Strasbourg 1982.

[54]) In Zusammenhang mit der Verabschiedung des „Schéma d'Orientation" des Elsaß war ursprünglich daran gedacht, auch den ausgewiesenen „Villes relais" einen regionalen Fördervertrag zu geben.

eingreifen. Belange der Raumordnung finden deutscherseits jedoch bei der regionalen Wirtschaftsförderung und auch bei den Finanzzuweisungen an die Kommunen im Rahmen des vertikalen Finanzausgleichs Berücksichtigung.

Um die für dieses Betrachtungsfeld relevanten Regelungen und Ausgleichswirkungen beiderseits der Grenze in der erforderlichen Breite zu erfassen, müßten weitergehende, spezielle Untersuchungen angestellt werden, was im Rahmen dieser Arbeit nicht geschehen kann, zumal dafür auch keine Grundlagenanalysen zur Verfügung stehen. Vieles deutet darauf hin, daß die Unterschiede in den raumstrukturellen Wirkungsweisen nicht so groß sind, wie es die formal sehr ausgeprägte Verschiedenartigkeit der Steuerungssysteme vermuten läßt. In diesem Zusammenhang sei auch darauf hingewiesen, daß die Arbeitsgruppe Regionale Wirtschaftspolitik der beiden Regionalausschüsse für das Oberrheingebiet eine vergleichende Untersuchung der direkten und indirekten Förderungsmöglichkeiten und ihrer jeweiligen Wirkungsweise in den deutschen und französischen Grenzgebieten durchführte. Dabei zeigte sich, daß die Wirkungen trotz unterschiedlicher Förderungsmodalitäten sehr ähnlich sind, so daß daraus auch kaum Wettbewerbsverzerrungen entstehen[55]).

5. Zusammenfassung

Die Analyse der grenzübergreifenden Zusammenarbeit am Oberrhein zeigt ein breitgefächertes Spektrum von abstimmungsbedürftigen raumbedeutsamen Maßnahmen und Planungen. Bis auf einige Ausnahmen, wie z. B. die Abstimmung der Planungen auf der Ebene der Bauleitplanung bzw. der Planungen nach dem Code de l'urbanisme (SDAU, POS etc.), werden bzw. wurden diese auch von den grenzübergreifenden Gremien aufgegriffen und dort mit ernsthafter Absicht im Sinne partnerschaftlicher Zusammenarbeit behandelt, wobei durchaus auch Erfolge in der grenzübergreifenden Abstimmung und Verständigung erzielt werden konnten. Eine nicht unwesentliche Voraussetzung dafür ist u. a. in der flächendeckenden, speziell auf den Grenzraum ausgerichteten Arbeitsweise der OEDA-Alsace zu sehen[56]).

Es ist jedoch gleichzeitig zu beachten, daß diese grenzübergreifenden Abstimmungen in der Regel außerhalb der nach dem nationalen bzw. Ländergesetzen durchzuführenden Anhörungs- und Genehmigungsverfahren stattfinden. Somit ist in den meisten Fällen zwar ein relativ guter Informationsfluß über die Staatsgrenzen hinweg gegeben, was durchaus positiv zu bewerten ist. Es ist jedoch nicht immer gewährleistet, daß die in den grenzübergreifenden Gremien ausgetauschten Informationen auch in den jeweils nach eigenen Vorgaben durchgeführten Entscheidungsprozeß einfließen. Hierbei zeigt sich ein doppelt wirksamer Filter im Informationsfluß:

– vom Planungs- bzw. Verfahrensträger (z. B. betroffene Kommune) zum grenzübergreifenden Gremium

– vom grenzübergreifenden Gremium zu den jeweiligen Planungs- und Verfahrensträgern.

---

[55]) Arbeitsgruppe Regionale Wirtschaftspolitik der deutsch-französisch-schweizerischen Regierungskommission: Vergleich direkter und indirekter Förderungsmöglichkeiten zur Verbesserung der Wirtschaftsstruktur (Industrie und Fremdenverkehr), Manuskript, o. O. 1980.

[56]) Dem Vernehmen nach sollen die OREAM bzw. die OEDA-Alsace im Rahmen der Dezentralisierungsmaßnahmen den „Conseils Régionaux" zugeordnet werden und ihre Aufgabenbereiche als „regionale Studiengruppen" generell neu definiert werden.

Hinsichtlich der Fachplanungen als Verfahrensträger wird diese Filterwirkung gemildert durch die Möglichkeit der Teilnahmen von sog. ,,Experten" an den Sitzungen der Regionalausschüsse Nord und Süd, wovon rege Gebrauch gemacht wird. Die Kommunen als Planungs- und Maßnahmeträger sind jedoch nur schwach in diese Gremien eingebunden. Auch bei funktionierendem Informationsfluß bleibt die Abstimmung der raumbedeutsamen Maßnahmen und Planungen in den bestehenden grenzübergreifenden Gremien weitgehend informell, da nach den jeweils geltenden Vorschriften für Abstimmungs- und Genehmigungsverfahren weder die Nachbarinstitutionen noch die grenzübergreifenden Gremien als Beteiligte in die Verfahren eingebunden sind.

Vor diesem Hintergrund wäre neben den im vorangehenden Beitrag bereits angesprochenen Möglichkeiten zur Intensivierung der grenzübergreifenden Zusammenarbeit auch zu überprüfen, inwieweit die entsprechenden Nachbarinstitutionen und/oder die grenzübergreifenden Gremien als Verfahrensbeteiligte (evt. Träger öffentlicher Belange) in die jeweils förmlich vorgeschriebenen und gesetzlich verankerten Anhörungs- und Genehmigungsverfahren sowohl bei raumbedeutsamen Einzelmaßnahmen als auch bei der Aufstellung und Fortschreibung von Raum-, Entwicklungs- und Bauleitplanungen eingebunden werden können. Diese Vorschläge mögen sehr weitreichend erscheinen und können sicherlich nur schrittweise realisiert werden. Die dafür sich bietenden Chancen sollten jedoch aufgegriffen werden, wobei es vor allem auch die gegenwärtigen Dezentralisierungs- und Regionalisierungsmaßnahmen in Frankreich zu nützen gilt, so z. B. auch hinsichtlich einer engeren nachbarschaftlichen Zusammenarbeit auf der kommunalen Ebene.

Der Beitrag der Raumordnung zur Überwindung der Grenzen im Gebiet Saarland/Rheinland-Pfalz–Lothringen–Luxemburg

von

Peter Moll, Saarbrücken

Gliederung

I. Zielsetzung und Methodik der Untersuchung
   1. Der gesetzliche Abstimmungsauftrag der Raumordnung
   2. Die Problematik der Koordinierung in Grenzräumen
   3. Der Untersuchungsgegenstand

II. Die raumordnerischen Systeme im Untersuchungsgebiet
   1. Frankreich
   2. Luxemburg
   3. Saarland und Rheinland-Pfalz
   4. Zusammenfassung

III. Planerische Grundsätze und Ziele für die Grenzräume
   1. Frankreich
   2. Luxemburg
   3. Saarland
   4. Rheinland-Pfalz
   5. Zusammenfassung

IV. Grenzüberschreitende Gremien
   1. Die Saar-Lor-Lux-Regionalkommission
   2. Internationale Kommissionen
   3. Sonstige Institutionen

V. Planungen im Grenzraum
   1. Planungen an der deutsch-französischen Staatsgrenze
   2. Planungen an der deutsch-luxemburgischen Staatsgrenze
   3. Zusammenfassung

VI. Schlußfolgerungen für die künftige grenzüberschreitende Zusammenarbeit
   1. Ergebnisse der Untersuchung
   2. Empfehlungen

Quellen- und Literaturangaben

I. Zielsetzung und Methodik der Untersuchung

1. Der gesetzliche Abstimmungsauftrag der Raumordnung

Der Gegenstand dieser Untersuchung ist begrifflich in der in der Bundesrepublik Deutschland betriebenen Raumordnung und Landesplanung verankert. Zum richtigen Verständnis dieser Untersuchung ist es wichtig, diesen Bezugspunkt nicht aus dem Auge zu verlieren, da er für wertende Vergleiche sowie Änderungsempfehlungen von Bedeutung ist. Der französische Raumordnungsbegriff „aménagement du territoire" hat zum großen Teil einen anderen Inhalt als das deutsche Raumordnungssystem. Dieses wird als weitgehend bekannt vorausgesetzt. Einige Hinweise auf Sachverhalte, die in diesem Zusammenhang besonders wichtig sind, werden in den folgenden Kapiteln gegeben.

Der gesetzliche Auftrag an die Raumordnung und Landesplanung als übergeordneter und zusammenfassender Planung besteht sowohl darin, erwünschte Entwicklungen des Raumes zu ermöglichen und zu fördern und unerwünschte Entwicklungen zu verhindern, als auch darin, eine horizontale Abstimmung der Planungen innerhalb der Bundes- bzw. Landesregierung herbeizuführen sowie die Planungen von Bund und Land mit der kommunalen Ebene und anderen Planungsträgern vertikal zu koordinieren. Diese koordinierende Tätigkeit des Staates in den Bereichen Raumordnung und Landesplanung ist auch institutionell klar geregelt: Sie wird in der Bundesrepublik vom Bund, den Ländern und – auf dem Wege der Delegierung – von regionalen Organisationen[1] im jeweiligen Zuständigkeitsbereich praktiziert. Sie findet Ausdruck in Leit- und Grundsätzen, in allgemeinen Zielsetzungen und speziellen Zielen, in Stellungnahmen und Empfehlungen und entfaltet ihre Wirkung in Form von Richtlinien, die in Programmen und Plänen festgelegt sind und die die Behörden und sonstigen öffentlichen Planungsträger zu bestimmtem Tun verpflichten.

2. Die Problematik der Koordinierung in Grenzräumen

In grenznahen Gebieten ist die raumordnerische Koordinierung erschwert: Zur Aufgabe der Koordinierung zwischen verschiedenen Ebenen (Bund-Land bzw. Land-Gemeinde oder umgekehrt) kommt die Aufgabe der Abstimmung mit dem Nachbarn auf gleicher Ebene hinzu. Innerstaatlich ist die Abstimmung für die kommunale Bauleitplanung im § 2 Abs. 4 BBauG, für die Landesplanung im § 4 Abs. 5 ROG gesetzlich geregelt. Keine gesetzlichen Grundlagen gibt es dagegen für eine die Staatsgrenzen überschreitende Koordination, und zwar weder für die (Bundes-)Raumordnung noch die Landesplanung noch die Bauleitplanung[2]. Von Koordinierung im Sinne von vertikal durchgreifenden Entscheidungen kann in diesem Zusammenhang daher nicht gesprochen werden, sondern nur allgemein von „Abstimmung" oder „Harmonisierung". Eine Kompetenz, im Falle von raumplanerischen Kontroversen zwischen souveränen Staaten zu entscheiden – eine wichtige Voraussetzung für eine echte Koordinierungsfunktion –, besteht bei keiner nationalen oder internationalen Stelle. Handelt es sich also materiell gesehen durchaus um Gleiches, ist es rechtlich doch etwas anderes.

---

[1] Nicht in allen Bundesländern gibt es Regionalverbände oder Regionale Planungsgemeinschaften (z. B. nicht im Saarland); letztere bestehen im Lande Rheinland-Pfalz.

[2] Zur Überbrückung dieser Lücke im Bereich der Bauleitplanung im deutsch-luxemburgischen Grenzraum haben der Bundesminister für Raumordnung, Bauwesen und Städtebau und der Staatsminister des Großherzogtums Luxemburg eine gemeinsame „Empfehlung an die grenznahen Gemeinden zur gegenseitigen Abstimmung der Bauleitplanung" herausgegeben. Diese Empfehlung deckt den gesetzlich nicht geregelten Abstimmungsbedarf von der Sache her ab. Die grenzüberschreitende Abstimmung von Raumordnungsplänen hat die Saar-Lor-Lux-Regionalkommission mit Beschluß vom 26. April 1978 zur ständigen Aufgabe ihrer vier Delegationen gemacht.

Die Raumordnung, die in ganz entscheidendem Maße von ihrem Koordinierungsauftrag lebt, kann daher in Staatsgrenzen überschreitendem Wirken nicht zu ähnlich verbindlichen, richtlinienmäßigen Ergebnissen kommen wie im eigenen Staatsgebiet. Sie ist im internationalen Bereich auf die Ebene der Konsultationen verwiesen. An dieser relativ geringstufigen Tätigkeit ändert auch die Existenz von internationalen Raumordnungskommissionen[3]) oder z. B. der im Saar-Lor-Lux-Raum seit 1971 tätigen gemischten Deutsch-französisch-luxemburgischen Regierungs- und der gleichnamigen Regionalkommission und der 1975 gebildeten Deutsch-französisch-schweizerischen Regierungskommission nichts.

3. Der Untersuchungsgegenstand

Die Fragestellung dieses Beitrages geht zum einen dahin zu erklären, was die Raumordnung im Raum Saarland – westliches Rheinland-Pfalz – Lothringen – Luxemburg zur Ausschaltung oder Überwindung der Staatsgrenzen dennoch bewirken konnte und welche Mittel ihr dafür zur Verfügung standen, und zum andern, um welche konkreten Vorhaben oder Maßnahmen es sich dabei im Zeitraum von 1971 bis 1982 gehandelt hat. Das Jahr 1971 wurde als Beginn gewählt, weil dann die bereits erwähnten Saar-Lor-Lux-Kommissionen ihre Tätigkeit aufgenommen hatten. Abschließend wird der Versuch einer Schlußfolgerung im Hinblick auf denkbare Verbesserungen bei der grenzüberschreitenden Zusammenarbeit auf dem Gebiet der Raumordnung gemacht.

Die Untersuchungsinhalte sind aus der jahrelangen Zusammenarbeit des Verfassers mit Planungsstellen in Lothringen und Luxemburg im Rahmen der Gremienarbeit erwachsen. Die Quellen sind überwiegend in den Akten der Verwaltung enthalten. Eine wissenschaftliche Aufarbeitung der Thematik ist bisher nur punktuell erfolgt. Auch dieser Bericht kann im wesentlichen nur Anregungen dafür geben, die grenzüberschreitende Raumordnung im Saar-Lor-Lux-Gebiet weiter zu untersuchen, wobei Fragen des Planungsinhalts und des Planungserfolgs (Auswirkungen und Ergebnisse) im Vordergrund stehen sollten.

Die gebotene Einhaltung des für diesen Beitrag vorgegebenen Umfangs erfordert mehrere Einschränkungen. Weder kann der angestrebte Überblick räumlich umfassend sein, noch ist es möglich, die raumordnungsrelevanten Sachverhalte vollständig zu behandeln. Nicht zuletzt ist darauf hinzuweisen, daß die rechtlichen, institutionellen und politischen Grundlagen nicht lückenlos dargelegt und gewürdigt werden können; eine Beschränkung auf die wesentlich erscheinenden Punkte, die zum allgemeinen Verständnis wichtig sind, ist unumgänglich[4]).

Aus methodischen Gründen war es nicht möglich, der Frage nachzugehen, welche grenzüberschreitend abgestimmten raumwirksamen Maßnahmen auch ohne die Existenz der Staatsgrenze zustande gekommen wären. Antworten darauf könnten nur aus dem Bereich der Spekulation stammen. Dies verbietet aber nicht, Wertungen hinsichtlich der Raumordnungssysteme, die an den Grenzen aufeinandertreffen, zu versuchen, und zwar unter dem Gesichtspunkt ihrer Wirksamkeit für die besonderen Anliegen des Grenzraumes.

---

[3]) Deutsch-niederländische, deutsch-belgische, deutsch-schweizerische Raumordnungskommission. Zwischen der Bundesrepublik Deutschland und der Republik Frankreich sowie dem Großherzogtum Luxemburg gibt es keine Raumordnungskommission.

[4]) Eine vollständige Übersicht über „Die staatliche Raumplanung im Gebiet der Saar-Lor-Lux-Regionalkommission" enthält der Bericht von B. AUST (Entwurf, Saarbrücken 1981). Auch der Beitrag von H. KISTENMACHER/D. GUST „Grundzüge der Raumplanungssysteme in der Bundesrepublik Deutschland und in Frankreich und Möglichkeiten einer besseren Abstimmung in den beiderseitigen Grenzräumen" (mit weiteren Literatur-Angaben) in diesem Band gibt einen umfassenderen Überblick über das französische Planungssystem.

Um einen Einblick in die großräumigen Zusammenhänge des hier betrachteten Raumes zu geben, sind im folgenden einige geographische Angaben[5]) zusammengestellt. Der französische Gebietsteil gehört zur Region Lothringen, die aus den Départements Moselle, Meurthe-et-Moselle, Meuse und Vosges (zusammen 23 547 km² und 2,32 Mio. Einwohner 1978) besteht. Das Regionalzentrum ist die Stadt Metz. Sie ist Mittelpunkt eines stark montanindustriell geprägten Verdichtungsbereichs von rd. 600 000 Einw. (1978), der sich bis in die Erzbecken von Thionville und Longwy erstreckt. Dieser Raum weist starke strukturelle Beziehungen zum nördlich anschließenden luxemburgischen Industrierevier auf.

Südlich schließt sich nach einer rd. 30 km breiten Übergangszone, in der der Industrieschwerpunkt Pont-à-Mousson liegt, der Verdichtungsbereich Nancy – Toul – Lunéville (278 000 Einw. 1978) an, der ebenfalls deutlich von der Erz- und Stahlindustrie geprägt ist. Auf Grund der großen Entfernung zur Staatsgrenze wirken sich Grenzeinflüsse in diesem Gebiet nicht mehr unmittelbar aus.

In der geographischen Höhe von Metz liegt rd. 50 km weiter östlich, hart an der Staatsgrenze zur Bundesrepublik, ein kleinerer Verdichtungsbereich, das lothringische Kohlenrevier mit rd. 200 000 Einwohnern. In diesem Gebiet und in seinen ländlichen Einflußbereichen, auch in denen der benachbarten Städte Saargemünd und Bitsch, ist die Grenznähe von großer Bedeutung.

Das Großherzogtum Luxemburg hat eine Fläche von 2586 km² und 360 000 Einwohner (1978). Die Stadt Luxemburg ist einziges Oberzentrum (80 000 Einw.). Das Staatsgebiet wird von Belgien, Lothringen, Rheinland-Pfalz und vom Saarland her im Grenzbereich beeinflußt. Besonders intensive strukturelle Verflechtungen bestehen mit dem lothringischen Minettegebiet um Longwy.

Zwei der fünf rheinland-pfälzischen Regionen spielen im Rahmen dieser Untersuchung eine Rolle: die Region Trier mit 4924 km² und 470 000 Einw. (1978) im Gebiet von Eifel, Hunsrück und Moseltal und die Region Westpfalz mit 3068 km² und 520 000 Einw. (1978), ferner – als Bindeglied zwischen den v. g. Regionen – das Gebiet des Landkreises Birkenfeld (798 km², 90 000 Einw.), der zur Region Rheinhessen-Nahe gehört. Regionale Oberzentren sind Trier und Kaiserslautern. Im grenznäheren Bereich sind im Hinblick auf die wirtschaftsstrukturellen Verhältnisse lediglich die Schuhindustrie des Raumes Pirmasens und verschiedene militärische Einrichtungen, z. B. Flugplätze, von Bedeutung.

Das Saarland schließt diesen Kurzüberblick ab: Es liegt mit 2568 km² und 1,08 Mio. Einw. (1978) als kleinster Flächenstaat zwischen den Regionen Trier, Lothringen und Westpfalz, hat einen in starkem Maße von Kohle und Stahl abhängigen Verdichtungsraum mit rd. 650 000 Einw. und wird von Saarbrücken als einzigem Oberzentrum der Region beherrscht. Die grenzüberschreitenden Wirtschaftsbeziehungen sind besonders ausgeprägt gegenüber dem lothringischen Kohlenrevier einschließlich dem Raum Saargemünd und der Westpfalz (Raum Kusel bis Zweibrücken).

Aus diesem Großraum (rd. 37 500 km² mit 4,84 Mio. Einw. 1978) wurde als Untersuchungsgebiet ein rd. 30 km breiter Streifen beiderseits der Staatsgrenzen ausgewählt; die Breite entspricht einer Vereinbarung, die in einer der im Kap. IV beschriebenen Institutionen getroffen wurde. Dieser Streifen deckt mindestens einen Mittelbereich – in stärker verdichteten Gebieten bis zu 3 Mittelbereiche – ab und erscheint daher auch unter sozioökonomischen räumlichen Gesichtspunkten als sinnvoll. Der rd. 200 km lange Streifen von der Eifel bis zur Westpfalz bildet die der Untersuchung zugrunde liegende Grenzzone. Sie ist gemäß der territorialen Zugehörigkeit in vier Grenzräume (Rheinland-Pfalz, Saarland, Lothringen und Luxemburg) gegliedert (vgl. Karte 1).

---

[5]) Die Zahlen sind entnommen aus: „La Lorraine" von F. REITEL, Paris 1982; „Die wirtschaftliche und soziale Entwicklung im Grenzraum Saar-Lor-Lux", Schriftenreihe der Regionalkommission Saarland-Lothringen-Luxemburg-Rheinland-Pfalz, Heft 6, 1978; „Die staatliche Raumplanung im Gebiet der Saar-Lor-Lux-Regionalkommission" von B. AUST, MS Saarbrücken 1981.

Karte 1   *Die Grenzräume im Gebiet der Saar-Lor-Lux-Regionalkommission*

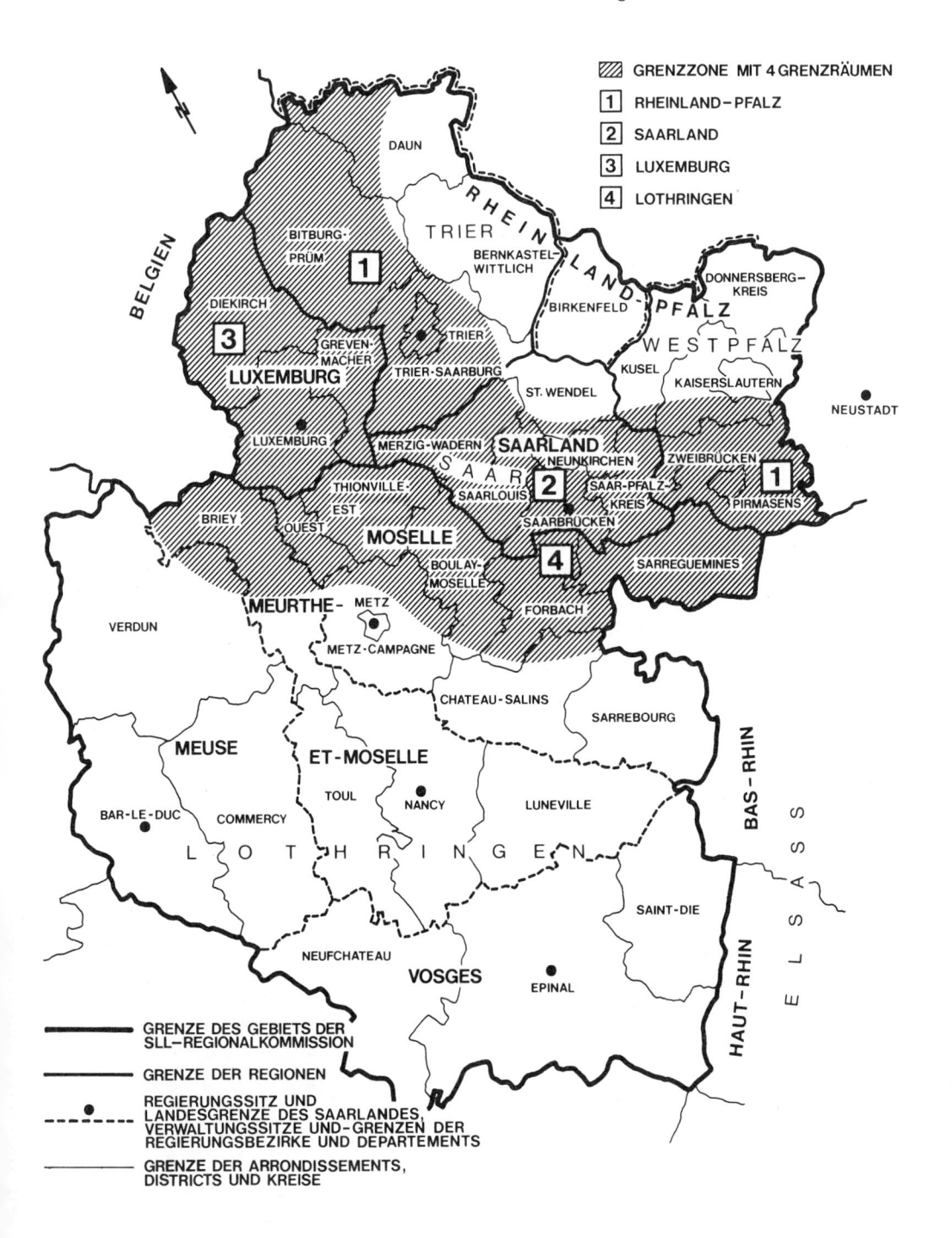

II. Die raumordnerischen Systeme im Untersuchungsgebiet

Die Betrachtung raumordnerischer Tätigkeiten in den Grenzräumen zwischen der Bundesrepublik (Länder Rheinland-Pfalz und Saarland) einerseits, Frankreich (Region Lothringen) und dem Großherzogtum Luxemburg andererseits muß bei den staatlichen Koordinierungs- bzw. Entwicklungssystemen beginnen, d. h. bei der „Raumordnung und Landesplanung" im deutsch-sprachigen und dem „aménagement du territoire" im französisch-sprachigen Raum. Während sich die deutsche Raumordnung und Landesplanung in Programmen und Plänen mit Konzeptionen und Leitbildern an die anderen öffentlichen Planungsträger wendet, denen in vollem Umfange der Vollzug der Planansätze obliegt, ist im französischen Raumplanungssystem ein Defizit im konzeptionellen Bereich festzustellen bei gleichzeitig stark entwickelter Zuständigkeit im Vollzugsbereich, dem „équipement" (Ausstattung mit Infrastruktur). Die luxemburgischen Verhältnisse ähneln stark den deutschen.

Für einen Vergleich der Instrumente läßt sich, ohne dabei in alle Details zu gehen, in vereinfachter Weise folgender Überblick geben:

Gebiet	Übergreifendes Programm oder Plan	Flächendeckendes Landes-Raumordnungsprogramm	Flächendeckender Landes-/Regionaler Raumordnungsplan	Räumliche(r) Teilplan (-pläne)
Rheinland-Pfalz, Saarland	vorhanden *)	vorhanden	vorhanden	möglich
Lothringen	vorhanden *)	–	–	vorhanden
Luxemburg	-entfällt-	vorhanden	möglich	vorhanden

*) Oberhalb der Landesebene bzw. der Ebene der französischen Regionen gibt es als zusammenfassende Planungsinstrumente
– in der Bundesrepublik: das Bundesraumordnungsprogramm (BROP) als räumliche Rahmenkonzeption
– in Frankreich: den Fünfjahresplan als fachliche Rahmenkonzeption.

1. Frankreich

Die französischen Schémas d'aménagement des métropoles d'équilibre (SAM)[6] decken nur einen geringen Flächenanteil ab, umfassen aber die wichtigsten Bevölkerungs- und Industrieschwerpunkte, und zwar in Lothringen den Achsenraum Thionville-Metz-Nancy-Toul-Lunéville. Sie werden von Planungsstellen (OREAM)[7] erstellt, die von der zentralen französischen Raumordnungsbehörde DATAR vorgeschlagen wurden und von den Regionalpräfekten eingesetzt worden sind. Nach Abschluß eines öffentlichen Anhörverfahrens in der Region werden sie vom Ministerrat beschlossen. Sie haben keinen ganzheitlichen Ansatz, sondern verfolgen mehrere sektorale Teilpolitiken gemäß den besonderen Entwicklungserfordernissen und -möglichkeiten des Planungsgebietes. Dies geschieht auf sehr hohem Infrastrukturniveau, z. B. im Verkehrssektor bezüglich Autobahnen und Flugplätzen, im Tertiärsektor bezüglich Hochschulen und Schwerpunktkrankenhäusern. Sie sind Grundlage für die Umsetzungsaktivitäten des „équipement".

---

[6] Vgl. das Abkürzungsverzeichnis in diesem Band (mit deutscher Übersetzung).

[7] REITEL weist darauf hin, daß sich die D.A.T.A.R. bei den 1966 gegründeten OREAM vom Siedlungsverband Ruhrkohlenbezirk (SVR) inspirieren ließ. REITEL, F.: Krise und Zukunft des Montandreiecks Saar-Lor-Lux. In: Studienbücher Geographie. Frankfurt/M., Aarau 1980.

Der Fünfjahresplan Frankreichs ist ein nationaler Investitionsplan für Infrastrukturmaßnahmen des Staates. Da die direkten Steuerungsmöglichkeiten der französischen Regionen aus planerischen und finanziellen[8]) Gründen sehr gering sind und auch die Investitionskraft der Gemeinden nur schwach entwickelt ist, verwundert es nicht, daß der Fünfjahresplan Maßnahmen enthält, die regional und lokal bedeutsam sind. Die Finanzierung erfolgt durch den Staat unter Beteiligung der Regionen und der Gemeinden unter anderem nach besonderen Programmen, z. B. FIAT, FDES, PME, PAP, Contrats de Pays, Contrats de Ville Moyenne, sowie regionalen Programmen wie PAPIR, PRDE im Rahmen der Fünfjahrespläne usw. – einer Fülle schwer zu durchschauender, sich z. T. sachlich oder zeitlich überlagernder Fonds. Die Projektauswahl und -überwachung geschieht bei der Direction Régionale de l'Equipement (DRE), die damit, ohne im Besitz eines eigentlichen landesplanerischen Instruments zu sein, die praktische Raumordnung in der französischen Region betreibt.

Es bedarf wohl keiner Erläuterung, daß für diese französische regionale Raumordnungsstelle eher die mit Vollzugsaufgaben betrauten deutschen Fachressorts als Partner in Betracht kommen als die in relativ abstrakten und mehr in strategischen Bezügen operierende deutsche Landesplanung, deren Arbeitsweise eher in den bereits erwähnten OREAM (im Elsaß: OEDA) eine Entsprechung findet. Bei derart unterschiedlichen Aufgaben und rechtlichen Kompetenzen läuft grenzüberschreitende Raumordnung Gefahr – von welchem Standpunkt aus man dies auch betrachten mag –, auf der jeweils anderen Seite der Grenze keine Entsprechung zu finden. Diese Problematik besteht im Verhältnis Deutschland zu Luxemburg übrigens nicht, da die dortige Raumordnungsstelle keine Vollzugsaufgaben wahrzunehmen hat, also ohne „équipement" arbeitet.

Andere in Frankreich praktizierte raumordnerische Instrumente liegen auf kommunaler Ebene. Die Gemeinden bedienen sich dazu der Verwaltungskraft des Präfekten, ähnlich wie in Deutschland die Gemeinden die Dienste des (kommunalen) Landrats in Anspruch nehmen können. Jedoch sind in Frankreich die Gemeinden wegen fehlender Eigenmittel auf die Präfekturen angewiesen. Hat eine im Zusammenhang besiedelte Siedlungsagglomeration mehr als 10 000 Einwohner, ist sie gehalten, einen SDAU (Bereichsentwicklungsplan) aufzustellen. Auch für andere Gemeindezusammenschlüsse können SDAU aufgestellt werden, wenn die betreffenden Gemeinden oder der Präfekt (im Grenzbereich zweier Départements der Regionalpräfekt) sie für erforderlich halten. Erstreckt sich das Planungsgebiet über mehrere Gemeinden, bilden diese – u. U. auf Betreiben des Präfekten – eine Planungskommission. Der SDAU kann daher von der Trägerschaft, aber auch vom Inhalt und vom Maßstab her weitgehend als ein Regionalplan angesehen werden, der für bestimmte Teilgebiete mittel- und langfristige Festsetzungen für die räumliche Entwicklung trifft, wenngleich er in rechtlicher und darstellungsmäßiger Hinsicht eher dem Flächennutzungsplan[9]) nahekommt. Er unterscheidet sich von einem deutschen regionalen Raumordnungsplan im wesentlichen darin, daß er kein vom Staate delegierter Plantyp ist; auch insofern steht er dem Flächennutzungsplan typmäßig sehr nahe. Wie bei den SAM besteht für den SDAU keine Vorschrift für flächendeckende Erstellung. Beschlossen wird ein SDAU durch die überplanten Gemeinden, genehmigt wird er vom Präfekten. Er bindet nur die öffentlichen Planungsträger. Im Untersuchungsgebiet sind im grenznahen lothringischen Bereich vier SDAU in Vorbereitung: für den Raum Forbach – St. Avold – Creutzwald (Kohlenbecken), für den Raum Saargemünd-Saaralben (Tal der Saar), für das Minettegebiet westlich von Thionville (Erzbergbaugebiet) und für den Raum Bitche (Bitscher

---

[8]) Der Regionalrat kann zusätzliche Steuern (zu den staatlichen) erheben, aber nur in Höhe von 55 F pro Einwohner und Jahr. Mit dem Haushalt darf der Rat in der Regel nur Investitionen tätigen (Zitat aus REITEL, 1980, S. 142).

[9]) Unterhalb des SDAU kennt das französische Planungssystem den POS, der weitgehend dem deutschen Bebauungsplan entspricht, insbesondere hinsichtlich der Rechtsverbindlichkeit gegenüber jedermann. Er bezieht sich auf das ganze Gemeindegebiet. Seine Festsetzungen sind nicht so konkret wie diejenigen eines Bebauungsplanes. Der SDAU kann auch als Teilplan (Schéma de Secteur) aufgestellt werden.

Land). In allen diesen Fällen ist aber eine grenzüberschreitende Abstimmung auf raumordnerischer Ebene praktisch unmöglich, weil die regierungsseitig bestehenden Kontakte die kommunale Ebene nicht mit umfassen. Bemühungen der saarländischen Landesplanung, die Konsultationen auf die v. g. SDAU auszudehnen, schlugen bisher fehl. Es ist daher REITEL (1980, S. 153) zuzustimmen, der festgestellt hat, daß sich die nationalen Strukturen gewissermaßen an den Grenzen festgefahren haben.

Aus den bisherigen Ausführungen ergibt sich, daß in Frankreich kein flächendeckendes Raumordnungssystem besteht, während dies in den anderen Gebieten des Untersuchungsraumes der Fall ist. Ein kurzer Blick über die Grenze läßt den grundlegenden Unterschied in diesem Punkt erkennbar werden. In Rheinland-Pfalz wird das hierarchisch aufgebaute mehrschichtige System flächendeckender Raumordnung noch deutlicher als im Saarland und in Luxemburg, wo es keine Regionen gibt: Sowohl das rheinland-pfälzische Landesentwicklungsprogramm als auch die Regionalen Raumordnungspläne haben keine territorialen Lücken. Grenzraumprobleme können dank des überschaubaren Zuschnitts der rheinland-pfälzischen Regionen, des Saarlandes und Luxemburgs in diesen Gebieten eher politische Geltung erlangen als in Lothringen, wo grenzbedingte Einflüsse nur in einer relativ schmalen Zone dieser sehr großflächigen Region auftreten.

Die Jahre 1966 bis 1968 waren in Frankreich die große Periode der Raumordnungspolitik zugunsten der Provinz (REITEL, 1980, S. 147). Anfang 1969 beschloß die Regierung für Lothringen, die Entwicklung von zwei Polen, Metz und Nancy, zu fördern. Seitdem wird auf die Errichtung einer bipolaren Region mit einer Agglomeration Metz-Thionville und einer Agglomeration Nancy-Toul-Lunéville hingearbeitet (REITEL, 1980, S. 147/8). Von diesem Zeitpunkt an hatte Lothringen rund ein Jahrzehnt mit innerregionalen Spannungen zu tun, die durch die Konkurrenz der Agglomerationen von Metz und Nancy hervorgerufen waren und das politische Interesse von der Grenze wegzogen. Derzeit sind diese Probleme zwar in den Hintergrund getreten; an ihre Stelle schoben sich aber die noch nicht gelösten Umstrukturierungsprobleme der Altindustrien des Moseltals und der West-Vogesen, so daß spezifische Sorgen des Grenzraums nach wie vor keinen Vorrang auf regionaler Ebene erringen können. Insofern ist der lothringische Grenzraum in einer erheblich ungünstigeren Ausgangslage, seine Stimme innerregional zu Gehör zu bringen, als dies im Elsaß der Fall ist, wo grenznahe Gebiete des Ober- und Unterrhein-Départements nicht nur einen wesentlich größeren Flächenanteil haben, sondern auch stärker im öffentlichen Bewußtsein der Region verankert sein dürften.

Auch wenn die Politik der Ausgleichsmetropolen nun nicht mehr weiterverfolgt wird und mehr Programme für die mittleren Städte (Contrats de ville moyenne) und für kleine ländliche Gebiete (Contrats de pays) aufgestellt werden[10]), hat der lothringische Grenzraum daraus doch nur wenig Nutzen gezogen.

2. Luxemburg

Das luxemburgische Planungsrecht kennt als Raumordnungsinstrumente das „Programme directeur de l'aménagement du territoire" (Leitprogramm zur Raumplanung) sowie „Plans d'aménagement partiel ou global" (Raumordnungsteil- oder Gesamtpläne). Das erste Leitprogramm für das Staatsgebiet wurde am 6. April 1978 von der Regierung beschlossen. In Luxemburg ist erst ein raumordnerischer Plan (Plan d'aménagement partiel = Sachlicher Teilplan) auf Staatsebene erstellt, wenn man von mehreren kommunalen Bauleitplänen absieht. Für das Sauer- und das Moseltal ist die Vorbereitung räumlicher Teilpläne vorgesehen (Plans d'aménagement global). Die Abstimmung mit dem Saarland und mit dem Land Rheinland-Pfalz ist beabsichtigt.

---

[10]) REITEL, F.: a. a. O., S. 149 f.

3. Saarland und Rheinland-Pfalz

Die Landesplanungsgesetze der Bundesländer Saarland und Rheinland-Pfalz sehen als Darstellungsmittel der Raumordnung und Landesplanung auf Landesebene ein Landesentwicklungsprogramm (LEPr) vor. Im Saarland werden sektorale Teilprogramme erstellt. Am 2. März 1982 wurden die Teile „Bevölkerung und Erwerbspersonen 1990" und „Verkehr 1990" beschlossen, der Teil „Wirtschaft 1990" liegt im Entwurf vor. Das rheinland-pfälzische Landesentwicklungsprogramm wurde 1980 neu aufgestellt. Das Saarland kennt unterhalb der Programmebene Landesentwicklungspläne (LEPl); z. Zt. sind die LEPl „Siedlung (Wohnen)" vom 28. Februar 1979 und „Umwelt (Flächenvorsorge für Freiraumfunktionen, Industrie und Gewerbe)" vom 18. Dezember 1979 verbindlich. In Rheinland-Pfalz gibt es nicht auf Landesebene, aber auf der Ebene der 5 Regionen Regionale Raumordnungspläne (RROPl), und zwar im Untersuchungsgebiet die RROPl „Westpfalz" vom 18. Februar 1974, „Mosel-Saar" vom 2. Dezember 1974 und „Westeifel" vom 11. Dezember 1972. Gegenwärtig sind Neufassungen der RROPl unter teilweise anderen Bezeichnungen und Abgrenzungen in Arbeit.

4. Zusammenfassung

Die Leistungsfähigkeit der Raumordnungssysteme in den Grenzgebieten des Saar-Lor-Lux-Raumes trifft im Hinblick auf grenzüberschreitende Harmonisierungsaufgaben auf sehr unterschiedliche institutionelle und rechtliche Voraussetzungen. Sie sind günstig zwischen den Bundesländern Rheinland-Pfalz und Saarland sowie zwischen diesen und dem Großherzogtum Luxemburg, weil die jeweiligen Systeme vom gesetzlichen Auftrag und den rechtlichen Instrumenten her grundsätzlich vergleichbar sind. Die grenzüberschreitende raumordnerische Kooperation der genannten Gebiete mit Lothringen ist dagegen im Grunde nicht möglich – wenn man von der Beratung von Einzelvorhaben einmal absieht –, weil das französische aménagement du territoire im wesentlichen als integrierendes Umsetzungsinstrument der raumordnungsrelevanten Fachplanungen, aber nicht als räumliche Gesamtplanung in Erscheinung tritt.

In verkürzter Form sind die wesentlichen Unterscheidungsmerkmale wie folgt festzuhalten:

- In Deutschland und Luxemburg hat die Raumordnung reine Koordinierungsaufgaben, sie ist ohne jegliche Durchführungskompetenz. Die ausgefeilte Planungssystematik ist auf ganzheitlichen Lenkungsanspruch angelegt. Sie sieht Flächendeckung und dabei – in größeren räumlichen Einheiten – regionale Durchgliederung vor.

- In Lothringen stellt sich Raumordnung im wesentlichen als Investitionsplanung im öffentlichen Infrastrukturbereich dar. Sachliche wie räumliche Prioritäten wechseln, der räumliche Bezugsrahmen ist überwiegend kleinräumig oder punktuell ausgerichtet; das Prinzip der Flächendeckung wird nicht praktiziert.

- Während die Raumordnung in Deutschland und Luxemburg auf Grund des Ressortprinzips deutlich von den Fachplanungen abgesetzt ist, bedeutet das aménagement du territoire in Lothringen mehr „vorbereitende Fachplanung" und der organisatorisch damit verbundene Bereich équipement deren konkrete Umsetzung in den Raum.

- Raumordnung ist stark modellorientiert – man denke an Achsen, Zentrale Orte, Vorranggebiete usw. –, das aménagement du territoire enthält solche den Fachplanungen „unheimliche" Systeme nicht explizit. Die deutsche Raumordnung geht von dem theoretischen Ansatz aus, daß die räumliche Entwicklung in qualitativer und quantitativer Hinsicht in ziemlich weitgehender Komplexität vorwegkonzipiert werden kann. Der französische Ansatz ist wesentlich pragmatischer; daher ist aber in Frankreich auch nicht kontrollierbar, inwieweit langfristig gesteckte Ziele erreicht worden sind.

Bei diesem Vergleich darf der grundsätzliche Mangel nicht übersehen werden, der ihm anhaftet, nämlich, daß im Grunde nicht Gleiches mit Gleichem verglichen wurde. Würde man von dem breiter angelegten französischen Planungssystem ausgehen, müßte ihm der Begriff „Regionalpolitik" gegenübergestellt werden. Damit würde eine in der Sache bessere Entsprechung erreicht werden können. Auf deutscher Seite müßten dann alle räumlichen Förderinstrumente mit berücksichtigt werden, also z. B. insbesondere die Gemeinschaftsaufgaben.

III. Planerische Grundsätze und Ziele für die Grenzräume

1. Frankreich

In Frankreich gibt es keine konkreten grenzgebietsbezogenen Raumordnungsgrundsätze oder -ziele. Beispielsweise muß daher der Versuch, ein deutsch-französisches Wirtschaftsprogramm für den Grenzraum[11] aufzustellen, bezüglich des Teils Raumordnung daran scheitern, daß es räumliche Leitsätze oder Zielsetzungen für das lothringische Grenzgebiet nicht gibt. Es sind weder Achsen, Schwerpunkte, zentrale Orte, Vorranggebiete noch Leitfunktionen, Richtwerte und dergleichen mehr festgelegt. Die lothringische Darstellung bezieht sich, wie sich aus dem oben Gesagten ergibt, auf wichtige Maßnahmen im Infrastrukturbereich (équipement).

Diskussionen mit dem Grenznachbarn über den Grenzraum als „Gebietseinheit" finden somit mehr in einem geographisch-wissenschaftlichen Sinne, jedoch nicht im raumordnungspolitischen Kontext statt. Die Erörterungen sind zudem mit methodologischen, terminologischen und sprachlichen Problemen belastet, die die Regelung von Sachfragen erschweren.

Raumordnerische Ziele wurden in Lothringen erstmals in den Jahren 1966 bis 1968 von der OREAM-Lorraine erarbeitet. Diese Organisation veröffentlichte 1968 ein Weißbuch zur regionalen Entwicklung des lothringischen Metropolraumes – den Verdichtungsräumen der Bundesrepublik weitgehend vergleichbar –, das unterschiedliche Strategien durchspielte. Dabei wurden auch grenznahe Agglomerationen berücksichtigt, so das lothringische Kohlenbecken. Eins der Entwicklungsmodelle favorisierte die vorrangige Entwicklung der Achse Saarbrücken – lothr. Kohlenbecken – Metz (sog. Schema C); Kernpunkte waren verstärkte Wohn- und industrielle Siedlungstätigkeit und die Errichtung eines Großflughafens im Raume St. Avold, sowie der Betrieb von Taktverkehrsstrecken zwischen Metz-Saarbrücken und Nancy-Saarbrücken (hierfür wäre auf einem Teilstück der Bau einer neuen Linie erforderlich geworden). Diese Konzeption stieß im Saarland auf großes Interesse, weil erkennbar war, daß der Grenzraum kooperativ aufgewertet werden sollte, d. h. die Spitzen-Infrastrukturen an der Saar und an der Mosel sollten in einen regionalen Verbund gebracht werden, der eindeutig über die Staatsgrenze hinweg wirken würde.

Das Schema C wurde in Lothringen heftig attackiert. Der Streit zwischen Metz und Nancy um die regionale Vorherrschaft stand dermaßen im Vordergrund der Diskussionen, daß raumordnerisches Denken in größeren räumlichen Bezügen nicht möglich war. In einem Beschluß vom 3. Januar 1969 legte der französische Ministerrat Leitlinien im Sinne der Schemata A/B fest, die – bei gewissen Unterschieden der räumlichen Verteilung von Maßnahmen im

---

[11] Dieses Programm wird z. Zt. im Auftrag der Saar-Lor-Lux-Regierungskommission von den Wirtschaftsministerien der betroffenen Länder vorbereitet. Luxemburg nimmt bei diesem Punkt Beobachtungsaufgaben wahr.

Moseltal – die Achse Thionville – Metz – Nancy bevorzugten. Der Metropol-Raum wurde in zwei Großstadt-Agglomerationen aufgeteilt: in die Agglomeration Metz und die Agglomeration Nancy[12]). Für den Grenzraum zwischen Mosel und Nordvogesen blieb lediglich die Absicht übrig, städtebauliche Restrukturierungsprogramme durchzuführen.

Mit dieser Kabinettsentscheidung war der gezielten Entwicklung des Grenzraumes eine Absage erteilt. Lediglich der bereits begonnene Bau der Autobahn von Metz nach Saarbrücken und Straßburg wurde als eine den Grenzraum stützende Neu-Investition durchgeführt; sie war in allen drei Schemata vorgesehen. Die im Ministerratsbeschluß enthaltene Empfehlung an den Regionalpräfekten, die Opportunität und Modalitäten einer konzertierten Raumordnung insbesondere mit dem Saarland zu prüfen, und die spezielle Erwähnung des Großflughafen-Projekts als einer der ersten möglichen Untersuchungsgegenstände dürften als diplomatische Geste gegenüber dem mehr am Schema C interessierten Ausland zu werten sein.

Die OREAM hat sich nach 1969 um die Durchsetzung einzelner Elemente ihrer grenzraumbezogenen Raumordnungsvorstellungen bemüht, jedoch ohne Erfolg. In den 70er Jahren war sie mit der Erarbeitung von sog. Etudes[13]) befaßt, die Planungsstudien zur Vorbereitung größerer Maßnahmen staatlicher Verwaltungen gleichzusetzen sind. Im Jahre 1977 hat sich die OREAM auch aus der Saar-Lor-Lux-Kommission (vgl. Kap. IV) zurückgezogen.

Die Darlegung raumordnerischer Ziele für den lothringischen Grenzraum muß sich, wie oben erwähnt, auch auf die staatlichen Fünfjahrespläne erstrecken. Das Gesetz über den 6. Fünfjahresplan erweist sich im Vergleich zu den älteren Plänen als besonders ergiebig, da dieser Plan als einen Hauptorientierungspunkt das Ziel enthält, besondere Bemühungen um die Grenzgebiete im Osten zur Erleichterung ihrer wirtschaftlichen Diversifizierung zu ergreifen, und zwar den Ausbau des Straßennetzes für Verbindungen mit den anderen französischen Regionen und die Schaffung der West-Ost-Autobahn Paris – Reims – Metz – Straßburg. Alle anderen Programmpunkte konnten Gemeinden im Grenzgebiet genau so betreffen wie jede andere französische Kommune der jeweiligen durch den Plan bestimmten Kategorie. Das einzige speziellere räumliche Verteilungsprinzip galt im übrigen den Gleichgewichtsmetropolen, also auch dem Gebiet Metz-Nancy.

Der 7. Fünfjahresplan enthält nur globale Ziele; allerdings wurde die Förderungsbedürftigkeit des ländlichen Raumes betont. Außerdem sollten die für Ostfrankreich vorgelegten Projekte gewisse Vorrangentscheidungen erfahren. Der 8. Plan ist durch die Parlamentswahl vom 10. Mai 1981 nicht mehr wirksam geworden. Die neue Regierung hat einen Übergangsplan von zweijähriger Dauer erarbeitet, an den sich weitere Mehrjahrespläne anschließen sollen. Auf regionaler Ebene besteht in Lothringen ein „Plan Lorrain 1981–1985", in dem die Entwicklungsprioritäten für Lothringen auf der Grundlage eines Berichts über die regionalen Vorgaben für den (nicht zustandegekommenen) 8. Fünfjahresplan festgelegt sind. Der Bereichsentwicklungsplan „Bassin Houiller" („Kohlenbecken") ist in verschiedenen Entwurfsfassungen erstellt worden; keine davon ist bisher genehmigt worden. Auch für den Entwurf des Bereichsentwicklungsplans „Vallée de la Sarre" („Tal der Saar") ist das Aufstellungsverfahren bisher nicht zu Ende geführt worden. Beide Plan-Entwürfe enthalten Aussagen zu grenzüberschreitenden Problemen, aber lediglich zu Verkehrs- und Arbeitsplatzfragen, nicht dagegen zu den Sektoren Umwelt, Erholung, Versorgung und Bildung. Für die Bereichsentwicklungspläne „Pays Minier" („Erzbergbaugebiet") und „Pays de Bitche" („Bitscher Land") wurde mit der Aufstellung erst 1980 bzw. 1981 begonnen; Entwürfe liegen noch nicht vor.

---

[12]) Diese Teilung war für die Entwicklung von Lothringen nachteilig: Die Regierung hat viele Maßnahmen nicht in Lothringen verwirklicht, weil sie abgewartet hat, wie sich die beiden konkurrierenden Städte einigen (mdl. Mitteilung von Prof. REITEL, Metz).

[13]) Vgl. Feuillets de l'OREAM-Lorraine, Pont-à-Mousson.

Für den lothringischen Grenzraum sind unter dem Aspekt der Überwindung der Grenze zwei Maßnahmen von besonderem Interesse: zum einen die konzipierten verkehrsverbessernden Maßnahmen im Saartal, nämlich die Fortführung des Ausbaus der Saar zur Großschiffahrtsstraße über Saarbrücken hinaus bis Saargemünd und weiter in das französische Kanalsystem, zum andern der Lückenschluß der Primärstraßenverbindung Saarbrücken – Straßburg im Bereich Saargemünd (Stadtumgehung). Bedeutung haben aber auch Maßnahmen zugunsten des regionalen Arbeitsmarkts. Verbesserungen im letztgenannten Bereich würden zu vermehrtem Arbeitsplatzangebot im lothringischen Grenzraum führen und damit den grenzübergreifenden Sog des saarländischen Arbeitsmarktes schwächen können.

2. Luxemburg

Das luxemburgische Planungsgesetz vom 20. März 1974 bestimmt in § 4, daß die Regierung mit den Nachbarstaaten ,,im Hinblick auf eine Koordinierung der Raumordnungsmaßnahmen" zusammenarbeitet. Dies ist u. a. vorgesehen bei der Vorbereitung eines Raumordnungsteilplans, der die luxemburgischen Gebiete umfaßt, die zu zwei- oder dreistaatlichen Naturparken gehören bzw. gehören sollen (z. B. Naturpark Eifel und Naturpark Mosel-Saar-Hunsrück).

Auch das luxemburgische Raumordnungsleitprogramm befaßt sich in einem Kapitel mit den europäischen und internationalen Nachbarländern. Dieser Teil wurde in Abstimmung mit den betreffenden Ländern ausgearbeitet. Zur Zeit ist eine Neufassung in Vorbereitung. Die beschlossenen Entwicklungsziele lassen das Bewußtsein Luxemburgs deutlich hervortreten, von der Raumordnung der Nachbarräume in erheblichem Maße abhängig zu sein. Diese realistische Einschätzung kommt insbesondere in den Grundsatzausführungen über Verkehrsverbindungen, Fremdenverkehr und Industrie zum Ausdruck. Die in der Übernahme der Vorhaben der Nachbarräume in die eigene Raumordnungskonzeption erkennbare Kooperationsbereitschaft ist beispielhaft. Im wesentlichen stellen die auf das Territorium des Großherzogtums ausgeweiteten Ziele der Region Mosel-Saar, des Saarlandes, Lothringens und der südbelgischen Provinz Luxemburg die Grundzüge des luxemburgischen Raumordnungsleitprogramms dar.

Insofern dürfte die Feststellung berechtigt sein, daß die luxemburgische Raumordnung auf weitestgehende Unschädlichkeit der Grenzen für die räumliche Entwicklung bedacht ist. Beachtenswert ist in diesem Zusammenhang auch die reflektierende Berücksichtigung des lothringischen Vorhabens eines überregionalen Großflughafens und die Unterstützung des Wasserstraßenvorhabens zwischen Mosel, Saar und Rhein sowie von grenznahen Industrieansiedlungen in den Nachbarräumen. Schließlich werden grenzüberschreitende Maßnahmen zugunsten von Naturparks, Oberflächengewässern, der Versorgungssicherheit im Energiebereich sowie bei der hochrangigen Versorgung im medizinischen und im Hochschulbereich für notwendig erachtet.

3. Saarland

Das saarländische Landesplanungsgesetz (SLPG) vom 17. Mai 1978 definiert es als eine der Aufgaben der Landesplanung, ,,darauf hinzuwirken, daß die Voraussetzungen für die grenzüberschreitende Zusammenarbeit mit den Nachbarländern geschaffen und gefördert werden" und daß ,,bei der Raumordnung und den Fachplanungen ... der Nachbarländer die Belange des Saarlandes gewahrt bleiben" (§ 1 Abs. 4 SLPG). Das Raumordnungsprogramm des Saarlandes stellt im Allgemeinen Teil die Abstimmung der für die Raumordnung im Grenzbereich bedeutsamen Maßnahmen mit dem benachbarten Ausland als Handlungsziel auf. Im Landesentwicklungsplan ,,Umwelt" sind Maßnahmen, die der grenzüberschreitenden Abstimmung unterliegen sollen, genannt. Es handelt sich um die Ausdehnung von Erholungsgebieten und die Schaffung von Naturparken im Bereich des Mosel- und Bliesgaus über die Grenzen hinweg, den Ausbau der Saar zur Großschiffahrtsstraße bis Saargemünd und die Einrichtung eines Wasserstraßenanschlusses von der Saar zum lothringischen Kohlenbecken, die Elektrifizierung der Eisenbahnstrecke Saarbrücken-Straßburg, mehrere grenzüberschreitende Straßenverbindungen (insbesondere die Fortführung der A 8 in Richtung Luxemburg und die Neuführung der B 51 in Richtung Saargemünd bzw. zur dortigen Autobahn nach Straßburg) sowie um die Einschränkung von Emissionen, die den jeweiligen Nachbarraum beeinträchtigen können.

Im saarländischen Grenzraum sind einige Schwerpunkträume ausgewiesen, deren angedeutete Erweiterung lothringisches und luxemburgisches Gebiet überdeckt. Damit wird die Erwartung ausgedrückt, der jeweilige Nachbarraum möge die für das Saarland festgelegten Ziele auf seinem Territorium fortsetzen bzw. ergänzen, so daß es zu einer harmonisierten Entwicklung des Raumes beiderseits der Grenze kommen kann. Solche gebietsscharfen Aussagen betreffen industrielle Aktivitäten im Saartal zwischen Saarbrücken und Saargemünd, Maßnahmen im Erholungsbereich in den Räumen Unteres Bliestal, Saarbrücken, Bisttal und Obermosel sowie Maßnahmen des großräumigen Landschaftsschutzes in den Räumen Moselgau, Saargau und Bliesgau.

4. Rheinland-Pfalz

Das Landesplanungsgesetz von Rheinland-Pfalz bestimmt in § 6 Abs. 1, daß es der obersten Landesplanungsbehörde obliegt, auf eine Abstimmung mit den Planungen anderer Länder und der angrenzenden Staaten, soweit sie sich auf die Raumordnung im Lande auswirken können, hinzuwirken.

Das Landesentwicklungsprogramm 1980 enthält kaum spezifische Aussagen zur Problematik der Grenzräume. Den großräumig bedeutsamen Achsen wird die Aufgabe zugewiesen, auch über Staatsgrenzen hinweg größere Schwerpunkte miteinander zu verbinden und die bedeutenden Urlaubsgebiete an diese Schwerpunkte anzubinden. Unter diese Zielsetzung fällt auch der Achsenabschnitt Trier – Luxemburg (Teil der Mosel-Lahn-Achse), der mit einer Autobahn ausgestattet werden soll. Ferner wird die Versorgungsfunktion des Flughafens Luxemburg für die rheinland-pfälzische Bevölkerung erwähnt. Auf den deutsch-luxemburgischen Naturpark wird hingewiesen. Diesen bereits bestehenden grenzüberschreitenden Einrichtungen kommt ein hoher Stellenwert bei den Bemühungen um die Überwindung der Staatsgrenze zu, da sie die Errichtung von Parallelstrukturen auf der anderen Seite der Grenze vermeiden und das Nachfragepotential auf beiden Seiten der Grenze bündeln.

5. Zusammenfassung

Mit Ausnahme des französischen Planungsgesetzes enthalten alle anderen im Saar-Lor-Lux-Gebiet geltenden Raumordnungsgesetze Vorschriften über die grenzüberschreitende Abstimmung. In den lothringischen Investitions- und Entwicklungsplänen sind nur wenige grenzraumbezogene Aussagen getroffen. Es wird erkennbar, daß es nach französischer Auffassung keine teilräumlichen „Sonder"-Probleme gibt, die eine gezielte Reaktion der öffentlichen Hände erforderlich machen könnten. Vielmehr muß sich ein Teilraum – z. B. ein Grenzraum – in den vorgegebenen nationalen Rahmen einfügen wie jeder andere Raum. Präferenzen kann lediglich eine ganze Region gegenüber anderen Regionen[14] erfahren. Ob sich

---

[14]) In Frankreich gibt es 22 Programmregionen. REITEL (1980, S. 156) kommt bei einer Betrachtung Frankreichs zu dem Ergebnis, daß die französische Raumordnungspolitik die westlichen und südlichen Gebiete der Republik (régions d'entrinement) bevorzugt und Lothringen, weil es schon industrialisiert war, vernachlässigt habe (région d'accompagnement). Dabei sei nicht beachtet worden, daß Lothringen eine Krisenregion sei, deren Wirtschaft zusammenzubrechen drohte.

die eigentlichen Grenzräume innerhalb der Region Lothringen gut durchsetzen können, muß angesichts der französischen Politik der Stärkung der Gleichgewichtsmetropole (sie zählt in Lothringen nicht zur engeren Grenzzone) bezweifelt werden. Das Bemühen der grenznahen Gemeinden Lothringens um vermehrte Förderungsanteile ist daher letztlich ein Kampf der äußeren Peripherie gegen den regionalen Zentrumsbereich (Metz, Nancy). Letzterer setzt sich auch im Regionalrat bei den – bescheidenen – Eigenprogrammen der Region gegen die Grenzzone durch.

In dem luxemburgischen Grenzgebiet werden derartige Verteilungsprobleme nicht deutlich. Zwar ist die dortige Verwaltung im Grunde auch „zentralistisch", aber bei der geringen Größe des Territoriums ist die nationale zugleich regionale Politik.

Der föderative Staatsaufbau in der Bundesrepublik erleichtert es, daß die Probleme der Grenzräume relativ starkes Gewicht haben. Ist dies im Falle des Saarlandes schon auf Grund seiner kleinen Fläche einsichtig, hat das größere Land Rheinland-Pfalz durch die Gliederung in Regionen ähnlich günstige Voraussetzungen geschaffen.

Die saarländische Raumordnung strebt auf zwei Wegen die Überwindung der Grenzen an:

Zum einen

– durch Zielsetzungen, die die Durchlässigkeit der Grenzzone in verkehrlicher Hinsicht verbessern, indem die Verkehrsnetze so ausgebildet werden sollen, wie sie den im Bundesgebiet geltenden Grundsätzen entsprechen würden,

– durch verbale und zeichnerische Anregungen, die diesseits der Grenze bestehenden räumlichen Funktionen jenseits der Grenze fortzusetzen.

Zum anderen

– werden Anregungen gegeben, was das Nachbarland an konkreten Maßnahmen – z. T. nur gemeinsam durchzuführende Maßnahmen – unternehmen möge. Ein Beispiel hierfür ist die Fortführung des Saarausbaus über Saarbrücken hinaus in das französische Kanalnetz hinein; ein anderes Beispiel ist die Ausdehnung des Naturparks Saar-Hunsrück nach Luxemburg und Lothringen.

Für die rheinland-pfälzische Raumordnung ergibt sich gegenüber Luxemburg ein relativ geringes Abstimmungsbedürfnis (es bezieht sich im Grunde nur noch auf eine Autobahn).

Die Notwendigkeit und die Möglichkeiten, grenzüberschreitende Raumordnung zu betreiben, werden also in unterschiedlicher Weise gesehen und mit unterschiedlicher Intensität und Konkretheit in Programmen und Plänen verdeutlicht. Im Bereich der Grenze zu Lothringen wirkt sich das vom übrigen Untersuchungsgebiet abweichende französische Planungssystem als objektiver Nachteil aus, da es nicht genügend Entsprechung bietet. Das in Lothringen betriebene aménagement du territoire ist nicht transparent und nicht über lange Fristen verläßlich. Ein plötzlich eingesetztes neues Finanzierungsprogramm würde unvorhersehbare Auswirkungen auf die Raumordnung haben können.

Unter dem Gesichtspunkt, daß Planung dort die flexibelsten Bedingungen vorfindet, wo sie sich außerhalb eines Systemzwanges bewegen kann, scheinen die Planungsbedingungen in Frankreich daher günstiger zu sein als in Deutschland. Zieht man jedoch die Umsetzung von Planung in raumwirksame Maßnahmen mit in Betracht, zeigt sich, daß der in Frankreich durch Raumplanung erreichbare Grad an langfristiger Bindung, an horizontaler und vertikaler Koordination und an Überprüfbarkeit der räumlichen Handlungsabsichten der Verwaltung sehr gering ist – ausgenommen die von der Regierung genehmigten Teile der Schémas d'Aménagement und die für wenige Gebiete beschlossenen SDAUs. Dies bedeutet, daß raumbeeinflussende Entscheidungen der öffentlichen Planungsträger zum großen Teil dem nicht kalkulierbaren

Zufall unterworfen bleiben. Für die benachbarten Grenzräume bedeutet dies, daß sie weitgehend im unklaren gelassen werden über das, was zur Raumentwicklung in Lothringen geschieht.

Da es grenzüberschreitende Kooperation im Sinne des vertikalen Durchgreifens auf Grund der Souveränität der Staaten nicht geben kann, läuft die grenzraumbezogene Raumordnung der anderen Teilräume auf eine Anpassung der eigenen Vorstellungen an die des Nachbarn und auf Bemühungen hinaus, die Fortsetzung eigener Ziele im Nachbarraum zu erreichen. Die Raumordnung über Grenzen hinweg reduziert sich damit im wesentlichen auf Verbesserung der Akzeptanz wechselseitiger räumlicher Entwicklungsimpulse. Diese Überzeugungsleistung wird um so höher einzuschätzen sein, je besser es gelingt, auf die mit Durchführungsaufgaben betrauten Fachplanungen Einfluß zu nehmen.

IV. Grenzüberschreitende Gremien

1. Die Saar-Lor-Lux-Regionalkommission

Die Saar-Lor-Lux-Regionalkommission[15] hat sich am 19. September 1971 konstituiert als Gremium der Regierungen des Saarlandes und des Landes Rheinland-Pfalz, der Regionalpräfektur Lothringen[16] und der luxemburgischen Staatsregierung. Sie arbeitet ohne Beschlußorgane nach Maßgabe der gleichnamigen Regierungskommission, die seit dem 19. Februar 1970 von Bonn und Paris, seit dem 24. Mai 1971 auch von Luxemburg aus geleitet wird. Sie ist keinem parlamentarischen Gremium gegenüber verantwortlich, hat also den Charakter eines Verwaltungsausschusses. Eine übergeordnete politische Führung, z. B. auf europäischer Ebene, besteht nicht.

Die Tätigkeit der Kommission läuft in Form von sektoralen Arbeitsgruppen ab; die derzeit bestehenden Arbeitsgruppen sind zuständig für die Fachbereiche Raumordnung, Umwelt, Verkehr, Fremdenverkehr, Soziales, Kultur und Wirtschaft.

Arbeitsgruppen „Raumordnung" und „Umwelt"

Die Schwierigkeiten, die durch abweichende Auffassungen über den Bereich Raumordnung in Frankreich einerseits und in Luxemburg und den beiden Bundesländern andererseits deutlich geworden sind, bestimmen auch das Tätigkeitsfeld der Arbeitsgruppe „Raumordnung". Sie hat nach zehnjähriger Arbeit einen text- und kartenmäßigen Überblick über raumordnerische Fragen im Saar-Lor-Lux-Gebiet im Entwurf fertiggestellt, der sich jeder Wertung und jedes expliziten Vergleichs enthält und auch keine Vorschläge für künftige Maßnahmen unterbreitet, z. B. für die Beseitigung grenzbedingter Probleme. Diese Arbeitsgruppe hält ihren bisherigen Beratungsauftrag nicht für ausreichend und hat die Regionalkommission um Erweiterung ihres Mandats gebeten, so daß es möglich würde, abgestimmte Vorschläge zum Ausgleich grenzbedingter Nachteile des eigentlichen Grenzraums zu unterbreiten und zu einer gemeinsamen Entwicklungskonzeption für diesen Raum zu kommen. Diesem Vorschlag hat die Regionalkommission am 5. März 1982 zugestimmt.

---

[15] Nähere Ausführungen hierzu enthält der Bericht von AUST, 1981. Wie im Beitrag KISTENMACHER/GUST über die Raumplanung im Oberrheingebiet (in diesem Band) dargelegt ist, bestehen im deutsch-elsässischen Grenzgebiet grundsätzlich gleiche Strukturen der Zusammenarbeit.

[16] Die OREAM ist seit Ende 1976 in der Regionalkommission (Arbeitsgruppe „Raumordnung") nicht mehr vertreten.

Die Arbeitsgruppe wendet sich damit ausdrücklich der Grenzraumproblematik zu. Sie kann möglicherweise wirksamere Anstöße zum Ausgleich von Disparitäten, zur Beseitigung von Strukturschwächen und Entwicklungsengpässen sowie zur Inwertsetzung von Potentialen geben, als dies bisher auf Grund des allgemeinen Informationsauftrags möglich war.

Die Arbeitsgruppe „Umwelt" wurde erst im Jahre 1980 gebildet. Die Probleme der inhaltlichen Definition des Abstimmungsauftrags sind noch nicht überwunden. Es sollen zunächst lediglich Fragen des Immissionsschutzes erörtert werden. Da die Unterschiede zwischen den Meß- und Bewertungsmethoden und den zulässigen Standards in den einzelnen Ländern eine grenzüberschreitende Kooperation erschweren, will die Arbeitsgruppe eine Beurteilung der im Kommissionsgebiet geltenden Verfahren durchführen und dabei insbesondere die praktizierten Informationsverfahren analysieren. Weitere Aufgabenbereiche werden auf wasserwirtschaftlichem Gebiet gesehen (Wasserversorgung und Abwasserbeseitigung über die Grenzen, Errichtung eines Frühwarnsystems im Falle von Hochwassergefahr).

Es ist schwer abzuschätzen, ob es der Arbeitsgruppe gelingt, weitere Erleichterungen und Verbesserungen für den Grenzraum zu erwirken. Der besonders sensible Bereich der Umweltpolitik läßt nur geringe Erfolge bei der Bewältigung von Umweltproblemen erwarten, da dafür oft ein Abweichen von nationalen Normen erforderlich wäre. Aber es wäre bereits ein Erfolg, wenn die im jeweiligen Ermessensspielraum der Behörden liegenden Entscheidungen ein Eingehen auf die Belange des Nachbarraumes erkennen ließen.

Arbeitsgruppen „Verkehr" und „Fremdenverkehr"

Im Verkehrsbereich hat eine sehr erfolgreiche Zusammenarbeit zwischen den vier Teilräumen stattgefunden. Erfolgreich waren insbesondere die Absprachen über Straßenverbindungen im Grenzraum, wenn auch noch nicht jede anerkannte Lücke geschlossen werden konnte. Auf dem Gebiet des Binnenschiffahrtsverkehrs[17]) und des Schienenverkehrs wurden einvernehmlich Vorschläge erarbeitet, die sich jedoch nicht realisieren ließen. Gegensätze taten sich in standortbezogenen Fragen der Harmonisierung des Luftverkehrs auf. Die Gespräche sollen bezüglich der Luftverkehrsbedienung (Netzgestaltung, Zubringerverkehre u. ä.) fortgeführt werden.

Die Arbeitsgruppe „Fremdenverkehr" hatte in der ad hoc-Arbeitsgruppe „Bisten-Merten" (sie befaßte sich mit einem Erholungs-Großprojekt) einen Vorläufer. Seit 1979 sind die Bemühungen auf die Abstimmung im Bereich der Fremdenverkehrswerbung und der Ausrüstung mit öffentlicher Erholungsinfrastruktur ausgedehnt worden. Die Herausgabe eines Werbeprospekts für das gesamte Kommissionsgebiet ist vorgesehen. Damit wird u. a. angestrebt, über den Naherholungstourismus eine höhere Identifikationsbereitschaft der Bevölkerung für den Saar-Lor-Lux-Raum zu erwirken, der den darin lebenden fast 5 Mill. Menschen als Raumbegriff noch weitgehend unbekannt ist.

Den Arbeitsgruppen „Verkehr" und „Fremdenverkehr" kommt zweifelsohne eine führende Rolle bei den Bemühungen um die Überwindung der Grenzen zu. Bei der Einschätzung der realen Möglichkeiten darf aber nicht übersehen werden, daß der Saar-Lor-Lux-Kommission keine Vollzugskompetenz gegeben ist und daß sie auch nicht über einen besonderen Etat verfügt, der z. B. zur Spitzenfinanzierung von Projekten eingesetzt werden könnte.

Arbeitsgruppen „Soziale Fragen" und „Kultur"

Diese Arbeitsgruppen wurden 1978 bzw. 1979 eingesetzt. Die behandelten sozialen Fragen betrafen im wesentlichen Probleme des Arbeitsmarktes, über die ein Bericht erstellt wurde, der

---

[17]) Für das Saartal zwischen Saargemünd und Saarbrücken bestand eine ad hoc-Arbeitsgruppe, die sich speziell mit der Nutzung hafennaher Industriegebiete befaßte.

die in den vier Teilräumen angewandten arbeitsmarktpolitischen Maßnahmen dargelegt hat. Vereinbarungen wurden über den grenzüberschreitenden Luftrettungsdienst erzielt. Künftig soll u. a. die Frage der Anerkennung von Prüfungen als Niederlassungsvoraussetzungen für Handwerker erörtert werden.

Die Arbeitsgruppe „Kultur" hat den kulturellen Austausch zwischen Lothringen und dem Saarland („Lothringische Tage" im Saarland bzw. „Saarländische Tage" in Lothringen) vorbereitet. Damit wurde ein Beitrag zur besseren Kenntnis des kulturellen Lebens des Nachbarraumes geleistet. Es ist jedoch nicht gelungen, diese Aktivitäten auf den gesamten Saar-Lor-Lux-Raum auszudehnen. Es hat sich ferner als unzweckmäßig erwiesen, die auf kommunaler und Vereinsebene bestehenden vielfältigen Kontakte durch staatliche Eingriffe zu beeinflussen. Diese Erkenntnis hat dazu geführt, kulturelle Angelegenheiten nur noch ad hoc zu behandeln.

Bei dieser Sachlage ist festzuhalten, daß es nicht gelingen dürfte, auf großräumlicher Ebene Transparenz in das kulturelle Schaffen zu bringen, das in den vier Teilräumen stattfindet, und diesen politisch empfindlichen Bereich durch grenzüberschreitende Kooperation stärker mit Leben zu erfüllen. Es ist fraglich, ob diese Lücke etwa von einem privaten Verein geschlossen werden könnte. Von der Sprachbarriere geht in diesem Punkt die entscheidende hemmende Wirkung aus.

Weitere Fortschritte in den Sachgebieten der beiden v. g. Arbeitsgruppen wären geeignet, der Bevölkerung der Grenzräume unmittelbaren Nutzen zu bringen. So haben soziale Angelegenheiten für die Menschen in den Grenzzonen (z. B. Eingriffe in den Arbeitsmarkt, Zugänglichkeit sozialer Einrichtungen im Nachbarland) eine sehr reale Bedeutung. Dies kann auch im Bereich der kulturellen Weiterbildung (z. B. durch Organisation von Ausstellungen und im Hochschulwesen[18]) der Fall sein. Es käme also darauf an, durch die Tätigkeit der Arbeitsgruppen Versorgungs- und Bildungsbedingungen in der Grenzzone soweit wie möglich an „normale" Verhältnisse anzupassen, d. h. an solche, die bestünden, wenn die Grenze nicht da wäre.

Arbeitsgruppen „Wirtschaft" und „Statistik"

Die Arbeitsgruppe „Wirtschaft" wurde 1982 eingerichtet. Ihre Aufgaben bestehen darin, einen allgemeinen Informationsaustausch über Konjunkturdaten und Fördersysteme zu betreiben, Probleme der industriellen Umstrukturierung, der Energieerzeugung und der Zusammenarbeit auf dem Gebiet der Kohletechnologie zu erörtern sowie die Veröffentlichung von Wirtschaftszahlen vorzubereiten. Sie ist speziell mit der Erarbeitung eines grenzüberschreitenden Wirtschaftsprogramms für die lothringischen, saarländischen und rheinland-pfälzischen Gebietsteile betraut. Sie hat die Aufgaben der Arbeitsgruppe „Statistik" mit übernommen, die die für eine laufende Berichterstattung geeigneten räumlichen Strukturmerkmale für den Gesamtraum in seiner regionalen Untergliederung nach Verwaltungsbezirken ermittelt hatte.

Auch die Arbeitsgruppe „Wirtschaft" findet eine Reihe von Ansatzpunkten für eine Verbesserung der Lebensbedingungen in den Grenzräumen vor. Insbesondere Umstrukturierungs- und Förderungsfragen sind, wenn sie gezielt die grenznahen Gebiete betreffen, für die grenzüberschreitende Raumordnung von Interesse. Darin einzuschließen sind Überlegungen zu zusätzlichen industriellen Verbünden (z. B. auf dem Kohle- und Energiesektor), die die bereits praktizierte Zusammenarbeit (vor allem im Stahl- und Chemiebereich) ausweiten könnten.

---

[18] Im Jahre 1983 soll eine den Gesamtraum abdeckende Ausstellung „Die Römer an Mosel, Saar und Sauer" stattfinden, allerdings nur in Bonn, Paris und Luxemburg. Die Geographischen Institute der Universitäten Metz und Saarbrücken haben Anfang 1983 eine gemeinsame wissenschaftliche Veranstaltung über den Saar-Mosel-Raum durchgeführt.

Zusammenfassung

Im Hinblick auf das französische aménagement du territoire kann die Saar-Lor-Lux-Regionalkommission vor allem in ihren infrastrukturbezogenen Arbeitsbereichen Fortschritte zur Überwindung grenzbedingter Nachteile vorbereiten. Da sie aber nicht über eigene Mittel verfügt und ihr nur ein Vorschlagsrecht zukommt, ist ihre unmittelbare Wirksamkeit gering. Wenig Chancen hat die Kommission, in den Bereichen Raumordnung, Umwelt und Kultur zur Überwindung der Grenze beizutragen.

Wichtig wäre eine verstärkte Hinwendung auf Fragen, die grenzraumspezifischer Natur sind, das Hinterland der Grenzzone also nicht unmittelbar betreffen. Verbesserungen der Verhältnisse in den grenznahen Gebieten können allerdings dazu führen, daß diese eine relative Besserstellung gegenüber dem Hinterland erfahren. Beachtenswert erscheint auch der Gesichtspunkt, daß die Reduzierung der Verhandlungen auf bilaterale Kontakte zur Schwächung des Saar-Lor-Lux-Raumbegriffs führen kann, der noch nicht genügend im Bewußtsein der Bevölkerung und der Politiker verankert ist. Bilaterale Kontakte begegnen nur in den Fällen keinen Bedenken, wo sie sich aus objektiven sachlichen Kriterien ergeben. Der Saar-Lor-Lux-Regionalkommission wäre sehr zu empfehlen, sich in gemeinsamen Verlautbarungen und Veröffentlichungen – sowohl eigener als auch von ihr geförderter wissenschaftlicher Arbeitsergebnisse – intensiver um die Verdeutlichung der Interessen des Gesamtraumes nach innen und nach außen zu bemühen. Die Belange der einzelnen Teilräume stehen noch zu sehr im Vordergrund.

In diesen Punkten dürfte sich allerdings zeigen, daß dieses Gremium als Verwaltungskommission überfordert ist. Organisationen ohne offizielles Mandat hätten den erforderlichen politischen Spielraum eher. Bei diesen Institutionen – z. B. wissenschaftlichen Instituten an den Universitäten oder den in Abschnitt 3 dieses Kapitels genannten Einrichtungen – erscheint es wiederum fraglich, ob ihre personelle und finanzielle Kapazität ausreicht, diese Aufgaben zu bewältigen.

2. *Internationale Kommissionen*

Die grenzüberschreitende Abstimmung in zwei weiteren Sachbereichen, der Reinhaltung von Gewässern und der Energieerzeugung, geschieht auf der Ebene der Bundesrepublik Deutschland und Frankreichs. Die Bundesländer Rheinland-Pfalz und Saarland sind – neben Baden-Württemberg – unmittelbar beteiligt, auch das Großherzogtum Luxemburg.

Internationale Kommissionen zum Schutze der Mosel und der Saar vor Verunreinigungen

Diese Kommissionen haben den beteiligten Regierungen Vorschläge für Sanierungsmaßnahmen an grenzüberschreitenden Flüssen unterbreitet. Insbesondere ist die Rossel, ein linker Nebenfluß der Saar, betroffen, die aus dem französischen Kohle- und Chemiekomplex im Raume Merlebach-Carling erhebliche Mengen von Schlämmen und toxischen Stoffen in die Saar leitet. Für die Mosel wurde ein Wärmelastplan erstellt, der die künftige Aufheizung durch das im Bau befindliche Kernkraftwerk Cattenom berücksichtigt.

Deutsch-französische Kommissionen für Standortfragen von Kraftwerksanlagen und für Kernenergiefragen im gemeinsamen Grenzraum[19])

Beide Kommissionen haben im Kernkraftprojekt Cattenom den gleichen Verhandlungsgegenstand. Geht es in der erstgenannten Kommission um die vom Standort ausgehenden raumrelevanten Wirkungen, befaßt sich letztere Kommission mit der Überprüfung von

---

[19]) In der Standortkommission für Kraftwerksanlagen ist Luxemburg nur hinzugezogen, soweit das Großherzogtum unmittelbar berührt ist.

Sicherheitsstandards sowie mit Fragen der technisch-physikalischen Auswirkungen und des Katastrophenschutzes. In der Standortkommission wurde auch ein neues Kohlekraftwerk angesprochen, das bei Carling (Lothringen) entsteht.

Die Aufgabe der Standortkommission besteht darin, innerhalb einer Grenzzone von 30 km beiderseits der deutsch-französischen Grenze den ständigen Erfahrungs- und Informationsaustausch über die Auswahl von Standorten und deren Nutzung durch Kraftwerksanlagen zu gewährleisten sowie Fragen, die bei der Planung und Verwirklichung von Kraftwerksanlagen auftreten, zu beraten und untereinander abzustimmen. Hauptgesprächsgegenstand war das im Bau befindliche Großkraftwerk Cattenom (Lothringen), das im Endzustand 5200 MW installierte elektrische Leistung haben soll und damit zu einer beträchtlichen räumlichen Verschiebung des Schwerpunkts der Energieproduktion innerhalb des Saar-Lor-Lux-Gebietes führen wird. Weitere raumrelevante Auswirkungen werden die Aufstellung eines Katastrophenschutzplanes und die Planung der Freileitungen haben.

Deutsch-luxemburgische Naturparkkommission

Aufgabe der deutsch-luxemburgischen Naturparkkommission ist die grenzüberschreitende Abstimmung von Maßnahmen, die im Naturpark Südeifel (Europapark I) vorgesehen sind. In der Kommission ist die deutsche Seite durch das Land Rheinland-Pfalz vertreten. Sachliche Grundlage der Zusammenarbeit ist ein im Jahre 1972 beschlossener internationaler Landschaftsplan.

Die Regierung des Großherzogtums Luxemburg hat am 24. April 1981 einen Raumordnungsteilplan über die natürliche Umwelt verabschiedet (Plan d'aménagement partiel concernant l'environnement naturel), in dem der Naturpark an der oberen Sauer ausgewiesen ist. Als weitere grenznahe Naturparke sind festgelegt der Naturpark am Our (Grenzfluß zu Belgien) und ein vorgesehener Naturpark an der Mosel (Grenzfluß zum Saarland). Für jedes Naturparkgebiet soll ein Plan d'aménagement global aufgestellt werden.

3. Sonstige Institutionen

Neben den auf Regierungsebene bestehenden offiziellen Gremien werden grenzüberschreitende Kontakte auch zwischen anderen Institutionen gepflegt, auf deren Tätigkeit hier kurz hingewiesen werden soll. Die Industrie- und Handels-, Handwerks- und Arbeitskammern kommen regelmäßig in der *Commission Semois-Moselle-Saar* (unter Einschluß der südbelgischen Provinz Luxemburg) zum Meinungsaustausch über Wirtschafts- und Verkehrsfragen zusammen. Die Gewerkschaften des Saar-Lor-Lux-Raumes (außer den rheinland-pfälzischen Gebietsteilen) haben sich unter dem Dach des Europäischen Gewerkschaftsrates zum *Interregionalen Gewerkschaftsrat (IGR) Saarland-Lothringen-Luxemburg* zusammengeschlossen, in dem gemeinsame Probleme des Arbeitsmarktes und der wirtschaftsnahen Infrastruktur erörtert werden. Das *Institut für regionalpolitische Zusammenarbeit in innergemeinschaftlichen Grenzräumen (IRI)* fördert die politische Zusammenarbeit zwischen den Parlamentariern des Saar-Lor-Lux-Gebietes durch Kolloquien und Symposien unter Beteiligung von Fachleuten aus Verwaltung und Wissenschaft. Grenzüberschreitende Kontakte zwischen mittelständischen Unternehmen stellen auf der Grundlage eines Kooperationsvertrages Regionalbanken aus dem Saarland, Lothringen und Luxemburg in *Deutsch-französisch-luxemburgischen Unternehmertagungen* her.

Die Industrie- und Handelskammer des Saarlandes hat festgestellt[20]), daß sich „das unterschiedliche Maß an regionaler Entscheidungskompetenz und die bereits im Rahmen der

---

[20]) Saarwirtschaft 1976. Teil I. Jahresbericht der Industrie- und Handelskammer des Saarlandes. Saarbrücken 1977, S. 23 ff.

nationalen und regionalen Raumordnungskonzepte gesetzten Prioritäten . . . als unüberwindliche Barrieren (erwiesen) haben". Zwar habe es ,,wesentliche Fortschritte bei der Schaffung eines institutionellen Rahmens für die Zusammenarbeit und bei der Definition der Kooperationsaufgaben (gegeben), doch (sei) bislang der Ertrag dieser Bemühungen gering (geblieben)." Die IHK hat angeregt, die Saar-Lor-Lux-Regierungskommission solle ,,die Planung und *Durchführung* der für die Teilgebiete des Grenzraumes in Aussicht genommenen Entwicklungs- und Investitionsmaßnahmen im Hinblick auf einen abgestimmten Ausbau koordinieren und prüfen, ob und inwieweit *gemeinsame Einrichtungen* geschaffen werden können" (Kursivsetzung durch den Verfasser). Sie hat ferner gefordert, ,,im Rahmen der grenzüberschreitenden Kooperation solchen Projekten Vorrang einzuräumen, die sich für eine Förderung im Zusammenhang mit dem Ausbau der Regionalpolitik der EG eignen".

Dabei denkt die Kammer vor allem an das von ihr in Verbindung mit der Gesellschaft für wirtschaftliche Zusammenarbeit (GWZ) propagierte internationale Freihandelszentrum ,,CECOFA", das im Saartal zwischen Saarbrücken und Saargemünd auf französischem Territorium errichtet werden sollte; die französische Seite gab diesem Projekt jedoch keine Realisierungschance. Die saarländische IHK finanziert die Veröffentlichung eines von den Geographischen Instituten der Universitäten Metz und Saarbrücken vorbereiteten Strukturkartenwerkes über den Raum Semois-Moselle-Saar. Die Karten entsprechen den von der Arbeitsgruppe ,,Raumordnung" der SLL-Regionalkommission entworfenen Karten in Format, Ausschnitt, Darstellung, Drucktechnik und Hauptmaßstab.

Die Arbeitskammer des Saarlandes, die sich mit der wirtschaftlichen, sozialen und kulturellen Lage der Arbeitnehmer befaßt, begrüßt die Rückgriffsmöglichkeit saarländischer Industriestandorte auf ein größeres Arbeitskräftereservoir in Rheinland-Pfalz und in Lothringen[21]. Der in Lothringen bestehende Arbeitskräfteüberschuß (Einpendlerpotential) habe möglicherweise die Attraktivität des Standortes Saar mit gehoben. Die Arbeitskammer kommt zu dem Schluß, daß die Pendlerverflechtungen mit den an das Saarland angrenzenden Regionen in Vergangenheit und Gegenwart als bedeutsames Element für die saarländische Standortattraktivität anzusehen seien, mit der Konsequenz, im Saarland seien mehr Arbeitsplätze zu schaffen als für die einheimischen Erwerbspersonen notwendig. In dieser Wertung und Schlußfolgerung kommt eine positive Akzeptanz der Staatsgrenze zum Ausdruck.

Auch der Interregionale Gewerkschaftsrat Saarland-Lothringen-Luxemburg begrüßt die von den Regierungen geschaffenen verbesserten Arbeitsgrundlagen für die grenzüberschreitende Abstimmung. Er fordert einen verstärkten Einsatz heimischer Steinkohle im Bereich umweltschonender Kohleveredelung – dies bedeutet: Errichtung von Kohleverflüssigungs- oder -vergasungsanlagen sowie Erhaltung der Bergwerke –, abgestimmte grenzüberschreitende Umweltschutzaktionen und eine bessere Regionalentwicklungs- und Verkehrspolitik[22]; konkrete Wünsche werden jedoch nicht vorgebracht.

Wenn diese Gremien auch nicht unmittelbar Aufgaben der Raumordnung zu erfüllen haben, tragen sie doch durch ständige Diskussion von Grenzfragen zur Problemanalyse in den Grenzräumen bei und halten damit die politische Verantwortung der zuständigen Stellen für eine abgestimmte räumliche Entwicklung des Saar-Lor-Lux-Gebietes wach.

Zusammenfassung

Die fünf genannten internationalen Kommissionen bemühen sich, die beteiligten Regierungen zur Anwendung einheitlicher, abgestimmter Parameter in der Gewässerreinhaltung, bei der kerntechnischen Sicherheit bzw. beim Ausbau der Erholungsinfrastruktur zu veranlassen.

---

[21] Bericht an die Regierung des Saarlandes 1980. Arbeitskammer des Saarlandes. Saarbrücken 1980, S. 36f.
[22] Geschäftsbericht 1978–1981. Deutscher Gewerkschaftsbund, Landesbezirk Saar. Saarbrücken 1982, S. 68–74.

Ferner werden im Sinne einer grenzüberschreitenden Raumordnung Belange des Nachbarraumes in die Standortbeurteilung für Kraftwerksanlagen bzw. in die Schutzmaßnahmen für Natur und Landschaft mit einbezogen. Eine ungelöste Problematik liegt in dem Auseinanderklaffen national gültiger Umweltstandards, die nicht durch Kommissionsberatungen verändert werden können.

Die internationalen Kommissionen schließen wichtige Lücken bei der Harmonisierung der Umweltbedingungen in den Grenzräumen, denn sowohl Fragen der Wasserverschmutzung als auch der Luftbelastung mit radioaktiven Stoffen und des Naturparkausbaues gehören nicht zum Aufgabenbereich der Saar-Lor-Lux-Regionalkommission. In Frankreich durchgeführte Maßnahmen zur Verringerung der Rosselverschmutzung haben unter Beweis gestellt, daß beharrliches Drängen auf Respektierung der Umweltstandards des Nachbarraums zum Erfolg führen kann.

Mehrere inoffizielle Gremien haben in Angelegenheiten der grenzüberschreitenden Abstimmung z. T. Wächterfunktionen übernommen, z. T. spielen sie eine sachkundige und konstruktive Rolle als „Ideenbörse"; hierunter sind vor allem die Industrie- und Handelskammern zu zählen. Dadurch erscheint das Spektrum der Grenzkontakte in einer begrüßenswerten Vielfalt, die in dieser organisierten Form die Kontakte gleicher Gruppierungen über innerstaatliche Verwaltungs- und Bereichsgrenzen hinweg noch übersteigt. Dieser Unterschied ist durch den besonderen Charakter der Staatsgrenze bedingt, die keine übergeordneten grenzüberschreitenden Organisationseinheiten auf gleicher rechtlicher Basis zuläßt.

V. Planungen im Grenzraum

Die im vorausgehenden Kapitel vorgestellten Kommissionen haben sich ab 1971 mit einer Vielzahl von selbst entwickelten, z. T. aber auch von anderer Seite an sie herangetragenen Vorschlägen befaßt, die alle zum Ziele hatten, die Lebensbedingungen der Menschen im Grenzraum zu verbessern. Nur wenige Vorschläge haben die für die Realisierung zuständigen Beschlußgremien erreicht, nicht alle diese Projekte konnten verwirklicht werden.

Die Vielfalt der Beratungspunkte und die Breite der Bemühungen werden aus dem nachstehend aufgeführten Themen-Katalog deutlich, der innerhalb der Saar-Lor-Lux-Regionalkommission während der letzten 12 Jahre behandelt wurde:

Raumordnung

Grenzüberschreitende Abstimmung von Plänen

Raumordnerisches Leitschema

Zentralortssystem

Bevölkerungs- und Erwerbspersonen-Prognose

Erweiterung des Naturparks Saar-Hunsrück nach Lothringen und des Regionalparks Nord-Vogesen ins Saarland

Ausbau der Industriezone im Saartal zwischen Saarbrücken und Saargemünd

Grenzüberschreitendes Kartenwerk (Straßennetz, Erholungskapazitäten, Wirtschaftsförderung, Planungsräume, Topographie).

Wirtschaft, Energie, Erholung

Gemeinsames Programm zur Wirtschaftentwicklung

Lage der regionalen Arbeitsmärkte

Kernenergieplanungen Cattenom

Erholungsschwerpunkte und -Gebiete

Gemeinsamer Fremdenverkehrs-Werbeprospekt

Hotelklassenvergleich und grenzüberschreitendes Hotelreservierungssystem

Deutsch-französisches Freizeit- und Erholungszentrum Bisten-Merten

Deutsch-französisches Hochschulinstitut Saargemünd.

Verkehr

Straßentrassierungen: Thionville-Luxemburg, Trier-Luxemburg, Merzig-Luxemburg, Saarbrücken-Saargemünd, Bitsch-Pirmasens, Saarlouis-St. Avold

Fahrzeugstaus an Grenzübergängen

Eisenbahn-Fernverbindungen

Takt-Fahrpläne (Metz-Saarbrücken, Metz-Luxemburg) und grenzüberschreitende Eisenbahnverbindungen nach Trier

Fortführung des Ausbaus der Saar als Großschiffahrtsstraße nach Lothringen

Erreichbarkeit der Flugplätze

Bedienungsqualität im Luftverkehr; Flugverbindung Berlin–Saarbrücken/Metz–Paris

Kooperation der Flugplätze; Großflughafen Großtännchen.

Umweltschutz

Immissionsschutzverfahren

Grundwasserspiegel im Buntsandstein-Bereich

Brauchwasserversorgung aus Saar und Nied

Gemeinsame Kläranlagen in den Räumen Saargemünd und Forbach

Abfallbeseitigung, insbes. von Autowracks.

Die Einzelprojekte sind in Karte 2 dargestellt (vgl. dazu auch Erläuterungen) Seite 96f.

Im folgenden werden einige ausgewählte Vorschläge, die zu Vorhaben oder gar zu Maßnahmen wurden, vornehmlich unter zwei Gesichtspunkten geschildert: Zum einen danach, worin das Interesse an der Überwindung grenzbedingter Nachteile lag und bei wem; zum andern, ob und warum es nicht bzw. warum es doch zur Realisierung des Vorschlags kam.

1. Planungen an der deutsch-französischen Staatsgrenze

Erholungszentrum Bisten-Merten

Auf Anregung der Gemeinden Überherrn (Saarland) und Merten (Lothringen) befaßte sich eine ad hoc-Arbeitsgruppe der Saar-Lor-Lux-Regionalkommission mit dem Vorhaben, ein gemeinsames grenzüberschreitendes Naherholungsgebiet zu planen und zu errichten. Kernstück sollte eine aufzustauende Wasserfläche im Tal der Bist werden. Die Staatsgrenze wäre mitten hindurchgegangen. Die planungsrechtlichen und wasserrechtlichen Probleme erforderten ein abgestimmtes Handeln saarländischer und lothringischer Behörden. Die Kommission erkannte dies an und nahm die Planung in eigene Hände.

Die Prüfung der Frage der Raumwirkung ergab, daß das Projekt geeignet war, eine touristische Attraktivität zu erlangen, die großräumige Ausmaße erwarten ließ. Die Planung wurde entsprechend erweitert, indem sie auf Naherholungsbedürfnisse des westlichen Teils des saarländischen Verdichtungsraums sowie des lothringischen Kohlenbeckens (zusammen rd. eine halbe Mill. Einwohner) angelegt wurde. Sie wurde von der lothringischen Seite durchgeführt. Über vier Fünftel der Wasserfläche – zwei hintereinander geschaltete Seen von zusammen mehr als 1 km² Größe – sollten in Lothringen liegen, rd. 40 % der Uferlinie im Saarland. Es wurden auf beiden Seiten der Seen mehrere Standorte für höherwertige Erholungseinrichtungen (Hallenbad, Hotels) sowie für Campingplätze, Ferienhäuser und Wassersportanlagen vorgesehen. Unter Einbeziehung der Wälder wurden Wandergebiete geplant, auch Reitwege, Parkplätze und anderes mehr.

Das Erholungszentrum sollte eine verdichtungsraumnahe, qualifizierte naturnahe Gemeinschaftseinrichtung werden, die entsprechende Defizite im dichtbesiedelten Altindustriegebiet an Saar und Rossel ausgleichen sollte. Sie war zugleich als Initialzündung und Modell für grenzüberschreitende Projekte gedacht. Die von der lothringischen Delegation angefertigte Vorlage wurde von der Regionalkommission angenommen, wegen der zu diesem Zeitpunkt noch nicht geklärten Frage der Kostenaufteilung jedoch in die Arbeitsgruppe zurückverwiesen. Diese kam nach verschiedenen Berechnungen zu dem Vorschlag, daß die Kosten im Verhältnis 4 : 1 auf die deutsche bzw. lothringische Seite aufgeteilt werden sollten. Der Generalrat des Dép. Moselle hatte daraufhin über die Aufbringung von 20 % der erforderlichen Mittel zu entscheiden. Die anteilige Kostenübernahme wurde mit der Begründung verweigert, daß die zahlreichen außerhalb des Grenzraumes bereits vorhandenen Weiher (Pays des étangs) keine kostenträchtigen neuen Wasserflächen erforderlich machten und daß es den anderen Teilräumen des Départements gegenüber nicht vertreten werden könne, so viel Geld in ein „künstliches" Erholungsprojekt zu stecken[23]. Die Räte aus den Kreisen Boulay und Forbach vermochten sich nicht gegen die Übermacht der anderen 6 Kreise des Départements durchzusetzen.

Damit war das Projekt trotz positivem Grundsatzbeschluß der Regionalkommission fehlgeschlagen. Der Versuch der Gemeinden Überherrn und Merten, die dem Projekt zugrunde liegende Idee durch Reduzierung auf örtliche Bedürfnisse (17 ha großer Weiher) zu retten, schlug nach mehrjährigen Bemühungen um eine wasserrechtliche Genehmigung von lothringischer Seite endgültig fehl. Das Projekt wurde aufgegeben.

Großflughafen Grostenquin (Großtännchen)

Die großen Entfernungen in Lothringen und das weit auseinandergezogene Verdichtungsband zwischen Thionville und Nancy/Toul hatten keine ausreichende Bevölkerungs- und Industriekonzentration für den Betrieb eines leistungsfähigen Flughafens zustande gebracht. Die Flugplätze bei Metz (-Frescaty) und Nancy (-Essey) konnten keine befriedigenden Angebote im Regionalluftverkehr bereitstellen. Ins nördliche Lothringen wirkte der Flughafen Luxemburg (-Findel), ins östliche Lothringen der Flugplatz Saarbrücken (-Ensheim) hinein. Der Vorschlag der OREAM-Moselle, einen Großflughafen für den Saar-Lor-Lux-Raum zu schaffen, beruhte auf der Überlegung, durch Bündelung der Nachfragen nach Luftverkehrsleistungen in einem Umkreis von rd. 100 km um einen geeigneten Standort ein zentrales, hochwertiges Angebot an öffentlichen Linien zustandezubringen.

Dieser Standort wurde in einem stillgelegten NATO-Flugplatz bei St. Avold in optimaler Nähe zum Bevölkerungsschwerpunkt des Saar-Lor-Lux-Gebietes gefunden. Seine großräumige Erreichbarkeit war durch die Autobahn Metz–Saarbrücken gegeben. Die Verbesserung der Verkehrsverbindung nach Nancy war vorgesehen. Der seinerzeit noch niedrige Ausbaustandard der Plätze Frescaty und Ensheim nährte die Hoffnung, daß dort ersparte Investitionen dem Vorhaben Großtännchen zugute kommen könnten.

---

[23] Dessenungeachtet wurde seit 1968 auf der Grundlage eines Wasserversorgungsprojekts für den Raum Metz ein 1100 ha großer Erholungs-Stausee 20 km westlich von Pont-à-Mousson geschaffen (Lac de Madine). Nähere Aussagen darüber enthält „Feuillet No. 36" der OREAM-Lorraine.

Die verständliche Reserve Luxemburgs–Findel war ein gut funktionierender Flughafen mit Kontinental- und Interkontinentalverkehr und nationaler Fluggesellschaft, rd. 100 km Luftlinie von Großtännchen entfernt – war einkalkuliert, weniger die Zurückhaltung des Saarlandes. Die saarländische Regierung vertrat die Auffassung, das Projekt sei bis 1980–85 zurückzustellen, denn die Funktionsfähigkeit eines solchen Flughafens sei noch nicht genügend untersucht. Die abwartende Haltung des Saarlandes erklärte sich aus der Tatsache, daß zum gleichen Zeitpunkt die mit dem Bund geführten Verhandlungen über den Vollausbau von Ensheim zum Flughafen in der kritischen Phase steckten und das erhoffte positive Ergebnis durch voreiliges Einschwenken auf ein nicht genügend abgesichertes Projekt „auf der grünen Wiese" nicht gefährdet werden sollte.

Die Hauptbedenken kamen aber aus den lothringischen Reihen: Der damalige Machtkampf zwischen Metz und Nancy um die politische Führung in der Region Lothringen wirkte sich nachteilig aus. Der Regionalrat vermochte sich nicht auf den saarfreundlichen, kohlenreviernahen Standort zu einigen, er entwickelte vielmehr Vorstellungen für einen neuen Flugplatz auf halbem Wege zwischen Metz und Nancy (Louvigny). Mit der Auftragsvergabe einer Luftverkehrsuntersuchung für Lothringen wurde die Entscheidung vertagt und damit der Vorschlag der OREAM praktisch ad acta gelegt.

Auch dieser Planungsfall macht deutlich, daß es in Lothringen schwer ist, wichtige Maßnahmen – d. h. hier solche, die einen regionalen und grenzüberschreitenden Effekt haben – außerhalb der traditionellen Stärkezone zu realisieren und einem Standort innerhalb des Grenzraums damit einen Bedeutungszuwachs einzuräumen.

Straßenverbindung Saarbrücken – Saargemünd

Es handelt sich um einen Straßenabschnitt, der Teil der großräumigen Verbindung Saarbrücken – Straßburg ist (sog. Primärverbindung). Für Straßen dieser Kategorie wird Kreuzungs- und Anbaufreiheit angestrebt, ferner sollen die Trassierungsmerkmale schnellen Autoverkehr zulassen. Die raumordnerische Netzkonzeption sah die Fortsetzung der Saarachse (A 620) über Saarbrücken hinaus zur französischen Autobahn Metz – Straßburg vor, die wenige Kilometer südwestlich von Saargemünd erreicht werden konnte und einen systemkonformen Achsenanschluß herstellen würde. Diese qualifizierte Straße sollte sowohl den großräumigen grenzüberschreitenden Verkehr aufnehmen als auch eine Schnellverbindung von Saarbrücken zum benachbarten Mittelzentrum Saargemünd schaffen. Letzteres war infolge der vielen Ortsdurchfahrten, die die beiderseits der Saar verlaufenden Straßen aufweisen, von besonderer Bedeutung.

Die französische Straßennetzplanung hatte diese Verbindung nicht in die primäre, sondern in die sekundäre Kategorie eingestuft (Relation zwischen Mittelzentren). Der Saarbrücken „zustehende" Primäranschluß nach Straßburg wurde von den französischen Behörden über den autobahnmäßigen Umweg Saarbrücken – Forbach – Merlebach (rückläufige Richtung) und weiter nach Saargemünd gesehen. Diese Strecke ist rd. 40 km statt durchs Saartal 25 km lang. Der Ausbaustandard für die im Saartal verlaufende direkte Straße sollte der sekundären Straßenkategorie entsprechen. Untersuchungen der lothringischen Straßenbauverwaltung ergaben, daß links der Saar, also auf französischem Gebiet, aus topographischen und städtebaulichen Gründen überhaupt keine neue Straße mehr untergebracht werden könnte; die ggfs. notwendigen erheblichen Eingriffe in die Bausubstanz wurden als nicht vertretbar abgelehnt.

Damit schien zunächst keine Möglichkeit gegeben zu sein, den Vorstellungen des Saarlandes in der einen oder anderen Weise zu entsprechen. Erst als planerisch unter Inkaufnahme nachteiliger Auswirkungen auf die Ortslage Kleinblittersdorf rechts der Saar ein Weg gefunden war, den Anschluß von Saarbrücken in Richtung Saargemünd auf deutschem Gebiet herzustellen, konnte Einvernehmen mit der französischen Seite darüber erzielt werden, daß diese

Verbindung nach rund der halben Wegstrecke auf französisches Territorium überwechselt und als Stadtumgehung Saargemünd an den Zubringer zur Straßburg-Autobahn angeschlossen wird. Es kam daraufhin zur Einigung über die Errichtung einer neuen Saarbrücke (im Bau, Fertigstellung 1983) und die Aufnahme des Planverfahrens für den Abschnitt zwischen dieser Brücke und der Autobahn-Anschlußstelle Saarbrücken-Ost (A 6 und A 620). Die Realisierung des auf lothringischer Seite fehlenden Straßenstücks ist noch nicht terminiert.

Dieser Planungsfall ist ein Erfolg für die Raumordnung im Grenzraum, auch wenn die Zielsetzung nicht voll erreicht werden konnte. Es bestand bei dem Straßenprojekt planerisch wie finanziell Gleichwertigkeit zwischen beiden Seiten – offenbar eine wichtige Voraussetzung für das Gelingen eines grenzüberschreitenden Vorhabens. Eine weitere Voraussetzung dürfte in der Tatsache gelegen haben, daß Interessen außerhalb des Grenzraumes nicht berührt waren.

Deutsch-französisches Hochschulinstitut Saargemünd

Dieses Projekt ist in einer Fallstudie von ROBERT H. SCHMIDT ausführlich beschrieben worden. Auf den Beitrag in diesem Band wird verwiesen. Die Untersuchungen haben ergeben, daß es auch in diesem Fall nicht gelungen ist, ein grenzüberschreitend abgestimmtes Projekt im Grenzraum unterzubringen. Das von Metz aufgebrachte Interesse an dieser Einrichtung hat die Standortentscheidung zugunsten der nördlichen Kernzone der Region und zuungunsten einer Raumordnung für den grenznahen Zentralort Saargemünd beeinflußt.

2. Planungen an der deutsch-luxemburgischen Staatsgrenze

Straßenverbindung Saarbrücken-Luxemburg (Überquerung des Moseltals)

Nach Auffassung der saarländischen Landesplanung war die zwischen den Straßenbauverwaltungen Luxemburgs und des Saarlandes abgestimmte Trassierung der Autobahn Saarbrücken-Luxemburg im Bereich des Moseltals – sog. Obermosel – nicht genügend auf raumordnerische Erfordernisse abgestellt. In diesem Teilabschnitt gibt es drei kleinere Schwerpunkte mit überörtlicher Bedeutung: auf luxemburgischer Seite den Ort Remich (Grundzentrum, Erholungsort), auf saarländischer Seite die Orte Besch (gewerblicher Schwerpunkt) und Perl (Grundzentrum, Ausbau zum Erholungsort vorgesehen). Der geplante Autobahnübergang würde Remich begünstigen, während Besch und insbesondere Perl relativ weit von der Autobahn abgelegen wären. Auch für die lothringischen Gemeinden (insbesondere Sierck-les-Bains und dessen Hinterland) wäre die Autobahn weit entfernt. Angestrebt wurde daher eine Lösung, die einen möglichst direkten Anschluß der gewerblichen Flächen bei Besch herbeiführen und die Autobahn damit auf ungefähr halbem Wege zwischen Remich und Perl über das Moseltal leiten würde.

Auf Vorschlag der saarländischen Delegation beschloß die Arbeitsgruppe „Raumordnung" eine entsprechende Empfehlung, die der Arbeitsgruppe „Straßenverkehr" zugeleitet wurde. Diese ließ die raumordnerisch angestrebte Linienführung trassierungsmäßig überprüfen. Zwischen den Straßenbauverwaltungen beider Länder wurde entsprechend dem Anliegen der AG „Raumordnung" im Grundsatz Einvernehmen über einen südlich von Besch liegenden Moselübergang mit Anschlußstelle auf dem rechten Moselufer erzielt, obwohl ausgedehnter Weinbau und geologische Probleme auf Luxemburger Seite Schwierigkeiten im Detail erwarten lassen.

Die gefundene Lösung bringt insbesondere für das saarländische Moselufer Vorteile. Für den lothringischen Grenzraum werden günstigere Erreichbarkeitsbedingungen geschafffen. Der Anschlußwert von Remich wird praktisch nicht verändert, da die Autobahnauffahrt lediglich vom Norden der Ortslage nach Süden verlegt wird.

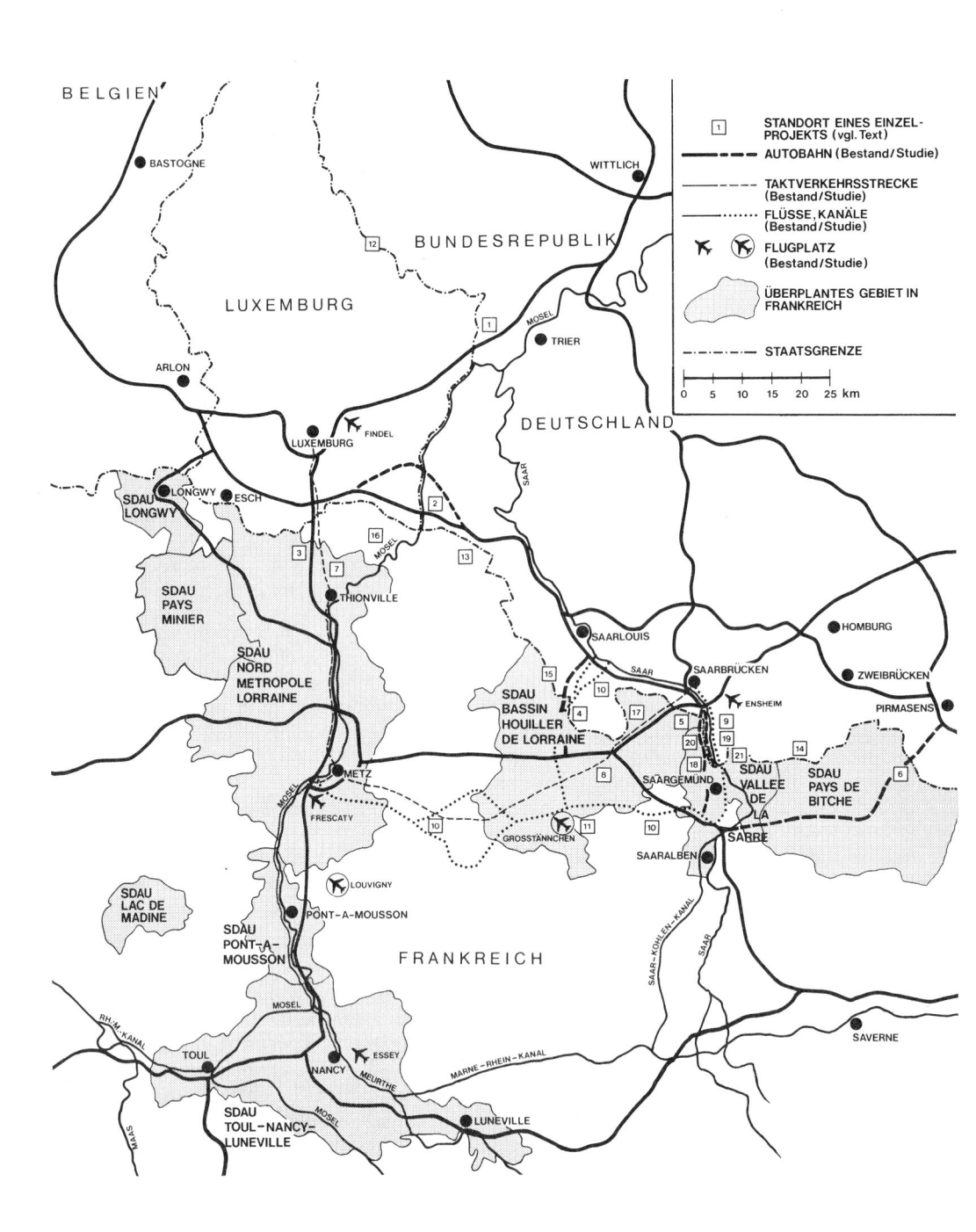

Karte 2   *Planungen in den Grenzräumen des Saar-Lor-Lux-Gebietes*

Erläuterungen zur Karte 2 „Planungen in den Grenzräumen des Saar-Lor-Lux-Gebietes"

Einzelprojekte im Bereich Verkehr
1 Autobahn Luxemburg-Trier
2 Autobahn Luxemburg-Saarbrücken
3 Autobahn Luxemburg-Metz
4 Schnellstraße St. Avold-Saarlouis
5 Schnellstraße Saargemünd-Saarbrücken
6 Schnellstraße Saargemünd-Pirmasens
7 Taktverkehrsstrecke Metz-Luxemburg
8 Taktverkehrsstrecke Metz-Saarbrücken
9 Kanal Saarbrücken-Saargemünd-Metz
10 Kanalanschluß lothr. Kohlenbecken
11 Großflughafen Großtännchen

Einzelprojekte im Bereich Erholung
12 Wanderbrücken an der Sauer
13 Erweiterung des Naturparks Saar-Hunsrück
14 Erweiterung des Regionalparks Nord-Vogesen
15 Erholungszentrum Bisten-Merten

Einzelprojekte in sonstigen Bereichen
16 Kernkraftwerk Cattenom
17 Kläranlage Forbach
18 Kläranlage Saargemünd
19 Industrialisierung des Saartals
20 Großhandelszentrum CECOFA
21 Hochschulinstitut ISFATES

Zur Legende:
Die Bezeichnung „Straße" schließt Autobahnen und Schnellstraßen ein. Der dargestellte Bestand umfaßt auch fertige Planungen. „Studien" betreffen Überlegungen; sie sind in den meisten Fällen nicht verbindlich geworden.
Die von der Karte abgedeckten Gebiete in der Bundesrepublik Deutschland und im Großherzogtum Luxemburg sind raumplanerisch vollständig überplant, in Frankreich nur die abgegrenzten Gebiete.

Erholungsprojekte im deutsch-luxemburgischen Naturpark

Das Land Rheinland-Pfalz und das Großherzogtum Luxemburg unterzeichneten am 17. April 1964 in Clervaux (Lux.) einen Staatsvertrag, der den deutsch-luxemburgischen Naturpark Südeifel begründete. Ausgehend von örtlichen Initiativen wurde in der *Vereinigung deutsch-luxemburgischer Naturpark* eine gemeinsame Verwaltungsorganisation geschaffen, in der die nationalen Träger des Naturparks zusammenarbeiten.

Im Rahmen der Aufgaben der Vereinigung wird die Förderung des Naturschutzes und der Landschaftspflege sowie aller der Erholung dienenden Maßnahmen und Einrichtungen (Infrastruktur, Werbung, Information) betrieben. Insbesondere im grenzunmittelbaren Gebiet ist der abgestimmte Ausbau des Wanderwegenetzes erforderlich, vor allem die Errichtung von Wanderbrücken über die Grenzflüsse Sauer und Our. Diese Brücken verbinden die Wanderwege beiderseits der Grenze und ermöglichen den Grenzübertritt ohne Fahrzeug außerhalb der offiziellen Grenzübergangsstellen. Bisher wurden 5 Wanderbrücken realisiert, bei einer weiteren ist die Planung abgeschlossen.

Bemerkenswert ist, daß die erforderlichen Anhörungen und die Beantragung von Zuschüssen bei den zuständigen Stellen beiderseits der Staatsgrenze von der gemeinsamen Geschäftsstelle der Vereinigung durchgeführt werden. Der Bau erfolgt wechselweise von luxemburgischen oder deutschen Stellen.

Gegenwärtig wird auf luxemburgischer Seite das Projekt eines Trinkwasser-Stausees bei Dasbourg vorbereitet.

3. Zusammenfassung

Dem unterschiedlichen Maß räumlicher Verflechtungen über die Grenzen entsprechend, liegt die Mehrzahl der bisher in den grenzüberschreitenden Gremien behandelten Projekte im saarländisch-lothringischen Grenzraum. Mit Luxemburg konnten mit Ausnahme des Kernkraftwerkprojekts Cattenom, dem Luxemburg ebensowenig zugestimmt hat[24] wie die Länder Rheinland-Pfalz und Saarland, einvernehmliche Lösungen erzielt werden, wobei allerdings zu berücksichtigen ist, daß durch das Scheitern des Großflughafens Großtännchen ein aus luxemburgischer Sicht besonders problematisches Projekt entfallen war. Die Realisierung der Taktverkehrsstrecke Metz-Thionville-Luxemburg mißlang wegen finanzieller Schwierigkeiten auf französischer Seite. War für die im Bereich der Raumordnung problemlose Zusammenarbeit der deutschen Bundesländer mit Luxemburg möglicherweise die geringe Planungsproblematik entscheidend, ist die Vermutung zumindest naheliegend, daß die Gleichartigkeit der Planungssysteme beiderseits der Grenze die Konsensfindung erleichtert hat. Wie die Lothringen betreffenden Planungsbeispiele gezeigt haben, treten dort z. T. erhebliche Probleme der Abstimmung auf. Auf Grund der vorgestellten und auch anderer Planungsfälle kann dazu folgendes angemerkt werden:

1. Grenzüberschreitende Planungen mit Lothringen sind nur dann erfolgreich, wenn sie die traditionelle Schwerelinie der Region, die Achse Thionville-Nancy, nicht beeinträchtigen. Projekte, die geeignet sind, eine Gewichtsverlagerung zugunsten des Grenzraumes herbeizuführen, finden wenig Unterstützung durch die Region.

2. Eine Bevorzugung des Grenzraums vor anderen lothringischen Teilräumen, die außerhalb der Achsenzone liegen, wird von den für Raumordnung zuständigen Stellen in Lothringen vermieden[25].

3. Die räumliche Funktion des Grenzraums als Verbindungszone zu Bevölkerungs- und Infrastrukturkonzentrationen im Ausland wird von lothringischer Seite nicht genügend gewürdigt. Vielmehr wird der Grenzraum wie jeder andere periphere Raum gesehen, wobei die periphere Lage auf die Achse Thionville-Nancy, nicht auf die Staatsgrenze, bezogen ist.

4. Erfolgreiche Projekte müssen dem Prinzip der Parität entsprechen. Flächenbedarf, räumliche Wirkung, Kosten und Finanzierung von Vorhaben müssen – cum grano salis – eine ausgeglichene Bilanz auf beiden Seiten der Grenze aufweisen[26].

5. Die Realisierung abgestimmter Projekte kann daran scheitern, daß Vorhaben nicht in die gerade laufenden staatlichen oder regionalen Förderprogramme aufgenommen und nicht Bestandteil eines regionalen Raumordnungsplans – da es diesen nicht gibt – werden können. Der französische Planungsvollzug erweist sich insofern als unflexibel.

---

[24] Die luxemburgische Staatsregierung hat infolge des französischen Großkraftwerks Cattenom (5200 MW) beschlossen, ihr eigenes Projekt in Remerschen/Mosel (1300 MW) vorerst nicht weiter zu betreiben.

[25] In die gleiche Richtung geht die von REITEL vertretene Auffassung bezüglich der Raumordnungspolitik auf nationaler Ebene, wonach die Raumordnung in Frankreich aus der Pariser Perspektive gesehen und auch von dort geleitet wird (REITEL, 1980, S. 155).

[26] REITEL weist zutreffend darauf hin, daß dieses Gleichgewicht auch zwischen den kooperierenden Regionen bestehen muß: „Nur wenn ein gewisses Gleichgewicht herrscht, werden die politisch unterschiedlich strukturierten Grenzräume ihre Rolle als Bindeglied im westlichen Europa spielen können" (1980, S. 160).

VI. Schlußfolgerungen für die künftige grenzüberschreitende Zusammenarbeit

1. Ergebnisse der Untersuchung

Mit der Einrichtung formeller Beratungsgremien haben die in den Grenzräumen zuständigen Regierungen eine wesentliche Trennwirkung der Staatsgrenzen beseitigt, nämlich die Abschottung der Verwaltungen, d. h. deren Kontaktlosigkeit untereinander. Die durch die Gremien geschaffene dauernde Gesprächsbereitschaft zuständiger Dienststellen betrifft außer dem Bereich der Raumordnung auch eine Reihe räumlich tätiger Fachplanungen. Die Regierungen selbst, aber auch die Industrie- und Handelskammern, Arbeitskammern, Gewerkschaften und Banken haben die Bedeutung ständiger Konsultationen unterstrichen und diese als wertvolle Hilfe für die Beseitigung grenzbedingter konkreter Nachteile betrachtet. Gerade auf dem Gebiet der Raumordnung muß bei einer Beurteilung der Aktivitäten der Aspekt der Langfristigkeit im Auge behalten werden. Der hier vorgestellte Überblick umfaßt nur 12 Jahre, also einen Zeitraum, der noch nicht groß genug ist, um wesentliche Veränderungen in der Raumstruktur feststellen zu können. Berücksichtigt man einerseits, daß die Gremienarbeit eine relativ lange Einarbeitungszeit erfordert und zieht man andererseits in Betracht, daß sich nicht jedes Vorhaben realisieren läßt – genausowenig wie im Landesinnern, wo keine Grenzeinflüsse wirken – so kann die auf den ersten Blick gering erscheinende Zahl erfolgreich abgeschlossener konkreter Planungsfälle im Grenzraum nicht so sehr überraschen.

Die institutionellen und rechtlichen Voraussetzungen der Raumplanung sind in den Grenzräumen des Saar-Lor-Lux-Gebietes unterschiedlich. Während sich die Planungsbedingungen in den Bundesländern Rheinland-Pfalz und Saarland sowie im Großherzogtum Luxemburg sehr ähneln und im Grundsatz gleich sind, gilt in Frankreich ein anderes System, daß durch geringere Bindungswirkung in räumlicher und sachlicher Hinsicht gekennzeichnet ist. Der Vollzug der Planung liegt in Frankreich in höherem Maße auf der Ebene des Staates als in Deutschland und Luxemburg, wo die Gemeinden größere rechtliche und finanzielle Möglichkeiten haben, Raumplanung in Maßnahmen umzusetzen.

Außer im französischen Planungsgesetz gibt es in den anderen Ländern des Saar-Lor-Lux-Gebietes gesetzliche Vorschriften für die grenzüberschreitende Abstimmung. Entsprechende Planungsziele sind in den Programmen und Plänen der Raumordnung und Landesplanung festgelegt. Gleiches wird in Lothringen nicht deutlich. Dies liegt bei einer grundsätzlichen Betrachtung der Problematik daran, daß die in Frankreich betriebene Raumplanung starke Züge des Liberalismus trägt. Spricht aus dem deutschen System der politische Wille, die räumliche Entwicklung möglichst perfekt zu „reglementieren", ist die Raumplanung in Frankreich darauf angelegt, die Realisierung spontan entstandener Ziele zu erleichtern. Dabei gilt allerdings die wesentliche Einschränkung, daß die relativ grobrasterigen Vorgaben des Staates in sektoraler Hinsicht (Fünfjahresplan, besondere Förderprogramme) zu beachten sind, die aber im Laufe mehrjähriger Perioden durchaus wechseln können.

Lothringen hat im Grenzraum zum Saarland und zu Luxemburg diese „eingeschränkte Flexibilität" als Altindustrieregion nicht so erfolgreich nutzen können, wie es für den Abbau von Disparitäten innerhalb der ganzen Grenzzone (vgl. Karte 2) wünschenswert gewesen wäre. Dies liegt z. T. an den politischen Standards, die für Frankreich gelten und die Lothringen schlecht wegkommen lassen im Vergleich mit den anderen 21 französischen Programmregionen. Es liegt aber auch an der Überbetonung der Führungsproblematik des Regionalzentrums von Lothringen und einer für die Belange des Grenzraumes abträglichen Dauerpriorität der Kernzonen um Metz und Nancy. Die Sorge um das Wohl der Region als Ganzes geht vor dem Bemühen um den Abbau von Disparitäten im Grenzraum. Höchste Bedeutung hat die Hauptstadt der Region, dann kommen die großen Agglomarationen an Mosel und Meurthe, erst dann kommt der „Rest", darunter auch der Grenzraum. Die Raumplanung im lothringischen Grenzraum hat daher während des Untersuchungszeitraums unter relativ ungünstigen regionalpolitischen

Bedingungen stattgefunden. Angesichts dieser Problematik ist nicht verwunderlich, daß das französische aménagement du territoire zur Lösung regionaler Probleme eines Grenzraumes in einem überschaubaren Zeitraum nicht viel beizutragen vermochte. Wenn dies im Elsaß anders ist, so vermutlich deshalb, weil dort wesentlich günstigere strukturelle und regionalpolitische Konstellationen für die regionale und die grenzüberschreitende Raumplanung bestanden und weiterhin bestehen.

Das Spektrum der grenzüberschreitend behandelten Vorhaben reicht von der gewerblichen und der Energie-Wirtschaft über den Erholungsbereich bis zum Verkehr sowie zu Fragen des Umweltschutzes und der Raumordnung. Projekte im lothringischen Grenzraum konnten erfolgreich abgeschlossen werden, wenn die Belange der Kernzonen in Lothringen nicht beeinträchtigt waren. Viele Möglichkeiten intensiver Kontakte über die Grenze mußten ungenutzt bleiben, weil es nicht gelang, den lothringischen Grenzraum überdurchschnittlich hoch zu gewichten, d. h. ihm eine besondere politische Priorität zu geben. Sobald unterschiedliche politische Wertvorstellungen an der Grenze aufeinanderprallen, bestehen daher ungünstige Vorbedingungen für eine grenzüberschreitende Harmonisierung.

Aus deutscher Sicht stellt sich die Zusammenarbeit mit dem Großherzogtum Luxemburg problemlos dar, da weitgehende Gleichartigkeit der Planungs- und Vollzugssysteme besteht und der Interessensausgleich im Grenzbereich spannungsfrei erfolgt[27]).

Die unmittelbare Wirksamkeit der im Saar-Lor-Lux-Gebiet bestehenden zahlreichen Gremien auf die räumliche Entwicklung ist gering, jedoch haben sie Auswirkungen auf den Raum über die jeweils zuständigen nationalen (regionalen) Behörden, die in die Gremienarbeit eingebunden sind. Die grenzüberschreitenden Einrichtungen haben reine Konsultationsaufgaben zu erfüllen. Sie verfügen weder über die unmittelbare Beschlußkompetenz noch über Finanzmittel zur Steuerung räumlicher Entwicklungsprozesse. Dennoch sind sie unverzichtbar als Informations- und Diskussionseinrichtungen, die inoffiziellen Gremien darüber hinaus als „Ideenbörse".

Der Saar-Lor-Lux-Raumbegriff ist noch nicht genügend im Bewußtsein der Bevölkerung und der Verwaltung verankert. Es erscheint auch fraglich, ob die Parlamentarier das Saar-Lor-Lux-Gebiet als einen Gesamtraum sehen, für den sie eine politische Mitverantwortung tragen. Dieser Raum ist keine historische oder geographische Einheit wie der Oberrheingraben, so daß sich das Saar-Lor-Lux-Gebiet als eine Addition mehrerer Einzelräume darstellt.

Raumplanung im Grenzraum sollte unter den Bedingungen wirtschaftlichen und politischen Gleichgewichts und der Gleichberechtigung der Planungspartner stattfinden, wenn größere Erfolge erzielt werden sollen. In dieser Hinsicht sind noch Differenzen auf der einen oder anderen Seite der Grenze auszugleichen; dies zu tun wäre Aufgabe nationaler und internationaler Politik. Dabei handelt es sich aber um einen sehr sensiblen Bereich: Im Saar-Lor-Lux-Gebiet hat man nicht das deutliche Wort des französischen Staatspräsidenten Pompidou vom 21. März 1972 vergessen, mit dem er die Aggressivität Deutschlands im lothringischen Grenzraum und das industrielle Übergewicht des Saarlandes beklagte.

Im Grunde läßt das im lothringischen Grenzraum festzustellende Fehlen verbindlicher Pläne und die Anwendung parallel nebeneinander bestehender Infrastruktur-Förderprogramme den Schluß zu, daß in Lothringen raumrelevante Maßnahmen im Rahmen maximaler Flexibilität behandelt werden können. Die angeführten Beispiele konkreter Planungsfälle bezeugen dies aber nicht: Die mangelnde Einbindung von Einzelvorhaben in ein umfassendes und langfristiges, verbindliches regionales Programm führt dazu, daß kein Imperativ für die politische Führung

---

[27]) Als Beispiel sei auf den luxemburgischen Wunsch verwiesen, weitere industriebedingte Emissionen im Obermoselraum zu verhindern. Eine entsprechende Zielsetzung fand Eingang in den saarländischen LEPl „Umwelt".

und die Verwaltung besteht, sich um die Realisierung spezieller raumbeeinflussender Vorhaben an vorbestimmter Stelle im Grenzraum zu bemühen. Die inhaltliche Einschränkung der relativ zahlreichen sektoralen Förderprogramme in Frankreich erweist sich als Nachteil, wenn ein bestimmtes Projekt nicht unter die Richtlinien fällt und Sonderförderungen auch nicht zu erreichen sind. Da die Einrichtung eines grenzüberschreitenden Förderprogramms, das nicht an den jeweiligen nationalen Maßstäben, sondern an den Bedürfnissen der Grenzräume unmittelbar ausgerichtet ist und das etwa von der Europäischen Gemeinschaft mitfinanziert würde, unrealistisch ist, wäre auch in diesem Punkt die für den einzelnen Grenzraum zuständige Region (bzw. das Land) gefordert, die politischen Voraussetzungen für eine wirksame Raumentwicklung zu schaffen.

Die Bedingungen dafür scheinen im nichtfranzösischen Teil des Untersuchungsraumes günstig, in Lothringen dagegen ungünstig zu sein, denn in Deutschland und Luxemburg ist die konzeptionelle Vorstufe für eine gezielte räumliche Strukturveränderung, nämlich die harmonisierte Aufstellung verbindlicher Pläne in mehreren Stufen (Gemeinde, Region, Land), voll erreicht, in Lothringen nur im Gebiet der Metropolräume Metz und Nancy. Die Chancen des lothringischen Grenzraumes lassen sich daher nicht kalkulieren, sie sind gegenüber lothringischen Konkurrenzräumen nicht transparent gemacht und nicht ausgehandelt. Im lothringischen Grenzraum weiß man daher nicht, „wo man eigentlich dran ist". Die theoretische Möglichkeit, durch ad hoc-Entscheidungen des französischen Staates und der Region Lothringen doch einmal besondere Vorteile zu erzielen, geht in gewisser Hinsicht mit einem Maximum an planerischer Flexibilität einher; sie wird aber erkauft durch ein großes Maß an Ungewißheit, ob jemals und was ggf. zugunsten des Grenzraumes beschlossen werden wird. Das in Deutschland und Luxemburg praktizierte Raumplanungssystem wirkt in seinen Vorgaben zwar einengend, aber andererseits bestimmend und politisch verpflichtend. Damit erreicht es einen wesentlich höheren Steuerungsgrad – natürlich vorausgesetzt, die raumgestaltende Fach- und Kommunalplanung hält sich an die Vorgaben.

2. Empfehlungen

Eine umfassende Problemanalyse raumordnungsrelevanter Sachverhalte in den Grenzräumen des Saar-Lor-Lux-Gebietes, an der die Effektivität der Harmonisierungsbemühungen gemessen werden könnte, gibt es noch nicht. Bisher ist auch noch keine nähere offizielle Abgrenzung der Grenzräume vorgenommen worden, also der Zone, in der aus verschiedenen Gründen Auswirkungen der Grenze bzw. des ausländischen Nachbarraumes festgestellt werden könnten. Dieser raumanalytische Schritt wäre eine wichtige Voraussetzung für systematische raumordnerische Aussagen in den Grenzräumen und sollte möglichst bald unternommen werden. Die Thematik sollte wissenschaftlich weiter aufbereitet werden durch eine umfassende Problemanalyse der Entwicklungsengpässe, -disparitäten und -impulse sowie inhaltliche Bestimmung von Planungserfordernissen.

Es wäre ferner darauf hinzuwirken, daß die Kongruenz der Planungssysteme erhöht wird. Für Frankreich wäre aus deutscher Sicht vor allem die Einführung einer flächendeckenden Planung – insbesondere auf der Ebene der SDAUs – zu wünschen. Ein Plan ohne räumliche Lücken (wie es ihn im Elsaß, wenn auch nur auf einer relativ abstrakten Ebene, nämlich im Rahmen der Gesamt-Region gibt) würde die Grenzräume in die Lage versetzen können, mehr Realisierungsvermögen aus grenzüberschreitenden Impulsen zu ziehen. Vorausbedingung dafür wäre allerdings die z. Zt. nicht gegebene ausdrückliche Hinwendung französischer Infrastrukturpolitik auf eine gezielte Grenzraumentwicklung. Diese wird angesichts der Hauptorientierung der nationalen Raumordnungspolitik auf die Schaffung von Gleichgewichtsmetropolen bzw. auf die Durchführung anderer, landesweiter Programme (z. B. Contrats de ville moyenne, Contrats de pays) auf staatlicher Ebene nur in dem Maße durchzusetzen sein, wie Gemeinden im Grenzraum gerade den nationalen Richtlinien entsprechen. Mit einer prioritären Förderung haben sie jedenfalls nicht zu rechnen.

Die Formulierung und die Anerkennung eines besonderen Entwicklungsbedürfnisses der Grenzräume müßte daher von der Region, vom Regionalparlament ausgehen. Die vorgestellten Planungsbeispiele haben aber gezeigt, daß die Region Lothringen in Übereinstimmung mit der Regierungspolitik die Mosel-Achse vorrangig behandelt, ein Verdichtungsband, das sich vermutlich auch ohne planerische Hilfe weiter entwickelt hätte. Im Unterschied zu einer solchen „stützenden Planung" benötigen schwächer strukturierte Räume eine „lenkende Planung", die wirksame Prioritäten gegenüber anderen Räumen setzt. Es erscheint fraglich, ob der bisherige politische Willensbildungsprozeß in Lothringen ausreicht, zu entsprechenden prioritären Entscheidungen zu kommen. Zu dieser Frage wären andere regional-politische Grundsatzpositionen zu erarbeiten als bisher. So müßte die Rolle des Grenzraumes als Mittler zwischen den Verdichtungskernen an Saar und Mosel Anerkennung finden[28]) und die Förderung dieses Raumes gleichrangig neben die Förderungsziele zugunsten der Verdichtungsräume an Mosel und Meurthe gestellt werden.

Auch aus geographischen Gründen könnte der lothringische Grenzraum eine wichtige Rolle für die Entwicklung der Kernzone um Metz spielen, da er diese an die Verkehrsnetze des Nachbarlandes anschließt, dessen Arbeitsmarkt in Anspruch nimmt – womit er den lothringischen Arbeitsmarkt entlastet – und weil er ein „natürliches" Interessengebiet für private Investitionen (in Betriebe, Gebäude, Grund und Boden) darstellt, die auch Fernleistungen des Regionalzentrums Metz nachfragen und dieses damit stärken.

Es ist jedoch nicht zu übersehen, daß es auf lothringischer Seite politische Vorbehalte gegen eine Aktivierung des Grenzraumes gibt. REITEL (1980, S. 155 f.) hat als Ansicht vieler Lothringer die Vermutung wiedergegeben, die in Frankreich für die Raumordnung Verantwortlichen wollten in Lothringen zum Grenzglacis zurückkehren. Dies entspreche dem dauernden Mißtrauen auf französischer Seite gegenüber einer aktiven grenzüberschreitenden Raumordnungspolitik[29]). Dieses Mißtrauen wurde erstmals 1969 in der lothringischen und deutschen Presse dokumentiert, als der Vorschlag der saarländischen Landesregierung, den Grenzraum zwischen Forbach und Metz vorrangig auszubauen, in Lothringen auf dezidierte Ablehnung stieß[30]): erst seien der innere Zusammenhalt und das Gleichgewicht der Region zu gewährleisten, andernfalls könnte es womöglich keine Region und keine Metropole mehr geben.

Bessere, effektivere Raumordnung über die Grenzen bedeutet Erhöhung der wechselseitigen Akzeptanz von Entwicklungsimpulsen in den Grenzräumen. Dies ist vornehmlich eine Aufgabe der Politik, aber auch der auf inoffizieller Grundlage arbeitenden Gremien im wirtschaftlichen, kulturellen und wissenschaftlichen Bereich. Aufgabe dieser Gruppierungen wäre es, die Beziehungen zwischen den Menschen beiderseits der Grenze zu verstärken und das Bewußtsein bezüglich des Saar-Lor-Lux-Gebietes als Raumeinheit zu fördern. Dies könnte z. B. durch Veröffentlichungen, insbesondere Karten, geschehen.

Eine geradezu ideale Lösung wäre es, wenn auf der Grundlage des deutschen und luxemburgischen Systems räumlicher Planung und deren Vollzugs ein regionalpolitisches Instrumentarium beiderseits der Grenzen einheitliche Anwendung finden könnte, das folgende Merkmale trüge:

---

[28]) REITEL (1980, S. 155) macht mit Recht darauf aufmerksam, daß die finanzielle Ausstattung der Grenzräume für eine aktive grenzüberschreitende Raumordnungspolitik sehr unterschiedlich ist. In dieser Hinsicht ist Lothringen der schwächste Partner im Saar-Lor-Raum. Die Möglichkeit der Ergänzung nationaler Programme um regionale Investitionshilfen zu Infrastrukturmaßnahmen müßte wesentlich verbessert werden. (Siehe hierzu den Bericht in der Saarbrücker Zeitung vom 20. Dez. 1982).

[29]) Auf eine Äußerung des Staatspräsidenten POMPIDOU in Abschn. 1 dieses Kapitels wird hingewiesen.

[30]) „L'Est Républicain" vom 30. 5. 1969: „Lorraine-Sarre: nos voisins savent ce qu'ils veulent", und vom 18. 6. 1969: „L'aménagement de la Lorraine vu par un ministre sarrois". – „Handelsblatt" und „La Vie Française" vom Juni 1969, S. 1 u. S. 21: „Kooperation zwischen Saar und Lothringen" und „Saar-Lothringen: Raumordnung über die Grenzen".

- Erstellung eines auf Langfristigkeit ausgerichteten, flächendeckenden Raumordnungsplans für den Grenzraum in Abstimmung mit dem Nachbarraum
- Festlegungen in diesem Raumordnungsplan bezüglich des Investitionsbedarfs für den Planvollzug
- Übernahme dieses Raumordnungsplans in Entwicklungspläne nach jeweiligem Staats-/Landesrecht
- Vorschläge zur Einordnung von Projekten in bestehende Finanzierungsprogramme auf regionaler, nationaler und europäischer Ebene oder in andere Finanzierungsinstrumente
- Beschluß von Maßnahmen im jeweiligen nationalen Rahmen durch den zuständigen Planungsträger nach sachlicher und zeitlicher Abstimmung mit dem Grenznachbarn.

Die Mitsprache der Raumordnung in Deutschland und Luxemburg sollte bei den Finanzierungsfragen verstärkt werden. Wie in Frankreich praktiziert, bedürften die Raumordnungsbehörden in diesen beiden Ländern der Übertragung eines „goldenen Zügels", der ihren Einfluß auf die Prioritätenbestimmung verbessern würde.

Empfehlenswert wäre auch eine stärkere Hinwendung zu fachplanerischen Fragestellungen, so daß Raumordnung mehr im Sinne von räumlicher Entwicklungsplanung abliefe. Dadurch könnte auch eine stärkere Realitätsbezogenheit erzielt werden, die der deutschen Raumordnung stellenweise fehlt. Die zwischen dem Koordinierungsanspruch der Raumordnung und der praktischen Politik klaffende Lücke ließe sich dadurch vielleicht verengen.

Die systematische Strenge der deutschen Raumordnung und Landesplanung sollte von einem Weg größerer Flexibilität abgelöst werden, der jedoch nicht mit „planmäßiger Bindungslosigkeit" zu verwechseln wäre. Vielmehr ginge es darum, dem Gesichtspunkt der Eigendynamik eines Teilraumes oder einer Gemeinde mehr Beachtung zu schenken, einer Kraft, die in Frankreich zweifellos breitere Entfaltungsmöglichkeiten hat als in der Bundesrepublik. Wenn man Flexibilität in diesem Sinne versteht, kann dem französischen System eine gewisse Attraktivität nicht abgesprochen werden. Es kommt allerdings ganz darauf an, wie dieser Bewegungsspielraum raumordnungspolitisch genutzt werden kann. Besteht für die kommunalen und regionalen Gebietskörperschaften ein enger finanzieller Rahmen (wie insbesondere in Frankreich), ist die örtliche und regionale Gestaltungskraft also gering, so kommt der vom Planungssystem her gegebenen Flexibilität nur eine geringe praktische Bedeutung zu. Es wäre daher erforderlich, die nicht-staatlichen Akteure im Raum mit genügender Finanzkraft auszustatten, damit das Gegenstromprinzip auch funktionieren kann. Es bleibt abzuwarten, ob die in Frankreich angelaufene Verwaltungsreform insoweit zu Verbesserungen führt. Weitere Untersuchungen sind notwendig, um herauszufinden, welche Vor- und Nachteile systembedingt sind und welche auf die politische Handhabung der Systeme zurückzuführen sind.

Da es in Frankreich derzeit keine Institution gibt, die flächendeckende Planungen in der Art regionaler Raumordnungspläne erstellt, könnte diese Lücke durch eine Institution abgedeckt werden, die bereits grenzüberschreitend arbeitet, z. B. durch eine lothringische Dienststelle[31]), die im Rahmen der Saar-Lor-Lux-Regionalkommission tätig wird.

In den deutschen Bundesländern und im Großherzogtum Luxemburg sind zwar die gesetzlichen Kompetenzen für die Raumordnung, jedoch nicht für eine raumordnungsabhängige Infrastrukturfinanzierung in ausreichendem Maße gegeben. In dieser Hinsicht ist das französische Planungssystem der Einheit von Planung (aménagement) und Infrastrukturausstattung (équipement) vorbildlich. Es erscheint aber zumindest für die Bundesrepublik unrealistisch,

---

[31]) Entsprechende Möglichkeiten könnte die vorgesehene Einrichtung von Directions de l'Aménagement bieten. Man könnte aber auch an die Einsetzung eines universitären Forschungsinstituts denken, das diese Aufgabe vorbereitend übernimmt.

die Einsetzung des „goldenen Zügels" zu erwarten. Daher dürfte das französische System insofern der Raumordnung der benachbarten Grenzräume überlegen bleiben.

Es wäre ferner zu wünschen, daß sich in Frankreich ein weniger sektorales, mehr zusammenfassendes räumliches Denken herausbildet, verbunden mit einem stärkeren Verantwortungsbewußtsein für den Raum als Ganzes, z. B. für eine Region. Das Vorherrschen sektoraler Bezüge im aménagement du territoire, projiziert auf wechselnde Standortmuster, läßt raumbezogenes Handeln nicht zur vollen Entfaltung kommen. Dieses Defizit wird gestützt durch die mangelhafte Raumbindung vieler für das aménagement du territoire Verantwortlicher, bei denen ein häufiger beruflich bedingter Ortswechsel keine intensiven Bindungen zu dem verwalteten Raum aufkommen läßt[32]). Im deutschen System – Raumordnung einschließlich raumbezogener Fachplanung – ist die Verantwortlichkeit für einen Raum als sozioökonomische Einheit eine ganz wesentliche Arbeitsgrundlage. Bei aller in der Literatur am deutschen Raumordnungssystem geübten Kritik[33]) sollte dieser Bezug auf keinen Fall anderen, leichtgängigeren Lösungen geopfert werden, auch dann nicht, wenn der Raumordnung ein stärkerer fachplanerischer Inhalt gegeben und für sie ein besserer finanzieller Mitbestimmungsmodus gefunden würde.

Quellen- und Literaturangaben

Quellen

Donneés et orientations pour l'aménagement d'une métropole lorraine, Livre Blanc. OREAM-Lorraine, O.O.u.J.

Empfehlung für die grenzüberschreitende Information und Abstimmung der Bauleitpläne der Gemeinden/Plans communaux d'aménagement im deutsch-luxemburgischen Grenzgebiet. (Nicht veröffentlicht)

Feuillets de l'OREAM-Lorraine, Pont-à-Mousson. (Seit 1967)

Landesentwicklungsplan „Umwelt (Flächenvorsorge für Freiraumfunktionen, Industrie und Gewerbe)". Vom 18. Dezember 1979. Amtsblatt des Saarlandes 1980, S. 345.

Landesentwicklungsprogramm Rheinland-Pfalz. Staatskanzlei Rheinland-Pfalz – Oberste Landesplanungsbehörde –. Vom 17. März 1980. Mainz 1980.

Landesgesetz über Raumordnung und Landesplanung (Landesplanungsgesetz – LPLG –) vom 8. Februar 1977. GVBL für Rheinland-Pfalz, S. 6.

---

[32]) R. H. SCHMIDT hat in seinem Beitrag „Das Deutsch-Französische Hochschulinstitut für Technik und Wirtschaft Saargemünd" in diesem Band auf dieses Problem hingewiesen, das in allen französischen überlokalen Einrichtungen gegeben ist, sich im Bereich der Raumordnung aber besonders nachteilig auswirken kann.

[33]) Vgl. z. B. SCHARPF, F. W.; KAPPERT, G.; WAGENER, F.; DAVID, C.-H.: Die Wirksamkeit des Steuerungsinstrumentariums der Landesplanung. ARL: Arbeitsmaterial Nr. 3, Hannover 1977. Ebenso: SCHARPF, F. W.; SCHNABEL, F.: Steuerungsprobleme der Raumplanung. ARL: Beitr. Bd. 27, Hannover 1979. Ebenso: SPEHL, H.: Abstimmungsprobleme zwischen der Raumordnungspolitik und der regionalen Wirtschaftspolitik. In: Räumliche Planung in der Bewährung. ARL: FuS Bd. 139, Hannover 1982.

Loi d'orientation foncière (no. 67–1253 du 30 déc. 1967). Journal Officiel de la République Française, 3 janvier 1968, S. 3–13.

Loi du mars 1974 concernant l'aménagement général du territoire. In: Memorial. Journal Officiel du Grand-Duché de Luxembourg. A-No. 18. Luxemburg, S. 310–315.

Le Plan Lorrain 1981–1985. Rapport sur le VIIIe Plan Régional adopté par le Comité Economique et Social le 24 novembre 1980 et par le Conseil Régional de Lorraine le 21 janvier 1981. Metz 1981.

Plan d'aménagement partiel convernant l'environnement naturel – 1ère Partie – Déclaration d'intention générale. In: Memorial. Journal Officiel du Grand-Duché de Luxembourg. B-No. 69, vom 20. November 1981, S. 1272–1300.

Programme directeur de l'aménagement du territoire. Grand-Duché de Loxembourg, Ministère des Finances. Vom 11. November 1977. Luxemburg 1978.

Raumordnungsprogramm des Saarlandes. I. Allg. Teil. Vom 10. Oktober 1967. Amtsblatt des Saarlandes 1969, S. 37.

Regionaler Raumordnungsplan West-Eifel. Vom 11. Dezember 1972. StAnz. für Rheinland-Pfalz Nr. 22, S. 305.

Regionaler Raumordnungsplan Mosel-Saar. Vom 2. Dezember 1974. StAnz. für Rheinland-Pfalz Nr. 47, S. 725.

Regionaler Raumordnungsplan Westpfalz. Vom 18. Februar 1974. StAnz. für Rheinland-Pfalz Nr. 6, S. 85.

Saarländisches Landesplanungsgesetz (SLPG). Vom 17. Mai 1978. Amtsblatt des Aaarlandes, S. 588.

Schéma d'aménagement de la métropole lorraine. OREAM-Lorraine. O.O.u.J.

Literatur

AUST, B.: Die staatliche Raumplanung im Gebiet der Saar-Lor-Lux-Regionalkommission. Arbeiten aus dem Geogr. Institut der Univ. d. Saarlandes, Sonderheft 4, Saarbrücken 1983.

HAUCH, H. J.: Die grenzüberschreitende Zusammenarbeit im Saar-Lor-Lux-Raum. In: Die statistischen Ämter im Grenzraum Saar-Lor-Lux. Schriftenreihe der Regionalkommission Saarland-Lothringen-Luxemburg-Rheinland-Pfalz, Bd. 4, Saarbrücken 1978, S. 174–185.

SCHREINER, P.: Stand und Tendenzen der Raumplanung in Frankreich. Diss., Mainz 1974.

Das Deutsch-Französische Hochschulinstitut für Technik und Wirtschaft Saargemünd

von

Robert H. Schmidt, Saarbrücken*)

Gliederung

1. Einleitung
2. Initiative zum Projekt Saargemünd und ihr Hintergrund
3. Die offiziellen Verhandlungen von Herbst 1975 bis Sommer 1978
4. Deutsch-Französisches Hochschulinstitut (DFHI) für Technik und Wirtschaft Saargemünd – Institut Supérieur Franco-Allemand de Techniques et d'Economie de Sarreguemines (ISFATES)
5. Die Hindernisse

    5.1 Unterschiede in den Bildungssystemen
    5.2 Finanzierung
    5.3 Stipendien
    5.4 Sprachbarrieren
    5.5 Zu wenig Kenntnis von den Verhältnissen beim Partner
    5.6 Vorurteile, Ressentiments, Pessimismus

---

*) Die bis Frühjahr 1981 zustande gekommenen Interviews hat Herr Dipl.-Wirtschaftsingenieur ULRICH GOLLAN geführt, nachträglich erforderlich gewordene Gespräche der Verfasser.

1. Einleitung

Untersuchungen darüber, ob die Staatsgrenze Hindernis bei Versuchen zur Errichtung bi-nationaler Hochschuleinrichtungen im Arbeitsgebiet der Arbeitsgruppe Grenzräume der LAG Hessen/Rheinland-Pfalz/Saarland, dem Saar-Lor-Lux-Raum, gewesen ist, gibt es noch nicht. Das 1978 errichtete und inzwischen vier Jahre arbeitende Deutsch-Französische Hochschulinstitut für Technik und Wirtschaft Saargemünd (DFHI), dessen französischer Name Institut Supérieur Franco-Allemand de Techniques et d'Economie de Sarreguemines (ISFATES) lautet, ist die erste bi-nationale Hochschuleinrichtung in diesem Raum und überhaupt die erste deutsch-französische Hochschuleinrichtung[1]).

An Quellen standen die (noch in Benutzung befindlichen, folglich noch nicht archivierten) Akten des Kulturministeriums des Saarlandes (KMS) zum „Projekt Saargemünd" – wie ich zunächst noch unspezifiziert formulieren muß – komplett zur Verfügung, ferner einschlägige Akten des Saargemünder Abgeordneten der französischen Nationalversammlung, JEAN SEITLINGER. Außerdem hat der Präsident der ostlothringischen Wirtschaftsförderungsgesellschaft CELOR, JEAN-JACQUES MEYSEMBOURG, Saargemünd, der Initiator des Projekts Saargemünd, Kopien der von ihm für wichtig gehaltenen Stücke aus seinen Akten überlassen. Die Texte der beiden Gravier-Studien (siehe Kap. 2) standen zur Verfügung, ferner die Veröffentlichungen des DFHI/ISFATES.

Um eine zureichende Kenntnis von Sachverhalten und Vorgängen zu gewinnen, die sich üblicherweise nicht oder kaum in amtlichen Akten wiederfinden lassen, und dabei besonders von solchen Sachverhalten und Vorgängen, die *vor* der Zeit liegen, zu der das Projekt Saargemünd „aktenkundig" wurde, waren vierzehn Gespräche mit Personen erforderlich, von denen bereits bekannt war oder bei denen es sich im Fortgang der Untersuchung herausstellte, daß sie für mehrere oder gar viele Aspekte des Projekts Saargemünd und seine Entwicklung besonders sachkundig sind. Die Gespräche (in einem Fall statt dessen ein Briefwechsel) sind als halbstrukturierte Interviews geführt worden, je die Hälfte auf lothringischer und auf saarländischer Seite. Die meisten Gespräche konnten auf Tonband aufgenommen werden. Zur Abrundung und für bestimmte Aspekte ist die Berichterstattung der Regionalzeitungen, vor allem von „Le Républicain Lorrain" (Metz) und „Saarbrücker Zeitung", ausgewertet worden. Die letzten Informationen über den Stand der Entwicklung des DFHI datieren von Anfang Oktober 1982.

Die Untersuchung ist in einen historischen Teil (Kap. 2–4) und in einen systematischen Teil (Kap. 5.1–5.6) gegliedert. Daraus ergibt sich, daß im historischen Teil die im Lauf der Zeit aufgetretenen Hindernisse nur genannt, aber nicht näher beschrieben und begründet werden. Statt dessen bringe ich dort jeweils nur einen Verweis auf das Kapitel im systematischen Teil, um dessentwillen die Untersuchung durchgeführt wurde.

2. Initiative zum Projekt Saargemünd und ihr Hintergrund

Die erste Initiative zum Projekt Saargemünd stammt aus dem Jahr 1968. Auf einem Treffen von ostlothringischen Kommunalpolitikern aus knapp 100 grenznahen Gemeinden des Saargemünder Raums, des Bitscher Landes und des südlich anschließenden Krummen Elsaß,

---

[1]) Im Sekundarbereich existieren die drei deutsch-französischen Gymnasien in Saarbrücken, Versailles und Freiburg i. Br., auf die ich in besonderem Zusammenhang zurückkomme. Thematische Untersuchungen über sie im Sinne unserer Fragestellung gibt es ebenfalls noch nicht.

eines Gebietes, dessen Wirtschaftsförderungsinteressen das CELOR, Saargemünd, vertritt, ist, noch nicht näher qualifiziert, die Forderung erhoben worden, es solle ein bi-nationales Institut Universitaire de Technologie (IUT) in Saargemünd errichtet werden, und zwar für das eben bezeichnete Gebiet und das nordwestlich anschließende, ebenfalls im Verhältnis zum Saarland grenznahe ostlothringische Kohlerevier. Die Kommunalpolitiker sowie Senatoren haben sich für das Projekt ausgesprochen. Das CELOR (MEYSEMBOURG) hat sich intensiv dafür eingesetzt und bei Professor GRAVIER, Paris, einem durch Untersuchungen über unterentwickelte Gebiete Frankreichs bekanntgewordenen Wissenschafter, zwei Studien in Auftrag gegeben. Die erste war eine Entwicklungsstudie für den grenznahen ostlothringischen Raum[2], in der GRAVIER u. a. zu dem Ergebnis kam, dieser lothringische Osten mit seinen rund 350 000 Einwohnern brauche als postsekundare Einrichtung ein solches IUT, und zwar angesichts seines Bildungsdefizits, erstens sowieso und zweitens im Vergleich mit dem angrenzenden deutschen Raum (dort Universität des Saarlandes und Fachhochschule in Saarbrücken, ferner jeweils Universitäten und Fachhochschulen in Kaiserslautern und Trier). Es müsse sich im Fall Saargemünd um eine postsekundare Einrichtung zur Ausbildung primär von Ingenieuren handeln, weil im ostlothringischen Raum aus Gründen der Bemühung um Industrie-Ansiedlung zur Arbeitsplatzbeschaffung besonders Bedarf an Ingenieuren bestehe. Im Unterschied zu normalen IUT (Näheres weiter unten) müsse die ostlothringische Ingenieurschule aber zweisprachig sein. Tatsächlich sind die Bewohner Ostlothringens von Hause aus zweisprachig, aber in dem Sinn, daß lediglich noch die Muttersprache (der einheimische Dialekt) deutsch ist, mit abnehmender Tendenz in der Generationenfolge, daß solche Zweisprachigkeit aber für die Tätigkeit in gehobenen und höheren Positionen nicht mehr ausreicht, daß in Lothringen angesiedelte deutsche Unternehmen alle ihre Führungskräfte, auch die cadres moyens, aus Deutschland mitbringen müssen, weil sie in Lothringen keine geeigneten Kräfte vorfinden. Außerdem solle die Heranbildung von zweisprachigen Führungskräften der Mittleren Ebene dem grenznahen Lothringen dazu verhelfen, auch für solche französischen Unternehmen interessant zu werden, die Absatz im deutschen Raum suchen.

Im Anschluß daran hat das CELOR bei GRAVIER eine Studie speziell über ein zweisprachiges IUT Saargemünd in Auftrag gegeben. Sie war Ende 1972 abgeschlossen[3]. Hier hat GRAVIER die Begründung der Forderung nach Zweisprachigkeit des Saargemünder IUT noch mehr detailliert: Lage im Grenzraum; der große Einfluß, den deutsche Unternehmen im ostlothringischen Raum besitzen; die gute Ausstattung Saargemünds generell mit öffentlichen Einrichtungen; die in Saargemünd bereits vorhandenen Bildungseinrichtungen im Sekundarbereich, von den altsprachlichen bis zu den Technischen Gymnasien. Zur Zweisprachigkeit heißt es erneut: Deutsche Unternehmen haben in der Region investiert; diese Unternehmen bevorzugen zweisprachige Kräfte, wofür aber Franzosen mangels Bildung nicht zur Verfügung stehen. Ostlothringen ist seit mehreren Jahrhunderten auf dem Bildungssektor tatsächlich ein unterentwickelter Raum. (Das galt genauso für die zum Deutschen Reich gehörenden Gebiete links des Rheins, wenn man von der Katholisch-Theologischen Fakultät Trier und ihren Vorgängerinnen absieht.) Es gab nichts an Bildungseinrichtungen über dem Niveau von Gymnasien (Lycées). Ansätze zu einer Universität Metz, freilich nur zu einer naturwissenschaftlichen Fakultät, waren in der 1. Hälfte des 19. Jahrhunderts vorhanden; Metz hat die Fakultät aber bereits 1848 an die westlothringische Universität Nancy verloren. In der Zeit, in der das Elsaß und Ostlothringen wieder zum Deutschen Reich gehörten, 1871 bis 1919, ist zwar die Universität Straßburg sehr gefördert worden, aber für Ostlothringen geschah auf dem postsekundaren Sektor nach wie vor wenig. Das blieb auch so, als Ostlothringen und das Elsaß ab 1919 wieder zu Frankreich gehörten. (Auch auf deutscher Seite ist der linksrheinische, den

---

[2] GRAVIER, J.-F.: Problèmes et perspectives de l'Est Lorrain. Dezember 1969 fertiggestellt, Anfang 1970 publiziert (CELOR; Sarreguemines).

[3] GRAVIER, J.-F.: Projet de création d'un Institut Universitaire Franco-Allemand. Sarreguemines, Dez. 1972 (CELOR-Studie).

Grenzen zugekehrte Raum in bezug auf universitäre Bildung, wenn man von der Technischen Hochschule Aachen absieht, unterentwickeltes Gebiet geblieben. Das hat sich dort erst ab der Mitte des 20. Jahrhunderts geändert, dann aber kräftig.) In Ostlothringen gibt es seit 1969 eine selbständige Universität Metz, die sich immer noch nur sehr langsam entwickelt, seit 1959 ein Institut des Sciences, als quasi Vorläufer. GRAVIER hat für das bi-nationale IUT Saargemünd die Abteilungen Maschinenbau, Elektrotechnik und Betriebswirtschaft verlangt.

Die Instituts Universitaires de Technologie (IUT) sind relativ junge Einrichtungen; sie entstanden ab 1966. Zugangsvoraussetzung ist das Baccalauréat (Abitur), in der Praxis meistens das Baccalauréat de Technicien der Technik-Gymnasien (Lycées Techniques). In Metz existiert formell seit 1967 ein IUT; es ist seit 1968 in Betrieb. Die IUT sind seit Anfang 1969 in die Universitäten partiell integriert, mit bestimmten Unabhängigkeiten diesen gegenüber, bei – statt dessen – etwas stärkerer Abhängigkeit vom Staat (Erziehungsministerium). An den IUT werden in einem zweijährigen, sehr schulmäßig organisierten Kurzstudiengang Arbeitskräfte (Techniker und Betriebswirte) für die mittlere Führungsebene (cadre moyen, middle management) zur Erfüllung technischer und organisatorischer Aufgaben in der Produktion, in der sogenannten angewandten Forschung und im Dienstleistungsbereich (öffentliche Einrichtungen) ausgebildet. Die IUT haben im Durchschnitt vier Abteilungen von technischen bzw. betriebswirtschaftlichen Fächern. Welche davon jeweils vorhanden sind, hängt von regionalen Erfordernissen ab. Einzelne Abteilungen der auf jene besondere Weise einer Universität eingegliederten IUT können auch in anderen Städten der Region als am Universitätsstandort errichtet werden. Die Universität, zu der das IUT gehört, verleiht den Absolventen das ,,Diplôme Universitaire de Technologie" (DUT). Trotz der ganz eindeutig praxisbezogenen Ausbildung können IUT-Absolventen in Frankreich an der Universität weiterstudieren, und ein großer Teil macht das auch.

Das Projekt Saargemünd geriet 1973 und 1974 in eine günstige politische Konstellation in Frankreich. Der Vizepräsident des CELOR, Bürgermeister von Rohrbach bei Bitsch und Generalratsmitglied im Mosel-Département, SEITLINGER, ein christlich-sozialer (= Zentrums-) Politiker, hatte Verbindungen zum französischen Erziehungsminister FONTANET. Im Januar 1973 überreichte eine Saargemünder Delegation FONTANET die Studie. Dieser sorgte dafür, daß das Thema beim Gipfeltreffen POMPIDOU/BRANDT am 22./23. Januar 1973 erstmals auf deutsch-französischer Ebene zur Sprache kam. Im selben Jahr trat SEITLINGER bei den Nationalversammlungswahlen gegen den beim letzten Mal im Wahlkreis Saargemünd gewählten gaullistischen, wenig am IUT-Projekt Saargemünd interessierten Abgeordneten HINSBERGER an, machte das bi-nationale IUT zu *dem* Wahlkampfthema, erhielt dabei Wahlkampfunterstützung seitens FONTANET, gewann die Wahl und wurde Vizepräsident des Auswärtigen Ausschusses der Nationalversammlung. SEITLINGER sorgte dafür, daß alle in Frage kommenden französischen Stellen Exemplare der zweiten GRAVIER-Studie bekamen. Der Metzer Universitätspräsident, damals LONCHAMP, und der Metzer Oberbürgermeister RAUSCH (damals parteilos, später ebenfalls bei den Zentristen, inzwischen auch Präsident des Regionalrats von Lothringen), der aus Frauenberg bei Saargemünd stammt, begrüßten die Initiative. SEITLINGER und Dr. HAUCH, damals Oberregierungsrat im Wirtschaftsministerium des Saarlands, Beauftragter der saarländischen Regierung für Saar-Lor-Lux-Fragen und Präsidiumsmitglied des ostlothringischen CELOR, haben für die Verbreitung der zweiten Gravier-Studie im Saarland gesorgt und dort die zuständigen Personen angesprochen, darunter den in der Sache besonders wichtigen Referenten für Fachhochschulfragen im KMS, WOLTER. FONTANET informierte den Bevollmächtigten für kulturelle Angelegenheiten im Rahmen des Vertrages über die deutsch-französische Zusammenarbeit (im Turnus jeweils einer der Ministerpräsidenten), damals FILBINGER, Baden-Württemberg. Die deutsche Seite, auf Bundesebene und im Saarland, war aufgeschlossen, hielt sich aber zurück, da es offiziell noch keine Absichtserklärung der französischen Regierung gab.

Zwischen Professoren der Fachhochschule des Saarlands (FHS) und der IUT Metz und Nancy bestanden 1973 bereits gute Kontakte, jedoch aus anderen Gründen.

Anfang 1974 starb der französische Staatspräsident POMPIDOU. Im Mai 1974 kam es zur Präsidenten-Neuwahl. Im ersten Wahlgang gewann unter den Bewerbern des Regierungslagers GISCARD d'ESTAING gegen den gaullistischen Bewerber CHIRAC die meisten Stimmen, war dann im zweiten Wahlgang Kandidat aller Regierungsparteien und in diesem Wahlgang knapp vor dem Kandidaten der vereinigten Linken, MITTERAND, erfolgreich. Wenngleich im und für den Wahlkampf, so doch zum ersten Mal im Fall eines aussichtsreichen Präsidentschaftskandidaten, hat sich GISCARD d'ESTAING positiv über die Zweisprachigkeit der Ostlothringer ausgesprochen und dabei für ein französisch-deutsches IUT in Saargemünd. Das gab den Initiatoren noch mehr Auftrieb, besonders als GISCARD d'ESTAING tatsächlich gewählt wurde.

Das KMS hat die Situation ebenfalls als aussichtsreich eingeschätzt. Nach Vorüberlegungen im KMS (1974) und nach Gesprächen mit SEITLINGER und dem zuständigen Abteilungsleiter beim lothringischen Regionalpräfekten (Dezember 1974) hat Kultusminister SCHERER den saarländischen Ministerrat am 25. März 1975 unterrichtet. Das Kabinett ermächtigte SCHERER offiziell, im Kontakt mit dem Bevollmächtigten, inzwischen der Berliner Regierende Bürgermeister SCHÜTZ, Verhandlungen mit den französischen Stellen aufzunehmen. Die offiziell abgegebene Zusage des französischen Premierministers CHIRAC kam am 2. Juli 1975, allerdings unter der Voraussetzung, daß sich die deutsche Seite finanziell beteilige. Das ist kurz darauf präzisiert worden: die Hälfte der Kosten für Gebäude, Einrichtung, laufenden Bedarf und Personal; lediglich das Grundstück werde von der Stadt Saargemünd kostenfrei zur Verfügung gestellt. (Systematisch zum Thema Finanzierung in Kap. 5.2.)

3. Die offiziellen Verhandlungen von Herbst 1975 bis Sommer 1978

Gestützt auf die Ermächtigung der saarländischen Regierung und die offiziell erklärte Zustimmung des französischen Premierministers, begannen noch auf regionaler Ebene (Region Lothringen, Bundesland Saarland) am 28. Oktober 1975 in Saargemünd die ersten offiziell geführten Verhandlungen. Auf saarländischer Seite waren beteiligt: der Kultusminister, der Fachhochschulreferent im KMS, der Rektor der FHS und Dr. HAUCH, der Saar-Lor-Lux-Beauftragte der saarländischen Regierung, auf lothringischer Seite der Rektor der Akademie Nancy-Metz[4]), der Abgeordnete (und Mitglied des lothringischen Regionalrats) SEITLINGER, der Unterpräfekt für das Arrondissement[5]) Saargemünd, der Präsident der Universität Metz, der CELOR-Präsident und der Saargemünder Bürgermeister.

---

[4]) Frankreich ist seit 1808 (NAPOLEON I.) in Bezirke der (unitarisch-zentralistischen) Erziehungsverwaltung eingeteilt, „Académies" genannt, denen auch alle Universitäten unterstehen. Ostlothringen ist, weil deutschsprachig, nach 1919 der Akademie Straßburg (Elsaß) zugeordnet worden; das blieb so bis 1971/72. Nachdem Frankreich 1959/60 in 21 „Regionen" eingeteilt worden war (seitdem ist Ostlothringen mit der Hauptstadt Metz zusammen mit drei anderen lothringischen Départementes in der Region Lothringen), hat die französische Regierung versucht, die Akademien mit den Regionen räumlich zur Deckung zu bringen. Das hat 1971/72 zu harten publizistischen Auseinandersetzungen im Mosel-Département (Ostlothringen) geführt, dessen Repräsentanten, Bürgermeister, Elternvertretungen und Presse wegen der Besonderheiten dieses Département eine eigene Akademie Metz verlangten, allerdings letztlich nur mit geringem Erfolg.

[5]) Etwa wie bei uns ein Landkreis, aber ohne Selbstverwaltungshoheit von unten. Der Unterpräfekt ist nur nachgeordnete Behörde des Präfekten, dieser nur nachgeordnete Behörde des Pariser Innenministeriums.

Zur Zeit des Beginns der ersten offiziell geführten Verhandlungen sah das Projekt Saargemünd als „Institut Universitaire de Technologie Franco-Allemand" wie folgt aus: eine „Art Fachhochschule" mit den von GRAVIER vorgeschlagenen Fachbereichen zur Ausbildung von zweisprachigen Fachkräften für die Industrie, wobei an eine Trägerschaft seitens der Universität Metz und der FHS gedacht war. In den Saargemünder Verhandlungen ist jene französische Finanzierungsforderung präzisiert worden; außerdem ging es um den Wunsch von deutscher Seite, die Fachrichtung (Abteilung) Wirtschaftsingenieurwesen mit in das Projekt aufzunehmen; es ging zum ersten Mal konkret um Kosten für Bau und Ausstattung und um die zu erwartende Studentenzahl (damals, gemäß französischen IUT-Erfahrungen mit 100 pro Abteilung mal vier Abteilungen mal zwei Jahre, auf 800 geschätzt). Die deutsche Seite hat angeboten, falls erforderlich, einen Teil ihrer Räume und Spezialanlagen in Saarbrücken (FHS) für bestimmte Lehrveranstaltungen zur Verfügung zu stellen. Die saarländische und die lothringische Delegation haben sich darauf geeinigt, daß eine Kommission von Fachleuten unter der Leitung des Metzer Universitätspräsidenten (dort bei Beteiligung der IUT Metz und Nancy) und des Rektors der FHS in die Detailberatung zur Studienplangestaltung gehen könnte. Um die Angelegenheit auf der bi-nationalen Ebene voranzubringen, sollte Kultusminister SCHERER mit der Bundesregierung und dem „Bevollmächtigten" Kontakt aufnehmen, der Rektor der Akademie Nancy-Metz mit dem Staatssekretär für Universitätsangelegenheiten im französischen Erziehungsministerium, damit beide Seiten nun offiziell in dieser Sache miteinander in Verbindung träten. Das ist sehr schnell geschehen.

Am 18. November 1975 hat die für andere Belange bereits bestehende Deutsch-Französische Expertenkommission für Zusammenarbeit im Hochschul- und Wissenschaftsbereich[6] auf ihrer Sitzung in Paris das Projekt bi-nationales IUT zum ersten Mal besprochen und die zentralen Fragen aufgelistet, die sich dabei stellten: rechtliche Konstruktion, Zugangsvoraussetzungen, Zahl und Art der Fachbereiche, Curricula, Abschlußzeugnisse, Trägerschaft, Finanzierung. Die Antwort auf die Frage nach der Trägerschaft schien am einfachsten zu sein (Universität Metz und FHS). Hinsichtlich der Finanzierung hat die französische Seite noch einmal kategorisch die schon bekannte Forderung gestellt. Die deutsche Seite hat erklärt, daß sie zur Zeit keine Finanzmittel zur Verfügung stellen könne, sie hat außerdem auf das Beispiel des Deutsch-Französischen Gymnasiums (DFH) Saarbrücken verwiesen, das (abgesehen von einer Entsendung auch französischer Lehrkräfte) ausschließlich von deutscher Seite finanziert werde. Im Fall Saargemünd solle ebenso verfahren werden. Hier haben wir das erste Haupthindernis vor uns. Es ist z. T. staatsgrenzenbedingt, z. T. hat es andere Aspekte (s. Kap. 5.2).

Die Kommission war der Meinung, unbeschadet dessen, daß noch eine überregionale Sachverständigengruppe berufen werden solle, könne bereits eine regionale Arbeitsgruppe gebildet werden, in der Vertreter der FHS, des KMS, der Universitäten (dabei speziell der IUT) Metz und Nancy und der französischen Regierung zusammenarbeiten sollten, um die Details zu klären.

Die deutsche Delegation hat in einer Aussprache nach Abschluß der Sitzung festgestellt, der Umstand, daß die IUT nur eine zweijährige Ingenieurausbildung böten, müsse zu Schwierigkeiten führen. Deshalb solle die deutsche Seite darauf bestehen, daß auch Frankreich ein dreijähriges Studium einführe. Damit ist bereits das zweite Haupthindernis genannt (s. Kap. 5.1).

---

[6] Auf deutscher Seite waren beteiligt: Der Leiter der Kulturabteilung des Auswärtigen Amts, Vertreter des „Bevollmächtigten", der Kultusministerkonferenz (KMK), in diesem Fall auch vom KMS (WOLTER), der Westdeutschen Rektorenkonferenz (WRK), je ein Vertreter des Deutschen Akademischen Austauschdienstes (DAAD) und der Deutschen Botschaft in Paris. Die französische Delegation war ähnlich zusammengesetzt, freilich mit Vertretern des Pariser Erziehungsministeriums statt mit Vertretern von Institutionen, die Resultat der Kulturhoheit der Länder sind.

Ein von der französischen Seite bald darauf vorgelegtes Modell (danach als Modell I bezeichnet) barg diese Schwierigkeiten in sich. Hinter dem französischen Vorschlag, eine deutsch-französische Fachhochschule zu gründen, die als Abschlußzeugnisse die FH-Graduierung und das IUT-Diplom verleihen würde, stand selbstverständlich auch das Pariser Interesse, auf diesem Weg international zu einer Aufwertung des IUT-Diploms zu gelangen. (Das begegnet uns später noch einmal in anderem Zusammenhang.) Ein „KMK-Ausschuß ‚Deutsch-Französischer Hochschule Saargemünd' "[7]), der im Februar 1976 in Saarbrücken tagte, hat zwei andere Modelle überlegt. Modell II (wie es später hieß) hatte eine deutsch-französische Fachhochschule für ein Erststudium zum Gegenstand, das sich formal *nicht* an das vorhandene deutsche und das vorhandene französische System anlehnen sollte. Der dort zu erwerbende *erste* berufsqualifizierende Abschluß sollte in keinem der beiden Systeme bereits vorkommen dürfen. Ich kann vorwegnehmen, daß sich beide Seiten später darauf geeinigt haben, dieses Ziel längerfristig anzustreben, unter Verwertung der Erfahrungen, die man mit einem kurzfristig zu realisierenden Modell würde gewinnen können. Es war klar, daß der Studienabschluß einer solchen deutsch-französischen Fachhochschule für ein Erststudium die Anerkennung in der EG und damit aller EG-Länder besitzen sollte und daß dies ebenfalls nicht kurzfristig erreichbar sein würde. Modell III (wie es später hieß) zielte auf eine deutsch-französische Hochschule für ein Aufbaustudium. Zugangsvoraussetzungen sollten sein: die Graduierung einer deutschen FH bzw. das Diplom eines französischen IUT. Die nicht gegebene Äquivalenz beider Abschlüsse könne man in diesem Fall außer acht lassen. Das zweijährige Aufbaustudium sollte in zwei Studienrichtungen möglich sein: Wirtschaft/Verwaltung und Technik. Für die erste Fachrichtung waren im ersten Jahr vorgesehen: für die deutschen Studenten Sprachen (einschließlich Fachsprachen), nämlich Französisch und Englisch, französisches Recht, französische Wirtschafts-, Unternehmens- und Sozialpolitik, Informationen über den französischen Wirtschaftsraum, für die französischen Studenten entsprechend (überall „deutsch" statt „französisch"). In der technischen Fachrichtung war Vergleichbares vorgesehen, jedoch mehr auf die Bedürfnisse von Ingenieuren zugeschnitten. Im zweiten Studienjahr sollte es gehen um: europäische Wirtschaftsintegration, Außenhandelspolitik, europäisches Gesellschaftsrecht, europäische Sozialpolitik u. a., bei den Ingenieuren mit gewissen Varianten. Die Praktika sollten im ersten Jahr jeweils im anderen Land stattfinden; im zweiten Jahr sollten deutsche und französische Studenten gemeinsam praxisbezogene Projektstudien durchführen. Gedacht war an ein „europäisches" Diplom bzw. Abgangszeugnis der EG in Brüssel. Als Träger der Studieneinrichtung kämen – so war damals die Meinung – vielleicht die beiden Staaten und/oder die EG, die Industrie- und Handelskammern, die Regionen infrage.

Der KMK-Ausschuß hat die zu erwartende Studienplatznachfrage zum ersten Mal ausführlicher diskutiert. Es ergab sich, daß die französischerseits geschätzte Zahl von 800 Studenten im Fall der Realisierung des französischen Vorschlags (Deutsch-Französische Hochschule mit den beiden Studienabschlüssen IUT-Diplom und FH-Graduierung), also des Modells I, viel zu hoch angesetzt war. Die Nichtattraktivität des französischen IUT-Diploms war empirisch belegt. (Das Angebot des IUT Metz, deutsche Absolventen aufzunehmen, war trotz intensiver Werbung seitens der Universität Metz und trotz der Möglichkeit, so um deutsche numerus-clausus-Zwänge herumzukommen, ohne jedes Echo geblieben. Zum Teil hängt das außerdem noch mit dem Mangel an Französisch-Sprachkenntnissen bei den deutschen Fachoberschulabsolventen, auch im Saarland, zusammen. Dazu s. Kap. 5.4.)

Der KMK-Ausschuß hat ferner überlegt, daß die Errichtung einer deutsch-französischen Fachhochschule in Saargemünd gemäß französischem Modell ganz oder partiell (je nach den in

---

[7]) Zwei Vertreter der KMK (darunter wieder WOLTER), ein Vertreter des „Bevollmächtigten", zwei Vertreter der FHS, darunter der Rektor, ferner Gesandter ENDERS von der Kulturabteilung des AA (wie Fn. 6). Das war schon fast die deutsche Delegation für die im vorletzten Absatz genannte überregionale Deutsch-Französische Sachverständigengruppe.

Saargemünd einzurichtenden Abteilungen) zu einem Parallelangebot auf nur 15 km Distanz (so, freilich etwas grob, die Entfernung zwischen Saarbrücken und Saargemünd) führen müsse. Außerdem sei fraglich, ob im Fall der Realisierung dieses Modells die „Zweisprachigkeit der Studenten aus Ostlothringen" für ein solches Studium wirklich ausreiche (dazu s. jedoch Kap. 5.4). Für das Aufbaustudium erwartete der KMK-Ausschuß rege Nachfrage auch aus dem Gesamtbereich der Bundesrepublik Deutschland und nannte gute Gründe dafür.

Für seine Sitzung am 1. April 1976 hatte der Ausschuß eine Unterlage erarbeitet, in der er die drei Modelle kurz darstellte, vor allem aber jeweils die Vor- und Nachteile gegenüberstellte. Das meiste davon kennen wir schon. Wichtig ist dagegen, daß Modell III nicht nur im Vergleich mit Modell II, jenem Erststudium ganz neuer Art, relativ schneller, sondern ganz *besonders* schnell realisiert werden könne, daß außerdem ein geringeres Risiko von Fehlinvestitionen berge, weil die Größe des Instituts der „Entwicklung der Nachfrage" besser angepaßt werden könne. Allerdings sah Modell III jetzt ein nur einjähriges Aufbaustudium vor. Das erforderliche Programm in diesem einen Jahr unterzubringen, wurde für möglich gehalten. Das Arbeitspapier enthält eine Passage, die zeigt, daß die Interessen des Partners (des Raums Saargemünd) mitbedacht worden sind. Es war nämlich klar, daß weder Modell II noch Modell III für Ostlothringen so viele Vorteile bringen würde wie das wegen der unüberwindlichen Äquivalenzschwierigkeiten nicht realisierbare und außerdem für deutsche Studenten eben weniger attraktive französische Modell I.

Jene oben erwähnte überregionale Deutsch-Französische Sachverständigengruppe (DFSG) für das Projekt Saargemünd kam am 24./25. Mai 1976 in Paris zusammen. Außer den Mitgliedern des KMK-Ausschusses waren auf deutscher Seite noch zwei FHS-Professoren zusätzlich beteiligt, dazu HAUCH, ferner Min.Rat a. D. SCHRÖDER vom Bonner Büro des „Bevollmächtigten". Dieser war dann überhaupt einer der wichtigsten deutschen Verhandlungspartner bis zum Ende, im Sommer 1978, zusammen mit WOLTER vom KMS, dem FHS-Rektor (zunächst GROH, später WARNKING) und dem Gesandten ENDERS. Die französische Delegation war wiederum vergleichbar zusammengesetzt, abgesehen vom dort nicht vorhandenen föderativen Element. Auch die IUT-Direktoren von Metz und Nancy waren beteiligt, am ersten Tag auch der Saargemünder Bürgermeister PAX, am zweiten der Abgeordnete SEITLINGER.

Das französische Modell (I) war sozusagen bereits „gestorben". Die DFSG hat sich am ersten Tag ihrer Pariser Sitzung mit dem langfristig zu realisierenden Erststudium (Modell II) befaßt, am zweiten mit dem Aufbaustudium (Modell III). Sie hat dann zwei ihr verantwortliche regionale Unterkommissionen gebildet, deren eine sich mit dem (möglichst im Herbst 1977 beginnenden) Aufbaustudium befassen sollte (später in den Akten und hier im folgenden als UK A bezeichnet), während die andere Unterkommission (UK E) ein schon etwas mehr präzise formuliertes Modell für ein Erststudium entwerfen sollte. Beide UK sollten gemeinsam vom FHS-Rektor GROH und vom Metzer IUT-Direktor BARO geleitet und von diesen um geeignete Fachkräfte beider Hochschuleinrichtungen ergänzt werden; sie sollten außerdem Fachleute aus der Industrie und von der Deutsch-Französischen IHK hinzuziehen.

Bei der Pariser Sitzung war noch ein Phänomen der Kategorie Sprachbarriere zu beobachten, das von ganz anderer Art ist als die oben genannten Fälle (s. Kap. 5.4). – Die französische Seite hat nach wie vor auf hälftiger Kostenteilung bestanden, die deutsche Seite hat entgegnet, daß ohnehin über die Finanzierung erst gesprochen werden könne, wenn geklärt sei, was nun eigentlich wo gemacht werde.

Von besonderem Interesse ist ein Feststellung in einer der drei in den Akten befindlichen „Protokollnotizen" über die Pariser Tagung. FHS-Rektor GROH schreibt dort: „Die Gesprächsatmosphäre war in der Regel freundschaftlich. . . . Bei aller Nüchternheit im Ringen um die anstehenden Probleme wurde bei vielen Teilnehmern persönliches Engagement deutlich." Das ist *eine* Seite der Sache. Auf derselben Linie liegt der enorm große Arbeitsaufwand, der von Saarbrücker (besonders FHS) und von Metzer Seite (zunächst IUT, dann Universität) schon zuvor, während jener Zeit und noch danach bis vor dem deutsch-französischen Abkommen, außerdem bei der praktischen Durchführung ab 1978 und bis heute geleistet worden ist. Rechnet man dabei das überlegte, aber auch sehr emotionale[8]) Engagement des CELOR-Präsidenten MEYSEMBOURG mit ein, dazu die angesichts schwierigerer französischer kommunalpolitischer Bedingungen (kaum Selbstverwaltungshoheit; Finanzmittel aus Eigenem verschwindend gering) notwendigerweise von außen etwas gebremsten Anstrengungen des in grenzüberschreitender Zusammenarbeit sehr erfahrenen Bürgermeisters ROBERT PAX und der anderen Saargemünder Stadtratsmitglieder[9]), außerdem die Vielfalt und Intensität der Bemühungen SEITLINGERS für das Projekt Saargemünd, ferner den Einsatz des in Fragen saarländisch-lothringischer und überhaupt deutsch-französischer Kooperation nie resignierenden HAUCH, ergibt das unterm Strich, daß beiderseits der saarländisch-lothringischen Grenze ein sehr ansehnliches „Potential" an Willen zur Zusammenarbeit mobilisiert war.

Freilich, in GROHS Protokollnotiz über die Pariser Tagung vom Mai 1976 steht *zwischen* den beiden oben zitierten Sätzen ein Satz, der für die inzwischen gegebene Situation der deutsch-französischen Zusammenarbeit entlang der saarländisch-lothringischen Grenze charakteristisch ist, soweit es um mehr *anspruchsvolle* gemeinschaftliche Projekte geht. Der Satz lautet: „Beide Delegationen gingen offensichtlich von der Voraussetzung aus, daß eine deutsch-französische Hochschuleinrichtung sowohl aus der Sicht der bilateralen Beziehungen auf wirtschaftlichem und kulturellem Gebiet als auch im Hinblick auf die weitere Entwicklung der Europäischen Gemeinschaft von hohem Interesse ist." Das ist die *andere* Seite der Sache. Man kann das noch genauer, d. h. mit schärferer Einstellung der Optik, so formulieren: Es durfte in bezug auf das, was „Projekt Saargemünd" hieß, am Ende auf *keinen* Fall *nichts* herauskommen. Es waren nämlich *alle* zuvor in der Diskussion gewesenen mehr anspruchsvollen „deutsch-französischen" Projekte (tatsächlich: deutschen oder, meist, französischen Projekte) gescheitert. Weniger spektakuläre Projekte auf mehr „simplen" Gebieten wie Wasser- und Stromversorgung, Abwasserbeseitigung, Nahverkehrsmittel sind allerdings in schon recht großer Zahl verwirklicht worden. Darüber hinaus gibt es noch eine Menge mehr an Zusammenarbeit bei Feuerwehren und Vereinen, auf kulturellem Gebiet und im Sport[10]).

Wegen der Absicht der DFSG, das Aufbaustudium bereits im Herbst 1977 beginnen zu lassen, war für BARO und GROH klar, daß zunächst nur die UK A tätig werden konnte. (Eine UK E hat es de facto auch nicht mehr gegeben.) BARO hat einen Vorschlag unterbreitet; GROH und betroffene FH-Dozenten berieten den Vorschlag und Alternativen. BARO und GROH besprachen daraufhin beides. Die dabei erforderliche Detailarbeit hat auf beiden Seiten zu extrem starker Überlastung geführt. GROH hat mit Datum vom 13. September 1976 eine „Arbeitsunterlage" für die deutsche Delegation der DFSG erstellt, in der es zunächst heißt, die UK A könne ihre Arbeit nur mit Verzögerung aufnehmen wegen

- Unklarheiten hinsichtlich der Finanzierung der Arbeit der UK

---

[8]) Das Emotionale ist ein nicht zu vernachlässigender Faktor, der in seinem Kontext zu betrachten ist (Kap. 5.6).

[9]) Zwischen den Feuerwehren von Saargemünd sowie saarländischer Städte und Gemeinden gibt es Kooperation seit den fünfziger Jahren. Aus Kontakten zwischen PAX und dem Bürgermeister der auf der anderen Saarseite gelegenen saarländischen Gemeinde Kleinblittersdorf entwickelten sich Plan und Bau einer Abwasserkläranlage (fertiggestellt 1977) für Saargemünd und für drei Ortsteile der saarländischen Gemeinde. PAX und andere Saargemünder Kommunalpolitiker sind regelmäßig an den seit 1977 bestehenden (inzwischen zur „Institution" gewordenen) Treffen lothringischer und saarländischer Kommunalpolitiker aus den Arrondissements Forbach und Saargemünd bzw. aus dem Stadtverband Saarbrücken beteiligt. – Vgl. MATTAR, M.: Die staats- und landesgrenzüberschreitende kommunale Zusammenarbeit in der Großregion Saarland-Westpfalz-Lothringen-Luxemburg-Trier. Darmstädter politologische Dissertation, 1982 (erschienen als Bd. 4 der vom Verfasser herausgegebenen Schriftenreihe „Zusammenarbeit in europäischen Grenzregionen"; Frankfurt a. M. 1983).

[10]) Eine Zusammenstellung all dieser Aktivitäten im kommunalen Bereich, mit Vergleich und kritischer Würdigung liefert MATTAR (wie Fn. 9).

- Unklarheiten hinsichtlich einer auf andere Weise erforderlichen Entlastung der beteiligten FHS-Dozenten
- divergierender Vorstellungen bei allen Beteiligten hinsichtlich der Vorgehensweise bei der Erstellung der Studienpläne
- interner Schwierigkeiten im IUT Metz aufgrund absehbar gewordener Mittelkürzungen.

Die zuletzt genannten Schwierigkeiten sind offenbar gravierend gewesen. Denn ab der nur etwa eine Woche später stattfindenden nächsten DFSG-Sitzung war niemand mehr vom IUT Metz beteiligt; der Metzer Universitätspräsident FERRARI hatte die Sache auf lothringischer Regionalebene an sich gezogen.

Die „Arbeitsunterlage" enthielt den Vorschlag BARO, einen Alternativvorschlag der FHS und einen Vergleich beider in bezug auf Vor- und Nachteile. Einen wichtigen Unterschied zwischen beiden Vorschlägen gab es hinsichtlich der zeitlichen Einordnung des im Partnerland zu absolvierenden Praktikums, einen anderen bei der Studienplatzzahl. Die FHS ging von 60 aus, Baro nur von 30, dies vielleicht angesichts jener bevorstehenden Mittelkürzungen. Die DFSG hat sich auf ihrer nächsten Sitzung, am 22. September 1976 in München[11]) beide Vorschläge vortragen lassen und hat die Vor- und die Nachteile beraten. Einvernehmen ist erzielt worden in folgenden Punkten: das Aufbaustudium beginnt möglichst schon im September 1977; Zugangsvoraussetzung ist ein erster berufsqualifizierender tertiärer Abschluß; Ausbildungsziele sind: intensives Sprachstudium, Industrie-Praktikum, systematischer Vergleich der nationalen Systeme „unter Berücksichtigung der Einbettung in die Europäische Gemeinschaft". Offen blieb: ob eine Einschränkung auf bestimmte Fachbereiche erfolgen sollte; Reihenfolge und Dauer einzelner Ausbildungsphasen; pädagogisches Konzept hinsichtlich Vergleich der nationalen Systeme. GROH und FERRARI (jetzt *diese* beiden als Leiter der UK A) wurden beauftragt, aus den beiden Vorschlägen einen Kompromißvorschlag zu erarbeiten.

Die UK A hat das besorgt. Der Kompromißvorschlag lag rechtzeitig vor der dritten DFSG-Sitzung vom 27. Oktober 1976 in Paris vor. Die DFSG hatte keine wesentlichen Einwände gegen die Vorschläge zur Gestaltung von Lehrplan und Lehrbetrieb. Dagegen kam es über andere zentrale Fragen zu keiner Einigung.

Die französische Seite hatte inzwischen ihre eigenen Vorstellungen hinsichtlich der Rechtsform geändert. Statt einer Körperschaft des öffentlichen Rechts schlug sie nun eine Einrichtung des privaten Rechts[12]) vor, mit der durchaus einleuchtenden Begründung, daß ein privatrechtlicher Status den Vorteil größerer „politischer und rechtlicher Flexibilität" besitze. Dies aber sei wichtig, weil die Saargemünder Studieneinrichtung zunächst in einem bestimmten Umfang werde experimentieren müssen, bis sie die richtige Gestalt gewonnen habe. Die deutsche Seite hat entgegnet, für deutsche Studenten sei „bei einer Anstalt des privaten Rechts geminderte Attraktivität" gegeben. Das ist ebenfalls durchaus richtig, weil bei uns die Studenten auf staatlich anerkannte Abschlüsse an öffentlich-rechtlichen Hochschul-Einrichtungen eingestellt sind.

In Wirklichkeit ist aber in dieser Sache sozusagen mit verdeckten Karten gespielt worden, verdeckt von – durchaus vorweisbaren – anderen Argumenten. Eine privatrechtliche Organisation hätte das Projekt Saargemünd von den, hinsichtlich der Finanzierung, Präzedenzfällen Deutsch-Französische Gymnasien genügend weit weggebracht. Die französische Seite hat offensichtlich angenommen, auf diesem Weg eher zu einer hälftigen Beteiligung der deutschen Seite an den Finanzierungskosten zu gelangen. Da das aber nicht expressis verbis

---

[11]) München war gewählt worden, um den Tagungsteilnehmern das an der FH München praktizierte Aufbaustudium Wirtschaftsingenieurwesen vorzuführen, bei dem die Graduierung zum WI ebenfalls nicht zu einem im Vergleich zur Zugangsvoraussetzung höherwertigen akademischen Titel führt.

[12]) Nach Art der Associations Culturelles gemäß Gesetz von 1901, wie z. B. die in Frankreich zahlreich vorhandenen Ecoles Supérieures de Commerce et d'Administration des Entreprises (ESCAE).

gesagt worden ist, hat die deutsche Seite ihrerseits, wie das im diplomatischen Bereich üblich ist, mit einem anderen, für sich genommen gleichfalls plausiblen Argument geantwortet.

Die Frage der Rechtsform blieb folglich am 20. Oktober 1976 ungeklärt. Ungeklärt blieb dann selbstverständlich auch die danach thematisch angesprochene Finanzierung. Die französische Seite bestand wiederum auf hälftiger Kostenteilung. Die deutsche Seite hat dagegen erstens gewünscht, daß zunächst die Bi-Nationalität in bezug auf Studieninhalt, -ziel, -abschluß, Abschlußzeugnis, Zweisprachigkeit des Lehrbetriebs und des Lehrkörpers „als wesentliche Merkmale zu definieren" seien, sie hat zweitens einer Kostenteilung im Verhältnis 50:50 angesichts der Präzedenzfälle (s. Kap. 5.2) nicht zugestimmt. Die französische Seite hat vorgetragen: Was dort für den schulischen Bereich gelte, müsse ja nicht auch für den Fachhochschulbereich gelten. Der deutschen Seite hat aber nicht eingeleuchtet, *warum* es *jetzt* anders sein sollte.

Zwar haben die beiden Delegationen der DFSG die Erklärung abgegeben, „eine gemeinsame Resolution zu diesem Projekt", also dem Aufbaustudium, sei „erwünscht", und es sei „zweckmäßig . . ., einen französischen Beauftragten und einen deutschen Stellvertreter für die Vorbereitungsarbeiten zu ernennen, sobald die Zustimmung [des französischen Erziehungsministers und des deutschen „Bevollmächtigten"] zu der Realisierung des Projektes vorliege", tatsächlich war das Projekt Saargemünd, nunmehr als Aufbaustudium, für die französische Seite ebenfalls gescheitert, was aber erst im Januar 1977 erkennbar wurde.

4. Deutsch-Französisches Hochschulinstitut (DFHI) für Technik und Wirtschaft Saargemünd – Institut Supérieur Franco-Allemand de Techniques et d'Economie de Sarreguemines (ISFATES)

Die französische Staatssekretärin (später Ministerin) für Universitätsangelegenheiten, SAUNIER-SEITÉ, und der deutsche „Bevollmächtigte", SCHÜTZ, haben bei ihrem Treffen am 4. November 1976, für das das Projekt Saargemünd als jetzt Aufbaustudium in allen Grundzügen eigentlich hätte vorbereitet sein sollen, so daß bei dieser Gelegenheit die Grundsatzentscheidung möglich geworden wäre, im Prinzip an der Errichtung einer deutsch-französischen Studieneinrichtung festgehalten. Sie haben der DFSG den Auftrag zur Weiterarbeit erteilt.

Das französische Staatssekretariat legte am 12. Januar 1977 einen neuen Vorschlag über ein insgesamt vierjähriges Studium vor, bei dem die französischen Studenten nach erfolgreichem Abschluß ihres zweijährigen IUT-Studiums ins dritte Fachsemester der FHS in Saarbrücken überwechseln, dort am Ende des dritten Studienjahres wie die deutschen Studenten die zur FH-Graduierung erforderlichen Prüfungen ablegen und anschließend zusammen mit denjenigen deutschen Studenten, die daran interessiert wären, in Saargemünd ein viertes Semester studieren sollten. Studienabschluß dort sollte die Maîtrise sein. Die deutsche Seite hat sich bereiterklärt, auch über diesen Vorschlag zu verhandeln, der jedoch einige Elemente enthielt, die so nicht realisierbar waren, z. T. aus praktischen Gründen, z. T. aus Systemgründen; sie hielt jedoch das zuvor konzipierte Aufbaustudium sachlich für besser.

Im Fall der Realisierung des neuen französischen Konzepts konnte die französische Seite näher an ihr Ziel kommen, eine hälftige Kostenteilung zu erreichen. Wenn nämlich das Studium im ersten der beiden Jahre, auf die es zusätzlich ankam, also im insgesamt dritten Studienjahr, in Saarbrücken an der FHS absolviert werden würde, mußten gemäß dem bei den Deutsch-Französischen Gymnasien angewendeten Finanzierungsprinzip die Kosten für dieses Jahr von der deutschen Seite getragen werden. Außerdem konnte die französische Seite auf diese Weise doch zu der von den französischen Studenten sehr begehrten, weil besser als das eigene IUT-Diplom anerkannten deutschen FH-Graduierung kommen; und gerade die technische Ausbildung der ins dritte FHS-Jahr überwechselnden französischen Studenten, die natürlich wegen der erforderlichen Maschinen, Apparate und Geräte viel teurer ist als ein Aufbaustudium, würde auf deutscher Seite liegen.

Die deutsche Seite hat auf der Sitzung der Deutsch-Französischen Expertenkommission am 6. Juli 1977 die französischen Partner gebeten, zu erklären, *weshalb* sie das Modell Aufbaustudium offenbar preisgegeben habe, über das im Oktober 1976 in Paris inhaltlich Einigung erzielt worden war, bei dem jedoch Rechtsform und Finanzierung offengeblieben waren. Die französische Delegation hat daraufhin den Mangel an Bereitschaft der deutschen Seite, in Saargemünd Investitionen vorzunehmen, als Grund genannt.

Aus praktischen Gründen ließ sich der französische Vorschlag aber nicht so einfach verwirklichen. Es ist nämlich unmöglich, daß ein IUT-Absolvent alle für die FH-Graduierung erforderlichen Prüfungen, von denen ein Teil außerdem bereits im zweiten FH-Studienjahr liegt, nach einem einzigen Jahr des Studiums an der FHS ablegt, und das auch noch in einer (mehr oder weniger) fremden Sprache. (Auch darüber gab es schon Erfahrungen. Es hatten nämlich bereits früher IUT-Absolventen an der FHS weiterstudiert, und selbst die am höchsten Begabten unter ihnen hatten es in nur einem Jahr nicht geschafft.) Dieses Hindernis ist aber später so überwunden worden, daß mittels Anpassung des Studiengangs der FHS an die Bedürfnisse der IUT-Absolventen immerhin der größte Teil der Prüfungsleistungen des zweiten und des dritten Studienjahrs der FHS auch von den IUT-Absolventen erbracht werden kann[13]). Der Rest ist dann im Lauf des vierten Studienjahres in Frankreich zu absolvieren. In der Fachrichtung Maschinenbau wird deshalb die Abschlußarbeit (inzwischen „Diplomarbeit")[14]) erst nach Abschluß des vierten, des in Lothringen durchgeführten Studienjahres angefertigt, und zwar in Saarbrücken. In der Fachrichtung Betriebswirtschaft kann die schriftliche Abschlußarbeit, die auf jeden Fall praxisorientiert sein muß, bereits im dritten Jahr abgefaßt werden. In der Elektrotechnik können auch die französischen Studenten ihre Abschlußarbeit wie die deutschen Studenten am Ende des dritten FHS-Jahres (= ersten DFHI-Jahres) anfertigen, müssen jedoch im Rahmen des vierten Jahres vor Beginn der Vorlesungen, während ihre deutschen Kollegen ihr vierwöchiges Praktikum in der französischen Industrie absolvieren, in einer vierwöchigen Sonderlehrveranstaltung in Saarbrücken noch das Studium in einem Fach nachholen.

Ich konnte dieses Ergebnis (von 1978) bereits hier nennen, weil die Verhandlungen von 1977 und 1978 im Prinzip auf der Linie des französischen Vorschlags vom Januar 1977 weitergelaufen sind, wobei allerdings im Detail noch einiges mehr geändert, ausgefeilt und detailliert werden mußte, als ich es oben dargestellt habe. Überhaupt waren die Verhandlungen aus diesem Zeitraum wiederum dadurch gekennzeichnet, daß die regionale Unterkommission[15]) in hohem Maß Kleinarbeit zu leisten hatte. An den Hauptsitzungen der Unterkommission haben sich auf deutscher Seite aber auch der Vertreter des „Bevollmächtigten", SCHRÖDER, und Gesandter ENDERS vom Auswärtigen Amt, auf französischer Seite ebenfalls Beamte des Außenministeriums beteiligt. Es hat also nicht eine Oberkommission eine Unterkommission sozusagen „im eigenen Saft schmoren" lassen und danach die dort mit außerordentlich großer Mühe erzielten Ergebnisse

---

[13]) Das hatte allerdings die Folge, daß die FHS den Studenten anderer FH in der Bundesrepublik Deutschland, die am DFHI-Studium interessiert sind, empfehlen muß, möglichst schon zum zweiten Studienjahr bzw. gleich nach der Vorprüfung zur FHS zu wechseln.

[14]) Mittlerweile ist auch bei den Fachhochschulen an die Stelle der „Graduierung" das „Diplom" getreten.

[15]) Eingesetzt von der Deutsch-Französischen Expertenkommission in ihrer Sitzung v. 6. 7. 1977 in Paris; Zusammensetzung: WOLTER vom KMS für die KMK, FHS-Rektor GROH (ab Herbst 1977 WARNKING), dazu Fachvertreter der FHS für jede der damals noch *vier* geplanten Fachrichtungen, ferner für Sprachen; auf der französischen Seite ein Vertreter des Staatssekretariats, der Metzer Universitätspräsident FERRARI und Professoren der Universität Metz für die geplanten Fachrichtungen und für Sprachen.

von oben herab wieder verworfen. Der Wille, zu einem positiven Ergebnis zu kommen, war auch auf der oberen Ebene eindeutig vorhanden. Allerdings waren inzwischen Unruhe, Skepsis und Pessimismus unter den in Ostlothringen über das Projekt Saargemünd Orientierten bereits sehr groß. Es kam also darauf an, ,,die Kuh endlich vom Eis zu holen". (Es ging aber bereits um die dritte; zwei waren schon eingebrochen und ertrunken.)

Abgesehen davon, daß es gleich zu Anfang, als die französische Seite den neuen Vorschlag vorlegte, in einer bestimmten Hinsicht (Maîtrise)[16] zu großen Schwierigkeiten kam, die aber überwunden werden konnten, ist es auch im dritten Anlauf nicht ohne Verluste abgegangen. Um im Bild zu bleiben: Die ,,dritte Kuh" verlor ihr ,,viertes Bein", einen der vier geplanten Studiengänge[16]).

Abgesehen davon, daß das Projekt Saargemünd den französischen IUT-Absolventen die Möglichkeit bieten sollte, die deutsche FH-Graduierung zu erwerben, ging es für alle DFHI-Studenten darum, die Sprache (und dabei auch die Fachsprache) des Partnerlandes zu erlernen, außerdem darum, daß französische und deutsche Studenten gemeinsam an Lehrveranstaltungen teilnehmen, jeweils im Partnerland Praktika absolvieren, Wirtschaft und Recht des Partnerlandes kennenlernen und sich mit Fragen grenzüberschreitender wirtschaftlicher und technischer Zusammenarbeit befassen.

Ende 1977 waren die Studienpläne im wesentlichen fertiggestellt, die Expertenkommission hat sie gebilligt. Bei ihrer Zusammenkunft am 7. Februar 1978 in Paris haben ALICE SAUNIER-SEITÉ und DIETRICH STOBBE (Nachfolger von SCHÜTZ als Regierender Bürgermeister von Berlin und damit auch als ,,Bevollmächtigter") auf dieser Grundlage offiziell die Vereinbarung getroffen, eine deutsch-französische Hochschuleinrichtung in Saargemünd zu errichten. Sie billigten die ausgearbeiteten Lehrpläne und stellten fest, nun könnten und sollten die organisatorischen und rechtlichen Fragen in bezug auf die Durchführung des Studiums geklärt und der Text eines Abkommens entworfen werden.

Das geschah, und zwar unter Hochdruck; denn Studienbeginn sollte nun endlich im Herbst 1978 sein, und beide Seiten hielten es aus Gründen des Ansehens nicht für vertretbar, den Beginn noch einmal um ein Jahr hinauszuschieben. Das entwickelte sich z. T. sehr schwierig. So wechselte die französische Seite die von ihr vorgesehene Rechtsform des Instituts noch einmal, nachdem sich herausgestellt hatte, daß im Fall der zuvor geplanten Form ein paritätische Besetzung der Leitungs- und Verwaltungsgremien nicht möglich war. (Die neue Studieneinrichtung Saargemünd wurde nun Hochschulinstitut der Universität Metz.) Die Unterkommission mußte klären, wie und wo (und wann, wenn noch rechtzeitig) die vorbereitenden Sprachkurse durchgeführt werden sollten und wer die Kosten dafür aufzubringen hätte, wie die Wirtschaftspraktika und wie besondere Vorlesungen für die Studenten aus dem Partnerland aussehen sollten, wie Meldung und Zulassung von Bewerbern zu organisieren wären, wie die Stipendienregelung aussehen sollte, schließlich die Rechtsstellung der Studenten und die Struktur (Satzung) der Hochschuleinrichtung.

Die Stadt Saargemünd hatte in der Zwischenzeit ein geeignetes Gelände erworben, obwohl die Skepsis bei der Stadtverwaltung darüber immer größer geworden war, ob aus einem Projekt Saargemünd *in* Saargemünd überhaupt noch etwas werden würde. (Nachdem nichts daraus geworden ist, will die Stadt das auf dem Gelände stehende ehemals Kasino der Saargemünder Steingutfabrik nach und nach zum Kulturzentrum ausbauen, wie Stadtratsmitglied ROGER PAX Anfang Oktober 1982 in einem Gespräch mitgeteilt hat.)

Das meiste von dem, was noch offengeblieben war, konnte von der Unterkommission erledigt werden. Für das, was aus der Natur der Sache ganz außerhalb der Kompetenz der Unterkommission lag (jedenfalls der französischen Delegation darin), nämlich die Finanzierung der Sprachkurse und die Stipendienregelung, hat die Unterkommission immerhin (einvernehmlich) Vorschläge gemacht.

---

[16]) Zu beiden s. Kap. 5.1.

Der Zeitdruck kam zwar auch, aber weit weniger vom Termin des (32.) deutsch-französischen „Gipfeltreffens" (GISCARD d'ESTAING und SCHMIDT) her, das am 15. September 1978 in Aachen stattfinden und bei dem die beiden Außenminister und auf französischer Seite außerdem die Ministerin für Universitätsangelegenheiten das Abkommen über das Projekt unterzeichnen sollten. Viel größer war der Druck, weil ein Studienbeginn noch im Herbst 1978 es erforderlich machte, Zeit für die Sprachkurse *davor* zu haben, und eine zumindest vorläufig tätige Zulassungskommission zu bilden. Demzufolge waren noch dringender die Abfassung und der wirksame Versand einer Ausschreibung. Die Abfassung der Ausschreibung hing aber wiederum davon ab, ob mit einer Einigung in den noch ungeklärten zentralen Fragen[17] zu rechnen war: Finanzierung der Sprachkurse und Finanzierung der Stipendien.

Bevor ich auf diese beiden eingehe, möchte ich einen anderen, sozusagen binnendeutschen Finanzierungsaspekt nennen. Da der Finanzierungsaufwand für den Hochschulbereich pro Kopf der Bevölkerung unter allen Flächenstaaten der Bundesrepublik Deutschland im Saarland am höchsten ist, weil aber auch von Anfang an auf deutscher Seite klar und anerkannt war, daß finanzielle Belastungen, die im Zusammenhang mit dem Projekt Saargemünd als einem deutsch-französischen und nicht etwa saarländisch-lothringischen Projekt auf die deutsche Seite zukommen würden, vom Bund zu tragen wären, hat es keine Mißverständnisse in bezug auf Finanzierungsfragen gegeben, als nun gemäß französischem Vorschlag *ein* Studienjahr plötzlich in Saarbrücken statt in Saargemünd durchzuführen war. Die FHS hat sich im Einverständnis mit dem KMS bereit erklärt, DFHI-Studenten in die auch von diesen zu absolvierenden normalen FH-Vorlesungen und -Übungen bis zur pädagogisch vertretbaren Grenze mit aufzunehmen. Sobald diese Grenze überschritten werde, müsse allerdings der Bund für die hier zusätzlich erforderlich werdenden Stellen aufkommen wie ohnehin für solche Stellen, die *speziell* für DFHI-Veranstaltungen in Saarbrücken gebraucht würden, außerdem für vermehrt auftretenden Verwaltungsaufwand der FHS, wenn es einen solchen gäbe. Da in diesem Fall das Auswärtige Amt der Kostenträger, Gesandter ENDERS von der Kulturabteilung des AA aber direkt an den Verhandlungen beteiligt war, hat es hier keine Schwierigkeiten gegeben.

Die Mitwirkung von ENDERS (als sozusagen Geldgeber) an der Arbeit der Unterkommission hat es der deutschen Seite auch erlaubt, kompetent Erklärungen über die Finanzierung der Sprachkurse und über die Stipendien abzugeben.

Die deutsche Seite hat hier den der Idee eines deutsch-französischen Hochschulinstituts gemäß richtigen „politischen" Vorschlag (wie es hieß) gemacht, die Deutsch-Sprachkurse für die französischen Studenten sollten von *deutscher* Seite organisiert und finanziert werden und entsprechend umgekehrt; die französischen Studenten sollten von *deutscher* Seite die Stipendien erhalten und umgekehrt. Beides diene dazu, bei Interessenten am und Absolventen des DFHI deutlich zu machen, daß beide Staaten an dieser bi-nationalen Einrichtung ein elementares Interesse hätten.

Es kommt allerdings noch folgendes hinzu: Weil zum einen in der Bundesrepublik Deutschland die FH-Ingenieure damals gesucht waren, und gute Leute selten weniger als 2000 DM Anfangsgehalt bekamen, z. T. sogar deutlich mehr, zum anderen für das DFHI-Studium möglichst die besten Leute gewonnen werden sollten, zum dritten intensives Sprachstudium und Praktikum im Partnerland keine Zeit ließen, während der vorlesungsfreien Monate nebenbei Geld zu verdienen, zum vierten ein Studienjahr im Partnerland teurer ist als im Heimatland, sollte das Stipendium auf beiden Seiten voll kostendeckend sein. Weil als Anreiz für „möglichst die besten Leute" gedacht, hätte das Stipendium als „Leistungsstipendium" zu gelten und sollte – weil sich das DFHI bei beschränkter Zulassungszahl jeweils die besten Bewerber aussuchen würde – *dann* jedem Bewerber zukommen.

---

[17] In den weniger zentralen Fragen ist zwar auch noch bis kurz vor „Toresschluß" an den Textvorlagen einzelnes geändert worden. Außerdem mußte allen Kultusministern der Bundesländer der Abkommentext zur Zustimmung vorgelegt werden. Das alles konnte aber letztlich rechtzeitig erledigt werden.

So richtig der „politische" Grundgedanke auch war und nach wie vor ist, hat seine Verwirklichung bzw. seine partiell Nichtverwirklichung in einem Punkt, bei den Stipendien, inzwischen zu Verhältnissen geführt, die sehr restriktiv wirken (s. Kap. 5.3).

Die Arbeitsergebnisse der Unterkommission hat der Metzer Universitätspräsident FERRARI am 26. Juni 1978 auf der vor dem Aachener „Gipfeltreffen" letztmöglichen Sitzung der Deutsch-Französischen Expertenkommission in Paris vorgetragen, darunter auch den (oben skizzierten) Unterkommissionsvorschlag betreffend Finanzierung der Sprachkurse und der Stipendien. Die französischen Teilnehmer haben dargelegt, daß sie mit diesem Thema zum ersten Mal konfrontiert worden seien (was voraussetzen würde, daß FERRARI, sonst stets in engem Kontakt mit dem Erziehungsministerium, von dieser Sache noch nichts hätte verlauten lassen).

Die französische Delegation gibt darauf hinsichtlich der Sprachkurse „noch nicht ihre Zustimmung, will sich aber bemühen". Die Expertenkommission beschließt, daß die französische Seite „binnen 48 Stunden" in dieser Sache antworten muß. Hinsichtlich der Stipendien macht die französische Delegation „starke Vorbehalte". Weil die Sitzung vom 26. Juni aber die letzte ist, kommt hinsichtlich der Finanzierung der Sprachkurse und der Stipendien kein Beschluß zustande und auch nichts in den Text des Abkommens.

Obwohl also die Rechtsgrundlage fehlt, hat die Finanzierung der Sprachkurse jeweils durch das Partnerland de facto bislang immer funktioniert, auf beiden Seiten. Bei den französischen Stipendien für die deutschen Studenten sieht es triste aus. Es gibt hier jedoch ein nur schwer überwindbares, zum Teil staatsgrenzen-bedingtes Hindernis im Bildungs- und Sozialbereich (siehe Kap. 5.3).

Das Abkommen ist am 15. September 1978 in Aachen unterzeichnet worden. Die für die französischen Bewerber noch vor dem Vorlesungsbeginn in Saarbrücken durchzuführenden Sprachkurse kamen rechtzeitig zustande. Das Studium lief planmäßig an. Es läuft inzwischen seit vier Jahren. Die Zahl der Studenten war weit geringer als vorgesehen. Sie ist auch relativ gering geblieben – bei allerdings weit mehr französischen als deutschen Bewerbern. Wenngleich das zuletzt Genannte hie und da auch andere Gründe hat, liegt es doch vor allem an den Stipendien – was zu erwarten war. Die „Durchhalte"-Quote ist allerdings sehr gut. Wer in pädagogischen Berufen tätig ist, weiß, daß die Arbeit mit kleinen Gruppen durchweg intensiver und meist erfolgreicher ist.

Die französische Seite hat – nicht eingerechnet, daß die deutsche Seite bei den Stipendien bei weitem mehr aufbringen muß als die französische (größere Zahl von Stipendien und weit höhere Summe pro Stipendiat) – inzwischen *doch* eine hälftige Kostenteilung praktisch erreicht. Der „Rückzug aus Saargemünd" erfolgte freilich etappenweise. Zunächst ist das in Frankreich (in Lothringen) durchzuführende vierte Studienjahr nach Metz verlegt worden mit der Erläuterung: „bis auch in Saargemünd die erforderlichen Einrichtungen vorhanden sind". Die nächste Stufe war, daß diejenigen Fachrichtungen, die „schwere Ausrüstung" (Maschinen, Geräte usw.) erfordern, also Maschinenbau und Elektrotechnik, in Metz verbleiben sollten und nur noch die Betriebswirtschaft, weil weniger kostenaufwendig, nach Saargemünd kommen würde. Bis jetzt ist jedoch in Saargemünd noch gar nichts, und es darf inzwischen als sicher gelten, daß vom „Saargemünder" Hochschulinstitut nichts nach Saargemünd kommen wird.

Zusammenfassung

Gescheitert ist das Projekt bi-nationales IUT, das die Initiatoren wollten und für den Grenzraum brauchten. Gescheitert ist auch ein Aufbaustudium. Zustande gekommen ist, zu drei Vierteln, etwas ganz anderes, das aber, für sich genommen, sehr wohl von Nutzen ist.

5. Die Hindernisse

Die Untersuchung ergab, daß der grenzüberschreitenden Zusammenarbeit eine Fülle von Hindernissen entgegensteht. Zum Teil sind sie objektspezifisch, d. h. von den beiderseits der Staatsgrenzen gegebenen schwerwiegenden Unterschieden zwischen den Bildungssystemen (hier besonders im postsekundaren Bereich) bedingt, zu anderen Teilen haben sie ganz andere Ursachen. Nicht alle beim „Projekt Saargemünd" gegebenen Hemmnisse resultierten aus der Staatsgrenze. In manchen Fällen war eine „Gemenge-Lage" zu beobachten, ohne daß es möglich gewesen wäre, die Anteile „mengenmäßig" bestimmt auseinanderzunehmen; in einigen Fällen waren aber immerhin Übergewichte eindeutig zu erkennen.

Es bleibt zu beachten, daß Grenzen nicht erst dort auftreten, wo das Territorium des anderen *Staates* beginnt. Dort kommen lediglich in manchen Hinsichten neue Komplikationen hinzu, die eine Zusammenarbeit noch mehr erschweren. Die Abgrenzung ist schon beim Individuum (und seiner Identität) gegenüber den anderen Individuen gegeben, und bereits diese Verhältnisse sind nicht wenig komplex. Das setzt sich fort auf allen sozialen und räumlichen Ebenen, noch *innerhalb* von Staatsgrenzen.

Ein Teil der anläßlich der Fallstudie über das DFHI und über das, was ihm innerhalb des Rahmens „Projekt Saargemünd" vorausging, ermittelten staatsgrenzen-bedingten Hindernisse hat Bedeutung weit über das Projekt Saargemünd hinaus, ein Teil davon ist aus anderen Untersuchungen schon mehr oder weniger bekannt. Aber auch auf diese gehe ich ein, freilich primär in ihren im konkreten Fall beobachteten Erscheinungsformen.

Da die im Rahmen der Untersuchung über das Projekt Saargemünd beobachteten[18]) Hindernisse z. T. in sehr subtilen und komplexen Zusammenhängen stehen, die in einem hinsichtlich seines Umfanges fest begrenzten Beitrag wie diesem nicht in allen Details und nicht mit mehr Belegen darstellbar sind, verweise ich auf meine in Arbeit befindliche ausführliche Fallstudie „Staatsgrenze als Hindernis? Untersucht am Beispiel Deutsch-Französisches Hochschulinstitut für Technik und Wirtschaft Saargemünd".

5.1 Unterschiede in den Bildungssystemen

Ich stelle an den Anfang eine Feststellung des Metzer Universitätspräsidenten DAVID im Interview, bezogen auf seine Mitarbeit in der regionalen Unterkommission:

> „Wir haben – entweder war es hier [in Metz], an diesem Tisch, oder in Saarbrücken – einmal durchgezählt, ab Kindergarten, in dem der Unterricht ja anfängt, wo jeweils die Einschnitte liegen, in Deutschland und in Frankreich. Jedesmal mußten wir feststellen, daß sich die Einschnitte nicht decken; daß man in jedem Fall bei einem von beiden einen Einschnitt machen müßte, wo es für ihn normalerweise keinen gibt."

Zum Glück sind diese Unterschiede nicht in allen Kategorien beim Grenzübertritt von Bedeutung. Bei Baccalauréat und Abitur bzw. Baccalauréat de Technicien und Fachhochschulreife als Zugangsvoraussetzungen zu beim Projekt Saargemünd in Frage stehenden Hochschuleinrichtungen, die einen ersten tertiären Bildungsabschluß bringen sollten, gab es keine Hindernisse.

---

[18]) „Beobachtet" heißt hier:
    a) von mir, anhand der Akten, aus dem Ablauf der Dinge beobachtet, wie dieser Ablauf sich in den Akten niederschlägt, und/oder
    b) Beobachtungen von Teilnehmern an den Verhandlungen, die eine schriftliche Fixierung in den Aktenstücken gefunden haben, und/oder
    c) Äußerungen zum Thema seitens der Interviewpartner, die ihrerseits, und zwar von verschiedenen Positionen aus, alle am „Projekt Saargemünd" beteiligt waren.

Entscheidende Hürde für das bi-nationale IUT Saargemünd, das sowohl das IUT-Diplom als auch die FH-Graduierung verleihen sollte, war der Umstand, daß Frankreich 1966 einen praxisbezogenen Studiengang für die Bereich Technik und Unternehmensverwaltung einführte, der nur zwei Jahre dauert (eben an diesen IUT). Das französische Erziehungsministerium hat diese Lösung, zumindest in den ersten zehn Jahren des Bestehens der IUT, für die französischen Verhältnisse als besonders brauchbar angesehen. Ein zweijähriger Studiengang ist aber außerhalb Frankreichs in der EG praktisch nicht anerkannt, und eine Anerkennung ist auch nicht zu erwarten. Wechselseitige Anerkennung setzt zwar keineswegs vollständige Gleichartigkeit – sie ist auch bei Abitur und Baccalauréat nicht gegeben –, wohl aber Gleichwertigkeit, „Äquivalenz"[19]), voraus. Eine solche ist zwischen IUT-Diplom und FH-Graduierung (bzw. jetzt FH-Diplomierung) nicht gegeben. Das liegt nicht nur an den lediglich zwei statt drei Jahren, sondern an den Inhalten. Daß die Initiatoren und Promotoren aus Saargemünd, MEYSEMBOURG, PAX (und natürlich auch die Bürgermeister aus den anderen fast hundert ostlothringischen Gemeinden) und SEITLINGER mit ihrem Vorschlag nicht die Absicht hatten, „hintenherum" dem IUT-Diplom zur europäischen Anerkennung zu verhelfen, steht außer Zweifel. (In der Frühphase der Initiative waren jene Komplikationen auch noch gar nicht abzusehen gewesen.) Auf höheren Ebenen in Frankreich ist der Saargemünder Vorschlag aber dazu benutzt worden. Das ist auch verständlich. Die französische Seite hat das sehr hartnäckig versucht, nicht nur in der ersten Phase, als es um das bi-nationale IUT ging, das, miteinander, IUT-Diplom und FH-Graduierung verleihen sollte, sondern bis zum Schluß. Der Versuch kam nämlich wieder, als das französische Staatssekretariat für Universitätsangelegenheiten Anfang 1977 seinen neuen Vorschlag machte, der darauf hinauslief, daß nach zunächst zwei Jahren IUT-Studium und dann zwei Jahren Studium mehr, eines in Saarbrücken und eines in Metz, außer der FH-Graduierung das Magister-Zeugnis (Maîtrise) der Universität Metz verliehen werden sollte. Der Versuch kam noch einmal, ganz am Schluß der Verhandlungen im Jahr 1978, nachdem bereits Einigung darüber erzielt war, daß als Zugangsvoraussetzung für das Studium am DFHI nur *allgemein* ein „erster berufsqualifizierender tertiärer Abschluß" zu fordern sei, die französische Seite aber unbedingt die Nebeneinander-Nennung (ausschließlich) des IUT-Diploms und der FH-Graduierung durchsetzen wollte.

CELOR-Präsident MEYSEMBOURG, der Initiator des Projekts Saargemünd, der mit Erbitterung und mit Zorn erlebt hat, wie das Saargemünder Vorhaben, das aus elementaren Bedürfnissen des ostlothringischen Raums entstanden war, sich immer weiter von dem entfernte, was der ostlothringische Raum braucht, und außerdem immer weiter von Saargemünd abwanderte, sagte im Interview, es sei den Initiatoren doch nicht auf partout zwei Jahre angekommen; es hätten beim bi-nationalen IUT Saargemünd auch drei sein können („oder sogar vier: vielleicht brauchen die Studenten noch ein Jahr mehr wegen der Sprache"). Wir wissen aus dem historischen Teil, daß auch die deutsche Delegation der Deutsch-Französischen Expertenkommission nach deren Sitzung vom 18. November 1975 in Paris festgestellt hat, wenn aus dem Vorhaben etwas werden solle, müsse man die französische Seite dazu bringen, ein ebenfalls dreijähriges Studium einzuführen.

So richtig das natürlich ist, und zwar nicht nur in bezug auf die ursprünglich geplante echt Saargemünder Lösung, sondern auch, was europäische Anerkennung betrifft; eine Realisierung hätte die Konsequenz gehabt, daß Frankreich das seit zehn Jahren verfolgte Konzept für die praxisbezogene tertiäre Ausbildung hätte ändern müssen, mit all den vielfältigen Konsequenzen auf zahlreichen Gebieten und an vielen Ecken und Enden, die eine solche Änderung mit sich bringt. (Nicht als ob so etwas unmöglich wäre! Änderungen solcher und noch höherer Größenordnung hat es ja immer wieder gegeben, auch in Frankreich.) Es ist deshalb zum Teil

---

[19]) Daß es zwischen beiden Ländern in konkreten Fällen für Studenten Schwierigkeiten hinsichtlich der Anerkennung bestimmter „Notendurchschnitte" in numerus-clausus-Fächern gegeben hat, steht auf einem anderen Brett. (Die Deutsch-Französische Expertenkommission hatte einmal aus konkretem Anlaß allgemeine Gesichtspunkte solcher Schwierigkeiten auf der Tagesordnung.)

verständlich, wenn den aus dem Grenzraum stammenden Initiatoren eines Vorhabens vorgehalten wird, sie überblickten eben jene Konsequenzen nicht, die die Realisierung ihres Projekts im nationalen Rahmen habe.

Die Sache hat aber noch einen anderen Aspekt. Es wäre theoretisch denkbar gewesen, daß das Pariser Erziehungsministerium sich auf den Standpunkt gestellt hätte: Ihr habt dort in Ostlothringen besondere Bedingungen, besondere Erschwernisse und besondere Chancen. Deshalb bekommt ihr ein IUT sui generis. Wer auf eurem IUT studiert, sei er aus Ostlothringen oder aus Bordeaux, muß dann in Kauf nehmen, daß er ein Jahr länger studiert. Im *übrigen* aber werden wir unser nationales System der praxisbezogenen tertiären Ausbildung nicht ändern.

Das setzte freilich voraus, daß die „besonderen ostlothringischen Bedingungen" in Paris tatsächlich akzeptiert würden. MEYSEMBOURG meint, das sei immer noch nicht der Fall. „Frankreich will an der Grenze nicht verdichten, besonders nicht auf internationaler Basis, weil Frankreich befürchtet, es könnten sich so neue Interessensphären bilden, die von Paris unabhängiger sein könnten. Das ist der Witz der Sache." MEYSEMBOURG steht in Ostlothringen mit dieser Meinung nicht allein. Mit dem, was er hier ausspricht, wird bereits ein Thema berührt, um das es in Kapitel 5.6 geht.

Das nächste aus Unterschieden zwischen den Bildungssystemen stammende Hindernis brachte die auf französischer Seite Anfang 1977 geäußerte Absicht zur Verleihung der Maîtrise an die Absolventen der deutsch-französischen Studieneinrichtung nach dem „insgesamt vierjährigen Studium". Das kollidierte mit dem im deutschen Bildungssystem verankerten Grundsatz, daß es Studium auf verschiedenen Ebenen für verschiedene Qualifikationen gebe, daß die Grenze zwischen beiden Ebenen zwar nicht undurchlässig sein solle, daß aber das Einreißen dieser Grenze schädlich sei und auf jeden Fall vermieden werden müsse. Das betrifft vor allem die in Deutschland seit dem vorigen Jahrhundert gegebene und im ganzen bewährte Trennung zwischen einer universitären Ingenieurausbildung (an Technischen Hochschulen und Bergakademien) und einer mehr unmittelbar praxisbezogenen Ingenieurausbildung an (früher) Höheren Technischen Lehranstalten bzw. Ingenieurschulen, den (inzwischen) Fachhochschulen. Die FH-Ausbildung ist, wie wir schon wissen, dreijährig, d. h. bei uns sechssemestrig; sie ist vergleichsweise sehr schulisch, und der Abschluß wird in der Regel auch nach sechs Semestern tatsächlich erreicht. Die universitäre Ingenieurausbildung kann in extrem günstigen Fällen allenfalls nach acht Semestern abgeschlossen sein, sie braucht tatsächlich, auch bei guten Studenten, zehn bis zwölf Semester. Aber es geht nicht einmal primär um Quantität, sondern um qualitativ anderes. – Im Verhältnis beider Gruppen von Ingenieuren zueinander gibt es – das gilt aber nicht nur dort – im Beruf immer dann Spannungen, wenn bei einzelnen Vertretern auf dieser oder jener Seite bestimmte allgemein menschliche Qualitäten fehlen. Das bringt in solchen Fällen Prestige-Schwierigkeiten mit sich. Oft versuchen dann Ingenieure der Ingenieur- bzw. Fachhochschulen – in der Regel gegen ihre eigenen gut überlegten Interessen – ebenfalls noch „Akademiker" zu werden, wenn sich irgendwo eine Möglichkeit dazu bietet[20]).

Der französische Vorschlag vom Januar 1977 hat, was die darin vorgesehene Maîtrise als Abschlußdiplom (außer der FH-Graduierung) betrifft, auf deutscher Seite Alarm ausgelöst. Wer ein Magister-Diplom besitzt, hat nämlich an unseren Universitäten das Recht, sich um ein Thema für eine Doktorarbeit zu bewerben. In Frankreich ist es so: Wer an französischen Universitäten – und die IUT gehören organisatorisch ja dazu – erfolgreich ein insgesamt dreijähriges Studium absolviert hat, bekommt die Licence (die es bei uns nicht gibt), im Fall eines insgesamt

---

[20]) Seit reichlich zehn Jahren sind auch an der Technischen Hochschule Darmstadt die schädlichen Folgen einer vom Land Hessen verordneten Niederlegung der Grenzen zwischen Ingenieurschul- bzw. jetzt Fachhochschul- und Universitätsausbildung im Fall des Gewerbelehreraufbaustudiums zu beobachten gewesen. Die Erfahrungen auch von dort zeigen jedenfalls, wie richtig es war, daß sich der WRK-Vertreter im Fall des Projekts Saargemünd gegen die Verleihung der Maîtrise zur Wehr gesetzt hat.

vierjährigen Studiums die Maîtrise (die etwa unserem Magister-Diplom entspricht). Das vollzieht sich weitgehend schematisch und ist dort auch nicht weiter aufregend, weil akademische Abschlüsse an französischen Universitäten in der Regel keinen berufsqualifizierenden Charakter haben, etwa von der Art unserer Staatsexamina und der staatlich anerkannten Diplome. Eine Licence bzw. Maîtrise besagt in Frankreich nicht mehr, als daß der Inhaber drei bzw. vier Jahre erfolgreich auf dem von ihm gewählten Gebiet wissenschaftlich tätig war. (Das gilt im Prinzip für den deutschen Magister zwar ebenso, aber die Universitäten bzw. Fachbereiche bei uns überlegen doch, wie ich selber weiß, bei der Einführung von Magister-Studiengängen *auch*, auf welche Weise ein solcher Studiengang dennoch Berufs-Chancen bietet.) Wer in Frankreich nach dem Universitätsstudium eine Berufsqualifikation erwerben will, muß in der Regel durch ein System von berufsqualifizierenden Kursen außerhalb der Universitäten.

Unter solchen Voraussetzungen hat das französische Ministerium gerechnet: zwei Jahre IUT plus ein Jahr Saarbrücken plus ein Jahr Metz bzw. drei Jahre FHS plus ein Jahr Metz gleich vier Jahre Universitätsstudium; deshalb: Maîtrise. Das war für die deutsche Seite unannehmbar[21]), zum einen aus den obengenannten Gründen. Vor allem FAILLARD (WRK und Präsident der Universität des Saarlands) und SCHRÖDER (vom Bonner Büro des „Bevollmächtigten") haben besonders darauf hingewiesen, es müsse vermieden werden, daß Studenten diesen Abschluß nur anstrebten, um anschließend an einer Universität weiterzustudieren. Die Wirtschaft im grenznahen Raum habe keinen Mangel an Universitätsabsolventen, sondern an fachpraktisch ausgebildeten Leuten für das Middle Management. Es gab aber noch einen anderen Einwand: Das „viersemestrige Studium" sei erstens aus deutscher Sicht keineswegs ein viersemestriges Universitätsstudium und zweitens dauere es z. T. nur deshalb vier Semester, weil ein nennenswerter Aufwand für das Erlernen der Partnersprache betrieben werden müsse. Das zuletzt genannte Argument hat es dann auch der französischen Seite möglich gemacht, auf die Licence zurückzugehen. Fazit: in diesem Fall sind die Schwierigkeiten, die sich aus der Verschiedenheit der Bildungssysteme beiderseits der Grenzen ergaben, überwunden worden.

Nicht überwindbar war das staatsgrenzen-bedingte Hindernis im Fall der geplanten vierten Studienrichtung, Wirtschaftsingenieurwesen, an dem die deutsche Seite und auch, wie die Akten ausweisen, der ostlothringische Raum, nachdem dort im Lauf der Verhandlungen bekanntgeworden war, was das Wirtschaftsingenieurwesen ist, besonderes Interesse hatten. Der Studiengang ist gescheitert, weil es im französischen Bildungssystem, d. h. an den IUT, nichts Entsprechendes gibt.

Der Föderalismus im Bildungsbereich auf deutscher Seite ist kein nennenswertes Hindernis gewesen, in einer entscheidenden Hinsicht war er sogar von besonderem Vorteil. Zwar ist es auch in Ostlothringen wenig bekannt, daß die Zuständigkeiten im Bildungswesen auf deutscher Seite anders gelagert sind als in Frankreich. HAUCH sagte dazu im Interview:

> „Die [beim CELOR, jener ostlothringischen Wirtschaftsförderungsgesellschaft] waren ganz platt, als ich ihnen sagte, daß es in der Bundesrepublik auf Bundesebene keine zentrale Instanz gibt, die für solche Sachen zuständig ist, keinen Bundeserziehungsminister; daß das hier Landesangelegenheit ist; daß es da die Konferenz der Kultusminister gibt und daß man in erster Linie das Bundesaußenministerium ansprechen muß [wenn es um eine deutsch-französische Hochschuleinrichtung geht]",

und an anderer Stelle bei gleicher Gelegenheit:

> „Wenn Sie heute nach Frankreich gehen und dort sagen, daß es hier [auf Landesebene] eine eigene Regierung gibt mit eigenen Ministern und ein eigenes Parlament, daß wir hier

---

[21]) Natürlich nur unannehmbar hinsichtlich der *deutschen* Konsequenzen. Niemand konnte und wollte der französischen Seite vorschreiben, was diese innerhalb ihres eigenen Systems macht oder läßt. Freilich hätte eine solche Maîtrise wiederum Konsequenzen für die bilateralen und europäischen Äquivalenzdiskussionen gehabt.

Gesetze machen können, dann sehen auch hohe französische Beamte Sie mit Staunen an."

Das alles betrifft aber nicht Hindernisse aufgrund des bei uns gegebenen Föderalismus, sondern gehört in die Kategorie „Zu wenig Kenntnis über die Verhältnisse beim Partner". Darauf komme ich in Kapitel 5.5 zurück. Auch wenn SEITLINGER sagt, daß es zunächst nicht klar war, daß die Zuständigkeiten beiderseits der Grenzen anders verteilt sind und

„daß bei uns [in Lothringen bzw. generell in Frankreich] nicht auf lokaler und regionaler Ebene, sondern nur auf nationaler Ebene beschlossen werden"

kann, war wiederum nicht der auf deutscher Seite gegebene Föderalismus das Hindernis, schon eher, daß er in Frankreich fehlt. SEITLINGERS nachfolgende Feststellung,

„dadurch gab es natürlich erhebliche Schwierigkeiten, die Partner auf die gleiche Wellenlänge zu bringen",

betrifft wiederum nur das anfangs fehlende Wissen über die Verhältnisse beim Partner. Das änderte sich im Prozeß der wechselseitigen Aufklärung und hat dazu geführt, daß die „gleiche Wellenlänge" erreicht worden ist. In der Deutsch-Französischen Expertenkommission, in der Deutsch-Französischen Sachverständigengruppe Projekt Saargemünd und in den von ihnen gebildeten Unterkommissionen gab es diese Schwierigkeiten natürlich sowieso nicht; denn ihre Mitglieder waren ja durchweg „alte Hasen", längst mit den Unterschieden vertraut.

Der deutsche Föderalismus war nicht nur kein Hindernis für das Vorhaben deutsch-französisches Hochschulinstitut, er brachte vielmehr Vorteile. Während ein für Lothringen zuständiger Regionalpräfekt notorisch nicht aus Lothringen oder gar Ostlothringen stammt und der Rektor der lothringischen „Akademie Nancy-Metz" (d. h. der oberste nachgeordnete Verwaltungsbeamte des Pariser Erziehungsministeriums für die Region) ebenfalls nicht, ist die auch personelle Verankerung der saarländischen Landesregierung und der Ministerialen im Land[22]) mit eine wichtige Voraussetzung dafür, daß in *verantwortlichen* Stellen im Saarland relativ viele Personen sind, die wenigstens einigermaßen über die Verhältnisse auf der anderen Seite der Grenze orientiert sind, nicht selten Vorfahren oder Verwandte von dort haben und von daher schon eher wenigstens ein bißchen mehr auch *Verständnis* für jene Verhältnisse „uff de anner Sitt" mitbringen, wie das z. B. auf der saarländischen Saarseite gegenüber dem lothringischen Saargemünd ebenso heißt wie dort. Das trifft für GROH, WOLTER, HAUCH und auch Kultusminister SCHERER zu, die vom Saarland aus auf deutscher Seite mit verhandelt haben.

5.2 Finanzierung

Die französische Seite hatte in den zwei Projektphasen „bi-nationales IUT" und „Aufbaustudium" hälftige Kostenteilung verlangt. Die deutsche Seite hat dagegen auf die Präzedenzfälle Deutsch-Französische Gymnasien verwiesen. Damit hat es folgendes auf sich. In der Zusatzvereinbarung zum Abkommen über die Deutsch-Französischen Gymnasien wird die Finanzierung in der Weise geregelt, daß die Kosten für Grundstück, Gebäude, Einrichtung und laufenden Bedarf jeweils von dem Land getragen werden, auf dessen Grund und Boden die

---

[22]) Wobei es gar nicht darauf ankommt, daß etwa *alle* Minister von Haus aus Saarländer sind. (Solche „Inzucht" wäre auch nur schädlich.) Es hat sich umgekehrt gezeigt, daß die aus anderen Bundesländern ins Saarland berufenen Minister (das gilt übrigens auch für Ministerialbeamte, für Professoren, für Industrie-Manager und für viele andere) erstaunlich schnell zu „überzeugten Saarländern" werden. Das wäre in Lothringen beim Präfekten und in ähnlichen Fällen gar nicht möglich, weil diese gerade nicht heimisch werden dürfen. Sie werden nach einigen Jahren abgelöst und im Zug eines Revirement umgesetzt. (Das betrifft aber nicht nur Lothringen, sondern alle Regionen.)

Bildungseinrichtung steht. Dementsprechend gehen die Kosten für die DFG Saarbrücken und Freiburg zu Lasten der deutschen, die Kosten für das DFG in Versailles zu Lasten der französischen Seite. In allen Fällen entsendet und besoldet jede Seite die eigenen Lehrkräfte, und die französischen Lehrkräfte in Saarbrücken und Freiburg haben auch einen französischen, die deutschen Lehrkräfte in Versailles einen deutschen Dienstherrn. Diese Regelung gilt für alle noch entstehenden Fälle von DFG. Hintergrund ist, daß auf diese Weise rechtlich weniger Schwierigkeiten entstehen hinsichtlich Ausschreibungs-, Vergabe- und noch anderen Verwaltungsvorschriften im Fall von Investitionen (Gebäude und Einrichtungen), die im *einen* Staat erfolgen, bei einer hälftigen Kostenteilung aber vom *anderen* Staat im Ausland mitgetätigt werden müßten. Rechtlich einfacher ist die DFG-Regelung auch hinsichtlich des Eigentums[23]).

Wenngleich das Modell Aufbaustudium Saargemünd an der französischen Forderung, die deutsche Seite solle sich, anders als in den Präzedenzfällen üblich, an den Investitionen und laufenden Kosten zur Hälfte beteiligen, und an der deutschen Weigerung gescheitert ist, so ist doch die Nicht-Einigung nur insofern staatsgrenzenbedingt gewesen, als die Unterschiede in den Rechtsverhältnissen und in den Verwaltungsvorschriften beiderseits der Grenze es gerade nahelegten, möglichst von Investitionen einer öffentlichen Hand auf ausländischem Territorium abzusehen.

Im übrigen jedoch – und damit bin ich bei der Hauptsache – ging es darum, daß die französische Seite die Kosten für ein auf ihrer Seite vorgeschlagenes (und für die eigene Seite auch attraktiveres) Projekt trotz der DFG-Präzedenzfälle zu einem möglichst großen Teil dennoch auf die andere Seite abwälzen wollte. Das aber ist nicht staatsgrenzen-spezifisch; das gibt es vielmehr genauso zwischen Gemeinde und Staat, zwischen Gemeinde und Gemeinde, zwischen Privat und Gemeinde, zwischen Privat und Staat, zwischen Privat und Privat. Es kommt bloß eben *auch* zwischen Staat und Staat vor. Indem ich dies feststelle, geht es nicht darum, den „Zeigefinger der Entrüstung" zu heben. Dieses Phänomen bedarf hinsichtlich staatsgrenzen-überschreitender Zusammenarbeit – und überhaupt – einer genaueren und dabei nüchternen Betrachtung unter dem Gesichtspunkt „Eigeninteresse/Partnerinteresse", anders ausgedrückt: „Wieviel darf ich dem anderen zumuten?" Schon einige mehr anspruchsvolle Projekte sind daran gescheitert, daß dieser Gesichtspunkt von dem, der ein Vorhaben in die Diskussion brachte, zu wenig beachtet wurde.

5.3 Stipendien

Das deutsch-französische Abkommen über das DFHI ist zwar trotz fehlender Stipendienregelung abgeschlossen worden; die für das DFHI tätigen FH-Professoren (und wie ich von ihr weiß, auch die Leitung der Universität Metz) sind aufgrund der Erfahrungen der vergangenen vier Jahre der Ansicht, daß das DFHI eingehen werde, wenn nicht die französische Seite eine gleichartige Stipendienregelung treffen werde wie die deutsche.

Die deutsche Seite (AA über DAAD) stellt alljährlich die 1978 angekündigten bis zu 30 Stipendien für französische DFHI-Studenten zur Verfügung. Die Stipendien werden für zwölf Monate gezahlt, da das deutsch-französische Abkommen Praktika im Partnerland vorschreibt, die Sprachkurse und Sonderlehrveranstaltungen in der vorlesungsfreien Zeit zu absolvieren sind,

---

[23]) Ich kenne einen Fall von Miteigentum einer öffentlichen Hand auf fremdem Hoheitsgebiet, das internationale Abwasserklärwerk Echternach/Weilerbach an der Grenze zwischen Luxemburg und dem Raum Trier (MATTAR, wie Fn. 9, Kap. 3.2.1.2). Das ist aber ein Ausnahmefall, jedenfalls in der „Großregion Saarland-Westpfalz-Lothringen-Luxemburg-Trier" und entlang der Grenze Südpfalz-Unterelsaß, wo bei grenzüberschreitender Abwässer-Entsorgung das Eigentum sonst stets nur auf einer Seite ist. Außerdem sind Schul- und Hochschuleinrichtungen viel komplexere Gebilde als Entsorgungsanlagen.

die Studienplangestaltung infolgedessen so straff ist, daß lediglich die Weihnachtswoche frei bleibt und Nebentätigkeiten, die eigene Einkünfte bringen, nicht möglich sind. Die deutsche Seite zahlte den französischen Studenten im ersten Jahr pro Monat 750 Mark, im zweiten und im dritten Jahr 770 DM; dazu gibt es eine Bücherbeihilfe von 200 DM für das ganze Jahr und eine Reisekostenpauschale[24]).

Die französische Seite hat zunächst nur sechs Stipendien zur Verfügung gestellt. Das ist vor folgendem Hintergrund zu sehen (den SEITLINGER im Interview erläutert hat). Frankreich vergibt für deutsche Studenten in Frankreich insgesamt nur 40 bis 50 Stipendien[25]). SEITLINGER hat nur mit sehr viel Mühe die Zahl auf neun und dann auf elf hochbringen können, so daß schließlich, als die ersten deutschen DFHI-Studenten in ihr viertes Studienjahr nach Metz gingen, elf Stipendien des französischen Außenministeriums zur Verfügung standen, zunächst in Höhe von 1400 ffrs pro Monat (seit einem Jahr später 1500 ffrs), aber nur für neun Monate pro Jahr, von Oktober bis Juni.

„In diesem Zeitraum [aber] lassen sich die Praktika für deutsche Studenten in französischen Betrieben nicht realisieren. Der Auftrag aus dem Regierungsabkommen läßt sich nur durchführen, wenn die Stipendienlaufzeit für die deutschen Studenten von 9 auf 12 Monate angehoben wird."[26])

Die Unterschiede in der Stipendienregelung sind zum kleinen Teil staatsgrenzenbedingt. Sie sind es insofern, aber auch nur insofern, als die deutsche Auffassung dahin geht, wegen der besonderen Bedeutung dieser ersten deutsch-französischen Bildungseinrichtung im Hochschulbereich müsse darauf geachtet werden, daß nur die Allerbesten zugelassen würden, weshalb die Stipendien Leistungsstipendien (folglich voll konstendeckend) und also an alle schließlich ausgewählten (30) Bewerber auf jeder Seite gezahlt werden sollten, während in Frankreich (staatliche) Stipendien grundsätzlich nur gemäß Bedürftigkeit gewährt werden (SEITLINGER im Interview). SEITLINGER fügte hinzu, er könne zwar – und das habe er ja auch mit einigem Erfolg getan – beim Directeur Général des Affaires Culturelles im französischen Außenministerium intervenieren, um aus dem Topf der (etwa 40 bis 50) Stipendien für deutsche Studenten ein paar mehr für das DFHI herauszuholen, und der „DFHI-Brocken" sei, nicht nur gemessen an jenen 40 bis 50, sondern überhaupt auf dem Kontinent, inzwischen der größte. Wolle er, SEITLINGER, aber für *alle* deutschen DFHI-Studenten ein Stipendium herausholen, „dann stoße ich an ein Grundprinzip der Stipendienvergabe in Frankreich. . . . Das ist dann eine Ministerfrage; aber das scheitert".

In bezug auf das „für alle" hält sich auf französischer Seite hartnäckig ein Mißverständnis. Es ging nämlich keineswegs darum, allen Studenten, die am DFHI studieren wollen, das Stipendium zu geben, sondern nur denen, die schließlich *ausgewählt* werden. Freilich, die Eile, mit der das Projekt im Sommer und Herbst 1978 schließlich betrieben werden mußte, weil beide Seiten meinten, nicht noch ein Jahr mehr warten zu können, ist erheblich mit daran schuld, daß sich im ersten Jahr nur elf deutsche Bewerber fanden; und für sie waren dann, *nach* SEITLINGERS Bemühungen, sogar elf Stipendien vorhanden, also für jeden eins. Das *blieb* dann so. Inzwischen war aber für deutsche Bewerber klar, daß sie nicht sicher mit einem Stipendium rechnen konnten. Das wiederum drückte die Zahl der Bewerbungen herunter. Abgesehen vom ersten Jahr, 1978, das wegen der ungewöhnlichen Bedingungen nicht zum Vergleich herangezogen werden kann, lag zwar die Zahl der deutschen Bewerber stets lediglich bei knapp der Hälfte der Zahl der französischen – was zwar auch noch andere Gründe hat, aber nicht zuletzt an der Unsicherheit

---

[24]) Zur Begründung siehe auch Kap. 4.

[25]) Ohne ganz sicher zu sein, hat SEITLINGER die Gesamtzahl der französischen Stipendien für ausländische Studenten auf etwa 2000 geschätzt; „die meisten gehen nach Afrika und Amerika", d. h. an von dort kommende Studenten. Was Afrika betrifft, hängt das natürlich mit dem früher großen Kolonialbesitz Frankreichs auf diesem Kontinent zusammen.

[26]) PETER, W.: DFHI-Jahresbericht 1981. Saarbrücken, Februar 1982, S. 19.

hinsichtlich Stipendium liegt –, dennoch war die Zahl derjenigen, die tatsächlich ins vierte Studienjahr (zweites DFHI-Jahr) nach Metz gingen, niedriger als die Zahl der zum Studium zugelassenen deutschen Bewerber und stets nur auf dem Niveau der Zahl der vorhandenen französischen Stipendien. Gerade die Unsicherheit, ob zwischen Zulassung und Studienbeginn in Saarbrücken bzw. vielleicht noch wärend des ersten Jahres, *vor* Beginn des Studiums in Metz, bei dem es dann in bezug auf die Stipendien „drauf ankam", vielleicht irgendwer in Frankreich irgendwo doch noch zusätzlich Stipendien auftreiben würde oder nicht, wirkte ungünstig. Für das zweite Studienjahr und danach sind noch zwei Stipendien beim Ministerium für Hochschulangelegenheiten aufgetrieben worden (während das Außenministerium nicht über die elf Stipendien hinauszugehen bereit war und ist); diese beiden Stipendien wurden aber wieder unsicher, als unter dem neuen Präsidenten MITTERAND dieses Ministerium aufgelöst und wieder dem Erziehungsministerium zugeschlagen wurde. Mit Erfolg ausprobierte sehr kühne Zwischenlösungen auf unteren Ebenen sind zwar sehr anerkennenswert, aber das ganze Hin und Her ist unzuträglich.

Der Umstand, daß den deutschen Studenten nur für neun Monate Stipendien gezahlt werden, bringt für sie auch den Nachteil, daß sie größere Schwierigkeiten als ihre französischen Kollegen im Fall des Nichtbestehens von einzelnen Prüfungsteilen und, dann, die Notwendigkeit der Wiederholung dieser Teilprüfungen haben. Die Zeit für die Wiederholung liegt innerhalb der drei Monate nach dem Studienschluß im Juni. Für die deutschen Studenten bedeutet das aber einen Auslandsaufenthalt, für den sie kein Geld mehr bekommen.

Laut DAAD gibt es zwar deutsche Stipendien für Ausländer normalerweise ebenfalls nur für neun Monate, und die DFHI-Regelung ist eine der Ausnahmeregelungen aus den genannten Gründen; aber auch Frankreich kennt den Fall der Vergabe von Stipendien für zwölf Monate an deutsche Studenten, nämlich für Medizinstudenten, für die das „praktische Jahr" in Frankreich zwingend vorgeschrieben ist. Obwohl das deutsch-französische Abkommen über das DFHI das Praktikum im Partnerland ebenfalls zwingend vorschreibt, war hier bislang eine Ausdehnung auf zwölf Monate auch für die deutschen DFHI-Studenten bei der französischen Seite nicht zu erreichen.

Das für die Fortexistenz des DFHI schwierigste Hindernis, die Stipendienregelung, ist also zu anderen Teilen nicht staatsgrenzenbedingt. In *diesen* Teilen ist die Situation im Prinzip nicht anders als die im vorausgegangenen Kapitel dargestellte. Es geht darum, aus der eigenen Kasse weniger Geld auszugeben.

5.4 Sprachbarrieren

Bereits bei den Vorverhandlungen ergaben sich Verständigungsschwierigkeiten. In den Verhandlungsprotokollen über zwei Sitzungen fand ich die Feststellung, die Verhandlungen seien „außerordentlich mühsam und voll von Mißverständnissen" gewesen, was hauptsächlich an der „unzulänglichen Übersetzung" gelegen habe; im anderen Fall heißt es, es habe kein Dolmetscher zur Verfügung gestanden, weshalb die Verhandlungen auf französisch geführt worden seien. Zwar habe eines der deutschen Delegationsmitglieder „einige Verhandlungspunkte ins Deutsche übersetzt", aber: „Insgesamt ist der Verhandlungsablauf wegen des Fehlens eines Dolmetschers schleppend. Mißverständnisse können in Einzelfällen nicht ausgeschlossen werden." In einem anderen Zusammenhang, nämlich bei Überlegungen, wie die mit der Erarbeitung der Curricula befaßten und später an der deutsch-französischen Hochschuleinrichtung vermutlich tätigen FHS-Dozenten die erforderlichen Französisch-Kenntnisse erwerben könnten (worauf es mir hier aber noch nicht ankommt), heißt es:

> „Einmal wird es [wenn das erreicht ist] auf die Dauer überflüssig werden, zu jeder Fachsitzung einen Sprachmittler zuzuziehen. Auch wird so gesichert, daß die Fachleute untereinander zu klaren Erkenntnissen kommen, die nicht durch fachliche Inkompetenz des Dolmetschers gefährdet sind."

Die drei Feststellungen zusammengenommen, machen das ganze Elend des Dolmetschens deutlich. Wenn nicht gedolmetscht wird, klappt's nicht, wenn aber gedolmetscht wird, auch nicht. Warum das so ist, kann ich hier nur andeuten. Selbst Spitzenkräfte unter den Dolmetschern bleiben mit ihren fachlichen Kenntnissen doch mehr oder weniger im Bereich des Allgemeinen. Sehr spezialisierte Spitzenkräfte hätten nämlich auf diesem ihrem Spezialgebiet zu wenig Arbeits- und Verdienstmöglichkeiten. Nur in Glücksfällen geht die Dolmetscherei auf anderen als sehr simplen Gebieten wirklich glatt. Im Normalfall sieht es anders aus. Ich kann aus dreißig Jahren eigener Erfahrung mit gedolmetschten internationalen wissenschaftlichen und politischen Veranstaltungen anfügen, daß die hier im Zusammenhang des Projekts Saargemünd genannten Fälle alles andere als lediglich extrem ungünstige Ausnahmen sind[27]. Nun könnte jemand sagen, zu solchen Verhandlungen sollten die Franzosen und die Deutschen gefälligst nur solche Leute schicken, die die Sprache des Partnerlandes beherrschen. Näheres Zusehen läßt erkennen, daß das nicht verlangt werden kann. Der für ein bestimmtes Referat oder eine Abteilung oder eine Unterabteilung in einem Ministerium oder der für eine Dozentenstelle an einer Fachhochschule Infragekommende kann nicht primär, sondern allenfalls in günstigen Fällen zusätzlich unter dem Gesichtspunkt der Fremdsprachen-Qualifikation eingestellt werden.

In jenem dritten Fall, oben, wo es in der Hauptsache um Möglichkeiten ging, wie die FHS-Dozenten zu guten Französisch-Kenntnissen kommen (was ich immer noch, zunächst, zur Seite schiebe), wird ferner gesagt, „daß die deutsche Seite in Saarbrücken nicht über zweisprachige Lehrkräfte verfügt, wie es sie an den Hochschulen Lothringens gibt"[28].

Wenn das so ist – so könnte jemand fragen –, warum hat man dann nicht wenigstens in den Unterkommissionen auf saarländisch-lothringischer Ebene aus praktischen Gründen (um so mehr noch, als dort, wie wir hörten, doch so sehr unter Zeitdruck gearbeitet werden mußte) die Verhandlungen auf deutsch geführt? Abgesehen davon, daß eben auch an der Universität Metz keineswegs alle Beteiligten deutsch sprechen[29], spielt – wie ich hier nur andeuten kann – die historische Besonderheit des ostlothringischen (und des elsässischen) Grenzraums eine Rolle, an deren Zustandekommen auch unsere Seite eine gehörige Portion Mitschuld hat. Für die Ostlothringer (und die Elsässer) ist es in Frankreich (fast) immer (noch) erforderlich, zumindest bei offiziellen und vergleichbaren Anlässen unbedingt französisch zu sprechen. Würde ein französischer Professor, sagen wir, aus Bordeaux anläßlich einer Tagung mit deutschen Kollegen in Bordeaux seinen Vortrag auf deutsch halten, würde man das auch französischerseits ebenso als eine brillante Leistung ansehen, wie wenn der Oberbürgermeister von Dijon vor einer Besuchergruppe aus Rheinland-Pfalz eine etwas längere Begrüßungsrede auf deutsch hielte. In Ostlothringen (und im Elsaß) hat das andere Aspekte.

---

[27] Das Dolmetschen (dann übrigens gleichgültig, wie gut oder schlecht es ist) hat im Fall, daß es auf Strategie-Überlegungen ankommt, für denjenigen einen Vorteil, der das Gesagte bereits gleich in der Fremdsprache versteht. Er gewinnt Zeit, in der er sich seine Strategie überlegen kann. Das aber steht auf einem besonderen Blatt mit der Überschrift „Potenzierung der Nachteile für den, der die Partnersprache nicht beherrscht".

[28] Zwar stecken in dieser Formulierung, die der Vertreter des „Bevollmächtigten" an die Kulturabteilung des AA richtet, aus taktischen Überlegungen (das AA soll etwas in der Sache veranlassen) sowohl eine Untertreibung als auch eine Übertreibung. Es war nicht so, daß es an der FHS gar keine Dozenten gab, die französisch konnten; GROH konnte sogar sehr gut. Und das, was dort über die „Hochschulen Lothringens" gesagt wird, gilt so im wesentlichen nur für die Universität Metz, dagegen kaum für die Universitäten in Nancy, auch in Metz keineswegs für alle Lehrkräfte; aber im großen und ganzen sind die Unterschiede zwischen Saarbrücken und Metz doch noch deutlich. Warum das so ist, darauf komme ich an anderer Stelle in diesem Kapitel noch zurück.

[29] Zwar unter denen, die hier besonders wichtig waren, z. B. der Metzer IUT-Direktor BARO und der Germanist (und später Metzer Universitätspräsident) DAVID sehr wohl, aber der lange Zeit auf lothringischer Seite federführende Universitätspräsident FERRARI (ein, soweit ich weiß, Korse) meiner Kenntnis nach nicht oder nur wenig.

Ich bringe hier ein Beispiel, weil außerhalb des Grenzraumes auf unserer Seite darüber kaum eine Vorstellung vorhanden ist. Im Rahmen der „Treffen der Westricher Geschichtsvereine"[30], zu denen ich seit gut zehn Jahren fast immer komme, habe ich immer wieder erlebt, daß Teilnehmer aus Lothringen und dem Krummen Elsaß ihre Vorträge oder anderen Beiträge zunächst auf französisch brachten (bringen „mußten") und anschließend genau dasselbe noch einmal auf deutsch vortrugen, damit alle Saarländer und Westpfälzer den Inhalt ebenfalls mitkriegten. Man kann sich vorstellen, wie förderlich das für den „Gang der Handlung" einer Tagung ist. – Es gab allerdings auch Fälle, in denen Lothringer die ersten ein, zwei, drei Sätze auf französisch sagten, zur Vortragseinleitung oder zur Begrüßung, worauf folgte: „Und jetzt Schluß mit dem Unsinn. Wir verstehen und sprechen hier schließlich alle deutsch." Offiziell soll das allerdings nicht sein, und je höher die Ebene ist, auf der eine Veranstaltung stattfindet, und natürlich je mehr eine Sache oder Veranstaltung ans Offizielle heranreicht, um so genauer verhalten sich die Ostlothringer (und Elsässer) „comme il faut", auch wenn aus praktischen Gründen anders zu verfahren viel vernünftiger wäre. Das wird von den Saarländern und den Westpfälzern respektiert, weil dort eben zwar auch nicht alle, aber doch sehr viele wissen, woran das liegt. Ich möchte dazu ganz deutlich sagen: Außer in Lothringen selbst hat niemand das Recht, sich darüber zu mokieren, weder in Frankreich – auch *das* gilt – noch gar bei uns. Ein genauerer Blick auf die Geschichte macht deutlich, in welchem Umfang, vor allem seit Beginn der Neuzeit, beide Seiten dieses materiell und kulturell zuvor so reiche Land, den Kern des karolingischen Reiches, physisch und moralisch immer wieder ruiniert haben: Physisch in zig Kriegen und Feldzügen, moralisch seit dem französischen Nationalismus des Jakobinertums ab Ende des 18. Jahrhunderts und fortwirkend im 19. Jahrhundert und nach dem Ersten Weltkrieg, in subtilen Formen noch bis heute, moralisch mit dem deutschen Nationalismus zwischen 1871 und dem Ersten Weltkrieg, mit seinem Gemisch von Naivität, Unwissenheit, Dummheit, Gutmütigkeit, Unverstand, Überheblichkeit und obrigkeitlicher Unduldsamkeit gegenüber den Lothringern und Elsässern, und dann wieder, zwischen 1940 und 1944, mit einer solchen Übersteigerung des Nationalismus, deretwegen es eben für Ostlothringer und Elsässer immer noch viel schwerer möglich ist, offiziell deutsch zu sprechen, selbst wenn man das sonst für ganz normal und selbstverständlich ansehen sollte. Verschleierung, auch auf französischer Seite – nur ist das *ihr* Problem, nicht unseres – macht nichts besser, aber Behutsamkeit im Umgang mit lothringischen Sachverhalten (und damit kann jeder nur bei sich selbst anfangen) ist erforderlich; und das ist im Saarland und in der Westpfalz von sehr vielen, auf die es ankommt, kapiert worden. Der Behutsamkeit nicht abträglich ist es, gegebene Sachverhalte am geeigneten Ort kritisch zu würdigen, solange es nicht einseitig und nicht rechthaberisch geschieht.

Bei den DFHI-Studenten ist es so, daß die Deutschen[31] kaum Französisch-Kenntnisse mitbringen. In den anderen Bundesländern ist Englisch erste Fremdsprache, im Saarland zwar Französisch, jedoch ist auch das, was die saarländischen Fachoberschulabsolventen an Französisch-Kenntnissen besitzen, wenn sie an die FHS bzw. ins DFHI kommen, in der Regel sehr dürftig. Das geht aus allen Berichten hervor und hat mir der Beauftragte des FHS für DFHI-Belange, PETER, im September 1982 in einem Gespräch bestätigt. Für die Deutschen ist es deshalb besonders wichtig, daß in den Sprachkursen und in Lehrveranstaltungen die Kenntnis

---

[30] Eine lose zusammengeschlossene, aber sehr stabile Vereinigung von Geschichts- und Vor- und Frühgeschichts-(„Altertums"-)Vereinigungen aus dem „Westrich" (noch mittelalterlicher Ausdruck, für „Westreich", entsprechend „Österreich"), einem Gebiet von der Westpfalz über das Saarland bis Ostlothringen einschließlich des Krummen Elsaß. Die Vereinigung ist 1963 auf lothringische Initiative (HENRI NOMINÉ aus Saargemünd) zustande gekommen, der eine Initiative des Archäologen EMIL LINCKENHELD (ebenfalls Saargemünd) von bereits vor dem Zweiten Weltkrieg zugrunde liegt, die allerdings angesichts der allgemeinen politischen Situation damals noch keine Chance der Verwirklichung hatte.

[31] Zunächst fast nur Saarländer. Das liegt in der Hauptsache daran, daß Fachhochschulstudenten so gut wie nie den Studienort wechseln. Außerhalb des Saarlands sind bei Fachhochschulabsolventen nur selten Französisch-Kenntnisse vorhanden (siehe oben). Dennoch hat sich unter den für den Herbst 1982 (fünftes Mal) zugelassenen Deutschen der Anteil aus anderen Bundesländern doch merklich erhöht.

und schließlich die Beherrschung der anderen Sprache besonders gefördert wird. Aufgrund der Erfahrungen der ersten Jahre haben Lehrkräfte und Leitung des DFHI hier inzwischen manches umgestellt, verbessert und hinzugefügt, woraufhin mittlerweile bis zum Studienabschluß doch ein befriedigender Zustand erreicht werden kann und wird (Mitteilung PETER). Das heißt, daß das für die Deutschen zunächst sehr hohe Hindernis überwindbar gemacht wurde.

Etwas anderes ist die Situation bei den französischen Studenten[32]. In Ostlothringen (und im Elsaß) ist die Muttersprache der eine oder der andere deutsche Dialekt, im nördlichen Ostlothringen, etwa ab Diedenhofen, ein moselfränkischer, im südlichen Teil ein rheinfränkischer Dialekt, der, je weiter nach Süden, etwas mehr alemannische Einschläge aufweist. (Im Elsaß, mit Ausnahme von nördlich der Lauter, wo rheinfränkisch gesprochen wird, ist Alemannisch die Muttersprache.) Hochdeutsch kann nur als Fremdsprache erlernt werden[33]. Französisch ist offizielle Sprache, auch in Kindergarten und Schule[34]. Dennoch ist natürlich der Zugang zum Hochdeutschen für einen Dialektsprecher leichter. Ich habe schon erwähnt, daß der Dialekt zur Ausübung „gehobener" und „höherer" Berufstätigkeiten für Lothringer in Deutschland in der Regel nicht ausreicht. Während der Verhandlungen über das Projekt Saargemünd war auch die Frage gestellt worden, ob das, was die „Zweisprachigkeit" der Ostlothringer genannt wird, für den deutschsprachigen Teil des Studiums an der deutschfranzösischen Hochschuleinrichtung ausreichend sei. Die Praxis hat gezeigt (Mitteilung PETER), daß diejenigen Ostlothringer und Elsässer, die ans DFHI kommen, außer ihrem Dialekt mehr oder weniger gute Kenntnisse des Hochdeutschen mitbringen, die sie sich bereits zuvor erworben haben. Aber auch die aus Innerfrankreich zum DFHI kommenden Franzosen besitzen meistens schon gute Vorkenntnisse, hatten oft sechs oder acht Jahre Deutschunterricht auf der Schule. Zusammen mit dem, was in den Deutsch-Sprachkursen und in deutschsprachigen Lehrveranstaltungen im DFHI hinzukommt, bringt das am Ende durchweg ein gutes Ergebnis. Das heißt, die Sprachbarriere wird überwunden.

Jenes weiter oben genannte Hindernis, daß die meisten am DFHI arbeitenden FHS-Dozenten keine oder nicht ausreichende Französisch-Kenntnisse besitzen, wird seit 1981 ebenfalls mit Erfolg zu überwinden versucht. Die Lehrkräfte nehmen an den für die deutschen Studenten von Metzer Lehrkräften in Perpignan in Südfrankreich veranstalteten Intensiv-Sprachkursen teil[35].

5.5 Zu wenig Kenntnis von den Verhältnissen beim Partner

HAUCH, der lothringische und französische Verhältnisse besonders gut kennt, vor allem im Bereich von Wirtschaft und Verwaltung, aber auch weit darüber hinaus, hat zu dem, was in diesem Kapitel in Frage steht, als Ergebnis seiner Beobachtungen folgendes (im Interview) genannt: Schwierigkeiten ergeben sich

> „nicht nur aus dem unterschiedlichen Verwaltungsaufbau, sondern einfach aus dem Mangel an Kenntnis über die Gegebenheiten und Bedingungen diesseits und jenseits. Auf der saarländischen Seite ist es auch so, daß die Kenntnisse über die Verhältnisse in Lothringen und in Frankreich sehr, sehr rudimentär sind".

---

[32] Zunächst bis auf wenige nur Ostlothringer. Nach und nach hat sich der Anteil der „Innerfranzosen" vergrößert. Für die zum Herbst 1982 zugelassenen 30 Studenten lagen mir für 28 die Angaben über die Herkunft vor: zwölf aus Ostlothringen, dazu einer aus dem Elsaß (zusammen 46 v. H.), zwei aus Westlothringen (7 v. H.), wo es keine deutschen Dialekte gibt, 13 aus anderen Teilen Frankreichs (46 v. H.).

[33] Auf besondere Verfahren, etwa die „Methode Holderith", kann ich hier nur hinweisen.

[34] In den deutschsprachigen Zeitungen müssen Beiträge über Jugend, Sport, Kultur, ferner die Familien-Anzeigen, außerdem der Zeitungstitel auf französisch gebracht werden.

[35] 1981 vier, 1982 sechs Teilnehmer, für 1983 elf Interessenten (Angaben PETER).

Das steht nur scheinbar im Widerspruch zu dem, was ich gegen Schluß von Kap. 5.1 aus anderem Anlaß schon kurz zum Thema „Kenntnis von" und „Verständnis für" sagte; denn bei beiden handelt es sich um sehr dehnbare Begriffe. Außerdem ist „Kenntnis" bzw. „Verständnis" auf Sachverhalte zu beziehen, wenn man mit den Begriffen konkret etwas anfangen soll. Sachverhalte jenseits der Grenze gibt es aber viele tausend, und zwar weit mehr komplexe als einfache.

Wenn wir uns klar darüber werden wollen, was es heißt, „die Leute im Grenzraum haben mehr Kenntnis von dem, mehr Verständnis für das, was jenseits der Grenze ist" bzw. „die Kenntnisse sind nur rudimentär", muß man sich jeweils darüber klar werden, von wem die Rede ist, der da mehr Kenntnisse hat (im Vergleich wiederum zu wem) oder der zu wenig Kenntnis besitzt (wofür). Das heißt, wir müssen differenzieren zwischen denen, die aus Ostlothringen den Deutsch-Französischen Garten in Saarbrücken oder den Zoo oder den Jägersburger Weiher im Rahmen von Naherholung besuchen, in saarländischen Städten oder in Zweibrücken einkaufen, im Saarland und in der Westpfalz arbeiten, und denen aus dem Saarland, die „zum Essen rüberfahren", den Saarländern und Westpfälzern, die an lothringischen Weihern einen Campingplatz oder gar ein Ferienhäuschen haben, den Kommunalpolitikern, die entlang der Grenze über diese hinweg zusammenzuarbeiten versuchen, den Universitätsprofessoren, die ihrerseits ein Gleiches probieren, den Westpfälzern, Saarländern und Lothringern, die in Historischen Vereinen zusammenarbeiten oder sich in ihnen, jeweils für sich, um den Bereich jenseits der Grenze bemühen, den Regionalzeitungen aus Metz und Saarbrücken, die immer wieder ihre gemeinsam gestaltete große Beilage „Nachbarn im Herzen Europas" herausbringen. Es ist zu fragen, was und wieviel entsteht dabei jeweils (z. B. beim „Zum-Essen-Rüberfahren") an „mehr Kenntnis". Ich wäre falsch verstanden, wenn das gerade genannte Beispiel als von mir abwertend gemeint aufgefaßt würde.

Mit dem Fortgang der Untersuchung wurde deutlich, wieviel auch noch an *anderer* Fallstudien-Arbeit erforderlich ist, wenn wir ein genaueres Bild gewinnen wollen. Es zeigt sich auch, daß sowohl die Bemühung um tieferes und umfangreiches Kennenlernen und Verständnis als auch die Bemühung um konkrete grenzüberschreitende Zusammenarbeit eine Sache von aktiven Minderheiten ist. Bei diesen aktiven Minderheiten habe ich auch ein stark entwickeltes Gemeinsamkeitsbewußtsein gefunden, vom dem sonst noch nicht viel vorhanden ist. Es sind zum einen diejenigen, die historisch interessiert sind. Zum anderen kommen sie aus dem Kreis derer, die Vorfahren von jenseits der Grenze haben und vielleicht noch Verwandte. Beide Personenkreise überschneiden einander natürlich. Die Auswirkungen sind in diesen Fällen keineswegs nur historische Forschung oder etwa museale Präsentation (wie z. B. beim Keramikmuseum Schloß Ziegelberg in Mettlach), sie schlagen sich auch im praktischen Verhalten nieder, etwa in der Weise, daß diejenigen, von denen hier die Rede ist, das Land auf der anderen Seite der Grenze in hohem Maß ebenfalls als *ihr* Land ansehen und sich in ihm auch so bewegen; das reicht in manchen Fällen bis in die aktuelle unternehmerische Politik (etwa Mettlach, wo es freilich schon eine sehr alte Saar-Lor-Lux-Tradition gibt).

All das andere, das mehr Allgemeine, vielleicht sogar in vielen Hinsichten noch sehr Oberflächliche, aber auch das sozusagen Kleine und das nur Punktuelle scheint, zusammengenommen, doch auch Breitenwirkung zu haben. Z. B. ist die alte, dumme Klischee-Bezeichnung „Wackes" für „Lothringer" (und für Elsässer") inzwischen im Saarland fast ausgestorben. Es ist wohl so, daß das mittlerweile erreichte kleine bißchen Mehr an Einander-ein-wenig-besser-kennen bereits mit dazu verholfen hat, Vorurteile abzubauen.

5.6 Vorurteile, Ressentiments, Pessimismus

Das zuletzt Gesagte leitet zum nächsten Punkt über. Vorurteile im Verhältnis Lothringen – Saarland, die für die grenzüberschreitende Zusammenarbeit hinderlich sind, gibt es immer noch auf beiden Seiten, ebenso alte und auch neue Ressentiments und, von daher, manches an Pessimismus. Auch das ist ein höchst komplexes Feld.

Gelegentlich kommen welche daher – sie sind meistens *nicht* aus dem Grenzraum –, die die alten Vorurteile neu aufwärmen. Hier einmal ein Beispiel aus Lothringen. Staatspräsident POMPIDOU hat auf einer Lothringenreise am 14. April 1972 in Saargemünd, also dicht vor der Grenze, von der „aggressiven Politik" des Saarlands gesprochen. In jenen Jahren hatte das Saarland so große Industrie-Ansiedlungserfolge erzielt, daß die enormen Arbeitsplatzverluste im Bergbau (Folge der „Kohlekrise") glatt wettgemacht werden konnten[36]), während die französischen Ansiedlungserfolge in Lothringen und dabei auch in Ostlothringen viel magerer ausgefallen waren. Hier hat POMPIDOU versucht, mittels alter Klischees die Schuld auf andere abzuwälzen. Das blieb leider nicht ohne Auswirkungen[37]). Bezeichnend für die inzwischen veränderte Situation ist aber, daß kurz darauf der Metzer Oberbürgermeister RAUSCH in einer Rede in Saarbrücken die Dinge wieder ins rechte Licht gerückt hat. Einen Schaden wiedergutzumachen, ist freilich viel schwerer als ihn anzurichten.

Pessimismus aufgrund auch neuerer Ressentiments war im Fall des Projekts Saargemünd abzulesen, auf beiden Seiten. Das hängt eben damit zusammen, daß zuvor alle mehr anspruchsvollen Projekte der deutsch-französischen Zusammenarbeit im Saar-Lor-Lux-Raum gescheitert waren (im einzelnen vgl. dazu den Beitrag von PETER MOLL), das Projekt eines gemeinschaftlichen Großhandels-Zentrums (CECOFA) im Raum Saargemünd/Saarbrücken, das Projekt eines gemeinschaftlichen Großflughafens für den Saar-Lor-Lux-Raum in Großtännchen bei St. Avold, das gemeinschaftliche Naherholungszentrum Bisten/Merten. Beim Saargemünder Bürgermeister PAX heißt es (im Interview):

> „Die Idee [ein zweisprachiges IUT in Saargemünd zu errichten] wurde von allen Gemeinderatsmitgliedern [der Stadt Saargemünd] gut aufgenommen. Es waren aber auch einige skeptisch, pessimistisch, und die hatten ja auch wieder nicht ganz unrecht, weil wir heute [1980], über zehn Jahre, nachdem die Idee aufkam, noch nicht am Ziel sind, d. h. daß dieses Hochschulinstitut immer noch nicht in Saargemünd ist, sondern noch in Metz und in Saarbrücken."

Bei HAUCH heißt es darüber, und das bezieht sich nicht nur auf das Projekt Saargemünd:

> „Es war so, daß ich von meinen Kollegen in den Ministerien, auch von hochgestellten Beamten, gelegentlich von Ministern, zu hören bekam, wenn ich mit einem saarländisch-lothringischen Projekt angekommen bin: ‚Wie wollen Sie das denn machen? Mit den Franzosen geht das doch nicht. Die können doch nicht. Die haben kein Geld, und die Widerstände sind so groß. Warum sollen wir uns da so engagieren? Es kommt ja doch nichts dabei heraus.' Und dann kriegte ich die Beispiele genannt."

Der Pessimismus bei Saargemünder Stadtratsmitgliedern, den PAX nennt, hat zumindest zum Teil nicht saarländisches Verhalten zum Anlaß[38]), bezog sich auf Metz und vor allem auf das, was aus Paris zu erwarten bzw. nicht zu erwarten war.

In diesen Zusammenhang gehört auch das Unbehagen in Ostlothringen, auf französischer Seite nicht mehr beteiligt zu sein, wenn es schließlich um die Entscheidungen über ostlothringische Dinge geht. MEYSEMBOURG hat das (im Interview, aber ebenso seinerzeit in der

---

[36]) Vgl. HERRMANN; SANTE: Geschichte des Saarlandes, Würzburg 1972, S. 74 f.

[37]) HAUCH hat einige der Auswirkungen in seiner Ausarbeitung „Die grenzüberschreitende regionalpolitische Zusammenarbeit im SAAR-LOR-LUX-Grenzraum, 1970–1976" (Saarbrücken 1976, 27 Seiten, Maschinenschrift) etwas näher beschrieben.

[38]) Im kommunalen Bereich war die grenzüberschreitende Zusammenarbeit gerade zwischen Saargemünd und den saarländischen Gemeinden Kleinblittersdorf (unmittelbar gegenüber) und Saarbrücken ja sogar recht gut (s. Fn. 9), und außerdem kannte auch Bürgermeister PAX in den Grundzügen die unauffällige, aber wirksame Zusammenarbeit auf dem Gebiet der Archäologie und der Bodendenkmalpflege zwischen dem Raum Saargemünd und Saarburg i. L. auf der einen und der staatlichen Bodendenkmalpflege des Saarlands bzw. Einrichtungen der Universität in Saarbrücken auf der anderen Seite.

lothringischen Regionalpresse) sehr kräftig zum Ausdruck gebracht, Bürgermeister PAX sagte dasselbe distanzierter:

> „Von den Verhandlungen waren die [hier] Gewählten mehr oder weniger ausgeschlossen. Wir waren da zur Eröffnung der Sitzungen und haben die auch zum Essen eingeladen. Aber was die Details anbelangt, waren die Gewählten nicht zugelassen."

HAUCH weist darauf hin, daß „die aus Metz[39]) und noch mehr die aus Nancy" schon ziemlich weit von der Grenze weg sind und sich für die Besonderheiten des ostlothringischen Grenzraums und für das Saarland wenig interessieren. „Da sind inzwischen sehr viel mehr Leute aus Paris, Marseille, Lyon und so fort, und die kommen a priori nicht auf die Idee, mal in den [ostlothringischen] Grenzraum oder nach Saarbrücken zu fahren. Die fahren bloß dann einmal nach Saarbrücken, wenn da was ganz besonders Interessantes geboten wird."

Der Mangel an Interesse der aus Innerfrankreich nach Lothringen delegierten leitenden Beamten für den ostlothringischen Grenzraum liegt aber nicht nur daran, daß die Zentrale in Paris darauf achtet, die führenden Beamten nach einigen Jahren wieder auszuwechseln, damit diese im Grenzraum gerade nicht „heimisch" werden und folglich kein Regionalbewußtsein entwickeln können (und ein Lothringer wird nicht Präfekt für Lothringen). Eine entscheidende Rolle spielt, daß die nach Lothringen versetzte Beamtenschaft sich im unitarisch-zentralistisch organisierten Staat nicht nur vordergründig politisch – was sehr wichtig ist –, sondern überhaupt geistig nach dem richtet, was in Paris gilt, das seit Jahrhunderten politisch und in der gesamten Kultur extrem das Übergewicht besitzt. „Besonderheiten" eines Grenzraums darf es eigentlich nicht geben; sie wären suspekt. Aus solcher Warte werden Besonderheiten dann auch kaum einmal überhaupt bemerkt und gewürdigt, geschweige denn berücksichtigt. Hier wirkt immer noch der Jakobinismus nach. Das muß nicht „böser Wille" sein, es liegt an der inzwischen weitestgehend bestehenden Unmöglichkeit, die Dinge aus anderem als auch unitarisch-zentralistischem Blickwinkel zu sehen.

Daß in den letzten rund 15 Jahren die Grenzraum-Thematik in der französischen Entwicklungspolitik für Lothringen keine nennenswerte Rolle gespielt hat, hat PETER MOLL in seinem Beitrag gezeigt.

Soweit bisher Einzelheiten bekannt sind, bringt auch die Verstärkung der Haushaltsmittel für kulturelle Ausstattungen und Aktivitäten in den Regionen seitens der neuen Regierung seit 1981/82 kaum eine Stärkung im Sinne der kulturellen Besonderheiten in den Regionen, sondern eine gewisse Aufwertung der Provinz, nach wie vor mit unitarisch-zentralistischen Zielsetzungen.

MOLL zeigt, daß aber auch *innerhalb* Lothringens, von Metz oder gar von Nancy aus gesehen, die Schwierigkeiten des grenznahen Raums, zu dem Metz schon nicht mehr gehört und Nancy schon gar nicht, wenig Berücksichtigung fanden. Dem kann ich aus der eigenen Fallstudie hinzufügen: Daß das DFHI nicht nach Saargemünd kam bzw. daß nicht wenigstens die Kombination „*Saargemünd* mit Saarbrücken" zustande kam, daß die Praxis vielmehr jetzt „*Metz* mit Saarbrücken" ist, liegt nicht nur an der Nichtdurchsetzbarkeit der Pariser Finanzierungsvorstellungen und an dem Umstand, daß auch in Metz „inzwischen sehr viel mehr Leute aus Paris, Marseille, Lyon und so fort" bestimmend sind, denen die „Ader" für die Grenzraumbesonderheiten und ein Regionsbewußtsein fehlen. Es liegt auch nicht nur daran, daß die Universität Metz offenbar möglichst nichts an die Mittelzentren abgeben will. (Vergleichbares *dazu* gibt es übrigens auch anderswo und in grenzfernen Bereichen.) Ein ganz wichtiger Hintergrund im Fall Metz ist – worauf auch MOLL hinweist – die Härte der, seit es die Regionen in Frankreich gibt, erneut auftretenden Auseinandersetzungen zwischen Nancy und Metz. Diese

---

[39]) Das gilt dort zwar im großen und ganzen, aber nicht ohne Ausnahmen. Der Metzer Oberbürgermeister RAUSCH und die Herausgeberin der Metzer Regionalzeitung, PUHL-DEMANGE, sind solche Ausnahmen.

Auseinandersetzungen haben im konkreten Fall übrigens ihre Wurzeln bereits im ausgehenden Mittelalter, in den Abwehranstrengungen der freien Reichsstädte (so Metz) als restrepublikanische Gemeinwesen gegen die sich in ihrer Omnipotenz und Staatlichkeit mehr und mehr entfaltenden und ausgreifenden Territorialfürstentümer des Reiches (so auch des Herzogtums Lothringen mit seiner Landeshauptstadt Nancy), die die freien Reichsstädte bedrohten. Der Kampf zwischen Metz und Nancy ab Ende der sechziger Jahre unseres Jahrhunderts und in den siebziger Jahren hatte die Belange der Grenzregion in den Hintergrund treten lassen. Das hat die in Ostlothringen so sehr beklagte Unterentwicklung noch deutlicher werden lassen. Der ostlothringische Pessimismus hat auch darin seinen Grund, daß es in Metz bei manchen Innerfranzosen als ein Bonmot gilt, Saargemünd als einen ,,Vorort von Saarbrücken'' auszugeben. Wer sollte für einen ,,Vorort von Saarbrücken'' von französischer Seite besondere Anstrengungen machen?

Wenn die Herausgeberin des Metzer ,,Républicain Lorrain'', MARGUERITE PUHL-DEMANGE vor zwei Jahren u. a. schrieb (Schriftwechsel anstelle von Interview): ,,Je crains donc que, bientôt, le dernier S de ISFATES ne devienne inutile'', kann man heute sagen: das *ist* inzwischen so. Puhl-Demange weist darauf hin, daß das ISFATES (also das DFHI), so nützlich es natürlich sei, nicht das leisten könne, was ,,cette partie de la Lorraine'' so dringend braucht, nämlich ein IUT (selbstverständlich sui generis), damit dort endlich ,,une véritable démocratisation de l'enseignement'' erreicht werde. Wenn es heißt: ,,Reste à espérer que l'ISFATES, du moins, continuera. Rien n'est moins sûr. Les volontés allemande et française ne sont pas très affirmées, là [in Metz] non plus, et les belles paroles cachent souvent d'autres intentions'', kann ich heute hinzufügen, daß offensichtlich wenigstens auf deutscher Seite der feste Wille vorhanden ist, dieses DFHI am Leben zu erhalten und zu entwickeln, auf französischer Seite zumindest beim Metzer Universitätspräsidenten auch, freilich für Metz, nicht für Saargemünd.

Einige von den Rechtschreibungsregeln des DUDEN abweichende Formulierungen werden vom Autor ausdrücklich gewünscht. (Die Red.)

Grenzlage als Bewußtseins- und Imageproblem

– Das Beispiel des Saarlandes –

von

Günter Endruweit, Stuttgart

Gliederung

1. Die Grenze als Bewußtseins- und Imageproblem des Saarlandes

    1.1 Bewußtsein und Image
    1.2 Die besondere Situation des Saarlandes

2. Selbstdarstellung der Grenzlage in einzelnen Perioden

    2.1 1910–1912
    2.2 1925–1927
    2.3 1935–1937
    2.4 1947–1949
    2.5 1957–1961

3. Einstellungen zur Grenze bei der Bevölkerung

4. Grenzlage als Realität und Vorstellung

Literatur

---

*) Bei der Beschaffung des Materials wirkten Dipl.-Soz. Hans J. Gärtner und Dipl.-Soz. Sonja Lafontaine mit.

Daß Grenzlagen – wenn man sie so nimmt, wie sie nun einmal sind – Entwicklungsprobleme bieten, ist so offensichtlich, daß es keiner prinzipiellen Begründung bedarf. Dabei scheint es sich keineswegs nur um technisch-sachliche Probleme zu handeln, die man mit gutem Willen ohne weiteres lösen könnte. Denn selbst dort, wo mit gutem Willen organisatorische, institutionelle Voraussetzungen für die Milderung oder Überwindung von grenzbedingten Entwicklungshindernissen geschaffen wurden, lassen die Ergebnisse vieles zu wünschen übrig.

So gibt es in dem Dreiländergebiet Basel–Mulhouse–Müllheim seit 1975 eine deutsch-französisch-schweizerische Regierungskommission mit diversen Untergremien, die durch vier Maßnahmetypen – Information, Koordination, Harmonisierung sowie Konfliktfeststellung und -behebung – Nachteile der Grenzlage teilweise beseitigen soll. Trotzdem mußte von den Beteiligten festgestellt werden, daß die Zusammenarbeit selbst bei solchen Projekten nicht klappte, die, wie etwa Abwärmebeseitigung bei grenznahen Kraftwerken oder Schienenanbindung eines internationalen Flughafens, erkennbar von mehrseitiger Bedeutung und technisch und ökonomisch durchaus lösbar waren und zudem offensichtlich ein Beitrag zur Behebung von Grenzlagenachteilen[1]).

Die Hindernisse, die solchen durchaus „machbaren" Maßnahmen im Wege standen, waren zweifellos in solchen Hintergründen zu suchen, die ganz spezifisch mit der Grenze zu tun haben: in einer nationalen Politik, die eigene und nicht internationale Bemühungen zur Entlastung von Grenzregionen herausstreichen möchte; im Bestreben, die internationale Abhängigkeit in den Grenzgebieten zu vermeiden; in dem Wunsch, nationale Besonderheiten aufrechtzuerhalten. Es ging also – trotz allgemeiner Einsehbarkeit und Anerkennung von Nachteilen der Grenzlage – darum, die Grenzlage in allen Einzelheiten so genau wie möglich aufrechtzuerhalten. Bei der Entscheidung zwischen Milderung der Grenzlage durch teilweise Internationalisierung einerseits und Beibehaltung der Probleme unter Aufrechterhaltung der uneingeschränkten Souveränität andererseits wählte Frankreich hier die zweite Möglichkeit. Das war nicht objektiv vorgegeben, sondern offensichtlich bestimmt durch die Einstellung zu Grenze, Nation, Staat, Souveränität u. ä. Das Grenzproblem ist damit nicht völlig naturgegeben, sondern zum guten Teil von Menschen gemacht und aufrechterhalten.

Zudem bietet die Grenze nicht nur Entwicklungshindernisse. Die vielen Hinweise auf „Dreiländerecken" in den Fremdenverkehrsprospekten von Lindau, Basel und auch im deutsch-französisch-luxemburgischen Grenzgebiet oder um Aachen sollen auf eine Attraktion aufmerksam machen. Dasselbe gilt für den Hinweis in der Industrieansiedlungswerbung, bei grenznahen Standorten habe man einen Fuß im Nachbarmarkt.

Das zeigt, daß die Grenzlage im Bewußtsein der Betroffenen widersprüchliche Haltungen hervorrufen und einem Gebiet ein widersprüchliches Image verleihen kann. Die Beschäftigung mit dem Problem ist also gerade unter Entwicklungsaspekten lohnend, weil die Entwicklung eines Gebietes nicht zuletzt von der Einstellung seiner Bewohner und den Einstellungen potentieller Investoren bestimmt wird, die wiederum oft auf dem Image beruhen.

---

[1]) S. Stuttgarter Zeitung vom 31. 8. 1981, S. 6 m. w. N.

1. Die Grenze als Bewußtseins- und Imageproblem des Saarlandes

Das Saarland, neben Berlin der beliebteste Testmarkt der Bundesrepublik, wäre sogar unabhängig von der übergreifenden Thematik dieser Studie ein günstiger Platz für Untersuchungen zu entwicklungsrelevanten Bewußtseins- und Imagebildungen.

1.1 Bewußtsein und Image

Hier wird der Begriff „Bewußtsein" nicht so komplex verwendet wie in der älteren Psychologie, die in Trennung von der „Völkerpsychologie" mit der „Bewußtseinspsychologie" eine Introspektion auf fast alle psychischen Konstituanten des Menschen meinte und damit einen breiten, wenngleich auch selten sauber definierten Begriff in Umlauf brachte, so daß heute zwischen den vielen psychologischen Richtungen kaum noch ein Ansatz von Übereinstimmung nachzuweisen ist[2], falls sie den Begriff überhaupt definiert benutzen.

Bewußtsein soll hier verstanden werden als eine Form der Einstellung zu Gegenständen, die deren aktuelle Erfassung und Beurteilung auf das vorhandene Wissen über diese Gegenstände und die konkreten Umstände der Haltung zu diesen Gegenständen (von sozialer Wertordnung bis hin zur augenblicklichen Laune) stützt. Damit ist das Bewußtsein als Ort des Präsenten abgegrenzt einerseits gegen das Unter- oder Unbewußte, das zwar Wirksames, aber nicht Kontrollierbares, Angebbares, sichtbar Vorhandenes enthält und das angeblich die Tiefenpsychologen zutage zu fördern wissen, und andererseits gegen das Noch-nicht-Bewußte, das erst bei gründlicherer Untersuchung, Überprüfung usw. die Einstellung zu den Gegenständen mitbestimmen könnte.

Solch ein Bewußtsein vom „Grenzland Saarland" bestimmt ohne Zweifel aktuelle Entscheidungen, etwa eines potentiellen Investors über die Standortwahl im Saarland und auch die Selbstdarstellung des Saarlandes nach außen hin. Dabei werden hier in der Untersuchung, die sich ausschließlich auf mitgeteiltes Bewußtsein stützt, nur solche Bewußtseinsinhalte erfaßt, die von ihrem Träger gewissermaßen „zur Veröffentlichung freigegeben" sind. Das bringt einerseits die Einschränkung, daß möglicherweise mehr im Bewußtsein enthalten ist, was aber die Grenze der „Selbstzensur" nicht passieren durfte. Andererseits ist das offenbarte Bewußtsein aber auch dasjenige, welches ausdrücklich als solches erklärt wird und daher im besonderem Maße der Selbstinterpretation entspricht oder als solche aufgefaßt werden soll.

Damit sind wir beim Imageproblem. Das Image ist, während das Bewußtsein stets bei einem Menschen – oder als „kollektives Bewußtsein", falls man das für möglich hält, bei einer Mehrzahl von Personen – ressortiert, die Eigenschaft eines Gegenstandes[3]. Unter Image würde man also die Gesamtheit derjenigen wahren oder vermuteten Eigenschaften eines Gegenstandes verstehen, die das aktuelle (ohne genauere Prüfung gefällte) Urteil eines Betrachters bestimmen[4]. „Das

---

[2] Vgl. zum Bewußtseinsbegriff und seiner Geschichte in der Psychologie u. a.: SCHÄFER, R.: Stichwort „Bewußtsein". In: ASANGER, R., WENNINGER, G. (Hrsg.): Handwörterbuch der Psychologie, Weinheim/Basel 1980, S. 64–68. GRAUMANN, C.-F.: Sozialpsychologie: Ort, Gegenstand und Aufgabe. In: GRAUMANN, C. F. (Hrsg.): Sozialpsychologie, 1. Halbbd., Göttingen 1969, hier insbes. S. 7–11. PONGRATZ, L. J.; ARNOLD, W.: Stichwort „Bewußtsein". In: ARNOLD, W.; EYSENCK, H. J.; MEILI, R. (Hrsg.): Lexikon der Psychologie, 1. Band, Freiburg 1971, S. 274–277. KLIMA, R.: Stichwort „Bewußtsein". In: FUCHS, W. u. a. (Hrsg.): Lexikon zur Soziologie, 2. Aufl., Opladen 1978, S. 109–110.

[3] Natürlich kann auch ein Mensch in diesem Sinne Gegenstand sein.

[4] Manchmal wird „Image" allerdings überflüssigerweise doch als Vorstellungsinhalt des Betrachters definiert, also als Quasi-Synonym zum Bewußtsein; vgl. KLIMA, R. in FUCHS, W. u. a.: a. a. O., S. 330. S. auch FRANKE, J.; HOFFMANN, K.: Allgemeine Strukturkomponenten des Image von Siedlungsgebieten. In: Zeitschrift für experimentelle und angewandte Psychologie 1974, S. 181–225, hier: S. 184.

Image eines Gegenstandes ist damit dessen eigentliche psychologische Realität"[5]). Dem Image eines Gegenstandes im Moment der Beurteilung entspricht damit im wesentlichen das Bewußtsein des Beurteilers von diesem Gegenstand.

So lassen sich auch entwicklungsrelevante Beziehungen zwischen Selbst-Bewußtsein, insbesondere dem veröffentlichten, und dem Image vermuten. Was vom Saarland aus, insbesondere von seinen maßgeblichen Vertretern, nach außen als Bewußtsein zur Grenzlage vorgetragen wird, kann das Image des Saarlandes mitformen und damit das Bewußtsein Außenstehender vom Saarland, was wiederum deren Handeln gegenüber dem Saarland steuert. Das entspricht ganz ERVING GOFFMANS Theorie über die Selbstdarstellung im Alltag: was der einzelne den anderen bewußt als Selbstdarstellung präsentiert, geht zumeist in die Vorstellung der anderen von ihm ein, wird ein Teil seines Images[6]). Im übrigen wirkt das Bewußtsein nicht nur über das Image bei anderen, sondern auch bei den Bewußtseinsträgern selbst unmittelbar handlungsleitend, so daß nicht nur das Image eine psychologische Realität darstellt, sondern auch das Bewußtsein von einem Gegenstand dessen soziale Realität, ganz nach WILLIAM I. THOMAS' Theorem: „If men define situations as real, they are real in their consequences"[7]).

Die Grenzlage ist damit Ursache für bestimmte Bewußtseinsinhalte der Bewohner des Grenzgebietes und für dessen Image; andererseits ist das geäußerte Bewußtsein mit dem dadurch geschaffenen Image auch wiederum Voraussetzung für bestimmte Auswirkungen der Grenzlage.

1.2 Die besondere Situation des Saarlandes

Grenzen zeigen sich in manchen Gebieten der Bundesrepublik viel radikaler als im Saarland. An der Westküste Schleswig-Holsteins bildet die Nordsee eine weit deutlichere Halbierung des Aktionsradius als die französisch-luxemburgische Nachbarschaft an der Saar. Und diese zwischenstaatliche Grenze ist nicht im entferntesten eine so schwerwiegende Behinderung wie die Grenze zur DDR im Osten Hessens.

Trotzdem findet man weder in Hessen noch in Schleswig-Holstein so viele Verweise auf die Grenzlage wie im Saarland. Zu den Negativa, die das Saarland in seinem Image immer wieder entdeckt, gehört neben der Charakterisierung als südwestdeutscher Kohlenpott und Armenhaus der Bundesrepublik auch die Grenzlage, die als Abgelegenheit erscheint. In Sachen Image scheint das Saarland auch empfindlicher und besorgter zu sein als andere Bundesländer. Als anläßlich des 25. Jahrestages der Rückgliederung nach Deutschland Zeitungsberichte erschienen, die auch Standortnachteile des Saarlandes aufführten, reagierte man im Saarland sehr unzufrieden[8]).

Als die öffentlichen Finanzen noch größere Pläne erlaubten, ließ die saarländische Regierung durch Gutachten und Symposien das Image des Landes untersuchen. Die Ergebnisse führten sogar zu Überlegungen, einen Sonderbeauftragten einzusetzen, der die Pflege des Images durch psychologische Beratung unterstützen sollte. Eine Glosse in der Saarbrücker Zeitung kündigte schon die Berufung eines „Imitscherlich" an.

Dabei wurde die Grenzlage aber nicht immer nur als Nachteil gesehen. Gelegentlich wurde auch betont, daß die Erfahrungen des Grenzlandes sogar ihre positiven Effekte haben können. So hieß es in einem anderen Bericht zum 25. Jahrestag der Rückgliederung: „Nicht zuletzt das Wissen um die schweren Hypotheken eines Grenzlandes und um die Notwendigkeit der

---

[5]) SPIEGEL, B.: Stichwort „Image". In: ARNOLD, W. u. a. (s. FN 2), 2. Band, S. 163.
[6]) GOFFMAN, E.: Wir alle spielen Theater. 3. Aufl., München 1976, S. 19–23.
[7]) THOMAS, W. I.; ZNANIECKI, F.: The Polish Peasant in Europe and America. Vol. 1, Boston 1918, S. 22.
[8]) Stuttgarter Zeitung vom 25. 1. 1982, S. 3.

Verständigung zwischen den Völkern hatte FRANZ JOSEF RÖDER für das Zustandekommen des deutsch-polnischen Vertrages eintreten lassen"[9]).

Zwei Besonderheiten sind es, die eine Untersuchung des Bewußtseins zur Grenzlage im Saarland wichtiger und aufschlußreicher erscheinen lassen als in jedem anderen Land der Bundesrepublik. Einmal ist das Saarland in der neuesten Geschichte häufiger als jedes andere Gebiet durch die Politik auf seine Grenzlage und deren vielfach variierbare Konsequenzen mit Gewalt hingewiesen worden. Zum anderen muß sich dieses Land eher als die anderen Bundesländer, die mit Ausnahme der Stadtstaaten ja alle Staatsgrenzen haben, als Ganzes als Grenzland fühlen, weil seine geringe Ausdehnung auch den grenzabgewandten Gebieten nicht das Gefühl höherer Zentralität erlaubt. Es wäre also nicht verwunderlich, wenn im Saarland die Grenzlage mehr als anderswo im Bewußtsein der Bevölkerung und der offiziellen Instanzen verankert wäre und wenn es auch in der Selbstdarstellung nach außen dementsprechend eine größere Rolle spielte.

2. Selbstdarstellung der Grenzlage in einzelnen Perioden

In diesem Abschnitt soll versucht werden, durch Untersuchung von veröffentlichten Darstellungen und Bewertungen der Grenzlage in verschiedenen Perioden Unterschiede in der Wahrnehmung und Behandlung von Grenzproblemen herauszufinden. Daraus kann sich zugleich ein Aufschluß darüber ergeben, wie das Bewußtsein von der Grenze die realen Handlungen bestimmt.

Als Quelle der veröffentlichten Bewußtseinsinhalte zur Grenzlage diente vor allem die „Saarbrücker Zeitung"[10]). Das etwa 1760 gegründete Blatt hat das Schicksal des Saarlandes kontinuierlich mitgemacht[11]), ist stets das wichtigste, zeitweise auch einzige Presseorgan im Lande gewesen. Zusätzlich wurden Quellen aus dem Archiv der Industrie- und Handelskammer Saarbrücken und dem Landesarchiv[12]) benutzt sowie Buchliteratur.

Die verschiedenen Phasen von 1910 bis 1961 wurden so ausgewählt, daß in ihnen jeweils eine historisch bedeutsame Situation auszumachen ist, von der vermutet werden kann, daß sie sich in Stellungnahmen zum Grenzproblem widerspiegeln werde. Im einzelnen wird die Auswahl in jedem Unterabschnitt begründet. Dieser Ansatz mag manchem zu historisch erscheinen. Indessen wird im Saarland die Geschichte auch jetzt noch zur Erklärung der Gegenwart herangezogen, wenn es um die Entwicklungshindernisse aus der Grenzlage geht. So heißt es etwa in einer Rezension des Statistischen Handbuches für das Saarland 1980: „Auf kaum einer Gegend der Bundesrepublik lasten die Schatten der Vergangenheit so schwer wie auf dem Saarland. Zwei verlorene Weltkriege brachten ihm die Abtrennung von Deutschland mit langen Phasen der Stagnation auf wirtschaftlichem und strukturellem Gebiet. Auch 25 Jahre nach der Eingliederung in die Bundesrepublik sind die Folgen dieser Sonderentwicklung noch nicht restlos überwunden"[13]).

---

[9]) KRAUS, A. H. V.: 25 Jahre Bundesland Saar. In: Saarländische Kommunal-Zeitschrift 1/1982, S. 6–8, hier: S. 8.

[10]) Ich danke daher den Herren der Chefredaktion, Herrn Dr. SOMMER und Herrn ADAM, und dem Leiter des hervorragend geführten Archivs, Herrn BRILL, und seinen Mitarbeitern für die Unterstützung bei der Quellenauswertung.

[11]) Das läßt sich schon am Wandel des Untertitels ablesen: 1912 „Verbreiteste unabhängige Tageszeitung und Haupt-Insertionsorgan im südwestdeutschen Industrie-Bezirk"; 1925 „Verbreiteste, unabhängige Tageszeitung und führendes deutsches Organ im Saargebiet"; 1935 „Seit 1761 das führende Heimatblatt der Saar"; in den 40er und 50er Jahren –.

[12]) Für diese Möglichkeiten sei Herrn Geschäftsführer SEILER und Herrn Archivleiter PROBST von der IHK sowie Herrn Landesarchivdirektor Dr. HERRMANN sehr gedankt.

[13]) Saarländische Kommunal-Zeitschrift 7/1981, S. 159.

2.1 1910–1912

Als erster Zeitraum wurde 1910–1912 gewählt, weil vermutet wurde, daß in dieser Vorkriegszeit die Grenzproblematik im Gegensatz zu allen folgenden Perioden keine Rolle spielte. Das Saarland war noch kein Grenzland, weil das Elsaß und Lothringen zum Deutschen Reich gehörten. Zwar hatten auch schon früher Grenzverschiebungen eine Rolle gespielt. So wurde im Frieden von Münster und Osnabrück 1648 das Bistum Metz an Frankreich abgetreten, für dessen lehensabhängige Gebiete in der deutschen Grafschaft Nassau-Saarbrücken keine Sonderbestimmungen getroffen wurden, so daß LOUIS XIV. 1680 nach dem Saarland griff[14]). Aber das Wort von der „Saarfrage" war vor dem 1. Weltkrieg unbekannt. Die Eingliederung Elsaß-Lothringens hatte auch wirtschaftliche Probleme für die Saargegend gebracht, u. a., weil nun das Rotliegende bei Lebach gegen den Lothringer Eisenstein nicht mehr konkurrenzfähig war, so daß die Erzförderung eingestellt wurde[15]); aber das wurde nicht als Grenzproblem angesehen.

Die Vermutung, das Saarland habe sich um 1910 in friedlicher Hinterlandlage gefühlt, erwies sich jedoch als falsch. Die Zeitungen waren voll von Artikeln, die fast täglich darüber berichteten, daß das „Franzosentum" in Elsaß-Lothringen einen „bedauerlichen Aufschwung" nehme, daß Frankreich eine Rückgewinnungspolitik durch Presse und Verbände betreibe und sich besonders um die Jugend bemühe, der dann auch deutsche Helfershelfer von der Sozialdemokratie bis zum lothringischen Episkopat durch Einführung des Französischen als Regelfremdsprache in den Elementarschulen Vorschub leisteten[16]). Mit Spott und Drohung zugleich wurden fast alle Vorgänge in Elsaß-Lothringen kommentiert. Jedes Ereignis, das auf deutsch-französische Gegensätze deuten konnte, wurde ausführlich berichtet, so nicht nur, daß in einer Versammlung in Saargemünd jemand eine Kaiserbüste mit dem Gesicht zur Wand drehte und dazu sagte, „wir kannten ihn bereits von dieser Seite, wir wollen ihn aber auch von der anderen Seite kennenlernen"[17]), sondern auch, daß im Pariser Gemeinderat der Antrag gestellt wurde, eine Straße „Rue d'Alsace-Lorraine" zu nennen[18]).

Auch nach 40 Jahren Reichszugehörigkeit war man sich des Besitzes von Elsaß-Lothringen keineswegs sicher, sondern meinte: „Immer noch starren die Franzosen unverwandt auf das Loch in den Vogesen und warten auf den Tag der Vergeltung, der ihnen die Länder Elsaß-Lothringens zurückgeben soll"[19]). Typisch für die Haltung vieler Deutscher in dieser Situation ist die Meinung: „Wir wünschen durchaus nichts mehr, als mit Frankreich in einem gegenseitigen Achtungsverhältnis zu stehen. Wie wir uns diese Achtung erworben haben und wodurch wir sie uns erhalten, das muß allmählich heute noch dem Blödesten klar sein. Die klirrende Rüstung der ‚Germania'!"[20]). Die Saargegend sah sich damals also schon als potentiellen Kriegsschauplatz und potentielles Grenzland. Daraus wurde eine wenigstens für die Bäckergesellen positive Folge abgeleitet. Die Saarbrücker Handwerkskammer beschloß am 28.12.1911, es „soll... beim Kgl. Kriegsministerium angefragt werden, ob für den Mobilmachungsfall in den Grenzbezirken an Plätzen, in denen die Einkleidung größerer Truppenabteilungen erfolgt, wie Saarbrücken, Saarlouis, Trier usw., zwecks Befriedigung des durch die Anwesenheit dieser Truppenabteilungen gesteigerten Bedarfs an Backwaren die

---

[14]) KLOEVEKORN, F.: Das Saargebiet. Was es war, was es ist, was es will. Saarbrücken 1934, S. 10.

[15]) NOLTE, P.: Das Wirtschaftsgebiet der Saar. Mönchengladbach 1912, S. 16–17.

[16]) So Saarbrücker Zeitung vom 10.1.1910, 25.5.1912, 2.12.1912 und 12.2.1912

[17]) Saarbrücker Zeitung vom 18.6.1912.

[18]) Saarbrücker Zeitung vom 15.1.1910.

[19]) Saarbrücker Zeitung vom 18.1.1910.

[20]) Saarbrücker Zeitung vom 13.1.1910.

Einziehung der dem Bäckerhandwerk angehörigen Gestellungspflichtigen ... bis nach dem 8. Mobilmachungstage hinausgeschoben werden kann"[21]).

In der Wirtschaft findet man den deutsch-französischen politischen Hader, der übrigens von der französischen Presse und Politik mit gleichem Eifer und im gleichen Stil wie von den Deutschen gefördert wurde, überhaupt nicht. Der Deutsch-Französische Wirtschaftsverein, ein Zusammenschluß von 400, zumeist sehr bedeutenden Firmen berichtete öfter von größeren Erfolgen, in seinen Kreisen „unnütze Schärfen und Spitzen ... zu tilgen"[22]). Er bemühte sich sehr um Zollerleichterungen[23]), und auch die harten Zahlen zeigten einen Anstieg der Kooperation: die deutschen Exporte nach Frankreich wuchsen von 1909 bis 1911 von 661 auf 965 Mio Ffrs. und die deutschen Importe aus Frankreich im gleichen Zeitraum von 726 auf 819 Mio Ffrs.[24]). Was der Wirtschaft als Erfolg erschien, wurde jedoch von manchen Politikern als Bedrohung empfunden; dem Überschuß deutscher Warenimporte wurde die große Zahl von Deutschen in Paris im Vergleich zur geringen Zahl der Franzosen in Berlin gegenübergestellt[25]). Im übrigen findet man in dieser Zeit Hinweise darauf, daß manche Strukturmerkmale, die später als Folge der Grenzlage beklagt werden, wohl doch in Versäumnissen der Deutschen ihren Grund haben mögen. So wird gesagt, daß der staatliche Bergbau an der Saar früher im Schutz der hohen Frachtkosten für Ruhrkohle seine Monopolstellung durch zu hohe Preise ausgenutzt habe, so daß nach dem Anschluß Lothringens viele Kunden zu den privaten lothringischen Gruben abwanderten und der Saarbergbau, der „den wirtschaftlichen Aufschwung der Saargroßindustrie gehemmt"[26]) hatte, nun seinerseits wirtschaftliche Nachteile erleide[27]). Auch die hohen Frachtkosten wurden schon damals moniert, die z. T. auf ungünstiger Frachtratengestaltung beruhten, aber auch auf ungenügendem Streckenausbau, weil zwar die preußische Bahnverwaltung die Verbindungen zum Rhein stark verbesserte, die Reichsbahn aber alle Verbesserungen für die Verbindungen nach Lothringen ablehnte[28]).

Überragendes, im Grunde sogar einziges entwicklungspolitisches Thema in der öffentlichen Diskussion war die Saar- und Moselkanalisierung. Seine Behandlung zeigt deutlich, daß dieses Verkehrsproblem genauso wie die Bahn- und Kohlefrage nicht auf Grenzlandproblematik zurückgeführt wurde, sondern auf eine Mischung von Peripherieproblem und Desinteresse des Staates an der Beseitigung des Problems. So hieß es in einem Artikel zum „Jubiläum der Unkanalisiertheit der Mosel und Saar" im Jahr 1910[29]), im Jahre 1915 werde der hundertste Jahrestag des Anschlusses der Mosel- und Saarregion an Preußen zu feiern sein; diese Feier könne aber zu Mißfallenskundgebungen führen, weil sie der hundertste Jahrestag des Unterlassens von notwendigen Kanalisierungen sei; das Saargebiet und Lothringen hätten nur dank französischer Weitsicht Wasserstraßenanschlüsse von Saargemünd und Metz nach Westen, nicht aber nach Osten. Als Grund wurde vermutet, „daß man in Berlin geneigt ist, die Wirtschaftsinteressen ... im deutschen Südwesten ... überaus gering einzuschätzen".

Für das Kanalisierungsprojekt setzten sich Kommunen, Handelskammern und Gewerbevereine in internationaler Solidarität ein. So befürworteten die Städte Metz, Saarbrücken und Trier

---

[21]) Saarbrücker Zeitung vom 6. 1. 1912.
[22]) Saarbrücker Zeitung vom 6. 2. 1910.
[23]) Saarbrücker Zeitung vom 7. 4. 1910.
[24]) Saarbrücker Zeitung vom 6. 2. 1912.
[25]) So die französische Zeitung „Matin" nach Saarbrücker Zeitung vom 26. 10. 1912.
[26]) Denkschrift der Saarbrücker Handelskammer aus dem Jahr 1910 über die Förder- und Kostenpolitik des staatlichen Saarkohlenbaues.
[27]) Vgl. u. a. Saarbrücker Zeitung vom 7. und 15. 7. 1910 und 30. 11. 1911.
[28]) Saarbrücker Zeitung vom 15. 7. 1910 und 15. 9. 1910.
[29]) Saarbrücker Zeitung vom 11. 11. 1910; s. auch Saarbrücker Zeitung vom 23. 3. 1911 und zur Geschichte insgesamt Saarbrücker Zeitung vom 13. 11. 1910.

mit den dortigen Handelskammern die Kanalisierung sowie auch die luxemburgische Regierung und mehrere Industrieverbände[30]). Auch die Reichstagsabgeordneten BASSERMANN und Dr. RÖCHLING sprachen sich dafür aus[31]). Die Kosten des Projektes hatte man mit 102 Mio Mark als recht günstig gegenüber 300 Mio Mark für einen ähnlich effektiven Bahnausbau ermittelt[32]); allerdings wären den Vorteilen auch Ausfälle bei der Bahn gegenüberzusetzen gewesen[33]). Nach ausführlichen Debatten im preußischen Abgeordnetenhaus wurde die Kanalisierung, von der Ruhr-Industrie stets bekämpft, abgelehnt[34]). Erst in den siebziger Jahren wurde die Saarkanalisierung, nachdem schon zuvor die Mosel ausgebaut war, mit ähnlichen positiven und neuen negativen Argumenten wiederum, nun auch mehr unter dem Grenzgesichtspunkt, in Angriff genommen[35]).

2.2 1925–1927

Der Zeitraum im mittleren Drittel der zwanziger Jahre wurde ausgewählt, weil das Saarland zum ersten Male aus dem Deutschen Reich ausgegliedert war. Zwar waren schon am 2. 10. 1919 von Preußen die Kreise Saarbrücken, Ottweiler und Saarlouis und Teile der Kreise Merzig und St. Wendel sowie von Bayern das Bezirksamt St. Ingbert und Teile der Bezirksämter Homburg und Zweibrücken der Verwaltung des Völkerbundes unterstellt worden[36]). Unter raumordnerischen Gesichtspunkten mag das vielleicht gar, wie die Herauslösung des Ruhrgebiets, als „Neubildung von Gebieten (Regionen)" ausgesehen haben, „die sich durch ihre wirtschaftliche Potenz, durch die Zusammenballung von Wirtschaft und Bevölkerung sowie durch neuzeitliche Strukturen in fast allen Daseinsbereichen offenkundig von den benachbarten, aber sehr anders strukturierten Gebieten unterschieden"[37]). Die unter beherrschendem französischen Einfluß stehende Regierungskommission verwaltete das Land aber so, daß man von einer graduellen Grenzverschiebung sprechen kann: am 1.7.1920 wurde auf den vom französischen Staat übernommenen Gruben der Franc als Lohnwährung eingeführt, am 1.6.1923 galt er dann allgemein als gesetzliches Zahlungsmittel, so daß das Saarland zuerst die Mark- und dann die Franc-Inflation mitmachte[38]), und am 10. 1. 1925 wurde die Region in das französische Zollgebiet eingegliedert, so daß sie nun in wirtschaftlichem Sinne Grenzgebiet auf französischer Seite wurde, wobei allerdings im Laufe der Zeit zunehmend Zollfreiheit für industrielle Erzeugnisse im Warenverkehr mit Deutschland gewährt wurde[39]).

Jedoch war schon vor diesen Anpassungserleichterungen durch die „Zollabschnürung" des Saarlandes, wie der Vorgang ganz allgemein genannt wurde, die wirtschaftliche Lage des Saarlandes viel schlechter geworden[40]). Ganze Branchen gerieten durch die neue Situation in

---

[30]) S. dazu Saarbrücker Zeitung vom 19. 7. und 27. 9. 1912, 18., 21., 26. 1. und 26. 5. 1911 sowie 18. 1., 6. 2., 24. 2., 6. 6. und 19. 8. 1912.

[31]) Vgl. Wahlaufruf BASSERMANN in Saarbrücker Zeitung vom 11. 1. 1912 und Reichstagsprotokoll in Saarbrücker Zeitung vom 16. 3. 1912.

[32]) Saarbrücker Zeitung vom 20. 10. 1911.

[33]) Vgl. weiter zu den Kosten-Nutzen-Erwägungen Saarbrücker Zeitung vom 28. 1., 21. 4. und 6. 11. 1912.

[34]) Dazu Saarbrücker Zeitung vom 19. und 20. 3. 1910, 12. 4. 1910 und 9. 11. 1911.

[35]) Vgl. zum Kanalisierungsproblem noch Saarbrücker Zeitung vom 2. und 18. 2., 17. 3., 18. 11., 9. und 12. 12. 1911; 11. und 28. 3. 1912.

[36]) Versailler Vertrag, Teil III, Abschnitt 4, Art. 45–50.

[37]) ISBARY, G.: Regionale Probleme der Raumordnung. Saarbrücken 1963, S. 1.

[38]) ANDRES, O.: Die Saarfrage. Langensalza 1928. KLOEVEKORN, F.: a.a.O., S. 23. Vgl. zur Währungsfrage auch die Denkschrift der Saarbrücker Handelskammer vom 28. 7. 1926 an den Völkerbund.

[39]) Vgl. u. a. Saarbrücker Zeitung vom 12. 7. 1925.

[40]) Einen Überblick dazu gibt die Saarbrücker Zeitung am 31. 12. 1925 und in einer Serie vom 6., 7. und 8. 1. 1926. Zur Vorgeschichte vgl. Saarbrücker Zeitung vom 8., 9., 10. und 11. 1. 1925 und über die saarländisch-französischen Anpassungsverhandlungen vom 24. und 27. 1., 10., 12., 15., 21. und 27. 2. und 20. 3. 1925, sowie über deutsch-französische Zollregelungen Berichte vom 3., 4. und 5. 9. 1925.

Existenzgefahr, weil einerseits Einfuhren von den bisherigen Lieferanten mit hohen Zöllen, z. T. 100 %, belastet wurden, während Ausfuhren an die alten Abnehmer Ausfuhrzöllen oder gar -verboten unterlagen. Derartige lebensbedrohende Situationen ergaben sich etwa für den Schrotthandel, die Tabakindustrie, viele Zweige des Handwerks[41]) und insbesondere die Landwirtschaft[42]).

Welche Auswirkungen die plötzliche Versetzung in die Grenzlage haben kann, sieht man am Fall der westpfälzischen Kreisstadt Zweibrücken, zu dem gesagt wurde: „Die frühere günstige wirtschaftsgeographische Lage der Westpfalz wurde vor allem der Stadt und dem Bezirk Zweibrücken zum Verhängnis, als infolge des Versailler Vertrages Elsaß-Lothringen aus dem Verband des Reiches ausschied und das Saarbecken vorübergehend vom Reich getrennt wurde"[43]); die Zweibrücker Eisenindustrie konnte wegen des Einfuhrzolls von 80–100 % nicht mehr als 20 % ihrer Produktion an die Saar liefern; zwei Webereien schlossen; vier Schuhfabriken wurden stillgelegt, zwei Schuhfabriken sowie eine Nähmaschinenfabrik gingen in Konkurs; Eisen- und Tabakfabriken führten Kurzarbeit ein oder verminderten die Belegschaft, weil auch für den Warentransit durch das Saarland Zölle erhoben wurden, die den Absatz im Moselgebiet verminderten[44]). Diese Entwicklungen brachten auch Arbeiterunruhen und Streiks mit sich, so daß Zweibrücker Abordnungen in München und Berlin um Hilfe ersuchen mußten[45]). Durch die Veränderung der Zollhoheit wurde die Ausrichtung auf neue Märkte vorgeschrieben[46]). Das läßt sich z. B. in der Tabelle 1[47]) über die Absatzgebiete für Saarkohle deutlich erkennen. Ähnliche Wirkungen konnte Baden in einer Denkschrift über die wirtschaftlichen Auswirkungen des Verlustes von Elsaß-Lothringen nachweisen[48]).

Tab. 1 *Absatzgebiete für die Saarkohle in %*

1913	Absatzgebiet	1926
30	Saar	30
20	Elsaß-Lothringen	10
30	übriges Deutschland	6
8	(übriges) Frankreich	30
12	sonstige	24
100		100

Aber auch in dieser Zeit finden wir Hinweise darauf, daß grenzabhängige Entwicklungshindernisse durch das Handeln von Firmen, Behörden und Organisationen noch vermehrt wurden. So wurde die Vernachlässigung des Telefonnetzes bemängelt, das von Frankfurt nach Saarbrücken nur drei Leitungen enthielt, die auch den Verkehr mit Frankreich bewältigen mußten[49]). Die Verzögerungstaktik der Regierungskommission, mit der verhindert werden sollte, daß der in Saarbrücken gebaute provisorische Flughafen in Betrieb genommen wird,

---

[41]) Saarbrücker Zeitung vom 4.11.1925, 7.3.1926, 3.2.1925.
[42]) Saarbrücker Zeitung vom 18.1., 7.6., 17.12.1926 und 23.2.1927.
[43]) Saarbrücker Zeitung vom 24.6.1925.
[44]) Saarbrücker Zeitung vom 24.6.1925.
[45]) Saarbrücker Zeitung vom 25.3.1926.
[46]) ANDRES, O.: a.a.O., S. 38.
[47]) Nach ANDRES, O.: a.a.O., S. 62.
[48]) BLAICH, F.: Grenzlandpolitik im Westen 1926–1936. Die „Westhilfe" zwischen Reichspolitik und Länderinteressen. Stuttgart 1978, S. 21. Vgl. Bundesarchiv Koblenz R 431/1797, Bl. 251–255.
[49]) Saarbrücker Zeitung vom 14.3.1925.

wurde gerügt⁵⁰), ebenso die Praxis, französische Handwerker und Händler an der Saar zum Nachteil der Einheimischen administrativ zu begünstigen⁵¹). Das alte Kanalprojekt wurde ebenfalls wieder diskutiert, auch im Hinblick auf die Rückgliederung nach Deutschland. Dabei wurde vermerkt, daß der Kanal wohl ohnehin hauptsächlich im Interesse der Saarbergwerke liege und daß deshalb ein Saar-Pfalz-Kanal sinnvoller sei als ein Saar-Mosel-Kanal, weil die Saarkohle eher am Oberrhein als bei Koblenz mit der Ruhrkohle konkurrieren könne⁵²). Auch die Saarbergwerke waren wieder Ziel von Kritik, weil sie mit ihrer Monopolstellung auch nach Abflauen der Inflation die Preise hochhielten und so den Absatz der Industrieprodukte zusätzlich erschwerten⁵³). Firmen im deutschen Reich wiesen Abnehmer von Lieferanten aus dem Saargebiet darauf hin, daß sie bei Bezugsquellen bestellten, die wegen der Besatzung lieferunzuverlässig seien⁵⁴). Und die franco-saarländische Handelskammer wehrte sich mit dem Argument, die Saar-Industrie müsse geschützt werden gegen die Zulassung des Imports vieler deutscher Waren, obwohl von saarländischen Verbrauchern vermutet wurde, es gehe hierbei eher um den Zwang zur Abnahme entsprechender französischer Produkte⁵⁵). Schließlich verschärfte sich die Arbeitsmarktlage auch dadurch, daß die Kohle im Warndt zunehmend von lothringischen Schächten her abgebaut wurde, auf denen dort ansässige Gastarbeiter (Polen, Tschechen, Serben, Italiener) die saarländischen Bergleute mehr und mehr verdrängten⁵⁶).

Das Problem der Grenzgänger⁵⁷), die in der Frankenzone arbeiteten und in der Markzone wohnten (oder umgekehrt) erwies sich damals wegen der unterschiedlichen Geldwertentwicklung in beiden Zonen erstmals als dringliche sozialpolitische Frage⁵⁸). Vor allem die schlechte Wettbewerbslage der Saarwirtschaft führte dazu, daß die Arbeitnehmer niedrigere Einkommen erhielten als im immer wieder zum Vergleich herangezogenen Reich⁵⁹). Wahrscheinlich war das einer der Umstände, die damals schon zur Gründung einer Arbeitskammer führte, deren Leitung, von der Handelskammer beargwöhnt, paritätisch mit Arbeitgebern und Arbeitnehmern besetzt war, die von der Regierungskommission berufen wurden⁶⁰). Zwar wurden damals nicht nur in Baden, sondern auch in Bayern Denkschriften verfaßt, die in manchmal zweifelhafter Weise die überdurchschnittliche Arbeitslosigkeit auf die neue Westgrenze zurückführten⁶¹); im Saargebiet und in der angrenzenden Pfalz ließ sich das jedoch belegen.

In dieser Situation wurde nach dem Beispiel der Osthilfe und im finanzpolitischen Wettstreit mit ihr ab 1926 ein zweites regionales Förderungsprogramm vom Deutschen Reich beschlossen, das bald „Westhilfe" hieß. So sollten 1927 maximal an Preußen 12, die bayrische Rheinpfalz 6 und das oldenburgische Birkenfeld 0,5 Mio RM gezahlt werden, wobei über Einzelanträge nach Maßgabe „der Reichswichtigkeit der angemeldeten Vorhaben" entschieden werden sollte⁶²). Das sind keine überragenden Strukturhilfen gewesen angesichts einer saarländischen Ausfuhr in das

---

⁵⁰) Saarbrücker Zeitung vom 31. 12. 1927.
⁵¹) Saarbrücker Zeitung vom 27. 11. und 3. 12. 1927.
⁵²) Saarbrücker Zeitung vom 6. und 9. 10. 1926.
⁵³) Saarbrücker Zeitung vom 4. 2. 1927 und 5. 12. 1926.
⁵⁴) BLAICH, F.: a. a. O., S. 50.
⁵⁵) Saarbrücker Zeitung vom 14. 3. 1926.
⁵⁶) ANDRES, O.: a.a.O., S. 58–62.
⁵⁷) Vgl. weiter zur Grenzgängerregelung Saarbrücker Zeitung vom 24. 9. 1926.
⁵⁸) Vgl. Saarbrücker Zeitung vom 8. 9. 1926 und 29. 11. 1926.
⁵⁹) S. dazu Saarbrücker Zeitung vom 20. 2., 25. 3. und 6. 11. 1925 sowie 25. 6. 1926 und 2. 5. 1927.
⁶⁰) Zur Arbeitskammer siehe Saarbrücker Zeitung vom 4. 1., 22. 5., 1. 10. (Verordnung über die Errichtung) und 7. 11. 1925.
⁶¹) BLAICH, F.: a.a.O., S. 45 m. w. N.
⁶²) S. dazu BLAICH, F.: a.a.O., S. 9 u. 29.

Reich von über 200 Mio RM im Jahre 1927[63]). Dazu kamen auch noch interne Obstruktion, so etwa Widerstand der ansässigen Industrie gegen Neuansiedlung von Betrieben in der Südpfalz[64]), und Abwanderungen aus dem Saargebiet, so etwa der Röchling-Konzernleitung von Völklingen nach Ludwigshafen, die u. a. mit den unsicheren politischen Verhältnissen im Grenzgebiet begründet wurde[65]).

Alle diese Tatsachen wurden in der Presse eingehend berichtet und oft kommentiert. Sowohl Bericht wie auch Kommentar waren häufig anonym, indem die Zeitung mitteilte, „man schreibt uns . . .". Der Tenor war stets, daß die Saarbevölkerung stellvertretend für das ganze deutsche Volk leide und weiterhin treu zum Reich stehe. So dienten die wirtschaftlichen Daten als Indikatoren für die politische Stimmung, die schon am 12. 3. 1920 auf überparteilichen Versammlungen in Saarbrücken in einer Resolution ausgedrückt wurde, in der es u. a. hieß: „Trotz der tiefen Schmach, in der zur Stunde noch das Deutsche Reich gefesselt liegt, trotz seiner übergroßen, unabsehbaren Not und Dürftigkeit kennt das ganze Volk an der Saar nur einen Ruf: Wir wollen deutsch sein und bleiben . . ."[66]).

In dieser Stimmung wurden auch die politischen Stellungnahmen abgegeben. Neben der ganz rationalen Vermutung, daß die französische Regierung bei den deutsch-französischen Zollverhandlungen wegen eines Interessenkonfliktes nicht für die Saar sprechen könne[67]), gab es eine grundsätzliche, auch recht emotionale Einstellung gegen Frankreich, die alle Stellungnahmen zur Grenzfrage deutlich einfärbte[68]). Diese Emotionen waren oft auch durch ungeschickte französische Maßnahmen hervorgerufen, so etwa die Französisierungspolitik an den allgemeinbildenden Schulen der staatlichen Grubenverwaltung.

Die Argumentation hatte auch ihre sprachliche und kulturelle Komponente; denn das Saarland war in der Tat und entgegen verbreiteten Vorurteilen in Frankreich und Deutschland stets ein rein deutsches Gebiet. Als im Jahr 1786 das Oberamt Schaumburg an der Saar im Tausch gegen ein Gebiet bei Landau von Frankreich zu Pfalz-Zweibrücken kam, hieß es in einer französischen Beschreibung des Oberamtes: „Die französische Sprache ist beinahe unbekannt in diesem armen Lande"[69]). Auch in den zwanziger Jahren wurde beklagt, man wisse „in Deutschland zu wenig, daß hier in unserem Grenzlande sich nicht deutsche und französische Kultur mischen, sondern daß im Saarland Landschaft, Wirtschaft, Kultur, Sprache, Volkstum von Grund auf deutsch sind"[70]).

Um so eifriger war in dieser Zeit insbesondere die Tätigkeit der überparteilichen und interkonfessionellen Saarvereine, die – auch unter starker Beteiligung von Geistlichen – im Saargebiet und in Deutschland die Saarfrage in der Diskussion hielten[71]). In einer Denkschrift einer Abordnung der Saargebietsbevölkerung zur Völkerbundstagung in Genf 1928 hieß es: „Die wirtschaftlichen Zustände des Saargebietes fordern noch mehr als dies alles schnellste Abhilfe. Das Saargebiet wurde von seinem natürlichen Wirtschaftsgebiet losgerissen und einem fremden Zollgebiet eingegliedert. Heute ist es offenkundig, daß dadurch die Lebensadern des

---

[63]) Vgl. die Zahlen für das erste Halbjahr in Saarbrücker Zeitung vom 1. 9. 1927. Weiteres Material zur Wirtschaftslage in Saarbrücker Zeitung vom 4. 1. 1925, 14. und 26. 3., 10. 4., 18. 5. und 18. 12. 1925, 24. 3., 5. und 7. 4. 1927.
[64]) BLAICH, F.: a.a.O., S. 37/38 m.w.N.
[65]) BLAICH, F.: a.a.O., S. 51.
[66]) ANDRES, O.: a.a.O., S. 67.
[67]) Saarbrücker Zeitung vom 18. 3. 1925.
[68]) Zur politischen Stimmung vgl. Saarbrücker Zeitung vom 17. 2., 26. 4., 19. 7., 6. und 8. 12. 1925.
[69]) Zit. nach ANDRES, O.: a.a.O., S. 12.
[70]) KLOEVEKORN, F.: a.a.O., S. 5.
[71]) Dazu u.a. Saarbrücker Zeitung vom 20. 2. sowie 13. und 15. 8. 1927 und 12. 10. 1927.

Saargebietes zerschnitten wurden"[72]). Das Ziel war stets „die Wiedereingliederung des Saargebietes in das deutsche Mutterland"[73]). Dabei gab es auch Überlegungen, die Grenzlage als Positivum für neue Aktivitäten zu nutzen. Schon 1926 wurde gesagt: „Es mag gewiß kühn erscheinen, wenn man sich heute mit der Frage beschäftigt, welche Stellung dermaleinst Saarbrücken innerhalb des künftigen deutsch-französischen Warenverkehrs einnehmen soll, wenn das Saargebiet wieder mit Deutschland vereint . . . ist; denn ungünstigen Falles trennen uns von diesem Zeitpunkt noch fast neun Jahre. . . . Saarbrücken ist nunmehr Grenzstadt geworden; es dürfte damit in hohem Maße berufen sein, in Zukunft die wirtschaftliche Brücke zwischen Deutschland und Frankreich zu bilden . . . Damit bieten sich für Saarbrücken und sein Hinterland heute noch ungeahnte Entwicklungsmöglichkeiten. Wenn allerdings Saarbrücken wirklich ein bedeutsamer Warenumschlagplatz werden soll, so wird eine derartige Entwicklung keinesfalls von selber kommen; es bedarf dazu planmäßiger und angestrengter Arbeit, die schon jetzt einsetzen muß"[74]).

2.3 1935–1937

Der zeitliche Horizont der gerade zitierten Vorausschau stimmte. Entsprechend dem Versailler Vertrag fand am 13. 1. 1935 die Volksabstimmung über die Zukunft der Saar statt, und entsprechend dem Abstimmungsergebnis (90,8 % für Rückgliederung) endete am 1. 3. 1935 das Vökerbundsmandat und die Saar „kehrte heim". Aber von Brückenfunktion war nicht mehr die Rede. Durch die neue deutsche Politik wurde der Grenzlandmythos noch mehr überhöht.

Die Voraussetzungen dafür waren in den Propagandakampagnen vor der Volksabstimmung geschaffen worden. Einerseits meldete sich eine Association Française de la Sarre mit Sitz in Paris und warnte vor der Rückgliederung nach Deutschland. Sie werde den Verlust des französischen Marktes mit einem jährlichen Absatzvolumen von 1,5 Mrd. Ffrs. bringen, mehr Arbeitslosigkeit und die „Schaffung eines Aufmarschgebietes für die deutsche Invasionsarmee des jenseits des Rheines fieberhaft vorbereiteten Revanchekrieges". Das könne nur durch die Aufrechterhaltung des Status quo vermieden werden[75]). Andererseits hieß es in einem „Treuegelöbnis . . . an den Führer": die „Deutsche Gewerkschaftsfront Saar, in der 80 000 deutsche Saararbeiter vereint sind, gelobt zum Jahreswechsel dem Führer des deutschen Volkes unwandelbare deutsche Treue. Ihre Parole für den 13. Januar lautet: Nieder mit dem Status quo! Hoch unser geliebtes Vaterland Deutschland! Sieg Heil"[76]). Die Bischöfe der Paderborner Kirchenkonferenz erließen am 31. 12. 1934 folgenden Aufruf: „Geliebte Diözesanen! Sonntag, den 13. Januar 1935, wird im Saargebiet die Volksabstimmung stattfinden über die Frage, ob dieses deutsche Land und seine Bewohner in der durch den Versailler Gewaltfrieden aufgezwungenen Trennung vom Deutschen Reich verbleiben sollen oder nicht . . . Als deutsche Katholiken sind wir verpflichtet, für die Größe, die Wohlfahrt und den Frieden unseres Vaterlandes uns einzusetzen. Unsere wirksamste Hilfe ist das Gebet. Deshalb verordnen wir, daß am genannten Sonntag in allen Kirchen . . . drei Vaterunser und Ave Maria . . . gebetet werden, um einen für unser deutsches Volk segensreichen Ausgang der Saarabstimmung zu erflehen"[77]). Auch private öffentliche Meinungsäußerungen

---

[72]) Zit. nach ANDRES, O.: a.a.O., S. 69.
[73]) Saarbrücker Zeitung vom 1. 1. 1927.
[74]) Saarbrücker Zeitung vom 5. 9. 1926.
[75]) HEISS, F.: Das Saarbuch. 2. Auflage, Berlin 1935, S. 210–213.
[76]) Zit. nach HEISS, F.: a.a.O., S. 290.
[77]) HEISS, F.: a.a.O., S. 291.

gingen in diese Richtung. So verkündete der Malermeister WILHELM ANGEL an seinem Haus am Domplatz in St. Wendel in großen Lettern:

„Ich bin geboren, deutsch zu fühlen.
Bin ganz auf deutsches Denken eingestellt.
Erst kommt mein Volk, dann all' die andern vielen,
Erst meine Heimat, dann die Welt.
Deutschland, und wenn Dich das Elend umnachtet,
wir haben Dich lieb wie nie zuvor.
ein Schelm, wer seine Mutter verachtet,
weil sie Glanz und Reichtum in Not verlor"[78]).

Zum ersten Jahrestag der Volksabstimmung wurde in einem Leitartikel der Saarbrücker Zeitung gesagt, es habe „wirklich keine Methode der politischen Kriegführung" gegeben, „die im Kampf um die Saar nicht ihre Vollendung erlebt hatte"; trotzdem meinte man, man könne das Ergebnis „als eine Selbstverständlichkeit betrachten, als eine nach dem Gesetz des Blutes unvermeidliche Entscheidung eines Volksteiles zum Gesamtvolk"[79]). Immerhin ließ sich auch nicht übersehen, daß das Saarland mangels natürlicher Grenzen wirklich ein recht künstliches Gebilde war und bei seiner Größe kaum selbständig sein konnte, sondern nur in einem größeren Verband gedeihen konnte und daß dieser größere Zusammenhang „seit der Völkerwanderungszeit fast ununterbrochen" Deutschland gewesen war[80]).

Nach der Rückgliederung tat das Reich auch sehr viel, um den Saarländern den Eindruck zu geben, ihre Entscheidung sei richtig gewesen. Mit betont schnellen Entschlüssen und Verordnungen wurden die einzelnen Wirtschaftszweige innerhalb weniger Wochen in die schon recht deutlich kartellierten und staatlich dirigierten Reichsorganisationen (Reichsnährstand u. ä.) eingegliedert[81]). Gelegentlich versuchten die Absatzverbände, Syndikate und Kartelle der deutschen Branchen, die Aufnahme saarländischer Firmen mit fadenscheinigen Argumenten zu hintertreiben oder hinauszuzögern, um sich Wettbewerber fernzuhalten[82]). Aber die staatlichen Stellen und die Repräsentanten der NSDAP, die ja in den Medien den Ton angaben, wiesen stets auf die schnelle Eingliederung, so etwa des Postwesens[83]), hin und auf die Maßnahmen, die Unzuträglichkeiten dabei unterbinden sollten, wie beispielsweise durch das Vorgehen des Reichskommissariats für die Rückgliederung des Saarlandes gegen Preistreiber auf den Wochenmärkten und „Rückgliederungsgewinnler" überhaupt[84]). In den März- und Aprilausgaben der Zeitungen findet man wöchentlich lange Berichte über neueingerichtete Arbeitsdienstlager und deren Aufgaben und schon erreichte Erfolge. Im April 1935 verkündete der Gauleiter mit Vokabeln wie „Großangriff" und „Arbeitsschlacht" ein Arbeitsbeschaffungsprogramm an der Saar; denn die Schwierigkeiten der wirtschaftlichen Rückgliederung waren doch „viel größer, als wir ursprünglich annahmen, weil die Lage schlechter war, als die Regierungskommission diese in Statistiken darstellte"[85]).

Die eigentlichen Grenzprobleme ließen sich damit aber nicht beseitigen. So gab es Schwierigkeiten für deutsche Bergleute auf lothringischen Gruben, von denen manche entlassen

---

[78]) Vgl. die Fotos bei HEISS, F.: a.a.O., S. 57.
[79]) Saarbrücker Zeitung vom 12. 1. 1936.
[80]) MARTIN, W.: Land und Leute an der Saar. 2. Auflage, Saarbrücken 1933, S. 6.
[81]) S. z. B. Saarbrücker Zeitung vom 6. 5. 1935.
[82]) Vgl. SCHNEIDER, H.: Lieferungssperre gegen Saarfirmen?. In: Saarbrücker Zeitung vom 7. 9. 1935.
[83]) Saarbrücker Zeitung vom 24. 2. 1935, wonach schon an diesem Tage der neue Präsident der OPD Saarbrücken für den 1. 3. 1935 ernannt wurde, damit auch dieser letzte Akt der Rückgliederung des Postwesens pünktlich zum Ende der Völkerbundsverwaltung vollendet sei.
[84]) Saarbrücker Zeitung vom 12. 4. und 13. 6. 1935.
[85]) Saarbrücker Zeitung vom 26. 4. 1935.

wurden[86]); andere Grenzgänger wehrten sich demonstrativ an der Grenze gegen die neuen deutschen Devisenbestimmungen, welche sie daran hindern sollten, mehr als ein Drittel ihres Frankenlohnes zum günstigeren Kurs in Frankreich in Mark umzutauschen[87]); und auch die Rentenprobleme der Grenzgänger standen wieder zur Lösung an[88]). Immerhin wurden alle Erfolge deutlich herausgestellt und gefeiert[89]). Dabei wurde nie auf neue saarländische Grenzschwierigkeiten an der neuen Westgrenze hingewiesen, sondern nur – mit manchmal deutlichem Spott – auf die wirtschaftlichen Schwierigkeiten Lothringens wegen des Verlusts der saarländischen Absatzgebiete[90]). Trotzdem hörte man auch vom neuen Saarbrücker Oberbürgermeister und in Zeitungskommentaren, daß Saarbrücken eine besondere Funktion in den ökonomischen Beziehungen zu Frankreich haben müsse und wolle[91]). Ein Mitarbeiter der Reichsstelle für Raumordnung schrieb, das Reich müsse bei den raumordnerischen Maßnahmen „seine besondere Aufgabe der Ausgestaltung der deutschen Grenzgebiete zuwenden, die als vollwertige Nachbarräume den wirtschaftlichen Austausch und die gesellschaftliche Verbindung mit den angrenzenden Nationen sicherstellen" sollten[92]).

Wirtschaftliche Fragen spielten in den öffentlichen Stellungnahmen dieser Zeit nie eine beherrschende Rolle. Zu deutlich stand, zumindest in der offiziellen Öffentlichkeit, die Saarfrage unter dem Primat der Politik, als daß wirtschaftliche Probleme als sehr wichtig angesehen werden konnten. Der Reichskommissar und Gauleiter meinte dann auch: „Die Wirtschaft eines Volkes kann nie Selbstzweck, sie muß vielmehr immer Mittel zum Zweck sein"[93]), und in der zeitgenössischen Literatur hieß es: „Bande des Blutes, der Sprache, der Kultur waren und sind immer stärker als wirtschaftliche Vorteile einzelner"[94]).

Indessen ist auch festzustellen, daß die Rückgliederung des Saarlandes in die deutsche Wirtschaft zielstrebig vorbereitet war. In sicherer Erwartung eines deutschlandfreundlichen Abstimmungsausganges waren schon vorher die Weichen gestellt worden. Anfang Januar 1935 hatten wichtige Personen der Wirtschaft, so der Präsident der Handelskammer, der Kommerzienrat Dr. HERMANN RÖCHLING und der Wirtschaftsberater der Deutschen Front, die Situation der Saarwirtschaft und ihre Erwartungen für die Rückgliederung öffentlich ausführlich dargelegt[95]). Während Firmen aus dem Reich schon in Zeitungsanzeigen Vertreter für das Saarland suchten, versicherte der Saarbevollmächtigte, der pfälzische Gauleiter, es könne und werde „nicht zugelassen werden, daß die saarländische Wirtschaft dem gegenwärtigen geschäftlichen Ansturm ausgeliefert wird und ihm unterliegt", weil „auch bei der Frage der wirtschaftlichen Eingliederung die Charakterfrage zugrunde gelegt wird und daß deshalb das Wohl der Gemeinschaft über all die Bestrebungen gesetzt wird, um auf Kosten einer organischen Eingliederung Sondergewinne für irgendein einzelnes Glied des Volkes einzuheimsen"[96]). Durch schnelle Übereinkünfte bei den Saarverhandlungen konnten schon Anfang Februar 1935 Termine für Zoll- und Währungsumstellungen, Rückgliederungen der Gruben- und Eisenbahnverwaltung und Vereinbarungen über die Sozialversicherung der Grenzgänger bekanntgegeben

---

[86]) Saarbrücker Zeitung vom 24. 4. 1935.

[87]) Saarbrücker Zeitung vom 15. 3. 1937.

[88]) Saarbrücker Zeitung vom 25. 3. 1937.

[89]) S. z. B. Saarbrücker Zeitung vom 1. 3., 4. 7. und 12. 12. 1936.

[90]) So u. a. Saarbrücker Zeitung vom 10. 9., 5. 10. und 13. 12. 1935 sowie 26. 3. 1936.

[91]) Saarbrücker Zeitung vom 18. 5. und 12. 6. 1935.

[92]) DÖRR, H.: Die Westmark in der Reichsplanung. In: Deutsche Westmark, Heft August 1937.

[93]) Saarbrücker Zeitung vom 26. 4. 1935.

[94]) KLOEVEKORN, F.: a.a.O., S. 12.

[95]) S. die langen Beiträge in der Saarbrücker Zeitung vom 5. 1. 1935; weiterhin auch RÖCHLING, H. in Saarbrücker Zeitung vom 25. 5. 1935.

[96]) So der Leiter der Abt. Wirtschaft im Büro des Saarbevollmächtigten. In: Saarbrücker Zeitung vom 8. 2. 1935.

werden[97]). So fand die wirtschaftliche Rückgliederung offensichtlich in Ruhe und mit Zuversicht statt.

Wirtschaftliche Fürsorgeversprechen waren auch nicht nur leere politische Propaganda. Hatte man zuvor noch befürchtet, daß für das saarländische Prestigeprodukt Kohle die alten Absatzmärkte erst mühsam zurückgewonnen werden müßten[98]), veranlaßte das Reichswirtschaftsministerium nach der Drosselung der Saarkohleneinfuhr durch Frankreich im Herbst 1935 deutsche Abnehmer, „auch Unbequemlichkeiten bei der Umstellung auf Saarkohle im Interesse der deutschen Volkswirtschaft in Kauf" zu nehmen[99]).

Die wirtschaftlichen Rückgliederungshilfen bestanden damals, soweit man das aus Veröffentlichungen entnehmen kann, weniger in direkten Subventionen und Zuschüssen als vielmehr in etwas, was man heute als mehr immaterielle „Hilfen zur Selbsthilfe" und „flankierende Maßnahmen" bezeichnen würde. Der Reichskommissar für die Rückgliederung unternahm mit der Wirtschaft zusammen Werbeversuche; durch Warenkataloge der gesamten Saarwirtschaft[100]) und Werbewochen mit Ausstellungen im gesamten Reich[101]) sollte den Erzeugnissen von der Saar der deutsche Markt zugänglicher gemacht werden. Die Reichswirtschaftskammer bildete einen Grenzwirtschaftsausschuß, dessen Vorsitzender darauf hinwies, „daß es Aufgabe des Grenzlandes sei, stark zu sein. Darin liege auch das Ziel, das man dem Grenzwirtschaftsausschuß gesteckt habe. Alle Fragen seien vom Standpunkt ‚Deutschland' aus zu sehen. Nur so werde man die naturgegebenen Schwierigkeiten überwinden können"; als erster Erfolg konnte verbucht werden, daß die „Reichsausgleichsstelle für öffentliche Aufträge" mehr Bestellungen in die Grenzgebiete leitete[102]). Einzelne Branchen, so der Bergbau, der Eisenwarenhandel und die metallverarbeitende Industrie[103]), berichteten zwar von momentanen Schwierigkeiten, hatten aber zugleich gute Zukunftserwartungen. Andere Branchen berichteten sogar über umgehende Aufschwünge; so hatten die Zivilschneider, zur Völkerbundszeit durch die Preiskonkurrenz der Nachbarn kurz vor dem Ruin, nun volle Auslastung, und die Uniformschneider klagten gar über Arbeitskräftemangel[104]).

Langfristigere Probleme gab es, so der Eindruck aus den Zeitungen, nur im Infrastrukturbereich. Die weiträumige Elektrizitäts- und Gasversorgung[105]) brauchte ebenso ihre Zeit wie die Erweiterung und Verbesserung der Verkehrsverbindungen. Hierbei waren neben den topographischen Schwierigkeiten für den Ausbau der Eisenbahnen vor allem die Einführung des Luftverkehrs und der Bau der Autobahn von Mannheim nach Westen die großen Themen[106]). Überragendes Problem, wenn man von der Häufigkeit der Erwähnung in der Presse ausgeht, war wiederum die Kanalfrage. Zuerst wurde sie als Alternative zu einer besonderen Kohlenbahn diskutiert[107]). Dann aber war der Mangel einer Wasserstraßenverbindung mit dem übrigen Reich allein schon Grund für die Forderung nach einem Saar-Pfalz-Kanal[108]). Deshalb beteiligte sich die Industrie- und Handelskammer Saarbrücken auch mit dieser Forderung am 28. Juli 1935 an

---

[97]) Saarbrücker Zeitung vom 7.2.1935. S. auch Saarbrücker Zeitung vom 14.2.1935 (Handels- und Wirtschaftsteil).
[98]) KLOEVEKORN, F.: a.a.O., S. 30.
[99]) Saarbrücker Zeitung vom 22.9.1935.
[100]) Vgl. z. B. Saarbrücker Zeitung vom 9.5.1935.
[101]) S. Saarbrücker Zeitung vom 26.3. und 11.2.1935.
[102]) Saarbrücker Zeitung vom 27.6.1937.
[103]) Dazu Saarbrücker Zeitung vom 17.6. und 23.10.1935 sowie 27.9.1936.
[104]) Saarbrücker Zeitung vom 21.10.1935.
[105]) Vgl. auch HEISS, F.: a.a.O., S. 166.
[106]) Dazu Saarbrücker Zeitung vom 5.1. und 7.11.1935, 6.12.1936 und 10.9.1937.
[107]) KLOEVEKORN, F.: a.a.O., S. 7.
[108]) S. Saarbrücker Zeitung vom 28.6.1935.

der Süddeutschen Wasserstraßenkundgebung in Stuttgart[109]). Unter Führung der Städte Mannheim und Saarbrücken wurde am 17. Januar 1936 der Saarpfalz-Rhein-Kanalverein gegründet[110]). Auf einer Tagung der Arbeitskammer begründete der Saarbrücker Oberbürgermeister die Forderung nach einem Kanal, der bald als „Rohstoffstraße der Westmark" und Teil eines „Süddeutschen Mittellandkanals" von der Saar zur Donau bezeichnet wurde[111]), mit dem damals vielleicht nicht als oberflächlich erkannten Argument, das nationalsozialistische Deutschland kenne nicht mehr die Rivalität zwischen Wasserstraßen- und Eisenbahnverkehrspolitik[112]). Auch die Begeisterung offizieller Stellen für das Projekt war so groß, daß der Kanalbau dann vermutlich nur deshalb unterblieb, weil für die Reise nach Westen schließlich doch die Marine weniger in Frage kam. Denn bald wurde die Entwicklungsplanung auf Kriegsbedürfnisse umgestellt. Als im Oktober 1938 der Bau einer Hydrieranlage für synthetische Treibstoffe an der Saar beantragt wurde, lehnte der Wehrwirtschaftsstab den Antrag ab, „weil mit der Erzeugung von vor bzw. bei den Befestigungen liegenden Werken im Ernstfall nicht gerechnet werden kann"[113]).

Die Phase der Wirtschaftsentwicklung davor war jedoch von Optimismus und Erfolgen gekennzeichnet. So wurde berichtet, daß – nicht zuletzt dank „einschneidender Maßnahmen" – in den ersten acht Monaten nach der Rückgliederung die Zahl der Arbeitslosen von 60 000 auf 24 820 gesenkt werden konnte[114]). In den Zwischenbilanzen und den Berichten zum ersten Jahrestag der Rückgliederung wurden eindrucksvolle Erfolgsmeldungen gebracht, die im wesentlichen damit begründet werden, daß die Wirtschaftspolitik die nachteiligen Grenzwirkungen aufgehoben habe[115]). Dann allerdings zeigte sich, daß die Politik die Grenzwirkungen auch immens verstärken kann.

Hatte man für die Wirtschaft der Saar gelegentlich noch eine Brückenfunktion zwischen Deutschland und Frankreich gefordert, so sollte das Saarland in kultureller Hinsicht kaum Grenzland, sondern möglichst Binnenland sein. Als Kulturbrücke sah man eher Lothringen an[116]). Zum „Tag der Saarheimkehr" dichtete ein RUPERT RUPP: „Das war der Tag, der uns mit Gott versöhnte,/als er die Ketten mit des Hammers Stahl zuschlug,/als sein Gebot durch Wind und Wolken dröhnte/und als er sprach: Es ist genug!/ Nun blüh'n die Saaten neu in unsrer Väter Land,/ nun loh'n die Flammen wieder unter eignem Herd./ Doch dieser Schwur hat sich uns allen eingebrannt: /nie wieder wird das Reich versehrt"[117])! Zwar wurde dem neuen Reichssender Saarbrücken aufgegeben, bei den westlichen Nachbarn Verständnis für die „nationalsozialistische Friedenspolitik" zu wecken; die Hörerbriefreaktionen darauf wurden aber säuberlich in elsaß-lothringische und französische Stimmen getrennt, wobei kommunistische und jüdische Emigranten ihre angebliche Hetze gegen den Sender nur in französischen und internationalen Blättern veröffentlichten[118]). Insgesamt sah man „die völkische Kulturpflege als die Vollendung der politischen Revolution", wie es auf der Gaukulturwoche 1936 hieß[119]).

---

[109]) Saarbrücker Zeitung vom 27. 7. 1935; s. weiterhin auch die Ausgaben vom 5. 12. 1935.
[110]) Saarbrücker Zeitung vom 20. 1. und 5. 4. 1936.
[111]) Saarbrücker Zeitung vom 18. 4. 1937.
[112]) Saarbrücker Zeitung vom 31. 10. 1936.
[113]) BLAICH, F.: a.a.O., S. 117/118.
[114]) Saarbrücker Zeitung vom 4. 5. 1936. Zu den Arbeitsbeschaffungsmaßnahmen auch Saarbrücker Zeitung vom 28. 12. 1935.
[115]) Vgl. z. B. Saarbrücker Zeitung vom 28. 10. 1935, 5. 1. sowie 18., 19., 20. und 21. 2. 1936.
[116]) MARTIN, W.: a.a.O., S. 6.
[117]) Saarbrücker Zeitung vom 1. 3. 1936.
[118]) Saarbrücker Zeitung vom 28. 10. 1936.
[119]) Saarbrücker Zeitung vom 11. 10. 1936. Zur Gaukulturwoche 1937: Saarbrücker Zeitung vom 18. 10. 1937.

Dementsprechend wurde auch 1937, als die vor der Saarabstimmung fast eine halbe Million Anhänger zählende Deutsche Front zu einer nur auf Saarbrücken beschränkten „Kulturgemeinschaft" herabgestuft wurde, damit die NSDAP einzige politische Kraft werden konnte, vom Gaukulturwart die Parole ausgegeben, alle geistige und künstlerische Beschäftigung habe „nur den einen Sinn, das Wesen des eigenen Volkes im Gegensatz zu dem des angrenzenden Nachbarn stärker und klarer herauszustellen und so innere geistige Kräfte wachzurufen, die jede Versuchung und Verführung einer fremden Geistes- und Ideenwelt ablehnen und überwinden"; in diesem Sinne sei „die gesamte westmärkische Kulturarbeit zu verstehen"[120]). So wurde dann auch der Theaterbau, den der Führer und Reichskanzler der Saar zur Rückkehr schenkte, „Grenzlandtheater" genannt, das ein „Bollwerk an der Grenze" sein sollte, wenngleich „nicht eine Festung mit geschlossenen Toren, sondern eine Festung, aus der all das Starke und Gute ausstrahlen soll"[121]).

2.4 1947–1949

Als das „Starke und Gute" nicht mehr strahlte, war das Saarland wieder Grenzland auf französischer Seite.

Die französische Regierung nahm ihre Saarpläne von 1919 in modifizierter Form wieder auf, wobei es vor allem um die Saarkohle ging, deren Förderung etwa einem Drittel der französischen Produktion entsprach. Das Saargebiet wurde, um 142 Nachbargemeinden vergrößert, am 12. 2. 1946 aus der französischen Besatzungszone und damit aus der Zuständigkeit des Alliierten Kontrollrates herausgelöst. Nach kleineren Grenzkorrekturen wurde es am 18. 12. 1946 in das französische Zollgebiet eingegliedert.

Die Saarbrücker Zeitung schrieb dazu in einem Leitartikel, „die übergroße Mehrheit der Saarländer" erhoffe den baldigen vollen wirtschaftlichen Anschluß an Frankreich und dankte dem französischen Gouverneur GRANDVAL und der Militärregierung für politische Erleichterungen aus Anlaß der Zolleingliederung[122]). Der Direktor der saarländischen Verwaltung, ERWIN MÜLLER, versicherte, die Saarländer begrüßten den Anschluß nicht nur aus Gründen des persönlichen Wohlergehens (wegen der „Magenfrage"), sondern „in Erkenntnis der vielfältigen kulturellen und persönlichen Beziehungen unserer Bevölkerung zum benachbarten Frankreich", und aus den Erfahrungen nach 1935 erstrebten sie den wirtschaftlichen Anschluß an Frankreich[123]). Der Gouverneur versprach auch, Frankreich wolle „im Gegensatz zur früheren preußischen Verwaltung die saarländische Bevölkerung selbst in Verwaltung, Wirtschaft, Industrie und Handel maßgebend" beteiligen[124]). Die Verwaltungskommission des Saarlandes betonte bei einem Empfang durch den französischen Außenminister die Ansicht ERWIN MÜLLERS und fügte hinzu, die anwesenden Vertreter der politischen Parteien, die nach den Wahlen vom 15. 9. 1946 etwa 80 Prozent der saarländischen Bevölkerung verträten, seien der Ansicht, das Saarland gehöre wirtschaftsgeographisch zu Frankreich[125]).

Am 28. Mai 1947 wurde eine Verfassungskommission eingesetzt, die „in enger Anlehnung an unseren großen französischen Nachbarn ... zum Wohle ... des gesamteuropäischen Friedens" ihre Arbeit begann, wie ihr Präsident, der spätere Ministerpräsident JOHANNES HOFFMANN, ankündigte[126]). Solche Maximen wurden immer wieder bei öffentlichen Veranstaltungen von

---

[120]) Saarbrücker Zeitung vom 25. 5. 1937.
[121]) Saarbrücker Zeitung vom 17. 9. 1937.
[122]) Saarbrücker Zeitung vom 4. 1. 1947.
[123]) Saarbrücker Zeitung vom 4. 1. 1947.
[124]) Saarbrücker Zeitung vom 7. 1. 1947.
[125]) Saarbrücker Zeitung vom 11. 2. 1947.
[126]) Saarbrücker Zeitung vom 29. 5. 1947.

Politikern ausgesprochen, so etwa bei den vielen Feiern im Saarland zum 14. Juli[127]) und in den folgenden Wahlkämpfen. Allerdings scheint vieles, was nicht offiziell von oben erklärt wurde, auch in der damals noch vielfältigen saarländischen Presse keinen gebührenden Niederschlag gefunden zu haben[128]).

Aus den Wahlen vom 5. Oktober 1947 ging die CVP, die besonders auf die Zusammenarbeit mit Frankreich hin orientiert war, mit 51,17 Prozent der Stimmen als eindeutige Siegerin unter den vier Parteien (zusätzlich SPS, KP und DPS) hervor[129]). Der neue Landtag nahm mit 48 Stimmen gegen die Stimmen der Kommunisten im November 1947 die neue Verfassung an[130]). Damit waren die Voraussetzungen für die legale Eingliederung in das französische Wirtschaftsgebiet geschaffen. Schon am 14. November 1947 ermächtigte die Nationalversammlung die französische Regierung zur Einführung der französischen Währung im Saarland, die am 20. November vollzogen wurde[131]). In den Staatsorganen des Saarlandes, für das vor allem die USA Eigenstaatlichkeit trotz wirtschaftlicher Eingliederung nach Frankreich verlangt hatten[132]), zeigte sich zunehmender französischer Einfluß. So wurde bei der Einrichtung des Obersten Saarländischen Gerichtshofes, der französisches Recht unmittelbar anwendete, die Besetzung von mehreren Richter- und Staatsanwaltsstellen mit französischen Juristen vereinbart[133]).

Die Folgen der Autonomie machten den Saarländern die neue Grenzlage auch im Alltag deutlich. Für Reisen nach Deutschland brauchte man plötzlich Reisepässe, die nur noch für die französische Zone relativ leicht zu erlangen waren, im Postverkehr mit Deutschland galten Auslandstarife, und die Vermögenswerte von Saarländern bei deutschen Banken wurden blockiert[134]).

Einheitlicher Tenor von offiziellen französischen und saarländischen Stellungnahmen zum Verhältnis der beiden Länder war, daß das Saarland als Beginn einer dauerhaften deutsch-französischen Verständigung eine Mittleraufgabe habe und auch bei der politischen Einigung mit seiner „europäischen Mission"[135]) vorangehen solle[136]).

Auch wirtschaftlich faßte sich das Saarland damals weniger als Grenzgebiet denn als „Drehscheibe" auf: als bei der Moskauer Konferenz darüber gesprochen wurde, daß Frankreich mehr Ruhrkohle beziehen und sie durch Walzwerkserzeugnisse bezahlen wolle, sah darin das Saarland seine Chance, sowohl seinen Koksbedarf befriedigen wie auch seine süddeutschen Stahlabsatzgebiete behalten zu können, weil das besser sei, als mit den standortgünstigeren lothringischen Hütten auf dem französischen Markt zu konkurrieren[137]). Jetzt wurde die Chance gesehen, die für das montanindustriell geprägte Saarland nachteilige Randlage im Reich günstig zu beeinflussen. Man hoffte, Frankreich werde helfen, statt die zerbombte Schwerindustrie wiederaufzubauen, nun eine diversifizierte weiterverarbeitende Industrie zu errichten, bei der

---

[127]) Saarbrücker Zeitung vom 17. 7. 1947.

[128]) Ein Beispiel für die Analyse von Mängeln in der Berichterstattung liefert die Saarbrücker Zeitung vom 23. 9. 1947.

[129]) Saarbrücker Zeitung vom 6. 10. 1947.

[130]) Saarbrücker Zeitung vom 11. 11. 1947; vgl. auch die Ausgabe vom 15. 12. 1949.

[131]) Vgl. dazu Saarbrücker Zeitung vom 15., 18. und 22. 11. 1947. Zu den Begleiterscheinungen dieser Maßnahme siehe Saarbrücker Zeitung vom 23. und 27. 3. 1948.

[132]) S. z. B. Saarbrücker Zeitung vom 29. 11. 1947.

[133]) Saarbrücker Zeitung vom 7. 4. 1948. Vgl. weiter zur Übernahme französischen Rechts: Saarbrücker Zeitung vom 30. 10. 1948 und 18. 5. 1949.

[134]) Saarbrücker Zeitung vom 17. 7. und 9. 10. 1948 sowie vom 3. 5. und 24. 9. 1949. Allgemein zu den Problemen des Geldverkehrs: Saarbrücker Zeitung vom 2. 12. 1947.

[135]) So der SPS-Vorsitzende KIRN laut Saarbrücker Zeitung vom 3. 10. 1949.

[136]) Vgl. u. a. Saarbrücker Zeitung vom 18. 10. und 20. 11. 1948, 29. 4., 3. 6. und 17. 10. 1949.

[137]) Saarbrücker Zeitung vom 27. 2. 1947.

Frachtraten keine so bedeutende Rolle spielen und die im großen französischen Markt, zu dem damals noch die Kolonien gehörten, einen guten Absatz haben werde[138]).

Die Saargruben wurden nach einiger Diskussion wieder in französische Regie übernommen[139]), auch die Banken wurden französisch[140]), und die französischen Löhne und Preise wurden eingeführt[141]).

Schon im ersten Jahr der wirtschaftlichen Angliederung zeigte sich, daß die neue Grenzlandsituation ohne Übergangsperiode zu hart war. Man verlangte, für einige Zeit den Ersatzbedarf weiterhin aus Deutschland beziehen zu können, was aber durch Probleme der Währungsumrechnung behindert wurde[142]). Immerhin nahm die Wirtschaft einen raschen Aufschwung, so daß schon Anfang 1948 die Arbeitslosigkeit praktisch beseitigt war[143]). Das Saarland blieb durch seinen Sonderstatus vom Flüchtlingsstrom nach Westdeutschland und von Reparationsdemontagen verschont. So haben dann alle Befürworter des wirtschaftlichen Anschlusses dieses Ereignis nach zwei Jahren als Erfolg feiern können[144]).

Auch von der Wirtschaft wurde die internationale Aufgabe der Saar betont. Der Präsident der Industrie- und Handelskammer forderte eine französisch-saarländische Verkehrsplanung, die das Saarland und Lothringen zum Kreuzungspunkt der Verbindungslinien in einem künftigen Europa machen könnte[145]); er war es besonders, der immer wieder von der natürlichen Einheit von saarländischer und französischer Wirtschaft sprach[146]). Natürlich gab es Umstellungsprobleme, etwa in der Landwirtschaft und im Handel[147]), und auch das Grenzgängerproblem mußte wieder einmal neu geregelt werden[148]). Aber die Steigerung der Rohstahlerzeugung von 60 538 t im Januar auf 130 578 t im Dezember 1948[149]) war für die Saarländer ein Datum, das alles positiv sehen ließ, zumal die französische Inflation und das deutsche Wirtschaftswunder noch nicht deutlich waren.

Im kulturellen Feld zeigten sich einige Beispiele dafür, daß das deutsche Saarregime trotz aller entgegengesetzten verbalen Beteuerungen über Demokratie nicht so weitgehende Vorstellungen hatte, wie sie in der Nachkriegszeit üblich waren. Als Beispiel soll hier nur das Pressewesen erwähnt werden, in dem es manche Züge gab, die äußerlich an die gerade vergangenen Zeiten erinnerten. Dazu gehören etwa die Diktion in den vielen Verlautbarungen des Leiters des Informationsamtes der Regierung, ALBERT DORSCHEID[150]), die Ernennung des Informationsattachés der Militärregierung zum Generaldirektor des Rundfunks[151]) und der Umgang der Regierung mit Journalisten, die z. B. eine Versammlung der Zeitungsleute einberief und dabei ihre Wünsche nach direkter Beeinflussung nur mangelhaft verbarg hinter der offiziellen „Absicht, dem vor einem Jahr gegründeten saarländischen Journalistenverband nach dem Ausscheiden mehrerer Vorstandsmitglieder zur weiteren Durchführung seiner Aufgaben zu

---

[138]) Saarbrücker Zeitung vom 3. 5. 1947 und 31. 3. 1948.
[139]) S. dazu Saarbrücker Zeitung vom 5. 1., 2. 2. 1948 sowie 8. und 14. 11. 1949.
[140]) Saarbrücker Zeitung vom 4. 12. 1947.
[141]) Saarbrücker Zeitung vom 20. 1. 1948.
[142]) Saarbrücker Zeitung vom 2. 2. 1948.
[143]) Saarbrücker Zeitung vom 3. 3. 1948.
[144]) Saarbrücker Zeitung vom 21. 11. 1949.
[145]) Saarbrücker Zeitung vom 8. 10. 1949.
[146]) Saarbrücker Zeitung vom 19. 5. 1948, 9. 9. 1949, 23. 7. 1949. Ähnliche Ansichten: Saarbrücker Zeitung vom 16. 9. 1949.
[147]) Saarbrücker Zeitung vom 1. 4. und 19. 10. 1949.
[148]) Saarbrücker Zeitung vom 22. 11. 1948.
[149]) Saarbrücker Zeitung vom 16. 3. 1949.
[150]) Beispiele dafür in Saarbrücker Zeitung vom 29. 4., 3. 6. und 17. 10. 1949.
[151]) Saarbrücker Zeitung vom 5. 7. 1949.

verhelfen und zu versuchen, die Meinungsverschiedenheiten parteipolitischen Charakters, die einer einmütigen Zusammenarbeit zwischen Verband und Regierung des öfteren abträglich waren, zu beheben"[152]).

Auch kulturell wurde das Saarland von seinen eigenen Repräsentanten und Frankreich übereinstimmend nicht als Grenzland, sondern als Verbindungsland deklariert. Schon 1947 war von der „vermittelnden Rolle unseres Saarlandes" und „einer nachbarlichen Freundschaft im größeren europäischen Sinne"[153]) die Rede. Dieser Geist wurde auch bei der Gründung der Universität des Saarlandes am 8. 3. 1947 beschworen. Deren unmittelbarer Anlaß war, so wurde jedenfalls berichtet, durchaus grenzbedingt: die Länder und Universitäten der westlichen Besatzungszonen Deutschlands machten immer mehr Schwierigkeiten bei der Immatrikulation saarländischer Studenten, und diese hatten Devisenprobleme, so daß der französische Gouverneur die Initiative ergriff, um zum Weiterstudium in Frankreich berechtigende Grundkurse einzurichten. Er begründete das so: „Durch diese Initiative soll das seit einem Jahrhundert von Preußen kolonisierte Saarland wieder in die Lage versetzt werden, eine geistige Elite hervorzubringen, die seiner würdig und die unentbehrlich ist für seinen materiellen und geistigen Wiederaufstieg in einem wahrhaft demokratischen Geiste"[154]). Allerdings sind solche Verlautbarungen vorsichtig zu lesen. Die Saarbrücker Zeitung war nach dem 2. Weltkrieg in französischem Besitz, Repräsentanten des öffentlichen Lebens im Saarland, wie ERWIN MÜLLER, EMIL STRAUS und HEINZ BRAUN, waren keine Saarländer, die Regierung der CVP ließ ihre Informationspolitik von anderen als rechtsstaatlichen und demokratischen Grundsätzen leiten, und auch die Franzosen rühmten manches als selbstlose Tat, was insgeheim der „pénétration culturelle" dienen sollte. Die saarländisch-französische Zusammenarbeit im gesamten Kulturbereich wurde durch ein Kulturabkommen geregelt, das demonstrativ am ersten Jahrestag der Annahme der saarländischen Verfassung unterzeichnet wurde und demgegenüber die meisten Bestimmungen der neueren deutschen Hochschul- und Schulgesetzgebung ein Rückschritt sind[155]). Bei der Unterzeichnung meinte der saarländische Minister Dr. STRAUS, die verbindende Rolle des Saarlandes ergebe sich nicht zuletzt daraus, daß es „an einem Schnittpunkt liegt, auf dem sich die Ausstrahlungen der lateinischen und germanischen Kulturen berühren", und der französische Erziehungsminister DELBOS fügte hinzu: „Die der Entwicklung der materiellen Grundlagen der Zivilisation gewidmete Tätigkeit stellt nur einen Teil der Aufgaben dar, die Europa in der jetzigen Nachkriegszeit zu seinem Wiederaufstieg zu erfüllen hat. Dieses unvollständige Werk wäre zweifellos von nur kurzer Dauer, wenn es nicht gleichzeitig durch eine gleichmäßige Entwicklung auf geistigem und kulturellem Gebiet begleitet wäre"[156]).

2.5 1957–1961

Diese Stimmung hat sich in den folgenden Jahren gründlich geändert. Es waren vor allem manche Ungeschicklichkeiten, aber für viele auch die Maßnahmen der Regierung HOFFMANN, die gegen die inzwischen herrschenden Grundregeln westlicher Demokratien verstießen, die die Rückkehrstimmung schürten. Die deutsch-französische Vereinbarung eines europäischen Saarstatuts machte den Weg zu einer Volksabstimmung frei, vor der die ersten Parteien zugelassen wurden, die für eine Rückkehr nach Deutschland warben. Am 23. 10. 1955 wurde das

---

[152]) Saarbrücker Zeitung vom 7. 2. 1949.

[153]) Saarbrücker Zeitung vom 11. 10. 1947. Ähnliches auch BILLMANN, F. über die Aufgabe des Rundfunks laut Saarbrücker Zeitung vom 5. 7. 1949.

[154]) Saarbrücker Zeitung vom 6. 3. 1947.

[155]) Der wesentliche Inhalt des Abkommens wird in der Saarbrücker Zeitung vom 17. 12. 1948 wiedergegeben.

[156]) Saarbrücker Zeitung vom 16. 12. 1948.

Saarstatut mit 67,7 % Mehrheit abgelehnt. Aufgrund des Saarvertrages vom 27. 10. 1956 wurde das Saarland politisch am 1. 1. 1957 neues Bundesland, wirtschaftlich blieb es bis zum 6. 7. 1959 im französischen Bereich.

Die im Vergleich zu früheren Rückgliederungen lange, aber für die aktuelle Situation immer noch zu kurze Anpassungsphase bewirkte Schwierigkeiten, weil diesmal der Markt die Bedingungen diktierte, nicht der Staat. Aber das Klima war auch anders. Die Rückgliederungswitze („Jetzt wird das Rasieren immer teurer, weil die Gesichter immer länger werden") zeigten, daß statt nationalem Pathos nüchterne Rechnung vorherrschte.

Was diskutiert wurde, waren damit auch nicht Grundsatzprobleme – wenngleich der Heimatbund zerbrach, weil der Landtag die Rückgliederung nicht nach dem DPS-Vorschlag von wirtschaftlichen Garantien abhängig machen wollte – und -bekenntnisse, sondern technizistische Regelungen, die Vorteilswahrung und Nachteilsvermeidung sichern wollten. Wichtige Themen waren z. B.: eine befristete Finanzautonomie, die Bundeseinnahmen im Saarland ließ, aber auch Bundesaufgaben vom Land finanzieren ließ[157]; Umstellung der Lohnberechnung vom mehr familienbezogenen französischen System auf das mehr leistungsbezogene deutsche[158]; Aufhebung des staatlichen Tabakmonopols[159]; Haushaltsausgleiche durch den Bund[160]; Garantien für die Sparer für Kaufkraftverluste[161]; Einführung von Ausfuhrsubventionen für Exporte in die BRD, um der saarländischen Wirtschaft bei der Eroberung dieses Marktes zu helfen[162]. In der Regel ging es dabei nicht um Grenzprobleme im strengeren Sinne, sondern um Anpassungsschwierigkeiten bei Wechsel des Wirtschaftssystems, bei dem es zudem noch auf die Wahrung des Besitzstandes ankam, wie vor allem die Gewerkschaften betonten[163].

„Grenze" war kein Thema in dieser Zeit. Das Wort taucht weder in der Regierungserklärung über die Europäisierung der Saar[164] noch in den Stellungnahmen von Regierung und Heimatbund-Parteien zur Abstimmung auf[165]. Die politische Meinung war auf deutsch-französische Verständigung ausgerichtet. Schon das Saarstatut ging davon aus, daß „die Hoffnung auf baldige und endgültige Beseitigung der nationalen europäischen Grenzen"[166] nicht vergebens sei. In dieser Stimmung hatte auch der Wirtschaftsminister der Regierung HOFFMANN den politischen Ausweg aus der Grenzlage so gesehen: „Sie alle kennen die Schwierigkeiten, die sich für die wirtschaftliche Entwicklung des Saarlandes aus seiner Grenzlage ... ergeben. Sie wissen, daß die Grundlagen für die beiden Säulen der Saarwirtschaft, Kohle und Eisen, in jenen Jahrzehnten des Friedens gelegt worden sind, in denen das Saarland und Lothringen zu einem gemeinsamen Wirtschaftsraum gehörten, und daß immer dann Störungen auftraten, wenn eines dieser beiden Gebiete durch eine Zollgrenze von dem anderen getrennt war. Die Saar braucht zu ihrer wirtschaftlichen Entfaltung beide Märkte, den französischen und den deutschen"[167]. Auch nachdem sich die Europaideen als illusionär erwiesen hatten, meinte der damalige Bundeswirtschaftsminister ERHARD, die Saar solle nicht mehr „ein Wanderer zwischen zwei Welten sein, sondern sei berufen, eine lebendige Brücke der

---

[157] Saarbrücker Zeitung vom 17. 5. 1958.
[158] Dazu u. a. Saarbrücker Zeitung vom 24. 6., 1. 8., 11. 9. 1958, 1. 4. 1959.
[159] Saarbrücker Zeitung vom 13. 9. 1958.
[160] Saarbrücker Zeitung vom 30. 12. 1958.
[161] Saarbrücker Zeitung vom 16. 11. 1957.
[162] Saarbrücker Zeitung vom 29. 6. 1957.
[163] Saarbrücker Zeitung vom 4. 3. 1959.
[164] Zur 119. Sitzung des Parlaments vgl. Saar-Korrespondenz Nr. II/8 vom 4. 3. 1952.
[165] Saarbrücker Zeitung vom 24. 10. 1955.
[166] Staatssekretär a. D. Dr. O. LENZ in: Internationales Jahrbuch der Politik 1956, 2./3. Lieferung, München 1956, S. 6.
[167] RULAND, F. in HOFFMANN, J.: Selbständiges Land – mit europäischer Bedeutung. Saarbrücken, S. 13.

Freundschaft zu bilden"[168]). Das gute deutsch-französische Verhältnis wurde stets betont und gerade als Grund dafür angegeben, weshalb die Saarrückgliederung nicht als Muster der Wiedervereinigung dienen könne, wie manche Optimisten behauptet hatten[169]).

Zwar wurden vom Bundeskanzler die „Standortnachteile der Saarwirtschaft" anerkannt und auch Bemühungen um einen Wasserstraßenanschluß in Aussicht gestellt[170]), und auch der Bundesverkehrsminister wollte „die Verkehrsferne der Saar" beseitigen helfen[171]). Auch wenn damals im Saarland das Wort „Vaterland" noch öfter so emphatisch benutzt wurde, daß es manchen Bundesdeutschen peinlich war, gab es nicht die große Grenzlandstimmung früherer Zeiten, zumal manche den Anschluß an die Bundesrepublik beklagten, „als bereite sich die Saar auf die Vertreibung aus dem Paradies vor", wie ein Journalist berichtete[172]). So erwies sich manche Befürchtung als Zweckpropaganda. Als vor der wirtschaftlichen Rückgliederung der Franc abgewertet wurde, verließen keineswegs die 22000 deutschen Grenzgänger das Saarland[173]). Und als nach der wirtschaftlichen Rückgliederung die saarländische Interessenvereinigung der Grenzgänger die saarländischen Bergleute auf den französischen Gruben unter dem Lohn- und Währungsgefälle leiden zu sehen vermeinte, ergab eine Umfrage, ob die Betroffenen Arbeitsplätze auf neuen Gruben der Saarbergwerke annehmen würden, daß die meisten wegen der höheren Verdienste in Lothringen darauf verzichten würden[174]).

Die Wirtschaft war das große Thema dieser Rückgliederung. Aus den Problemen der früheren Aktionen sollte diesmal gelernt werden, aber für einige Vorgänge – insbesondere im Zusammenhang mit dem entstehenden Gemeinsamen Markt[175]) – gab es keine Präzedenzen.

In der allgemeinen Wirtschaftspolitik stellte das Saarland auf enge Kooperation mit der Bundesregierung ab, bei der es auch um gemeinsame Finanzierung ging. So wurde auch die 1957 gegründete „Gesellschaft für Wirtschaftsförderung Saar" etwa je zur Hälfte aus Landes- und Bundesmitteln finanziert[176]). Hauptproblem war die Gestaltung der Übergangsphase für die wirtschaftliche Rückgliederung, die in einem noch unbestimmten Zeitpunkt nach der politischen Rückgliederung am 1. Januar 1957 erfolgen sollte. Während dieser Anpassungsphase sollte insbesondere die weitere Verbindung mit dem französischen Markt gewährleistet sein und gleichzeitig die Eingliederung in den deutschen Markt vorgenommen werden. Dabei waren die Unterschiede in den Wirtschaftspolitiken Frankreichs – dort insbesondere die Entliberalisierung und die Finanzpolitik – und Deutschlands das wichtigste Hindernis, weil das Saarland damit in die Mitte von zentrifugalen Kräften geriet[177]). Auch über diese Übergangsphase hinaus sollte das Saarland Waren mit Frankreich zollfrei austauschen und damit einen großen Vorteil aus seiner Grenzlage ziehen können[178]). Der französische Markt nahm damals um das Siebenfache mehr saarländische Erzeugnisse auf als der bundesdeutsche (bei einzelnen Firmen viel mehr: 78 % der

---

[168]) Saarbrücker Zeitung vom 30. 8. 1957.
[169]) Vgl. dazu u. a. Saarbrücker Zeitung vom 14. 3. 1957, 9. 5. 1959 und 7. 11. 1960.
[170]) Saarbrücker Zeitung vom 15. 10. 1960.
[171]) Saarbrücker Zeitung vom 19./20. 11. 1958.
[172]) SEYLER, A., der in der Saarbrücker Zeitung vom 23. 8. 1958 die Meinung anderer referiert.
[173]) Saarbrücker Zeitung vom 14. 8. 1957 und 16. 4. 1959.
[174]) Saarbrücker Zeitung vom 7. 2. 1961.
[175]) Saarbrücker Zeitung vom 25. 6. 1957.
[176]) Saarbrücker Zeitung vom 16. 4. 1957.
[177]) Vgl. zum Thema der internationalen Wirtschaftspolitik in der Übergangsphase: Saarbrücker Zeitung vom 6., 16. und 23. 7., 16. und 25. 10., 7. und 20. 12. 1957; 9. 1., 7. und 26. 2., 6. und 29. 3., 5., 16. und 17. 4., 22. 5. und 20. 12. 1958.
[178]) Saarbrücker Zeitung vom 24. 10. 1957.

exportierten Villeroy & Boch-Produkte gingen nach Frankreich)[179], und das Pro-Kopf-Einkommen lag damals in Deutschland um etwa 30 Prozent unter dem französischen[180]. Das Saarland zeigte sich sehr enttäuscht über die geringe Zahl von staatlichen Lieferaufträgen aus Deutschland[181], und die Wirtschaft stellte Forderungen für die Zeit nach der wirtschaftlichen Rückgliederung. Die Industrie- und Handelskammer verlangte eine Befreiung der saarländischen Wirtschaft von der Umsatzsteuer, um dem erwarteten Druck der deutschen Absatzoffensive standhalten zu können[182], und der saarländische Handel verlangte, sich schon vor der Öffnung der Grenzen mit deutschen Waren eindecken zu können, damit er gegen die bundesdeutschen Verkaufsinvasoren gerüstet sei[183], obwohl zugleich die Wirtschaft in der Bundesrepublik über die aggressive Absatzstrategie der saarländischen Fleischimporteure klagte, so daß Kontingentierungen erwogen wurden[184]. Gegen vorherige deutsche Konkurrenz schützte sich das Saarland durch § 9 des Eingliederungsgesetzes, aufgrund dessen die Niederlassung deutscher Firmen verboten werden konnte, wenn sie das gesamtwirtschaftliche Interesse des Saarlandes beeinträchtigen würde, allerdings nicht schon dann, wenn einzelne Firmen sie als lästig empfinden würden[185]. Die Niederlassung saarländischer Firmen in Frankreich wurde dagegen dann befürwortet, wenn sie keine Produktionsverlagerung darstellte, sondern aus anderen Gründen angezeigt schien, etwa weil mit deutschen Lizenzen gearbeitet wurde; Zweigstellengründungen oder Verlagerungen gab es jedoch „sehr wenige"[186]. Zur Saarmesse 1958 wurde die Zukunft allseits positiv gesehen unter den Bedingungen, daß die Anpassung an die deutsche Kostenstruktur gelinge und die Beziehungen zu Frankreich aufrechterhalten blieben[187].

Obwohl das Saarland Anfang 1959 eine längere Regierungskrise hatte[188], obwohl es allenthalben, besonders in der Landwirtschaft[189], Befürchtungen für die wirtschaftliche Rückgliederung gab, wurden sowohl in Vereinbarungen mit Frankreich wie mit der Bundesrepublik Regelungen erreicht, welche die Rückgliederung in den deutschen Zoll- und Währungsraum sehr annehmbar erscheinen ließen[190]. Als die Rückgliederung dann vorzeitig am 6. 7. 1959 kam, wurde zuversichtliche Stimmung verbreitet[191], wenngleich vor allem Arbeitnehmer um ihren Besitzstand fürchteten, womit sie übrigens in vielen Fällen Recht behielten[192]. „Entgegen den schlimmen Befürchtungen und Bedenken" erschien so die wirtschaftliche Rückgliederung am Ende des Jahres 1959 zwar als „harte Belastungsprobe", aber doch auch als „recht zufriedenstellend"[193]. Die Wirtschaft aber war sich wieder im klaren, daß sie „Grenzwirtschaft" sei und daß damit u. a. höhere Transport- und Planungskosten verbunden seien[194].

---

[179] Saarbrücker Zeitung vom 11. 9. 1957 bzw. 20. 6. 1959.

[180] Saarbrücker Zeitung vom 5. 3. 1958.

[181] So der Wirtschaftsminister laut Saarbrücker Zeitung vom 25. 2. 1958.

[182] Saarbrücker Zeitung vom 24. 5. 1958. Über die Aktivität der Kammer insgesamt vgl. KEUTH, P.: Wirtschaft zwischen den Grenzen. 100 Jahre Industrie- und Handelskammer des Saarlandes. Saarbrücken 1964, S. 181–202.

[183] Saarbrücker Zeitung vom 4. 7. 1958. Vgl. dazu auch BDI-Präsident BERG in Saarbrücker Zeitung vom 26. 9. 1958.

[184] Saarbrücker Zeitung vom 17. 12. 1958.

[185] Urteil I M 118/57 des OVG Saarlouis (Justizblatt des Saarlandes, Nr. 7, vom 1. 6. 1958).

[186] Saarbrücker Zeitung vom 6. 3. 1958.

[187] Messebeilage der Saarbrücker Zeitung zur Saarmesse vom 15. 4. bis 1. 5. 1958.

[188] Vgl. Saarbrücker Zeitung vom 14. 2. 1959.

[189] Saarbrücker Zeitung vom 31. 1. und 16. 2. 1959.

[190] Saarbrücker Zeitung vom 7. 1. und 12. 3. 1959.

[191] Sonderbeilage der Saarbrücker Zeitung vom 8. 7. 1959.

[192] Siehe z. B. Saarbrücker Zeitung vom 28. 9. 1959; demgegenüber aber Ausgabe vom 27. 10. 1959 über die Löhne im Handwerk.

[193] So A. SEYLER in Saarbrücker Zeitung vom 31. 10. und 31. 12. 1959.

[194] Dr. WAGNER in Saarbrücker Zeitung vom 29. 1. 1959.

Auch ein Jahr nach dem „Tag X", dem Datum der wirtschaftlichen Eingliederung in die Bundesrepublik, wurde resümiert, „daß die Eingliederung ... so gut, so reibungslos geschehen könnte, stand nicht zu erwarten"[195]). Zwar traf es einige Branchen sehr hart; der Absatz der saarländischen Zigarettenindustrie halbierte sich nach dem Tag X[196]), und auch der Weinhandel klagte über Benachteiligungen[197]). Die zuvor so guten Beziehungen zu Bonn erschienen plötzlich „tiefgekühlt"[198]), weil sich das Saarland nach der vollen Rückgliederung nun als Randproblem, um nicht zu sagen: Grenzland, behandelt fühlte. Kritisiert wurde im Saarland auch, daß sich bei der Schaffung des Gemeinsamen Marktes die nationalen Disparitäten im Grenzland stärker negativ auswirken als im Binnenland[199]). Die Wirtschaftsentwicklung im Saarland wurde nun an der prosperierenden deutschen Wirtschaft gemessen, so daß man Grund hatte, sich als entwicklungsbenachteiligt zu sehen – so das einhellige Urteil von Landesbank und IHK[200]).

Sogar Stagnation der Saarwirtschaft wurde ein Jahr später von der IHK diagnostiziert[201]). „Wir fordern nach dem anerkannten Grundsatz der Gleichberechtigung, daß auch für das Saarland etwas getan wird", schloß Dr. ERNST RÖCHLING fehl[202]), nachdem er zuvor schon gemeint hatte, die Saar bedürfe noch einer Sonderstellung im Bund[203]). Die Forderung war sachlich aber nicht ganz ungerechtfertigt. Denn wegen der Sonderkonditionen mit Frankreich wurde die saarländische Wirtschaft von vielen nationalen Maßnahmen der Wirtschaftspolitik, so von der damaligen ersten DM-Aufwertung, mehr betroffen als die anderen deutschen Firmen[204]).

Die Schwierigkeiten der Angleichungen an verschiedene Auslandsmärkte betrafen die saarländische Schlüsselindustrie, Kohle und Eisen, in vergleichsweise geringem Maße. Das lag nicht zuletzt an der Inter- bzw. Supranationalisierung dieses Sektors in der Montanunion[205]). Auch wenn die Krise im Kohleabsatz und die Rationalisierungswelle Schwierigkeiten brachten und die Bedeutung des Bergbaus als Arbeitgeber schmälerten[206]), entfiel hier doch einer der traditionellen Anlässe für Grenzlandklagen.

Mit den saarländischen Sonderkonditionen im Außenhandel mit Frankreich war ein weiteres Grenzproblem teilweise der Diskussion entzogen. Zwar waren die saarländisch-bundesdeutschen und die saarländisch-französischen Wirtschaftsbeziehungen in diesen Jahren stets Gegenstand großer Aufmerksamkeit[207]). Aber man konnte schwerlich bei jeder Verschlechterung auf der deutschen Seite auf die negativen Grenzprobleme verweisen und Ausgleich

---

[195]) Saarbrücker Zeitung vom 6. 7. 1960.
[196]) Saarbrücker Zeitung vom 5. 1. 1960.
[197]) Saarbrücker Zeitung vom 2. 4. 1960. Siehe auch KEUTH, P.: a.a.O., S. 204/205.
[198]) Saarbrücker Zeitung vom 2. 2. 1960.
[199]) Saarbrücker Zeitung vom 14. 6. 1960.
[200]) Saarbrücker Zeitung vom 29. 7. und 24. 8. 1960.
[201]) „Bericht über die Saarwirtschaft im Jahre 1960" von der IHK Saarbrücken; Inhaltsangaben auch in Saarbrücker Zeitung vom 25. 7. 1961.
[202]) Saarbrücker Zeitung vom 6. 6. 1961.
[203]) Saarbrücker Zeitung vom 17. 2. 1961.
[204]) Dazu u. a. Wirtschaftsministerium und Industriellenverband in: Saarbrücker Zeitung vom 7. und 18. 3., und 20. 5. 1961.
[205]) Saarbrücker Zeitung vom 20. 3., 10. 4. und 3. 9. 1958, 9. 6. 1959 sowie 5. 4. und 22. 10. 1960.
[206]) Saarbrücker Zeitung vom 9. 9. 1959, 24. 11. 1960 sowie 20. 4. und 5. 12. 1961.
[207]) Zu einzelnen Aspekten der Außenbeziehungen der saarländischen Wirtschaft siehe: Saarbrücker Zeitung vom 18. und 27. 4., 9. 5., 14. 6., 5. 8. und 9. 10. 1957; 26. 4., 6. 9., 11. 10., 18. 11., 9. und 24. 12. 1958; 15. 1., 21. und 28. 3., 7. 4., 21. 5., 22. 6., 4., 6. und 18. 7., 9. und 10. 10. sowie 24. 11. 1959; 16. und 23. 1., 30. 3., 19. und 28. 4., 7. 5., 22. und 25. 6., 28. 7., 12., 27. und 31. 8., 11. und 27. 10., 11., 12., 16. und 18. 11. 1960; 29. 4., 25. 8., 5. 9., 10. 10. und 21. 11. 1961.

verlangen, wenn man andererseits bei jeder Verschlechterung auf der französischen Seite auf den Abbau von Grenzlandvorteilen verweisen müßte. Das galt erst recht, weil die Vergünstigungen für das Saarland in Rheinland-Pfalz erbittert kritisiert wurden als „Standortvorteile" für die Saar[208]. Auch Frankreich zeigte sein Interesse durch die Gründung der AFDRES, der Französischen Vereinigung für die Entwicklung der Wirtschaftsbeziehungen mit der Saar[209]; besonders für das Elsaß waren, wie die IHK Strasbourg meinte, die Beziehungen zum Saarland als seinem zweitwichtigsten Markt von großem Wert[210]. Da die Austauschvereinbarungen mit Frankreich eine Kontingentierung auf Gegenseitigkeit vorsahen, setzte eine Zeitung dem Aufruf einer Genossenschaft „Saarländer, kauft saarländische Waren, sichert Eure Arbeitsplätze" die Aufforderung zum Kauf französischer Waren entgegen, weil eine Verminderung des Absatzes französischer Waren im Saarland auch einen Rückgang der saarländischen Exporte nach Frankreich verursache[211]. Dabei gab es mancherlei lächerliche Bürokratie; so verlangte das Bundesinnenministerium, daß echter Champagner entgegen den Wünschen saarländischer Importeure zusätzliche Etiketten mit der Kennzeichnung „Französischer Schaumwein" oder „Französischer Sekt" erhalte, während Cognac entsprechend der saarländischen Vorstellung auch als solcher und nicht erst als Kognak oder gar Weinbrand in Deutschland getrunken werden durfte[212]. Immerhin war der Durchschnittssaarländer mit 1300 N.F. der beste Kunde Frankreichs[213]. Trotz aller Vorteile des Saarlandes wurde aber festgestellt: „Vom Standpunkt des Einkäufers aus bleibt eine Grenze, auch wenn an ihren Schlagbäumen nur festgestellt wird, daß ein Zoll nicht erhoben wird, ein lästiges Hindernis"[214]. Dasselbe muß für die Sicht des Verkäufers gelten.

Ein drastisches Beispiel für die Lästigkeit der Grenze auch bei Zollfreiheit lieferte das Protokoll eines Kaufmanns über Zeit und Arbeit bei einem einzigen Einfuhrvorgang: „Für elf Sendungen auf einem Wagen wurden benötigt: drei Stunden Vorbereitung der französischen Papiere, eine Stunde und 30 Minuten Nachprüfung der Papiere zu diesen Sendungen am Zoll. Dazu folgende Formulare: elf Rechnungen, elf Einfuhrformulare D 45 (D 46, EC und andere), elf genaue Deklarationen auf Formular D 6. Am deutschen Zoll ging es wie folgt weiter: vier Stunden Vorbereitung der Papiere. Vorzulegen waren neben den elf Rechnungen: elf Saareinfuhrbewilligungen, elf Einfuhranmeldungen (statistische Meldungen), elf Einfuhrzollanmeldungen, elf Zollwertanmeldungen und elf Kontingentswarenerklärungen und gegebenenfalls Ursprungszeugnisse. Als Resultat ergaben sich achteinhalb Stunden Aufenthalt für diese elf kleinen Sendungen und an Kosten 470 Franken an der französischen Grenze. Daneben war an der deutschen Grenze die Umsatzausgleichssteuer von sechs Prozent zu entrichten"[215]. Diese Probleme sind keine zwangsläufigen Begleiterscheinungen von Grenzlage, sondern großenteils Zeugnisse von bürokratischer Unfähigkeit, die in vielen Fällen auch heute besser aussieht als vor zwanzig Jahren.

Nicht so ohne weiteres lassen sich aber Probleme der Grenzgänger lösen, wenn nationale Souveränität aufrechterhalten bleiben soll. Der Grenzgänger wird stets eine größere Flexibilität haben müssen als der binnenländische Beschäftigte. Als 1959 der Franc abgewertet wurde,

---

[208] Saarbrücker Zeitung vom 30. 9. 1959.
[209] Saarbrücker Zeitung vom 9. 10. 1957.
[210] Saarbrücker Zeitung vom 9. 9. 1958.
[211] Saarbrücker Zeitung vom 13. 1. 1960.
[212] Saarbrücker Zeitung vom 18. 11. 1960. Vgl. auch die Bürokratiekritik des saarländischen Wirtschaftsministers in der Saarbrücker Zeitung vom 29. 4. 1961.
[213] Der zweitbeste war der Schweizer mit durchschnittlich nur einem Fünftel der Einkäufe des Saarländers (Saarbrücker Zeitung vom 29. 4. 1961).
[214] Saarbrücker Zeitung vom 16./17. 6. 1961.
[215] Saarbrücker Zeitung vom 5. 8. 1959.

verließen nur 215 von den 29 000 saarländischen Grenzgängern ihren französischen Arbeitsplatz[216]). Oft sind Grenzgänger offensichtlich auch Arbeitnehmer mit Sinn für die Wahrnehmung besonderer Chancen: die Zahl der rheinland-pfälzischen Arbeitnehmer im Saarland war kontinuierlich auf mehr als 30 000 gestiegen, bis sie seit der wirtschaftlichen Rückgliederung genauso kontinuierlich abnahm, weil die Vorteile aus Frankenkurs und familienbezogener Lohnberechnung nun entfielen[217]).

Verkehrsprobleme waren nach dieser letzten Rückgliederung wieder ein Hauptproblem der saarländischen Grenzlanddiskussion. Vor allem das Projekt eines Wasserstraßenanschlusses für Saarbrücken, entweder durch die Pfalz an den Oberrhein oder über die untere Saar an die Mosel, kam wieder in die Debatte[218]). „Wie ein roter Faden zieht sich durch die Geschichte der Saarwirtschaft in den vergangenen hundert Jahren das stetige und oft vergebliche Bemühen um eine Verbesserung der Standort- und Verkehrslage. . . . Die wechselvolle politische Entwicklung und die besonderen Verhältnisse der Saar als Grenzland haben es jedoch in der Vergangenheit verhindert, daß die . . . natürlichen Standortbedingungen, durch einen entsprechenden Ausbau der großen Verkehrsverbindungen ergänzt, voll zur Entfaltung kommen konnten", meinte der spätere Geschäftsführer der IHK[219]). Auch die anderen Verkehrsprobleme wurden wieder behandelt, so die Einbeziehung des Saarlandes in den Fluglinendienst[220]), mit der seither mit wechselndem, aber stets bescheidenem Erfolg experimentiert wird, und der Ausbau der Bundesfernstraßen[221]), der dem Saarland nach der Rückgliederung erstmals ein Autobahnnetz gebracht hat. Neben diesen Problemen des Personenverkehrs waren es aber vor allem die Frachtraten für die Montanindustrie, die im Saarland als grenzbedingtes Schlüsselproblem für die wirtschaftliche Entwicklung angesehen wurden[222]). Ein Ausblick auf die Zukunft schloß 1961 mit der Behauptung: „Die Zukunft der Saar liegt in der Beseitigung ihrer Verkehrsferne"[223]).

Kulturelle „Grenzlandprobleme" werden in dieser Zeit, im Gegensatz zu so mancher früheren Periode, überhaupt nicht erwähnt. Ganz im Gegenteil: die Grenzlage gilt als Vorteil, weil durch die deutsch-französische Verständigung das Saarland sich als Treffpunkt und nicht als Wachtposten sieht.

Am augenfälligsten wird die kulturelle Situation in der Universität des Saarlandes. Sie war zwar eine französische Gründung, entwickelte sich aber zu einer Verbindungsstelle zwischen beiden Kulturräumen. Das äußerte sich nicht nur in der großen Zahl von Berufungen französischer Professoren, sondern auch darin, daß die Saarbrücker Universität als einzige deutsche viele Studiengänge mit in Frankreich anerkanntem Abschluß hatte[224]). Zu diesen Beziehungen trug Frankreich auch maßgeblich durch die Einrichtung eines Instituts für französische Studien bei[225]). Auch der Saarländische Rundfunk sah und sieht seine Funktion in

---

[216]) Saarbrücker Zeitung vom 19. 2. 1959.

[217]) Saarbrücker Zeitung vom 23. 10. 1959.

[218]) Dazu insbesondere Beiträge in der Saarbrücker Zeitung vom 26. 6. 1958 („bemerkenswert ist, daß zum erstenmal in den Äußerungen eines offiziellen Sprechers der Saarwirtschaft der Gedanke der Kanalisierung der unteren Saar besonders hervortritt"); 4. 4., 5. und 8. 11. sowie 2. 12. 1960; 17. 2., 15. 4., 6. 6., 5., 6., 11. und 18. 7. (diese vier Beiträge hauptsächlich für einen Saar-Pfalz-Kanal), 22. 7. 1961 (Saarschiffer wollen beide Kanäle).

[219]) Saarbrücker Zeitung vom 12. 12. 1959.

[220]) Saarbrücker Zeitung vom 15. 4. 1959 und 4. 4. 1960.

[221]) Saarbrücker Zeitung vom 1./2. 5., 21. 7. und 15. 12. 1959.

[222]) Dazu u. a. Saarbrücker Zeitung vom 16. 9. und 28. 11. 1959; 26. 8. und 2. 9. 1960; 4. 1. und 29. 11. 1961.

[223]) Saarbrücker Zeitung vom 30. 12. 1961.

[224]) Dazu u. a. Saarbrücker Zeitung vom 2. 4. 1957.

[225]) Saarbrücker Zeitung vom 22. 11. 1957.

besonderem Maße grenzbedingt[226]), aber eben anders als der frühere Reichssender. Zudem gibt es auch heute noch im Saarland einen Sender für Ausstrahlungen nach Frankreich, den Sender „Europa 1", dessen Generaldirektor FRÉDÉRIC BILLMANN die Rundfunkarbeit im Saarland als Integrationsarbeit ansah[227]), womit er aber wohl eine Meinungsänderung gegenüber seiner früheren Praxis im Saarland kundgab.

3. Einstellungen zur Grenze bei der Bevölkerung

Im Gegensatz zu den bisher dargestellten mehr oder weniger offiziellen und stets recht grundsätzlichen Meinungen zur Grenzlage des Saarlandes sollen in diesem Abschnitt ein paar Gesichtspunkte aus der Alltagsperspektive des „kleinen Mannes" hinzugefügt werden. Sie stammen aus der Gegenwart und betreffen schon deshalb eine Grenze, die so liberal ist wie nie zuvor. Trotzdem können diese Eindrücke vielleicht eine Ergänzung geben zu den „professionellen" Grenzargumenten.

Die Meinungen wurden geäußert von 266 Arbeitnehmern, die bei ihrer Teilnahme an Weiterbildungsveranstaltungen der Arbeitskammer des Saarlandes schriftlich und anonym befragt wurden.

Diesen Tagungsteilnehmern, 205 Männern und 61 Frauen, wurde u. a. die Frage gestellt: „Was fällt Ihnen ein, wenn Sie an die Grenze zwischen dem Saarland und Frankreich denken?" Aus den frei formulierbaren Antworten, die zumeist recht kurz waren, ergaben sich die Ansichten[228]), die in der Tabelle 2 wiedergegeben sind.

Auf recht hohe Repräsentativität der Antworten läßt der Umstand schließen, daß andere Variablen nach unseren Auswertungen offensichtlich keinen bedeutsamen Einfluß auf die Antworten hatten. Korrelationen mit Geschlecht, Lebensalter, Beschäftigtengruppe, Familienstand und Branchenzugehörigkeit ergaben keine besonders signifikanten Unterschiede. Auch beim Vergleich mit den Französischkenntnissen der Befragten ergab sich nur eine Signifikanz von 0,3320 bei den Erst-, 0,3174 bei den Zweit- und 0,2984 bei den Drittnennungen.

Sieht man sich die einzelnen Antwortpositionen an, so fällt auf, daß nur zur Hälfte bei der ersten Antwort auf typische Grenzaspekte (Antwortgruppe D) eingegangen wird. Im übrigen ist die spontane Assoziation bei „Grenze" sogleich mit dem Land hinter der Grenze verbunden. Daraus kann man, wenn auch mit einiger Vorsicht, bereits schließen, daß die Grenze als solche keinen besonders negativen Aufmerksamkeitswert hat.

Dieser Eindruck verstärkt sich, wenn man sich die Antworten in der Gruppe D im einzelnen ansieht. Die Hälfte von ihnen bringt neutrale, weder positiv noch negativ bewertete Beschreibungen einzelner Merkmale der Grenze (unter Nr. 17). Eine positive Bewertung ist auch bei neutraler Beschreibung kaum zu erwarten; denn ein Hindernis ist jede Grenze mit entsprechenden Installationen. Immerhin gibt es unter Nr. 9 noch die nächstgrößere Gruppe von Antwortenden, die ausdrücklich die Grenze als unproblematisch bezeichnet. Nur knapp 4 Prozent (Nr. 16) aller Befragten haben ausdrücklich negative Beispiele für Grenzerlebnisse, und weitere 7 Prozent (Nr. 18) halten die Grenze aus allgemeinen Überlegungen für überflüssig. Antworten wie „ich wohne in der Nähe der Grenze und fahre oft hinüber; die Grenze nehme ich

---

[226]) Saarbrücker Zeitung vom 3. 1. 1958.
[227]) Saarbrücker Zeitung vom 11. 1. 1958.
[228]) Da auch mehrere Assoziationen mit der Grenze genannt werden konnten, wurden hier die ersten drei Nennungen ausgewertet. Die absolute Zahl der Zweitnennungen war 200, der Drittnennungen 124.

Tab. 2 *Ergebnisse einer Befragung von Arbeitnehmern über ihre Assoziationen mit der deutsch-französischen Grenze*

Antwortgruppe	% der Meinungen		
	Erst-	Zweit-	Dritt-
		nennungen	
A. *Positiv gegenüber Frankreich*	24,1	28,5	27,4
darunter:			
1. *Individuelle Aspekte*, z. B. Franzosen sind menschlicher; gemütlicher; gastfreundlicher; Lebenseinstellung gefällt mir	1,9	0,5	2,4
2. *Lebensumstände*, z. B. gutes Essen; es wird mehr Wert auf das Leben gelegt; (manche) Einkäufe billiger	8,6	15,0	10,5
3. *Freizeitaspekt*, z. B. Urlaub; Gastronomie; Landschaft genießen; Leute kennenlernen	4,9	4,0	6,5
4. *Internationaler Aspekt*, z. B. (gute) Beziehungen zum Nachbarn; Freundschaft; keine (Erb-)Feindschaft; Frieden; Zusammenarbeit; E(W)G; Verständigung; Partnerschaft; Adenauer – de Gaulle	7,9	5,5	5,6
5. *Sonstige* positive Urteile	0,8	3,5	2,4
B. *Negativ gegenüber Frankreich*	6,1	7,5	11,2
darunter:			
6. *Individuelle Aspekte*, z. B. Franzosen haben Vorurteile gegenüber Deutschen	0,8	0,5	–,–
7. *Lebensumstände*, z. B. ungepflegt; lascher Lebensstil; schlechte Straßen	1,5	3,0	2,4
8. *Verkehrsnachteile*, z. B. Autobahngebühren; Benzinpreis höher	2,3	3,5	4,8
9. *Sonstige* negative Urteile	1,5	0,5	4,0
C. *Neutrale Urteile gegenüber Frankreich*	15,9	30,0	25,0
darunter:			
10. *Individueller Aspekt*, z. B. Menschen sind anders; haben andere Mentalität; andere Lebensweise; sind ähnlich wie wir	3,0	5,5	6,5
11. *Lebensumstände*, z. B. Landschaft anders; Verkehrszeichen und Verkehrsregelung anders	0,8	3,5	4,8
12. *Interindividueller Aspekt*, z. B. andere Sprache; ich habe Verständigungsprobleme; wenig Sprachschwierigkeiten; gleiche Sprache	6,0	8,0	6,5
13. *Internationaler Aspekt*, z. B. Krieg; Rückgliederung; „Saargebiet"; Geschichte; Saarabstimmung; Lothringen früher deutsch	3,8	3,5	3,2
14. *Sonstige* neutrale Urteile	2,3	9,5	4,0
D. *Typische Grenzaspekte*	49,2	28,0	25,7
15. *Positive Aufzählungen*, z. B. nette Grenzbeamte	1,1	1,5	–,–
16. *Negative Aufzählungen*, z. B. Zöllner zu streng; pedantisch; unfreundlich; Bürokratie; lange Wartezeiten	3,8	1,5	4,0
17. *Neutrale Aufzählungen*, z. B. Zoll; Schlagbaum; Kontrolle; Schmuggel; Ausweis; Paß; Wartezeiten; Geldwechsel	25,6	16,5	12,9
18. *Abschaffung der Grenze*, z. B. Grenze überflüssig; (angesichts EG) nicht gerechtfertigt; nicht notwendig	7,1	3,5	–,–
19. *Grenze harmlos*, z. B. keine besonderen Gedanken; Probleme; alles normal; bin daran gewöhnt; kein Hindernis; Grenze kaum bemerkbar	9,0	2,5	4,0
20. *Sonstige* Grenzaspekte	2,6	2,5	4,8

Tab. 2 (Fortsetzung)

Antwortgruppe	% der Meinungen		
	Erst-	Zweit-	Dritt-
		nennungen	
E. *Sonstige Antworten*	4,9	6,0	10,5
21. Goldene Bremm (wichtigster Grenzübergang zwischen Saarland und Frankreich)	-,-	0,5	0,8
22. Verwandte, Freunde, Bekannte	0,4	0,5	0,8
23. Leiharbeiter	1,1	0,5	0,8
24. Sonstige inhaltliche Antworten (alles, was nicht unter 1–23 inhaltlich paßt)	1,1	3,5	6,5
25. „nichts" (ausdrücklich diese oder entsprechende Formulierung)	2,3	1,0	1,6
26. Keine Antwort (Antwortplatz leer oder durchgestrichen)	-,-	-,-	-,-
	100,0	100,0	100,0

kaum noch wahr" sind keineswegs seltene Ausnahmen. Viele Befragte fuhren regelmäßig am Wochenende zu Einkäufen, insbesondere aber für Freizeitaktivitäten nach Frankreich. Für den Alltagsbedarf schien sie dabei keine als unangenehm empfundenen Schwierigkeiten zu bieten. Erst wenn vom Nachbarland ein eher „inlandsmäßiger Gebrauch" gemacht werden sollte, wenn es also um den Kauf eines Wochenendhauses, den Dauerstellplatz für den Camping-Anhänger oder den Liegeplatz für ein Boot in Lothringen ging und um die damit verbundenen Transporte von Material, Ausrüstung und Lebensmitteln in größerem Umfang, wurde die Grenze als Hindernis erlebt, das überwunden werden muß; dann war die Grenze das „Ende des Geltungsbereiches der deutschen Gesetze", wie ein Befragter seine Orientierungsunsicherheit treffend ausdrückte.

Zusammenfassend läßt sich sagen, daß die Grenze für die Bedürfnisse des Wochenendtouristen und den kleinen Grenzverkehr ihre Bremswirkung offensichtlich verloren hat. Je mehr aber die grenzüberschreitende Aktivität darüber hinausgeht, desto eher wird auch im privaten Bereich die Grenze so spürbar wie für Handel und Gewerbe. So kann man also auch aus diesen Meinungen zur Grenzwirkung auf Privataktivitäten schließen, daß die Grenze für die wirtschaftliche Entwicklung in der Tat noch als Schranke angesehen wird.

4. Grenzlage als Realität und Vorstellung

Bisher konnten hier keine „harten" Daten über die Funktion der Grenzlage als Entwicklungshindernis bzw. -vorteil gegeben werden. Vielmehr konnte nur über Meinungen zu dieser Frage berichtet werden. Etwas anderes ist bei der hier verwendeten Methode der Dokumentenanalyse auch nicht zu erwarten. Selbst da, wo die Dokumente Tatsachen wiedergeben (die zutreffende Wiedergabe kann man bei der Presse genauso wie in der wissenschaftlichen Publizistik bis zum Beweis des Gegenteils unterstellen, sofern nicht besondere Bedingungen – wie etwa im Dritten Reich – vorliegen), also etwa bei dem unter 2.5 berichteten Stundeninventar für die Ausfüllung von Formularen an der Grenze, geben diese Tatsachen nur an, daß die Grenze eine solche Art von Behinderung bietet. Dagegen läßt sich nicht der Umfang der Behinderung ersehen. Denn die Tatsache ist nur insofern ein hartes Datum, als sie die Grenze als Verursacher des sonst nicht notwendigen Arbeitsaufwandes des Formularausfüllens angibt; ob sie aber auch diesen Zeitaufwand fordert, läßt sich nicht mit gleicher Härte ersehen, weil auch ein grenzunspezifisches Ungeschick des Kaufmanns beim Formularausfüllen mitgewirkt haben kann. Wir haben ein qualitatives Datum, aber kein quantitatives; derartige Angaben sind in der Regel nominal skalierbar, und die höheren Skalenniveaus können nur mit Daten aus anderen Erhebungstechniken erreicht werden.

Damit kann die Frage, ob mit den berichteten Daten nun nur die Vorstellung von der Grenze oder auch deren Realität dargestellt wurde, nur im Sinne der ersten Alternative beantwortet werden. Nicht die Grenze als Macht, sondern die Grenze als Mythos ist Gegenstand dieser Darstellung. Da aber auch der Mythos Ausdruck einer dahinter zu suchenden Einstellung ist und da auch der Mythos selbst wieder einstellungsbildend wirkt, sind auch solche Daten Parameter, die zwar nicht reale Entwicklungsvor- und -nachteile wiedergeben (das wird z. T. in anderen Teilen dieses Forschungsverbundes geboten), die aber immerhin die Begleitumstände dieser realen Gegebenheiten charakterisieren. Damit sind auch sie ein Teil der Wirklichkeit, wenngleich auch einer indirekten. Denn ob man ein gegebenes Hindernis in der Überzeugung angeht, es sei überwindbar und vielleicht ohnehin nur vorübergehend, oder ob man davorsteht in der Meinung, man sei mit einem weiteren Nachteil geschlagen und werde ewig darunter zu leiden haben, macht für die Wirksamkeit des Entwicklungshindernisses zweifellos einen Unterschied, da auch solche Einstellungen über das Bewußtsein handlungsleitend wirken.

Unter Beachtung dieser Gesichtspunkte und unter Berücksichtigung der bei 1.1 dargestellten Zusammenhänge lassen sich, insbesondere durch Vergleich der saarländischen Selbstdarstellungen in den einzelnen historischen Perioden, die folgenden Hypothesen ableiten:

a) Es gibt keine allgemeingültige, gewissermaßen zeitlose Natur der Grenze; vielmehr kommt es für die Wirkung einer Grenze auf die konkreten historischen Umstände an.

Die Grenze zwischen dem Saarland und dem westlichen Nachbargebiet lag, mit ganz geringen Ausnahmen, stets an derselben Stelle. Das gilt nicht nur für die Zeit der deutsch-französischen Staatsgrenze, sondern auch für die Abgrenzung zu den deutschen Reichslanden bzw. zum eigentlichen französischen Staatsgebiet während der saarländisch-französischen Wirtschaftsunion. Trotzdem unterschieden sich die Darstellungen der Grenzproblematik in den einzelnen Zeiträumen erheblich.

b) Einerseits gehören zu den konkreten historischen Umständen der Grenzwirkung objektive Elemente, bei denen aber weniger die grenztypischen als vielmehr die politiksystemtypischen Gesichtspunkte wirksam sind.

In allen untersuchten Perioden wurden die bürokratischen Formalitäten an der Grenze als Hindernis für den wirtschaftlichen Austausch beklagt. Sie sind aber gewissermaßen eine Konstante, genauso wie die Belastungen der Unternehmungen durch Steuer-, Statistik-, Versicherungs- und sonstige inländische Bürokratie ein Entwicklungshindernis sind. Ihre Wirkung hängt wesentlich auch von der Entwicklung von Routinen für die Bearbeitung ab und ist somit eher ein Hindernis für nur gelegentlich Außenhandeltreibende und weniger für die Spezialisten des Bereichs. Wo sich aber deutlichere, wirkungsvollere und auch nicht durch Anpassung und Routinisierung zu bewältigende Probleme ergeben, das sind die Bereiche, die mit der Grenze nur mittelbar, aber unmittelbar mit Unterschieden in den autonomen politischen Aktionen der Staaten zu tun haben. Grenzgängerprobleme und allgemeine Schwierigkeiten des wirtschaftlichen Austausches bei plötzlichen Änderungen von Währungsparitäten, Einfuhrkontingenten, Devisenbestimmungen und Qualitätskontrollvorschriften wurden in früheren Jahren, als Frankreich und Deutschland ihre nationale Politik oft absichtlich unkoordiniert betrieben, sehr häufig in den Stellungnahmen zur Grenze dargestellt. In neuerer Zeit, in der nicht nur bilaterale Konsultationen, sondern vor allem inter- und supranationale Entscheidungen für mehr Abstimmung sorgen, finden sich merklich weniger Klagen über hinderliche Disparitäten.

c) Andererseits gehören zu den konkreten historischen Umständen der Grenzwirkung subjektive Elemente, die mit der Grenze nicht zwangsläufig verbunden sind.

Am deutlichsten zeigt der Vergleich der Perioden vor und nach dem zweiten Weltkrieg, wie die Einstellung zum Nachbarland auch das Bewußtsein von der Grenze mitprägt, vielleicht sogar entscheidend bestimmt. In dem ersten Zeitraum trafen nach vielen Stellungnahmen an der Grenze nicht nur Staaten, sondern Nationen, Kulturen, fast Welten aufeinander. Dementsprechend wurden auch die Grenzwirkungen auf wirtschaftlichem Gebiet als Teil des viel größeren Gegensatzes gesehen, radikaler beurteilt und deshalb mehr prinzipiell als pragmatisch behandelt. Nach dem Krieg sah man – und daran haben JOHANNES HOFFMANN und GILBERT GRANDVAL, der französische Gouverneur, trotz aller berechtigten Einwände im Saarland doch ein großes Verdienst erworben – die Grenze eher als Markierung zwischen zwei Wirtschaftsräumen. Das entspannte die Beurteilung ihrer Wirkungen merklich und ließ auch Wünsche nach Erleichterungen eher als administrativ-technische Probleme erscheinen und nicht als eine Frage der nationalen Selbstbehauptung.

d) Je mehr Autonomie ein Grenzgebiet hat, desto intensiver ist seine Imagepflege als Grenzland.

In den Zeiten, in denen das Saarland keine staatliche Eigenexistenz hatte, schien der Topos „Grenze" ein geringeres Gewicht in der Außendarstellung zu haben. Das gilt allerdings nur für die Zeit der echten Selbstbestimmung und nicht etwa für solche rabulistische Autonomie, wie sie im nationalsozialistischen Staat der Wirtschaftskammer für Saarland-Pfalz zugesprochen wurde als einer Organisation, die „nicht als ein von oben her geleiteter Mechanismus aufgefaßt werden solle, sondern grundsätzlich unter Wahrung des Führerprinzips im Sinne einer wirtschaftlichen Selbstverwaltung gedacht sei"[229]). Nur wenn das Saargebiet auch eine autonome politische Einheit war, haben wirtschaftliche, politische und kulturelle Argumentation zur Grenze einheitliche Muster gezeigt. So wurde zur Zeit des Völkerbundsmandats bemängelt: „Dem Saargebiet fehlt eine eigene Wirtschaftspolitik. Wir vermissen gänzlich die wirtschaftsfördernde Einstellung der politischen Träger des Gebiets"[230]). Gehörte das Saargebiet zu den größeren staatlichen Gebilden Preußen und Bayern, schien die Argumentation mit der peripheren Lage vorzuherrschen; bei Eigenstaatlichkeit dagegen konnte man sich offenbar eher ganz als Grenzland fühlen. Das ist erst in neuester Zeit anders geworden. Zwar wird auch jetzt noch mit dem Grenzbegriff operiert, aber er wird eher gesehen als eine Chance, die national periphere Lage durch internationale Entwicklung zu überwinden. So forderte der CDU-Kreisverband Saarbrücken-Land in einer Resolution den Bundesparteitag auf, zur Europawahl am 10. Juni 1979 darauf hinzuwirken, daß ein gemeinsames Entwicklungsprogramm für die saarländisch-lothringisch-luxemburgische Grenzregion aufgestellt werde[231]). Das ist eine durchaus neue Qualität von Grenze, wie denn auch die gegenwärtige Lage sehr positiv beurteilt wird: „Nach langen Umwegen ist die Saar aus ihrer bedrückenden Grenzlage befreit"[232]). So kann also auch die ansonsten mehr zur Dramatisierung der Grenze neigende Autonomie der Grenzregion durch eine internationale Politik ihre Chance eher in grenzüberschreitender Kooperation suchen als in verstärkter Grenzlandpropaganda innerhalb der eigenen Staatsgrenzen. Überdies hat sich auch gezeigt, daß die Wirtschaft sich stets auf eine gegebene Grenzlage im Saarland eingestellt hat. Problematischer als die Grenze überhaupt waren stets die Grenzverschiebungen.

---

[229]) Reichswirtschaftsminister Dr. SCHACHT laut Saarbrücker Zeitung vom 26. 2. 1936.
[230]) Saarbrücker Zeitung vom 5. 9. 1927.
[231]) Saarbrücker Zeitung vom 12./13. 4. 1979.
[232]) KEUTH, P.: a.a.O., S. 238.

e) Ob die Grenze positiv oder negativ beurteilt wird, hängt von der internationalen bzw. nationalen Orientierung des Beurteilers ab.

Bei den Befragungen, die hier unter 3 dargestellt wurden, traf man u. a. auf zwei Typen von Befragten. Die einen hätten den FREIHERRN VON KNIGGE zur Wiederholung dessen veranlaßt, was er am 5. 5. 1792 über die Saargegend bemerkte: ,,Was mich noch freut, ist, daß ungeachtet der Nachbarschaft von Frankreich, sich hier unter den Bürgern aller Classen so viel teutsche Gradheit und Biederherzigkeit erhalten haben. Hierin geht ihnen der regierende Fürst vor, der, obgleich er selbst solange in französischen Diensten gewesen ist, . . . dennoch der Gallomanie und Nachahmungssucht, wovon die Rheingegenden so sehr angesteckt sind, äußerst feind ist"[233]). Sie bemerken dann auch als Assoziationen mit ,,Grenze vor allem unordentlichen Verkehr", ,,schmuddelige Dörfer" und ,,schlechte Arbeitsmoral". Wer hingegen gern über die Grenze fuhr, der fand dort auch zuerst ,,gemütlichere Mentalität", ,,mehr Gastfreundschaft", ,,schöne Sprache" oder wenigstens ,,gutes Essen". Ähnlich wie bei diesen Privatpersonen erwiesen sich die Eindrücke aus den Stellungnahmen von Politikern, Wirtschaftlern und Kulturschaffenden: Wer auf der Grenze sitzt und national orientiert ist, sieht seinen Aktionsradius halbiert und die Grenze damit als Entwicklungshindernis; bei internationaler Orientierung dagegen ist die Grenzlage gegenüber der Binnenlandposition die größere Chance. Es ist ein Problem, internationale Politik so verläßlich zu machen, daß die internationale Orientierung nicht die Ausnahme bleibt. Das bestimmt dann auch das Bewußtsein von der Grenzlage.

Literatur

ANDRES, O.: Die Saarfrage. Langensalza 1928.

BLAICH, F.: Grenzlandpolitik im Westen 1926–1936. Die ,,Westhilfe" zwischen Reichspolitik und Länderinteressen. Stuttgart 1978.

HEISS, F.: Das Saarbuch. 2. Auflage, Berlin 1935.

HOFFMANN, J.: Selbständiges Land – mit europäischer Bedeutung. Saarbrücken 1955.

– Referat des MP auf dem a. o. Landesdelegiertentag der CVP am 22. 5. 1955.

ISBARY, G.: Regionale Probleme der Raumordnung. Saarbrücken 1963.

KEUTH, P.: Wirtschaft zwischen den Grenzen. 100 Jahre Industrie- und Handelskammer des Saarlandes. Saarbrücken 1964.

KLOEVEKORN, F.: Das Saargebiet. Was es war, was es ist, was es will. Saarbrücken 1934.

MARTIN, W.: Land und Leute an der Saar. 2. Auflage, Saarbrücken 1933.

NOLTE, P.: Das Wirtschaftsgebiet der Saar. Mönchengladbach 1912.

---

[233]) Zit. nach Internationales Jahrbuch der Politik 1956/1957, 2./3. Lieferung, S. 163.

Einflüsse der nationalen Grenze auf die Lebensbedingungen saarländischer Arbeitnehmer

von

Karl Guckelmus, Saarbrücken

Gliederung

A. Allgemeines
  1. Zur Problemstellung
  2. Mobilitätsrelevante Einflüsse
  3. Wohnortrelevante Einflüsse
  4. Die praktische Bedeutung des Themas

B. Themenabgrenzung
  1. Personenbezogene Abgrenzung: Warum Beschränkung auf Arbeitnehmer?
  2. Räumliche Abgrenzung: Das Saarland ist keine typische Grenzregion
  3. Inhaltliche Abgrenzung: Im Vordergrund der Untersuchung stehen grenzbedingte Einflüsse auf die Mobilität

C. Ergebnisse im einzelnen
  1. Berufspendeln
  2. Wanderungen
  3. Befragung
    3.1 Allgemeines
    3.2 Naherholung
    3.3 Allgemeine Mobilitätshemmnisse
    3.4 Verallgemeinerung mit Einschränkung
    3.5 Zur Arbeitsplatzmobilität
    3.6 Arbeitsplatzbedingungen
    3.7 Zum Arbeitsplatzwechsel
  4. Wohnortrelevante Vor- und Nachteile

D. Zusammenfassung

Anhang: Fragebogen
        Tabellen

A. Allgemeines

1. Zur Problemstellung

Die nationale Grenze zwischen Frankreich und der Bundesrepublik Deutschland ist in erster Linie eine Staatsgrenze. Sie hat aber seit dem Ersten Weltkrieg mehr und mehr auch die Bedeutung einer Sprachengrenze erhalten, nachdem im Elsaß und in Lothringen, die zuvor zu Deutschland gehört hatten, Französisch zur Amtssprache wurde. Auch in Geschmack und Lebensart hat inzwischen eine gewisse Diversifizierung Platz gegriffen.

Die vorliegende Untersuchung geht davon aus, daß auch für saarländische Arbeitnehmer die nationale Grenze zwischen Frankreich und Deutschland trotz der europäischen Gemeinschaftsbestrebungen nach wie vor typische Wirkungen einer staatlichen, wirtschaftlichen, sozialen und kulturellen Trennungslinie zwischen den betroffenen Gebieten hat.

Es lassen sich Einflüsse feststellen, die anläßlich von grenzüberschreitender Mobilität entstehen, z. B. durch Scheu vor fremder Sprache (mobilitätsrelevante Einflüsse), und Einflüsse, die am Wohnort auch ohne grenzüberschreitende Mobilität vorhanden sind, wie z. B. Umweltschäden von jenseits der Grenze, die der inländischen demokratischen Beeinflussung weitgehend entzogen sind (wohnortrelevante Einflüsse). Beide Einflüsse können im weiteren Sinne als „grenzbedingt" bezeichnet werden, wenn auch die Bedingtheit nicht nur unmittelbar durch die Grenze selbst erfolgt (Kontrolle an der Grenze), sondern auch durch die Verhältnisse in dem angrenzenden Land (mannigfaltige Andersartigkeit). Der Begriff „grenzbedingt" wird hier im Sinne von grenzlagenbedingt, grenzübergangsbedingt oder auch fremdlandbedingt verwendet.

Es wird davon ausgegangen, daß eine einseitige, in Richtung des Nachbarlandes erfolgende Beschränkung der räumlichen Mobilität ein Nachteil im Vergleich zur erstrebenswerten Rundumbeweglichkeit ist, wie sie für Bewohner zentraler Räume gegeben ist.

2. Mobilitätsrelevante Einflüsse

Als eine besondere Beengung wird eine Grenze dann empfunden, wenn sie für die Grenzbevölkerung nur schwer durchlässig ist und wenn gleichzeitig über die Grenze hinweg starke familiäre Beziehungen bestehen, wie dies an der Grenze zwischen der DDR und der Bundesrepublik Deutschland der Fall ist. Zwischen Frankreich und Deutschland hingegen besteht im Rahmen der Europäischen Gemeinschaft weitgehende Freizügigkeit. Jedoch gibt es nach wie vor Kontrollen beim Grenzübertritt, die sich auf die Personen, die mitgeführten Waren und (zur Zeit) auch Devisen erstrecken. Der Übertritt über die Grenze führt in einen Raum mit anderer Sprache, anderen Lebensgewohnheiten, anderen rechtlichen Regelungen und anderes. Kontrollen und Fremdartigkeit sind grundsätzlich Hemmnisse in der Mobilität.

Fremdartigkeit kann auch ein Anreiz zur Mobilität sein, wie dies für die Urlaubsreisen in fremde Länder anzunehmen ist. An der deutsch-französischen Grenze im Saarland wird dieser Anreizeffekt der Fremdartigkeit weniger bei den Saarländern selbst vermutet werden können, da sie „die andere Seite" schon weitgehend kennen und insofern eher von Mobilitätshemmnissen bestimmt werden. Wer aus weit von der Grenze entfernten Regionen kommt, wird schon eher einen Besuch „drüben" interessant finden.

Führt die Grenze zu einer Trennung der Märkte für Güter und Dienstleistungen und bei den gegebenen Wechselkursen zur Ausbildung unterschiedlicher Preise hüben und drüben, dann mag es schon ein Vorteil sein, als Grenzlandbewohner die jeweilig günstigeren Preise zu nutzen (Kauf von Autos, Weißbrot in Frankreich). Die im gewerblichen Bereich gegebene Möglichkeit, sich darin zu spezialisieren, anderen die Mobilitätsbehinderung durch die Grenze abzunehmen und zum Beispiel im Export- und Importgeschäft tätig zu sein, kann für den nichtgewerblichen Bereich – also auch für die Arbeitnehmer – vernachlässigt werden.

Mobilitätsrelevante Einflüsse werden sich vor allem beim grenzüberschreitenden Berufspendeln, bei der Wahl des Naherholungszieles, beim Wohnsitzwechsel (Wanderung) bemerkbar machen.

3. Wohnortrelevante Einflüsse

Die wohnortrelevanten Einflüsse der Grenze stehen in engem Zusammenhang mit den Mobilitätshemmnissen durch die Grenze. Dies wird augenfällig, wenn die Grenze zur totalen Mobilitätssperre wird oder gar zur Trennungslinie zwischen feindlichen Nachbarn. Dann kann eine Grenzregion zur Gefahrenzone für die Bevölkerung werden. Derlei Einflüsse liegen in der deutsch-französischen Grenzregion zeitlich „weit" zurück.

Die Grenzerfahrungen unserer Tage sind relativ harmloser Natur. So führen mitunter Maßnahmen in der Grenzregion eines Landes zu nachteiligen Einflüssen im anderen Land, ohne daß die betroffene Bevölkerung ähnlich wirkungsvoll dagegen vorgehen kann wie bei entsprechenden inländischen Vorgängen. Aktuelle Beispiele hierfür sind für das Saarland der Bau des Kernkraftwerkes Cattenom, die Errichtung eines Blei-Akkumulatoren-Werkes in Großblittersdorf, die Verschmutzung der Rossel. Auch die schlechten Abstimmungsmöglichkeiten zwischen den beiderseitigen Verwaltungsstellen bei grenzüberschreitenden Infrastrukturmaßnahmen wie Straßen- und Wegebau, Kanalisierung, Nutzung von Großkläranlagen, verursachen wohnortrelevante Nachteile. Solche Auswirkungen der Grenze treffen letztlich auch die Bevölkerung.

Wenn die Randlage an der nationalen Grenze, so wie oft behauptet wird und auch plausibel ist, für die in ihr ansässigen Betriebe Entfaltungshemmnisse bedingt, dann erwächst auch aus dem daraus resultierenden Ausfall an Arbeitsplätzen ein Arbeitsmarktnachteil für die in der Grenzregion wohnenden Arbeitnehmer.

Der bereits angesprochene Zusammenhang der hier angeführten Fälle von wohnortrelevanten Einflüssen mit den mobilitätsrelevanten Einflüssen besteht darin, daß eine Verbesserung der grenzüberschreitenden verwaltungstechnischen Abstimmung, der politischen Kooperation, der betrieblichen Entfaltung solche wohnortrelevanten Einflüsse verringern würde.

Die angeführten Beispiele für wohnortrelevante Einflüsse sind nicht Gegenstand dieser Untersuchung. Vergleiche die anderen Beiträge zum Gesamtkomplex „Grenzbedingte Einflüsse".

Im Zusammenhang mit diesem Abschnitt der Untersuchung interessiert auch die Frage, ob durch die Grenze als Trennungslinie im größeren Markt der Europäischen Gemeinschaft nicht nur nationale Teilmärkte erhalten bleiben, sondern ob an der Grenze eines jeweiligen nationalen Teilmarktes der Wettbewerb schwächer ist als in zentraler Lage. Denkbar ist, daß ein Fehlen oder ein vermindertes Mitbewerben von Anbietern aus der ausländischen Grenzregion den Anbietern diesseits eine Konkurrenzlässigkeit erlaubt und damit das Preisniveau höher als normal sein läßt. Es mag auch sein, daß wechselkursbegünstigte Einkäufe von Einwohnern der anderen Seite für die Verkäufer diesseits den Preisspielraum verbessern – und natürlich auch umgekehrt.

4. Die praktische Bedeutung des Themas

In der öffentlichen Diskussion hat das Thema, soweit es die Einflüsse auf die Lebensbedingungen der saarländischen Arbeitnehmer angeht, nicht eine ähnlich große Bedeutung wie die randlagenbedingten Standortnachteile für die Betriebe und Unternehmen.

Aber beispielsweise eine größere grenzüberschreitende Umweltverschmutzung oder eine fehlende Abstimmung im grenzüberschreitenden Personennahverkehr werden auch von den Arbeitnehmern schon aufmerksam registriert. Und wer wie die Gewerkschaften von Hause aus sich mit Arbeitnehmerfragen befaßt, wird sich darüber hinaus auch intensiver der Hemmnisse annehmen, die von einzelnen Arbeitnehmern bewußt oder unbewußt hinzunehmen sind. So bemühen sich die europäischen Gewerkschaften sehr eingehend darum, die theoretisch gewährte Freizügigkeit der Arbeitnehmer durch Abbau der Diskriminierung von ,,Grenzarbeitnehmern" und bessere Harmonisierung des Sozialversicherungs- und Steuerrechts zu gewährleisten.

Auch von seiten der Wirtschaft müßte eigentlich ein großes Interesse daran bestehen, daß alle Einschränkungen der Arbeitnehmermobilität beseitigt werden, damit der Einsatz der Arbeitskräfte im größeren Arbeitsmarkt wirtschaftlich so optimal wie möglich erfolgen kann. Nun besteht zur Zeit für die Wirtschaft das Problem nicht in den Mobilitätshemmnissen der saarländischen Arbeitnehmer, da drüben in Lothringen wegen der schlechten Arbeitsmarktlage ohnehin keine für Saarländer ansonsten attraktive Arbeitsplätze angeboten werden, sondern in den Mobilitätshemmnissen der lothringischen Arbeitnehmer. Jedoch handelt es sich hier bei den Arbeitnehmern jenseits der Grenze schließlich um gleiche oder ähnliche grenzbedingte Einflüsse, wie sie in dieser Untersuchung für die saarländische Seite dargestellt werden.

Im Rahmen der Europapolitik mag es von Interesse sein, fortbestehende Grenzwirkungen abzubauen, weil sie der Einigungsidee abträglich sind.

B. Themenabgrenzung

1. Personenbezogene Abgrenzung: Warum Beschränkung auf Arbeitnehmer?

Die Untersuchung wird sich in der Hauptsache mit den mobilitätsrelevanten Einflüssen befassen. Berufspendeln und Wanderungen sind dabei von besonderem Interesse. Da Arbeitnehmer das Gros der an diesen Mobilitätsbewegungen Beteiligten stellen, bietet sich eine personenbezogene Beschränkung auf sie an. Diese Beschränkung auf Arbeitnehmer bedeutet nicht immer auch eine Beschneidung der Gültigkeit der Aussage. Denn die Erfahrungen und Feststellungen, die Arbeitnehmer bei ihrer Naherholungsmobilität, beim Einkauf, bei sonstigen Besuchen jenseits der Grenze machen, gelten auch für einen größeren Personenkreis.

Unter praktischen Gesichtspunkten, insbesondere zur Beurteilung der politischen Bedeutung des Themas genügt es ohnehin, die Einschätzung der Grenze durch eine Vielzahl von Menschen zu kennen, die zwar nicht für alle, aber doch für einen nennenswerten Teil der Bevölkerung repräsentativ ist.

2. Räumliche Abgrenzung: Das Saarland ist keine typische Grenzregion

Ausgehend von den Sprachunterschieden, die man als wesentliches grenzbedingtes Mobilitätshemmnis ansehen kann, ist das Saarland keine günstige Modellregion, um zu Aussagen zu gelangen, die auch für andere Grenzregionen Gültigkeit besitzen. Die deutsche Sprache ist im grenznahen Bereich drüben noch stark verbreitet. Saarländer finden sich in Gasthäusern, Geschäften und auch im Privatgespräch auf der anderen Seite noch sehr häufig mit der deutschen Sprache gut zurecht. Aufgrund der lange währenden nationalen und auch wirtschaftlichen Zusammengehörigkeit in der Vergangenheit gibt es stärkere verwandtschaftliche Beziehungen über die Grenze hinweg als bei anderen nationalen Grenzen. Auch die Unterschiedlichkeit der Sitten und Gebräuche ist nicht so stark ausgeprägt, daß sich Saarländer drüben sehr fremd fühlen müßten.

Auch die Beurteilung der Grenzwirkungen auf die räumliche Arbeitsplatzmobilität der Arbeitnehmer ist, wie bereits andeutungsweise erwähnt, schwierig. Denn die Arbeitsplatzattraktivität des Saarlandes läßt im Vergleich zu Lothringen und auch zu den rheinland-pfälzischen Nachbarregionen des Saarlandes eine eindeutig auf das Saarland zentrierte Pendlerbewegung entstehen. Außerdem wird die ebenfalls im Rahmen des Themas interessierende Wanderungsbewegung durch die Arbeitsplatzattraktivität der entfernten Ballungsräume von Rheinland-Pfalz, Baden-Württemberg und Bayern eindeutig in west-östlicher Richtung orientiert. Die allein von der Grenze ausgelösten Einflüsse auf die Mobilität werden dadurch überdeckt. Sie lassen sich am ehesten in einer Grenzregion feststellen, die selbst eine hohe Dichte wirtschaftlicher Tätigkeit aufweist – also gute Beschäftigungsmöglichkeiten bietet –, aber jenseits der Grenze eine gleich gut entwickelte Nachbarregion als Pendant hat. In diesem Fall sind wie in sonstigen großen Agglomerationsregionen gute Chancen zur wirtschaftlichen Verflechtung und zum Berufspendeln sowie zu einer eventuellen Wohnsitzverlagerung vorhanden. Möglichkeiten zur Mobilität gibt es dann reichlich. Die Frage, inwieweit die Grenze einschränkend wirkt, könnte durch Vergleich mit anderen Agglomerationsgebieten eher festgestellt werden.

Da also im französischen Nachbarland das Arbeitsplatzangebot insgesamt gering ist und von daher eine Attraktivität für saarländische Arbeitnehmer nicht besteht, kann sich auch räumliche Mobilität aus dem Saarland über die Grenze kaum konkretisieren. D.h., daß die Grenze in diesem Fall den saarländischen Arbeitnehmern kaum schadet, da ihre Wirkungen wegen der mißlichen Arbeitsmarktlage in der französischen Grenzregion nicht in Erscheinung treten können. Hieraus resultiert ebenfalls eine Einschränkung des Modellwertes des Saarlandes für allgemeine Aussagen zu Grenzwirkungen.

Anders als bei der Arbeitsplatzmobilität dürfte bei der Naherholungsmobilität das Saarland als Untersuchungsobjekt weitgehend geeignet sein. Insbesondere für die naherholungsbedürftige Bevölkerung im saarländischen Ballungsgürtel von Saarbrücken nach Saarlouis-Merzig einerseits und von Saarbrücken nach Neunkirchen-Homburg andererseits bestehen sowohl nach Frankreich als auch nach dem übrigen Saarland und nach Rheinland-Pfalz hin günstige Naherholungsmöglichkeiten.

3. Inhaltliche Abgrenzung:
Im Vordergrund der Untersuchung stehen grenzbedingte Einflüsse auf die Mobilität

Diese Untersuchung wird sich vor allem mit den mobilitätsrelevanten Einflüssen der nationalen Grenze befassen. Die Annahme, daß die grenzüberschreitende Mobilität durch die Grenze selbst und durch die Andersartigkeit im Nachbarland gehemmt wird, soll durch Rückgriff auf die amtliche Statistik und insbesondere durch eine Befragung von Arbeitnehmern belegt werden. Die nichtmobilitätsrelevanten Einflüsse sollen nur am Rand (C. 4.) oder gar nicht behandelt werden (A. 3.)

C. Ergebnisse im einzelnen

1. Berufspendeln

Grenzbedingte Einflüsse auf das Berufspendeln nach Ergebnissen der amtlichen Pendlerstatistik

Berufspendeln ist die regelmäßige, zumeist tägliche Zurücklegung des Weges zwischen Wohnung und Beschäftigungsort zwecks Aufnahme der Beschäftigung. Gute Pendelmöglichkeiten zu allen im Umland angebotenen Erwerbsmöglichkeiten sind eine Voraussetzung zur Verbesserung der Lebensbedingungen. Hemmnisse in der Mobilität wirken sich entsprechend nachteilig aus. Die Minimierung der Pendlerwege bzw. allgemein die Optimierung der Pendlerbedingungen gehören zum Zielkatalog der regionalen Wirtschaftspolitik.

Die Pendlerbewegung wird in der Bundesrepublik statistisch nur zu den Volkszählungsterminen erfaßt. Über das Einpendeln aus Lothringen in das Saarland gibt es seit einigen Jahren im Rahmen der Statistik „Ausländische Beschäftigte und Grenzgänger in der saarländischen Wirtschaft" einen halbjährlichen Ausweis (März und September). Die Zahl der saarländischen Auspendler nach Frankreich belief sich bei der letzten Volkszählung 1970 auf rund 1400 – eine ziemlich bedeutungslose Zahl. Vor Jahrzehnten war die Auspendlerbewegung noch wesentlich umfangreicher.

Von den Problemen der Auspendler ist hin und wieder bei Wechselkursänderungen die Rede, wenn durch Abwertung des französischen Franken die DM-Einkommen sinken. Schwierig erscheint auch immer noch die Regelung im Rahmen der Sozialversicherung. Inwieweit diese oder andere grenzbedingte Einflüsse auf den Rückgang des Auspendelns eingewirkt haben, läßt sich aus der Statistik kaum ableiten. Im großen und ganzen waren es wohl die Verschlechterung des Arbeitsplatzangebotes in Lothringen und die relative Verbesserung der Beschäftigungsmöglichkeit im Saarland, die zur Reduzierung der Auspendlerbewegung geführt haben.

Läßt die Einpendlerbewegung thematische Rückschlüsse zu?

Im Gegensatz zum Auspendeln aus dem Saarland hat die Einpendlerbewegung lothringischer Arbeitnehmer nennenswerte Bedeutung. Die ab Anfang der siebziger Jahre erfolgte Belegschaftserweiterung insbesondere in neu angesiedelten Betrieben erfolgte unter starker Nutzung des Arbeitskräftepotentials jenseits der Grenze. Die Zahl der französischen Einpendler belief sich im März 1982 auf etwa 9500. Andererseits erlebte aber auch die Einpendlerbewegung aus Rheinland-Pfalz in das Saarland zwischenzeitlich eine ebenso starke Ausweitung. Schätzungsweise pendeln fast doppelt so viele Arbeitnehmer aus Rheinland-Pfalz als aus Frankreich ein (Tab. 1 und 2).

Da die Arbeitsplatzbedingungen in Lothringen eher ungünstiger sind als in Rheinland-Pfalz, könnte die geringere Einpendlerzahl aus Lothringen zumindest eine grobe Stütze der Annahme von grenzbedingten Mobilitätshemmnissen sein. Rheinland-Pfälzer können sich im Saarland aufgrund der Gleichheit von Sprache, gesetzlicher Regelungen der Arbeitsbedingungen und der Sozialversicherung u. a. wie zu Hause fühlen. Ähnliche Vertrautheit mit den Beschäftigungsbedingungen im Saarland ist bei den lothringischen Arbeitnehmern nicht anzunehmen. Zweifellos gibt es jedoch eine Vielzahl anderer Faktoren (Verkehrsanbindung, regionale Arbeitsmarktstruktur, beruflicher Werdegang u. a.), die eine Isolierung der grenzbedingten Einflüsse auch nicht annäherungsweise zulassen.

2. Wanderungen

Wanderungen haben höhere Mobilitätsschwelle

Wanderungen als Verlegung des Wohnsitzes sind die im Vergleich zum Pendeln seltenere Art räumlicher Mobilität. Während das Pendeln immer wieder an den Wohnsitz zurückführt, bedeutet Auswanderung in ein fremdes Land einen starken Einschnitt in die Lebensbedingungen. Für die Wanderungsmobilität gibt es insofern eine höhere Schwelle als für das Berufspendeln. Dies gilt insbesondere für grenzüberschreitende Wanderungen.

Die grenzbedingte Schwellenwirkung auf Wohnsitzverlagerungen trifft jedoch nicht nur die Grenzlandbewohner, sondern wirkt tiefer ins Land, da Wanderungen vielfach über größere Distanz erfolgen. Für die Bevölkerung einer Grenzregion spielt die Grenze vergleichsweise eine stärkere Rolle bei Umlandwanderungen. In diesem Fall könnten Grenzwirkungen die Nutzung von Grundstücks- und Mietwohnungsangebot nach der Richtung des fremden Landes einschränken.

Auch die stetige Wanderungsstatistik läßt kaum Schlüsse zu

Die statistische Erfassung der Wanderungen ist stetig. Es erfolgt auch ein besonderer Ausweis von Erwerbspersonen, jedoch keine Aufgliederung nach Arbeitnehmern und anderen. Jedoch dürften Arbeitnehmer stärker beteiligt sein, als ihrem Anteil an den Erwerbspersonen insgesamt entspricht.

Die größte Einschränkung der Kommentierbarkeit der Wanderungsstatistik für den speziellen Nachweis grenzbedingter Einflüsse erfolgt durch die Überlagerung der Einflüsse durch das Ungleichgewicht im Arbeitsplatzangebot selbst. Die besseren Beschäftigungschancen liegen eindeutig in der Bundesrepublik Deutschland. Darin liegt ein Hauptgrund, daß es aus dem Saarland vergleichsweise so viele Wanderungen in das übrige Bundesgebiet und so wenige Wanderungen nach Frankreich gibt. Demgegenüber kann aus der Tatsache, daß die Umlandwanderungen aus dem Stadtverband Saarbrücken in die anderen saarländischen Kreise ein so großes Gewicht im Vergleich zu der Gesamtheit aller Abwanderungen nach Frankreich haben, schon eher auf grenzbedingte Einflüsse geschlossen werden (vgl. Tab. 3 und 4).

3. Befragung

3.1 Allgemeines

Zweck der Befragung

Die amtliche Statistik und auch die Literatur geben wenig zur Bearbeitung des Themas ab. Eine Befragung sollte entsprechende Aufschlüsse bringen. Die im Herbst 1981 durchgeführte Befragung bei saarländischen Arbeitnehmern hatte zum Ziel, Angaben zu erbringen über:

a) die durch die amtliche Statistik nicht belegte Naherholung und die Motive zur Naherholung in Frankreich (vgl. Fragebogen, Fragen 12 bis 15),

b) mobilitätshemmende Faktoren im allgemeinen (Frage 16),

c) Kenntnisse über nicht grenzbedingte Arbeitsplatzbedingungen in Frankreich (Frage 17),

d) Einschätzung grenzbedingter Arbeitsplatzbedingungen im Zusammenhang mit der (fiktiven) Arbeitsplatzaufnahme in Frankreich (Fragen 18 und 19),

e) potentielle räumliche Arbeitsplatzmobilität (Fragen 20 bis 22).

Als mobilitätshemmende Faktoren (b) wurden der Geldumtausch, die aufgrund der Sprachunterschiede bestehenden Verständigungsschwierigkeiten, die andere Regelung im Straßenverkehr, die Andersartigkeit der Mentalität angenommen. Es wurde die Möglichkeit belassen, auch sonstige nicht aufgeführte Hemmnisse mit einzubeziehen.

Da es bei den Fragen über einen möglichen Arbeitsplatzwechsel nach Frankreich nicht um eine echte Entscheidung, sondern lediglich um eine simulierte Mobilitätsneigung ging, mußten die Befragten so gut wie möglich an die Realität französischer Beschäftigungsbedingungen herangeführt werden, damit die Antworten möglichst realitätsnah ausfielen. Gefragt wurde (s. o. c.) nach Kenntnissen über Einkommensbedingungen, Aufstiegsmöglichkeiten, Arbeitsplatzsicherheit und Arbeitsklima in Frankreich. Eine noch eindeutigere Einstellung auf die Wirklichkeit sollte durch Überlegungen (s. o. d) über arbeitsvertragsrechtliche und sozialversicherungsrechtliche Bedingungen, über die Nutzungsmöglichkeit der Berufsausbildung und die Verständigungsmöglichkeiten am Arbeitsplatz erzielt werden.

Kriterien der personellen Auswahl der Befragten

Personell in die Befragung einbezogen wurden 383 Teilnehmer an Lehrgängen der Arbeitskammer, des Berufsförderungswerkes Saar und eines von der Bundesanstalt für Arbeit geförderten Seminars für arbeitslose Lehrer (Tab. 5). Die Abstellung auf diesen Personenkreis ermöglichte unter anderem die Beachtung der Wirtschaftlichkeit der Befragung. Durch die Ansammlung der Befragten war eine vernünftige Relation von Aufwand und Ergebnis zu erwarten. Die Einschränkung auf Lehrgangsteilnehmer ließ auch zu, durch Erläuterungen Unklarheiten über die Fragen zu beseitigen und die Simulationsvoraussetzungen eines fiktiven Arbeitsplatzwechsels zu verbessern.

Bei der Auswahl der einzelnen Lehrgangsgruppen, die sich teilweise auf Branchen beschränkten, wurde eine Annäherung an die Struktur der Gesamtheit der sozialversicherungspflichtig beschäftigten Arbeitnehmer angestrebt. Es wurde nicht als Nachteil angesehen, daß Beamte nicht zu den Lehrgangsteilnehmern gehörten. Von Beamten wäre ohnehin hinsichtlich der Arbeitsplatzmobilität über die Grenze hinweg infolge der strikten beruflichen Bindung durchweg eine negative Antwort zu erwarten, so daß eine Information über die eigentlich grenzbedingten Hemmnisse entfällt.

Abweichungen der Strukturbilder der Gesamtheiten von Befragten einerseits und sozialversicherungspflichtig beschäftigten Arbeitnehmer andererseits konnten nicht ganz ausgeschlossen werden. Jedoch sind diese nicht derart groß und gehen auch nicht in eine Richtung, daß der repräsentative Charakter der Befragungsergebnisse für die Gesamtheit der sozialversicherungspflichtig beschäftigten Arbeitnehmer entscheidend eingeschränkt wäre. Auch das wesentliche Unterscheidungsmerkmal, das in der Bereitschaft der Befragten zur Teilnahme an Lehrgängen besteht, kann nicht als wichtiger Störfaktor angesehen werden. Deshalb gelten meines Erachtens die Ergebnisse der Untersuchung für einen beachtlichen Teil der Arbeitnehmer und auch der Erwerbstätigen, da die sozialversicherungspflichtig beschäftigten Arbeitnehmer im Saarland einen Anteil von rund 80 % an der Gesamtheit aller Erwerbstätigen haben. Schließlich ist bei vielen Fragen (insbesondere über die Naherholung und die mobilitätshemmenden Faktoren im allgemeinen) erkennbar, daß hier nicht etwa eine arbeitnehmerspezifische Einstellung, sondern die Meinung der Bevölkerung schlechthin zum Ausdruck kommen mußte.

3.2 Naherholung

Als Naherholungsgebiet liegen Elsaß und Lothringen nach dem Saarland und dem übrigen Bundesgebiet an dritter Stelle

Das Saarland besitzt selbst umfangreiche Naherholungsgebiete, so daß es kaum verwundert, daß der größte Teil (37,9 %) der Befragten seine Naherholung überwiegend im Saarland vornimmt. 33 % der Gesamtfläche des Saarlandes sind von Wald bedeckt, gegenüber 29 % im Bundesdurchschnitt. Das Gelände ist hügelig und insofern auch von der Topographie her abwechslungsreich.

Andererseits hat das Saarland eine vergleichsweise geringe Flächenausdehnung und demzufolge eine relativ lange Grenze mit den angrenzenden Nachbargebieten. Deshalb wäre zu erwarten, daß auch die Nachbarräume in starkem Maße Zielgebiet für die Naherholung der Saarländer sind. Dies trifft auch augenfällig für das angrenzende übrige Bundesgebiet zu, wohin 22 % der Befragten dieses Jahr überwiegend ihre Wochenend- und Kurzausflüge machten. Nach Elsaß und Lothringen orientierten sich überwiegend nur halb so viele. In das übrige Ausland (insbesondere übriges Frankreich und Luxemburg) fuhren 4 % der Befragten. Rund 14 % hatten bei ihrer Naherholung keine besondere Präferenz. 11 % machten keine Naherholungsausflüge (Tabelle 6).

Aus dem deutlichen Rückstand des Naherholungsanteils von Elsaß, Lothringen und übrigem Ausland im Verhältnis zum übrigen Bundesgebiet könnte möglicherweise schon auf grenzbedingte Mobilitätshemmungen geschlossen werden, insbesondere weil 56 % der Befragten aus frankreichnahen Gebietsteilen kommen. Jedoch kann das Ungleichgewicht der Orientierungsrichtung in der Naherholung auch aus der Präferenzierung anderer Faktoren (Landschaft, Verwandte und Bekannte u. a.) herrühren.

Regionale Untergliederung kann bessere Aufschlüsse bringen

Da die Naherholung oft nur auf kurze Distanz geht, ist davon auszugehen, daß die Naherholungsziele in den einzelnen Gebietsteilen des Saarlandes recht verschieden sind. Deshalb erfolgte bei der Auswertung der Befragung eine Vierteilung der Gesamtfläche (vgl. Karte). Das erste Gebiet umfaßt den Stadtverband Saarbrücken und den Saar-Pfalz-Kreis südlich von Homburg. Die größte Bevölkerungsdichte dieses Gebietes befindet sich in dem Frankreich zugewendeten Teil. Als zweiter Gebietsteil schließt sich ein etwa 15 km breiter Streifen des Restes längs der französischen Grenze an, der die größten Teile der Kreise Saarlouis und Merzig-Wadern umfaßt. Nach dem Nordosten zu schließt sich ein etwa zehn km breiter mittlerer Streifen an, der von Homburg über Neunkirchen nach Lebach führt. Zum nördlichsten Gebietsteil des Saarlandes gehören der Kreis St. Wendel sowie die Großgemeinden Losheim und Wadern vom Kreis Merzig-Wadern. Die Grenze des Saarlandes mit Rheinland-Pfalz ist etwa gleich lang wie die Grenze mit Frankreich.

Selbst in dem Frankreich nahen Grenzraum war die grenzüberschreitende Naherholungspräferenz relativ schwach vertreten

Für den nördlichen und mittleren Bereich des Saarlandes war anzunehmen, daß sich Naherholung betont auf das Saarland selbst und das attraktive Nachbarland Rheinland-Pfalz erstreckt. Aber auch in den Frankreich nahen Gebieten (Nr. 1 und 2 der Karte) stand die Naherholung in Elsaß, Lothringen und dem übrigen Ausland bei den Befragten im Vergleich zur Naherholung in dem zumeist entfernter liegenden übrigen Bundesgebiet zurück. Erst bei nochmaliger Halbierung des gesamten grenznahen Streifens ergibt sich für den südlichen Teil mit dem Stadtverband Saarbrücken und dem südlichen Saar-Pfalz-Kreis ein geringfügiger Vorsprung des Naherholungsanteils von Lothringen, Elsaß und übrigem Ausland gegenüber dem übrigen Bundesgebiet. Der relative Vorsprung von zwei Prozentpunkten ist so klein, daß zu fragen ist, warum die Orientierung nach dem Ausland nicht stärker war.

Hohe landschaftliche Attraktivität von Elsaß und Lothringen, aber Hemmnisse durch die Grenze

Für das südliche Saarland gibt es im benachbarten Frankreich sehr bekannte und interessante Ausflugsziele. Die Mehrzahl der Befragten dieses Gebietes kommt aus den Städten Saarbrücken, St. Ingbert und Völklingen sowie dem an diese Städte unmittelbar angrenzenden Ballungsraum. Hier wohnen 92 % der Befragten dieses Gebietsteils (Nr. 1 der Karte). Die Grenze des Saarlandes nach Rheinland-Pfalz um Zweibrücken liegt von diesem saarländischen Ballungsraum etwa 15 bis 35 km entfernt. In dieser gleichen Entfernung liegt auf französischer Seite bereits ein großes Gebiet mit der Stadt Saargemünd und anderen bekannten französischen Gemeinden und Seen. Die Entfernung des saarländischen Ballungsraumes um Saarbrücken nach dem rheinland-pfälzischen Pirmasens (Anfang des Pfälzer Waldes) schließt im Radius auf französischer Seite die alte Festungsstadt Bitsch, Saar-Union und den Mittersheimer Weiher, ein sehr bekanntes Ausflugsziel, ein. Die Entfernung Saarbrücken–Kaiserslautern ist annähernd gleich groß wie die Entfernung Saarbrücken-Metz. Die Strecke von Saarbrücken nach dem französischen Saarburg, nach Pfalzburg und an den Stockweiher ist kürzer, die Strecke nach Savern etwa gleich lang. Kurzum: Es kann davon ausgegangen werden, daß die landschaftliche und städtebauliche Attraktivität des an das südliche Saarland angrenzenden französischen Grenzraums sehr beachtlich ist und – nach Meinung des Verfassers – dem nahen Pfälzer Raum nicht nachsteht. Hinzu kommt die Attraktivität des französischen Gaststättengewerbes mit der vielfach

Verwaltungskarte des Saarlandes

⊢⊣⊢⊣	STAATSGRENZE
——	LANDESGRENZE
—	KREISGRENZE
—	GEMEINDEGRENZE
SAARBRÜCKEN	LANDESHAUPTSTADT
MERZIG	KREISSTADT
ILLINGEN	GEMEINDE

Quelle:

hochgeschätzten Qualität des Essens. Insofern erstaunt es, daß nicht mehr der Befragten alles in allem bei ihrer Naherholungsentscheidung dem französischen Nachbarland den Vorzug vor Rheinland-Pfalz gaben. Ein Schluß auf grenzbedingte Hemmnisse liegt nahe.

Motive für die Naherholung in Elsaß und Lothringen (Tabelle 7)

Was sich an Attraktivitäten für die Naherholung aus geographischen Karten von Elsaß und Lothringen ersehen läßt, spiegelt sich auch in den Antworten der Befragten nach den Hauptanlässen ihrer Ausflüge ins Elsaß und nach Lothringen wider. Von denjenigen, die im Befragungsjahr ein- oder mehrmals länger als fünf Stunden im Elsaß oder in Lothringen waren, nannten 61 % als Hauptanlaß Landschaft, Stadtbummel und Besichtigungen, 41 % Essen und Trinken und 21 % Besuche bei Verwandten und Bekannten (Mehrfach-Ankreuzungen waren möglich).

3.3 Allgemeine Mobilitätshemmnisse

Haupthemmnis sind die Verständigungsschwierigkeiten (Tabelle 8)

Bei der Frage nach den Unannehmlichkeiten einer Fahrt nach Frankreich gaben rund 30 % aller Befragten die Verständigungsschwierigkeiten an, 14 % den Geldumtausch, 13 % die (teilweise vermeintliche) andere Regelung im Straßenverkehr, 9 % die Andersartigkeit von

Mentalität und Milieu. Rund ein Sechstel aller Befragten war unschlüssig und kann zumindest teilweise als Mobilitätsgehemmte angesehen werden. Welchen Intensitätsgrad die Empfindungen von Unannehmlichkeiten haben, ist aus den Ergebnissen nicht ableitbar, so daß von ihnen auch nicht auf den Grad der Mobilitätseinschränkungen geschlossen werden kann. Ein Zusammenhang besteht sicherlich.

Unkenntnis verringert das Interesse

Eine zusätzliche Erklärung für die relativ schwache Naherholungsmobilität der Befragten nach Frankreich mag sein, daß diesseits relativ große Unkenntnis über die Möglichkeiten und Bedingungen der Naherholung in Frankreich vorherrscht. Man spricht bei uns weniger von den Reisezielen drüben als von saarländischen und bundesdeutschen, man liest weniger davon in den Tageszeitungen, man hört weniger davon über den Rundfunk. Die gegenseitige Abschottung in der Vergangenheit hat ihre Nachwirkungen. Naherholung orientiert sich vor allem an den bewährt-bekannten Zielen oder doch an den zumindest andeutungsweise bekannten oder von anderen empfohlenen Zielen.

Dieser hier angesprochenen Unkenntnis über das Nachbarland fehlt im Gegensatz zur Unkenntnis bei ferneren Urlaubsländern die Neugierde, die größeres Interesse für das Fremde weckt. Das vorhandene Desinteresse bewirkt das gleiche wie die konkret geäußerten Unannehmlichkeiten bei Fahrten nach Frankreich: Es hemmt die grenzüberschreitende Mobilität.

3.4 Verallgemeinerung mit Einschränkung

Die Ergebnisse der Befragung im Bereich der Naherholungsmobilität zeigen einige plausible Zusammenhänge auf, die eine weitgehende Verallgemeinerung zumindest für die gesamte Arbeitnehmerschaft mit ähnlicher Struktur wie die Befragten zulassen. Zusammenfassend handelt es sich um folgende Zusammenhänge: Je ferner der Wohnsitz der Befragten von der Grenze ist, um so weniger machen sie grenzüberschreitende Naherholung. Im grenznahen ländlichen Bereich des nordwestlichen Saarlandes (Gebiet Nr. 2) waren die grenzüberschreitenden Verwandten-Bekannten-Kontakte überdurchschnittlich stark. Ledige fuhren zur Naherholung weiter als Verheiratete, obwohl ihr Pkw-Besitzer-Anteil unter demjenigen der Verheirateten lag. Von ihnen machten auch im zurückliegenden Jahr mehr Personen Ausflüge nach dem Elsaß und nach Lothringen als von den Verheirateten.

3.5 Zur Arbeitsplatzmobilität

Einflüsse auf die Arbeitsplatzmobilität

Für die Beurteilung von grenzbedingten Einflüssen auf die Arbeitsplatzmobilität wäre es vorteilhaft, die anderen, nicht grenzbedingten Einflüsse isolieren zu können. Bei den grenzbedingten Einflüssen kann man unterscheiden zwischen den allgemeinen und den speziellen. Die allgemeinen Einflüsse wurden schon im Zusammenhang mit der Naherholung behandelt. Die Befragung beschränkte sich auf den Geldumtausch, die Verständigungsschwierigkeiten, die andere Regelung des Straßenverkehrs und die Andersartigkeit der Mentalität. Die speziellen Einflüsse sind unmittelbar arbeitsplatzbezogen (Frage 18 und 19) und werden später behandelt.

Zu den nicht grenzbedingten Einflüssen zählen familiäre Gründe, Wohnumfeld, Landschaftspräferenz, solche Arbeitsplatzbedingungen, die hinsichtlich ihres Einflusses auf die Mobilität nicht nationalitätenspezifisch – also grenzbedingt – sind. Die Befragung beschränkte sich auf Arbeitsplatzbedingungen, die für besonders wichtig gehalten wurden (Frage 17).

Zur Feststellung der Kenntnis über die ausgewählten nicht grenzbedingten Arbeitsplatzbedingungen lautete die Frage: Angenommen, Sie würden Ihre derzeitige Beschäftigung bei einem entsprechenden Betrieb in Frankreich ausüben, wäre dann Ihr

a) Einkommen

b) Aufstiegsmöglichkeit

c) Arbeitsplatzsicherheit

d) Arbeitsklima

besser, schlechter, gleich, oder ist Ihre Antwort „weiß nicht"?

Starke Vermischung von Mobilitätseinflüssen

Im wesentlichen wirken die grenzbedingten Einflüsse durch ihre Andersartigkeit, Fremdheit. Die anderen, nicht grenzbedingten Faktoren beeinflussen die Mobilität dadurch, daß sie als besser, schlechter oder gleich empfunden werden. Geht man davon aus, daß die grenzbedingten Einflüsse die Mobilität hemmen, dann wirken die für schlechter gehaltenen Arbeitsplatzbedingungen in der gleichen mobilitätseinschränkenden Richtung, d. h., daß die tatsächlich festgestellte Mobilitätsschwäche nur schwerlich zurechenbar ist. Die nicht grenzbedingten Arbeitsplatzbedingungen in Frankreich wären in der Analyse neutral, wenn sie von den Befragten für gleich empfunden würden. Sofern die Bedingungen sogar für besser gehalten werden, müßte es durch sie zu einer Mobilitätsverstärkung kommen; eine trotzdem vorhandene Mobilitätseinschränkung müßte dann einen direkten Rückschluß auf die Intensität grenzbedingter Hemmnisse zulassen.

Die Antwort „weiß nicht" bei der Frage nach den Arbeitsplatzbedingungen a–d (s. o.) zeigt Unsicherheit, Unklarheit, Desinteresse. Aus einem solchen Befund ergibt sich zwangsläufig auch ein geringeres Interesse an Mobilität. Insofern die Unkenntnis über die Arbeitsplatzbedingungen in Frankreich stärker verbreitet ist als über entsprechende Bedingungen im Inland, kann auf eine grenzbedingte Informationserschwernis geschlossen werden.

3.6 Arbeitsplatzbedingungen

Ergebnisse der Befragung über nicht grenzbedingte Arbeitsplatzbedingungen (Tabelle 9)

Die zur Herauskristallisierung grenzbedingter Einflüsse geeigneten Idealfälle, bei denen die nicht grenzbedingten Arbeitsplatzbedingungen diesseits und jenseits der Grenze von den Befragten „gleich" eingeschätzt wurden, sind nicht stark vertreten. Das war auch für das Kriterium „Einkommen" zu erwarten, denn Einkommensunterschiede werden öffentlich oft diskutiert und können auch wegen der Quantifizierbarkeit leichter erfaßt werden als Unterschiede bei anderen Arbeitsplatzbedingungen. Insgesamt erklärten nur 6,3 % der Befragten, daß sie für sich mit gleichem Einkommen in Frankreich wie im Saarland rechnen. Für die anderen Fragen liegt der Anteil der Gleichbewertung höher, am höchsten bei der Frage über das Betriebsklima mit rund 15 %.

Ein Großteil rechnet mit schlechteren Arbeitsplatzbedingungen in Frankreich

Die vier erfragten Arbeitsplatzbedingungen in Frankreich wurden durchweg von mehr Befragten für schlechter als für besser gehalten. Am klarsten ausgeprägt war das Urteil bei den Einkommen und der Arbeitsplatzsicherheit. 29,8 % der Befragten erwarteten für Frankreich schlechtere und nur 4,7 % bessere Einkommen. Die Arbeitsplatzsicherheit wurde von 28,2 % als schlechter und nur von 2,3 % als besser bezeichnet. Für beide Kriterien dürfte im Gegensatz zu den Kriterien Aufstiegsmöglichkeiten und Arbeitsklima die Information besser, aber auch die Erfaßbarkeit (Einkommensniveau und Arbeitslosenquote) leichter sein.

Es überwiegt die Unkenntnis

Bei allen Kriterien antwortete über die Hälfte der Befragten mit „weiß nicht". der Anteil der in diesem Sinne Unwissenden reicht von 56,7 % bei der Arbeitsplatzsicherheit bis zu 72,8 % bei den Aufstiegsmöglichkeiten. Dieser hohe Anteil ist insbesondere bei den Einkommen bedeutsam, da im Zusammenhang mit der Diskussion über die internationale Wettbewerbsfähigkeit der deutschen Wirtschaft die Medien sehr häufig über einen Lohnvorsprung in der Bundesrepublik berichten. Auch ist schon oft von saarländischen Firmen gemeldet worden, daß sie wegen des niedrigeren Lohnniveaus in Frankreich dort Produktionsstätten unterhalten oder errichten.

Man kann davon ausgehen, daß bei den Befragten, die ohnehin als Lehrgangsteilnehmer schon ein gewisses Interesse an Arbeitsplatzbedingungen vermuten lassen, die Kenntnis über Arbeitsplatzbedingungen in anderen Regionen der Bundesrepublik deutlich stärker verbreitet ist, als dies über entsprechende Bedingungen in Frankreich der Fall ist. Bei Befragungen des Iso-Institutes, Saarbrücken, wie Saarländer die Verhältnisse im Saarland im Vergleich zu denjenigen in anderen Teilen der Bundesrepublik einschätzen, antworteten in 1976 nur 12,4 % und in 1979 nur 11,5 % mit ,,weiß nicht"[1]). Bei der Einschätzung der ,,Verhältnisse" hier und dort spielen sicherlich Feststellungen über Arbeitsplatzbedingungen, wie sie in unserer Befragung enthalten sind, eine entscheidende Rolle.

Die Unkenntnis differiert nach Personengruppen sehr stark

Wie schon bei der Naherholung sind die Befragungsergebnisse über Arbeitsplatzbedingungen je nach der Grenznähe des Wohnsitzes der Befragten deutlich differenziert. Der Anteil der ,,weiß-nicht"-Antworten steigt mit zunehmender Entfernung von der Grenze. Je ferner man von der Grenze wohnt (und oft auch beschäftigt ist), um so weniger Kontakt hat man mit einpendelnden französischen Arbeitnehmern und um so weniger erfährt man auch von den Arbeitsplatzbedingungen drüben. Auch die Befragtenstruktur dürfte eine Rolle spielen.

Bei Verheirateten ist der Anteil der ,,weiß-nicht"-Antworten (und auch der ,,besser"-Antworten) geringer als bei den Ledigen. Bei den Verheirateten ist der Anteil der Älteren ganz deutlich höher als bei den Ledigen. Insofern ist bei ihnen ein höherer Informations- und Erfahrungsstand anzunehmen.

Von den Frauen antworteten überdurchschnittlich viele mit ,,weiß nicht". Eine Ursache dafür ist sicherlich der höhere Anteil der Jüngeren (unter 25 Jahre alt) bei dieser Personengruppe. Dieser Anteil war mit 40 % doppelt so hoch wie im Durchschnitt aller Befragten. Auch sind weibliche Beschäftigte noch immer im Vergleich zu ihrem Gesamtbeschäftigtenanteil bei den für Arbeitnehmerfragen interessierten Arbeitnehmervertretungen (zum Beispiel Betriebsräten) unterrepräsentiert und insofern auch in dem entsprechenden Themenbereich weniger informiert.

Facharbeiter haben am ehesten eindeutige Vorstellungen über die Arbeitsplatzbedingungen in Frankreich. Bei dem Kriterium Einkommen antworteten nur 42,3 % mit ,,weiß nicht", dagegen 45,5 % mit ,,schlechter", was im allgemeinen auch den Tatsachen entspricht. Auch bei der Arbeitsplatzsicherheit gab es nur 43,1 % ,,weiß-nicht"-Antworten. Man sagt dieser Arbeitnehmergruppe eine überdurchschnittlich hohe Mobilität nach. Das erfordert eine gewisse Übersicht über die Arbeitsmarktbedingungen. Ihr Informationsstand kann auch deshalb besser sein, weil ihre Einkommen nach einzelnen Tätigkeitsmerkmalen besser abgrenzbar sind als die Einkommen anderer Personengruppen. Auch orientieren sich Veröffentlichungen über das Einkommensniveau oft an den Facharbeiterlöhnen. Bei den Angestellten hingegen ist schon ein Einkommensvergleich im Inland wesentlich schwieriger durchzuführen.

Grenzbedingte, rechtlich-organisatorische Arbeitsplatzbedingungen (Tabelle 10)

Von besonderer Bedeutung für die grenzüberschreitende Arbeitnehmermobilität (Berufspendeln und Wanderungen) ist die rechtlich-organisatorische Andersartigkeit der Arbeitsplatzbedingungen im fremden Land. Zu diesem Komplex wurde folgende Frage gestellt (Frage 18):

---

[1]) Arbeitnehmer 2/1979, S. 79.

Die Regelung der Arbeitsverhältnisse, der Arbeitsbedingungen und der sozialen Sicherheit ist in Frankreich vielfach anders als in der Bundesrepublik Deutschland. Ausbildungsabschlüsse von hier werden dort teilweise nicht anerkannt.

Spielen diese Faktoren für Ihre Kollegen – nach Ihrer Meinung – eine große Rolle bei der Frage, ob sie in Frankreich arbeiten wollen?

Ja   nein   weiß nicht

Es wurde also nicht nach der eigenen Einschätzung, sondern nach der vermeintlichen Einschätzung von Arbeitskollegen gefragt. Damit sollte von der engen subjektiven Ebene abgelenkt werden, um ein breiteres Meinungsbild zu erhalten.

Anders als bei den Fragen zu den allgemeinen Arbeitsplatzbedingungen (Einkommen, Arbeitsplatzsicherheit usw.) handelte es sich hier nicht um Kenntnisse von Bedingungen (Wie sind sie in Frankreich?), sondern um eine Wertung des Einflusses bestimmter Bedingungen (Welche Rolle spielen die Faktoren für die Kollegen?). Die Antwort „weiß nicht" ist insofern auch nicht Hinweis auf einfache Unkenntnis über Gegebenheiten – also möglicherweise auf einen grenzbedingten Informationsmangel –, sondern weist eher auf einen subjektiven Mangel hin, sich in die Vorstellung des Kollegen versetzen zu können. Bei mehr Einfühlung und Beschäftigung mit der Einschätzung der Kollegen hätten sich diese Befragten entschieden wie die anderen mit eindeutiger (ja-nein) Entscheidung. Eine entsprechende Zurechnung ist angebracht.

... spielen eine große Rolle

Von denjenigen, die nicht mit „weiß nicht" auf die Frage geantwortet haben, nahmen 77,8% der Befragten an, daß die rechtlich-organisatorische Andersartigkeit für ihre Kollegen eine große Rolle spielt bei der Frage, ob sie in Frankreich arbeiten wollen. Nach allen Erläuterungen, die bei der Befragung gegeben wurden, bedeutet die Bejahung der Frage zugleich auch die Bejahung von damit zusammenhängenden Mobilitätshemmnissen, und zwar durch einen beachtlich großen Teil.

... ohne große Unterschiede nach Gebietsteilen

Nach den einzelnen Gebietsteilen des Saarlandes, wie sie für diese Untersuchung gebildet wurden (vgl. Karte) gibt es zu dieser Frage keine bemerkenswerten Unterschiede der Ergebnisse und vor allem auch keine eindeutige Tendenz mit zunehmender Entfernung von der Grenze. 76,5% der eindeutig Antwortenden des südlichen Gebietsteiles und 81,4% im mittleren Gebietsteil bejahten die Frage. Die restlichen Ergebnisse liegen innerhalb dieser Spanne.

Große Unterschiede jedoch nach Personengruppen

Verheiratete bejahen die Frage durchweg weniger häufig als die Ledigen. Hier mag wieder das höhere Durchschnittsalter der Verheirateten und die damit zusammenhängende größere Erfahrung in dem Zurechtfinden unter fremden Arbeitsplatzbedingungen von Einfluß sein.

Auch der unterdurchschnittliche Anteil der „ja"-Antworten bei den Männern, bzw. der überdurchschnittliche Anteil bei den Frauen kann zum Teil in ähnlicher Weise erklärt werden. Es wurde schon darauf hingewiesen, daß der Anteil der jüngeren Befragten bei den Frauen besonders hoch ist.

Auch nach beruflicher Grobgliederung gibt es nennenswerte Unterschiede. Am wenigsten häufig bejahten die Facharbeiter die Frage (70,9%), dann folgen die Arbeiter mit 72,7% und in deutlichem Abstand die Angestellten mit monatlichem Nettoeinkommen bis 2000 DM (82,1%) und die Angestellten mit höherem Einkommen (87,8%). Die Ergebnisse sind verständlich, da für die gewerblich-technische Tätigkeit von Arbeitern und Facharbeitern erfahrungsgemäß die rechtlich-organisatorischen Regelungen in einem fremden Land stärker standardisiert, übersichtlicher und einfacher sind als bei den Angestellten. Die Integration der „Fremdarbeiter" in vielen Ländern bestätigt dies.

Auch Verständigungsschwierigkeiten am Arbeitsplatz sind ein großes Mobilitätshemmnis (Tabelle 11)

Die sprachlichen Verständigungsschwierigkeiten haben als Mobilitätshemmnis nach den Annahmen zu dieser Untersuchung eine große Bedeutung. Deshalb auch wurden sie im Zusammenhang mit den Fragen nach den Arbeitsplatzbedingungen nochmals besonders herausgestellt. Es wurde wie folgt gefragt (Frage 19):

Würde es für Sie eine Belastung darstellen, in einem Betrieb arbeiten zu müssen, wo der menschliche Umgang, der Text der Arbeitsverträge und entsprechende Regelungen in französischer Sprache erfolgen?

ja   nein   unsicher

Die Befragten zeigten in ihren Antworten eine größere Sicherheit als bei der Frage nach den rechtlich-organisatorischen Arbeitsplatzbedingungen (Frage 18). Das zeigt sich darin, daß der Anteil der unsicheren Antworten mit insgesamt 19,6 % relativ gering ausfiel. Die Mehrheit von 55,9 % bejahte die Frage und 24,5 % verneinten sie. Es ist davon auszugehen, daß bei noch größerer Verdeutlichung der Verständigungsbedingungen am Arbeitsplatz sich der Anteil der unsicheren Antworten eher zugunsten der Bejahung der Frage aufgelöst hätte. Alles in allem kann aus dem Ergebnis ein eindeutiges Mobilitätshemmnis gefolgert werden.

Kenntnisse in französischer Sprache differenzieren das Globalergebnis

Es ist nur zu verständlich, daß je nach den Kenntnissen in französischer Sprache die Teilergebnisse nach Gruppen stark schwanken. Während insgesamt 46,7 % aller Befragten ohne jegliche Kenntnis in französischer Sprache sind, liegt dieser Anteil bei den Frauen nur bei 27 %. Der Anteil derjenigen, für die der Umgang in französischer Sprache am Arbeitsplatz eine Belastung darstellen würde, ist folglich bei den Frauen auch unterdurchschnittlich (44,9 %).

Nahezu ähnlich wie bei den Frauen liegen die Verhältnisse bei den Ledigen. Zum Teil rührt dies auch daher, daß der Anteil der weiblichen Befragten mit 38,7 % bei den Ledigen deutlich über dem Durchschnitt von 23,0 % liegt.

Die regionalen Unterschiede sind gering. Dort wird in der Spanne von 55,0 bis 56,5 % eine Belastung durch die fremde Umgangssprache angenommen.

3.7 Zum Arbeitsplatzwechsel

Fragestellung

Als Abschluß der Fragen, wie die Arbeitsplatzbedingungen dies- und jenseits der Grenze eingeschätzt werden, interessierte insbesondere die Frage, welche Mobilitätswilligkeit nach Abwägung dieser und anderer Bedingungen schließlich geäußert wird. Wie schon erwähnt, wäre es gut, daß zumindest die allgemeinen Arbeitsplatzbedingungen beiderseits der Grenze gleich wären, um möglichst nur die Grenzwirkungen sich in den Antworten niederschlagen zu lassen. Den Befragten eine Abstraktion von all diesen Bedingungen abzuverlangen, hätte manchem die Antwort sicherlich erschwert. So wurden in der vorgenannten Befragung lediglich die Einkommensbedingungen und der Beschäftigungsort fixiert. Es wurde gefragt:

Würden Sie einen Arbeitsplatz zum Beispiel in Mannheim oder einer anderen deutschen Stadt, bzw. in Metz annehmen, wenn Ihnen netto

500 DM monatlich ...,   750 DM monatlich ...,   1000 DM monatlich ...

mehr angeboten würden, als Sie jetzt verdienen?

Mannheim oder Metz als Beschäftigungsort?

In den gegebenen Erläuterungen wurden die Befragten bei dem deutschen Beschäftigungsort weitgehend auf Mannheim fixiert. Insofern ergab sich für Metz ein kleiner Vorteil, da Mannheim durchweg von allen Wohnorten im Saarland weiter entfernt ist als Metz. Von Saarbrücken nach Mannheim beträgt die Autobahnentfernung 130 km, nach Metz 70 km. Von dem an der rheinlandpfälzischen Grenze gelegenen saarländischen Homburg ist die Entfernung nach Mannheim und Metz etwa gleich groß. Es wurde in der Befragung für eine mögliche Arbeitsplatzannahme in Mannheim oder Metz sowohl Wohnsitzverlagerung als auch Pendeln offengehalten. Da die Pendlerwege nach Metz insbesondere aus dem saarländischen Verdichtungsraum kürzer sind, besitzen die Arbeitsplätze dort zumindest einen Lagevorteil.

Befragte bevorzugen Mannheim trotz größerer Entfernung (Tabelle 12 und 13).

Die Saarländer werden oft als seßhaft bezeichnet. Der Anteil der Eigenheimbesitzer ist überdurchschnittlich hoch – auch bei den Arbeitnehmern. Unter den Befragten lag der Anteil der Eigenheimbesitzer bei 59,5 %. Dies dürfte dem durchschnittlichen Eigenheimbesitz in der Gesamtbevölkerung ziemlich nahe kommen.

Bei der Untersuchung kam es nicht auf die Bewertung der Mobilität als solche, sondern auf die Unterschiede insbesondere bei der Entscheidung für Mannheim oder Metz an.

Nach den Einkommensabstufungen erklärten sich von den Befragten 6,8 – 17,0 – 46,7 % bereit, einen Arbeitsplatz in Mannheim anzunehmen. Das Ergebnis für Metz war niedriger, es betrug 5,0 – 9,9 – 31,9 %. Bei der obersten Stufe der Mobilisierung durch ein Zusatzeinkommen von 1000 DM waren es immerhin fast 50 % mehr, die sich für Mannheim statt für Metz entschieden. Darin kann sicherlich ein Reflex grenzbedingter Mobilitätshemmnisse gesehen werden.

„Weiß nicht"-Antworten unterstreichen die Aussage

Die Interpretation der „weiß nicht"-Antworten schränkt diese Aussage nicht ein – im Gegenteil. Wer „weiß nicht" sagt, äußert seinen Zweifel, den man gleichermaßen gegenüber einem „ja" wie auch „nein" annehmen kann.

Der Zweifel ist im allgemeinen bei dem niedrigsten Angebot (500 DM) als auch bei dem höheren Angebot (1000 DM) kleiner als beim mittleren. Das unterste Angebot ist zu gering und bedingt insofern mehr Sicherheit zum „nein"-Sagen. Das oberste Angebot ist verlockend genug, um zumindest die Mobilitätsbereiten zur Entscheidung zu bewegen. Das mittlere Angebot verunsichert mehr. Extrem niedrig sind in der regionalen Untergliederung die „weiß nicht"-Antworten bei dem Arbeitsplatz in Metz. Sie kommen von den Befragten der Nordwest-Region (Nr. 2 vgl. Karte) und betragen 6,6 %. Extrem hoch bei 27,5 % liegt der „weiß nicht"-Anteil beim 750 DM-Angebot für einen Arbeitsplatz in Mannheim.

Wie im letzten Beispiel, so ist durchweg der Zweifel beim Beschäftigungsort Mannheim größer als bei Metz. Besteht der geäußerte Zweifel in einer Ausgewogenheit zwischen „ja" oder „nein", dann wäre eine Zurechnung je zur Hälfte sinnvoll, wodurch sich das Ergebnis der „ja"-Antworten zugunsten von Mannheim im Vergleich zu Metz noch verbessern würde.

Auch bei der Untergliederung bestätigt sich trotz Unterschieden das Gesamtbild

In der Untergliederung nach Teilregionen, Berufen (Arbeiter, Facharbeiter, Angestellte 1, Angestellte 2), französischen Sprachkenntnissen, Gechlechtern und Wohnverhältnissen (Eigenheimbesitz) wird im allgemeinen das Gesamtergebnis, daß die Befragten lieber nach Mannheim als nach Metz gehen würden, bestätigt. Es gibt nur ganz wenige Untergruppen, bei denen Metz vor Mannheim liegt.

Beachtliche Unterschiede der Mobilitätswilligkeit

Am höchsten ist natürlich die Mobilitätswilligkeit bei dem 1000 DM-Angebot in Mannheim. In regionaler Gliederung würden bei diesem Angebot 58,3 % der Befragten aus dem nördlichen Saarland einen Arbeitsplatz in Mannheim annehmen. Das ist deutlich mehr als im Gesamtdurchschnitt (46,7 %), obwohl in dieser Region der Arbeiteranteil mit 30 % nennenswert über dem Durchschnitt von 19,3 % liegt und die Arbeiter ihrerseits mit 41,4 % eine deutlich unterdurchschnittliche Mobilitätswilligkeit äußerten.

In beruflicher Gliederung liegen die Angestellten mit über 2000 DM Monatseinkommen bei der Entscheidung, für 1000 DM mehr Einkommen nach Mannheim gehen zu wollen, mit 50,9 % an der Spitze, gefolgt von den Facharbeitern, den anderen Angestellten und dann den Arbeitern. Dieses Gefälle von Mobilitätswilligkeit entspricht weitgehend den üblichen Erfahrungen.

Frauen zeigen mit 41,6 % unterdurchschnittliche Mobilitätswilligkeit.

Besitzer von Eigenheimen und Eigentumswohnungen, denen man eine geringere Mobilitätsbereitschaft nachsagt, liegen mit 44,3 % überraschend nahe beim Durchschnitt von 46,7 %. Dies ist zu einem Teil damit zu begründen, daß ein überdurchschnittlicher Anteil von den Eigenheimbesitzern (19 % gegenüber durchschnittlich 15,7 %) im mobilitätsfreudigen Norden des Saarlandes wohnt. Auch ist der Anteil der vergleichsweise mobileren Männer unter den Eigenheimbesitzern mit 84,2 % höher als im Durchschnitt der Befragten (77,0 %).

4. Wohnortrelevante Vor- und Nachteile

Wohnortrelevante Vorteile für saarländische Arbeitnehmer durch grenzbedingte Mobilitätshemmnisse?

Die derzeit ungünstige Arbeitsmarktsituation im Saarland wird vielfach in der politischen Diskussion zu einem Teil auch auf den starken Einpendlerstrom französischer Arbeitnehmer zurückgeführt. Immerhin sind etwa 9500 Einpendler aus Lothringen im Saarland beschäftigt. Nehmen diese Einpendler den Saarländern Arbeitsplätze weg? Ist diese Frage zu bejahen, dann müßte ohne die grenzbedingten Mobilitätshemmnisse, die ja auch nahezu in gleichem Maße auf die Bevölkerung jenseits der Grenze wirken, der Einpendlerstrom noch größer sein. Also sind die Grenzwirkungen in diesem Fall für die saarländischen Arbeitnehmer vorteilhaft, indem sie die konkurrierende Nachfrage nach knappen Arbeitsplätzen etwas verringern.

. . . aber Nachteile beim Preisniveau?

Geläufiger als die mobilitätshemmende Wirkung der Grenze auf die Arbeitnehmer sind die Hemmnisse auf den wirtschaftlichen Austausch. Einer Konkurrenzverringerung am Arbeitsmarkt entspricht eine Konkurrenzverringerung beim Angebot von Gütern und Dienstleistungen. Wechselkursbedingte Einkäufe durch die Bevölkerung des Nachbarlandes im Saarland könnten die Herausbildung eines Verkäufermarktes begünstigen (und umgekehrt, was jedoch bei der anhaltenden Unterbewertung der DM derzeit weniger in Erscheinung tritt). Dadurch könnte das Preisniveau in der Grenzregion überhöht sein, was als Nachteil der Bevölkerung zu werten wäre. Wird diese Hypothese bestätigt?

Das Preisniveau für Teilregionen des Bundesgebietes wird im Gegensatz zur Preisentwicklung nicht regelmäßig ermittelt. Ein vom Statistischen Bundesamt durchgeführter Preisniveauvergleich für 31 Städte der Bundesrepublik[2] ist nicht so angelegt, daß eine gute Bestätigung

---

[2] Zwischenörtlicher Vergleich des Verbraucherpreisniveaus in 31 Städten. In: Wirtschaft und Statistik, Heft 6/1979, S. 403.

der Hypothese erfolgt. Sehr wohl ist erkennbar, daß nicht nur das grenznahe Saarbrücken, sondern auch andere grenznahe Städte (Pirmasens, Aachen, Friedrichshafen, Offenburg) ein überdurchschnittlich hohes Preisniveau in ihrer Gruppe vergleichbarer Städte haben, wobei natürlich vielerlei andere Faktoren mit im Spiel sein können. Andererseits haben die Städte, die längs der Zonengrenze liegen und in die Untersuchung einbezogen wurden, durchweg unterdurchschnittliches Preisniveau. Hier könnten andere Bedingungen (Abwanderungen, keine Einkäufer von jenseits der Grenze) zu einem Käufermarkt führen. Die Zusammenhänge sind gewiß zu komplex, als daß hier mehr als Andeutungen gemacht werden können.

D. Zusammenfassung

Die Hypothese, daß es für saarländische Arbeitnehmer grenzbedingte Mobilitätshemmnisse gibt, wurde weitgehend durch die Ergebnisse der Untersuchung bestätigt. Die Auswirkungen der Mobilitätshemmnisse sind nicht sehr gravierend, da die saarländischen Arbeitnehmer bei den Naherholungszielen manch andere Alternativen neben dem grenzüberschreitend erreichbaren Frankreich haben. Auch bei der Entscheidung für oder gegen einen Beschäftigungsort in Frankreich wird das Hemmnis durch grenzbedingte Einflüsse kaum als große Belastung empfunden, da das Arbeitsplatzangebot in Frankreich – bedingt durch den Arbeitsmarkt und nicht durch die Grenze – nur sehr geringe Attraktivität im Vergleich zum übrigen Bundesgebiet besitzt. Die stärksten Mobilitätshemmnisse gingen von den Verständigungsschwierigkeiten aus. Bei der Arbeitsplatzwahl hat auch die rechtlich-organisatorische Andersartigkeit einen stark mobilitätshemmenden Einfluß.

Es kann davon ausgegangen werden, daß in anderen Grenzregionen mit größerer sprachlicher Differenzierung, mit geringerer historischer Verbundenheit, mit günstigeren beiderseitigen Arbeitsmarktbedingungen die aufgezeigten Mobilitätshemmnisse größeren, für die Arbeitnehmer nachteiligeren Einfluß haben.

Angesprochen, wenn auch nur teilweise näher behandelt, wurden in der Untersuchung folgende Einflüsse auf die Lebensbedingungen saarländischer Arbeitnehmer:

I. Mobilitätsrelevante Einflüsse

1. Hemmnisse bei der Naherholung,
2. Hemmnisse bei der räumlichen Arbeitsplatzmobilität (Pendeln, Wanderungen),
3. Hemmnisse bei der räumlichen Wohnsitzwahl,
4. Vorteile durch Einkäufe im Ausland (z. B. bei günstiger Wechselkurssituation),
5. Vorteile am Arbeitsmarkt durch Mobilitätshemmnisse für einpendelnde Arbeitnehmer aus dem Nachbarland.

II. Wohnortrelevante Einflüsse

1. Nachteile beim Arbeitsplatzangebot durch grenzbedingte Entfaltungshemmnisse bei den Unternehmen und Betrieben,
2. Nachteile durch Schwierigkeiten bei der Koordination von Verwaltungsentscheidungen (z. B. beim Infrastrukturausbau),
3. Nachteile durch Beeinflussungsmängel bei Störungen aus dem Nachbarland (Umweltschäden),
4. eventuelle Preisnachteile durch Entstehen eines Verkäufermarktes in der Grenzregion.

Anhang

Fragen an saarländische Arbeitnehmer über Einflüsse der Grenze zu Frankreich auf ihre Lebensbedingungen

Bitte nur Zutreffendes ankreuzen!

1. Wohnort:
   Großgemeinde _____
   (eintragen)

2. Geschlecht:
   Mann ○   Frau ○

3. Alter:
   bis unter 25 Jahren ○   bis unter 50 Jahren ○   50 Jahre und älter ○

4. berufliche Stellung:
   Arbeiter ○   Facharbeiter ○   Angestellte(r) bis monatlich 2000,- DM netto ○   Angestelle(r) über monatlich 2000,- DM netto ○

5. Branche:
   Landwirtschaft, Forstwirtschaft ○   Bergbau, Energie ○   verarbeitendes Gewerbe ○   Baugewerbe ○   öffentlicher Dienst ○   sonstige Dienstleistungen ○

6. Familienstand:
   ledig ○   verheiratet ○   verwitwet, geschieden ○

7. Haushaltsgröße:
   alleinstehend ○   2 Personen ○   3 Personen und mehr ○

8. Wohnverhältnisse:
   Eigenheim, Eigentumswohnung ○   preiswerte Mietwohnung ○   teure Mietwohnung ○

9. Pkw-Besitz:
   ja ○   nein ○

10. Weg zum Arbeitsplatz:
    bis 15 Minuten ○   über 15 Minuten ○

11. Französische Sprachkenntnisse:
    nein ○   etwas ○   gute bis sehr gute ○

12. Wohin gingen dieses Jahr überwiegend Ihre Naherholungsausflüge?

Saarland	übriges Bundesgebiet	Elsaß, Lothringen	übrige	teils–teils (nirgends überwiegend)	keine Ausflüge
○	○	○	○	○	○

13. Weiteste Entfernung eines diesjährigen Ausflugs:

bis 25 km	über 25 km	keine Ausflüge
○	○	○

14. Waren Sie dieses Jahr ein- oder mehrmals länger als fünf Stunden im Elsaß oder in Lothringen?

einmal	zweimal	dreimal und mehr	keine Ausflüge
○	○	○	○

15. Der Hauptanlaß meiner Ausflüge ins Elsaß oder nach Lothringen war

Landschaft, Stadtbummel, Besichtigungen	Essen, Trinken	Besuche bei Verwandten/ Bekannten	Besuche von Veranstaltungen, Sport, Märkte usw.	andere Anlässe
○	○	○	○	○

Mehrfachankreuzungen möglich

16. Sind Ihnen bei einer Fahrt nach Frankreich unangenehm z. B.

   a) Geldumtausch

   ja ○   nein ○   unentschlossen ○

   b) Verständigungsschwierigkeiten

   ja ○   nein ○   unentschieden ○

   c) andere Regelungen des Straßenverkehrs

   ja ○   nein ○   unentschieden ○

   d) Andersartigkeit der Mentalität und/oder Milieu

   ja ○   nein ○   unentschieden ○

   e) sonstige Hindernisse

   ja ○   nein ○   unentschieden ○

17. Angenommen, Sie würden Ihre derzeitige Beschäftigung bei einem entsprechenden Betrieb in Frankreich ausüben. Wäre dann Ihr(e)

   a) Einkommen

   besser ○   schlechter ○   gleich ○   weiß nicht ○

   b) Aufstiegsmöglichkeit

   besser ○   schlechter ○   gleich ○   weiß nicht ○

   c) Arbeitsplatzsicherheit

   besser ○   schlechter ○   gleich ○   weiß nicht ○

   d) Arbeitsklima

   besser ○   schlechter ○   gleich ○   weiß nicht ○

18. Die Regelung der Arbeitsverhältnisse, der Arbeitsbedingungen und der sozialen Sicherheit sind in Frankreich vielfach anders als in der BRD. Ausbildungsabschlüsse von hier werden dort teilweise nicht anerkannt.
Spielen diese Faktoren für Ihre Arbeitskollegen – nach Ihrer Meinung – eine große Rolle bei der Frage, ob sie in Frankreich arbeiten wollen?
ja ○   nein ○   weiß nicht ○

19. Würde es für Sie eine Belastung darstellen, in einem Betrieb arbeiten zu müssen, wo der menschliche Umgang, der Text der Arbeitsverträge und entsprechende Regelungen in französischer Sprache erfolgen?
ja ○   nein ○   unsicher ○

20. Haben Sie sich schon über Arbeitsplatzbedingungen außerhalb des Saarlandes informiert, die für Sie eventuell in Frage kommen (z. B. durch Lesen von Zeitungsannoncen, Gespräche mit Kollegen)?
ja ○   nein ○

21. Würden Sie einen Arbeitsplatz z. B. in Mannheim oder einer anderen deutschen Stadt annehmen, wenn Ihnen netto

	ja	nein	weiß nicht
500 DM monatlich			
750 DM monatlich			
1000 DM monatlich			

mehr angeboten würden, als Sie jetzt verdienen?

22. Würden Sie den *gleichen Arbeitsplatz* z. B. auch im französischen Metz annehmen, wenn Ihnen netto

	ja	nein	weiß nicht
500 DM monatlich			
750 DM monatlich			
1000 DM monatlich			

mehr angeboten würden, als Sie jetzt verdienen?

23. Was fällt Ihnen ein, wenn Sie an die Grenze zwischen dem Saarland und Frankreich denken?
A _____

B _____

C _____

(Die ersten drei Sachverhalte notieren)

_____   _____

(Ort)   (Datum)

Tab. 1   Berufspendler im Saarland¹)

	1961	1970
aus dem Saarland nach Frankreich	4 092	1 443
aus dem Saarland nach Rheinland-Pfalz	1 338	3 863
aus Frankreich in das Saarland	1 770	8 000
aus Rheinland-Pfalz in das Saarland	16 668	13 868

¹) Vgl. Arbeitskammer des Saarlandes: Berufspendler an der Saar. Saarbrücken 1974, S. 55.

Tab. 2   Im Saarland arbeitende lothringische Erwerbstätige

30. 9. 1974	10 230	30. 9. 1977	8 566	30. 9. 1980	8 582
30. 9. 1975	9 578	30. 9. 1978	8 219	30. 9. 1981	9 706
30. 9. 1976	8 691	30. 9. 1979	8 592	31. 3. 1982	9 447

Quelle: Statistisches Amt des Saarlandes: Statistische Berichte, Ausländische Beschäftigte und Grenzgänger in der saarländischen Wirtschaft.

Tab. 3   Wanderungsbeziehungen des Saarlandes mit dem übrigen Bundesgebiet und Frankreich

	insgesamt				Erwerbspersonen			
	1974	1976	1978	1980	1974	1976	1978	1980
Zuzüge aus								
dem übrigen Bundesgebiet	14 834	13 525	14 013	14 403	8 928	7 632	7 550	7 927
Frankreich	990	862	859	963	536	501	475	532
Fortzüge nach								
dem übrigen Bundesgebiet	21 101	17 572	20 359	18 111	12 682	10 241	12 330	10 793
Frankreich	1 068	1 002	883	845	537	545	412	450
Saldo mit								
dem übrigen Bundesgebiet	−6 267	−4 047	−6 346	−3 708	−3 754	−2 609	−4 780	−2 866
Frankreich	−78	−140	−24	+118	−1	−44	+63	+82

Tab. 4   Wanderungsbeziehungen des Stadtverbandes Saarbrücken mit dem übrigen Saarland

	1974	1976	1978	1980
Zuzüge	10 248	10 102	10 205	10 954
Fortzüge	11 457	10 408	10 802	11 298
Saldo	−1 209	−306	−597	−344

Tab. 5   *Befragungsstruktur*

	absolut	in %	Vergleichsstruktur in %
Befragte insgesamt	383	100,0	100,0 Bevölkerung am 31.3.81
Region 1	138	36,0	42,0 Bevölkerung am 31.3.81
2	76	19,8	21,9 Bevölkerung am 31.3.81
3	109	28,5	22,7 Bevölkerung am 31.3.81
4	60	15,7	13,4 Bevölkerung am 31.3.81
Geschlecht männlich	295	77,0	67,8 Anteil an svpb Arbeitnehmer[1]
weiblich	88	23,0	32,2 Anteil an svpb Arbeitnehmer
Alter bis unter 25 Jahre	78	20,4	27,5 Anteil an svpb Arbeitnehmer
bis unter 50 Jahre	264	68,9	57,1 Anteil an svpb Arbeitnehmer
50 Jahre und älter	41	10,7	15,4 Anteil an svpb Arbeitnehmer
Berufliche Stellung			
Arbeiter	74	19,3	} 60,5 Anteil an svpb Arbeitnehmer
Facharbeiter	123	32,1	
Angestellte(r) bis monatlich 2000 DM netto	120	31,3	} 39,5 Anteil an svpb Arbeitnehmer
Angestellte(r) über monatlich 2000 DM netto	57	14,9	
arbeitslos	9	2,3	8,1 Arbeitslosenquote 1981
Branche			
Bergbau, Energie	35	9,1	8,1 Anteil an svpb Arbeitnehmer[1]
verarbeitendes Gewerbe	153	39,9	41,8 Anteil an svpb Arbeitnehmer
Baugewerbe	49	12,8	7,4 Anteil an svpb Arbeitnehmer
öffentlicher Dienst	54	14,1	5,7 Anteil an svpb Arbeitnehmer
sonstige Dienstleistungen	83	21,7	36,6 Anteil an svpb Arbeitnehmer
arbeitslos	9	2,3	8,1 Arbeitslosenquote 1981
Familienstand			
ledig	99	25,8	29,2 ⎫ Anteil an Bevölkerung
verheiratet	276	72,1	66,3 ⎬ im Alter von 15 bis unter 60 Jahren
verwitwet, geschieden	8	2,1	4,5 ⎭ am 31.12.79
Haushaltsgröße			
alleinstehend	62	16,2	
2 Personen	83	21,7	
3 Personen und mehr	238	62,1	
Wohnverhältnisse			
Eigenheim, Eigentumswohnung	228	59,5	56,8 der Haushalte[2]
preiswerte Mietwohnung	131	34,2	
teure Mietwohnung	24	6,3	
Pkw-Besitz			
ja	347	90,6	
nein	36	9,4	
Weg zum Arbeitsplatz			
bis 15 Minuten	215	56,4	
über 15 Minuten	166	43,6	
keine Angaben	2	–	
Französische Sprachkenntnisse			
nein	179	46,7	
etwas	178	46,5	
gute bis sehr gute	26	6,8	

[1]) Sozialversicherungspflichtig beschäftigte Arbeitnehmer 30.6.1980.
[2]) 1%-Wohnungsstichprobe 1978.

Tab. 6 *Wohin gingen dieses Jahr überwiegend Ihre Naherholungsausflüge?*
       – in % –

	Saarland	übriges Bundesgebiet	Elsaß, Lothringen	übrige	teils-teils	keine Ausflüge
Insgesamt	37,9	22,5	11,5	3,9	13,6	10,7
Region 1	38,4	17,4	14,5	5,1	15,2	9,4
2	35,5	23,7	13,2	3,9	10,5	13,2
3	44,9	17,4	8,3	4,6	15,6	9,2
4	26,7	41,7	8,3		10,0	13,3
Geschlecht						
männlich	38,3	23,1	10,5	3,4	13,2	11,5
weiblich	36,7	20,4	15,3	5,1	14,3	8,2
Familienstand						
ledig	30,3	20,2	13,1	7,1	25,3	4,0
verheiratet	41,3	23,6	10,5	2,5	9,8	12,3
Berufliche Stellung						
Arbeiter	32,4	32,4	8,1	1,4	13,5	12,2
Facharbeiter	36,6	27,6	13,8	3,3	6,5	12,2
Angestellte(r) unter 2000 DM/Monat	35,8	15,8	11,7	6,7	20,0	10,0
Angestellte(r) über 2000 DM/Monat	56,1	10,5	10,5	3,5	10,5	8,8
Französische Sprachkenntnisse						
nein	40,8	27,9	6,7	1,1	10,1	13,4
etwas	36,0	18,5	12,9	6,2	18,0	8,4
gute bis sehr gute	30,8	11,5	34,6	7,7	7,7	7,7

Tab. 7 *Hauptanlaß der Ausflüge ins Elsaß und nach Lothringen in %[1])*
       (Mehrfachankreuzung war möglich)

	Zahl der Fälle = 100 %	Landschaft, Stadtbummel, Besichtigungen	Essen, Trinken	Besuche bei Verwandten, Bekannten	Besuche von Veranstaltungen, Sport, Märkten, usw.	andere Anlässe
Insgesamt	182	61,0	41,2	21,4	11,0	18,7
Region 1	81	61,7	45,7	22,2	9,9	18,5
2	37	43,2	35,1	27,0	13,5	21,6
3	48	77,1	37,5	18,8	8,3	12,5
4	16	50,0	43,8	12,5	18,6	31,3
Geschlecht						
männlich	138	62,3	42,0	21,0	10,1	17,4
weiblich	44	59,1	38,6	22,7	13,6	22,7
Familienstand						
ledig	58	63,8	51,7	17,2	12,1	20,7
verheiratet	120	60,0	36,7	23,3	10,8	17,5

Tab. 7 (Fortsetzung)

	Zahl der Fälle = 100 %	Landschaft, Stadtbummel, Besichtigungen	Essen, Trinken	Besuche bei Verwandten, Bekannten	Besuche von Veranstaltungen, Sport, Märkten, usw.	andere Anlässe
Berufliche Stellung						
Arbeiter	28	46,4	35,7	28,6	14,3	17,9
Facharbeiter	54	63,0	42,6	13,0	7,4	22,2
Angestellte(r) unter 2000 DM/M.	60	61,7	45,0	21,7	10,0	18,3
Angestellte(r) über 2000 DM/M.	33	66,7	33,3	30,3	15,2	18,2
Französische Sprachkenntnisse						
nein	66	60,6	30,3	22,7	6,1	18,2
etwas	97	62,9	47,4	17,5	11,3	17,5
gute bis sehr gute	19	52,6	47,4	36,8	26,3	26,3

[1]) Derjenigen, die nach Frage 14 dieses Jahr länger als fünf Stunden im Elsaß oder in Lothringen waren (vgl. Spalte „Zahl der Fälle").

Tab. 8 *Was wird bei einer Fahrt nach Frankreich als unangenehm empfunden?*
a) Ja-Antworten; b) Unentschieden-Antworten in % der Befragten

	Geldumtausch		Verständigungsschwierigkeiten		Regelungen im Straßenverkehr		Mentalität, Milieu		sonstige Hindernisse	
	a	b	a	b	a	b	a	b	a	b
Insgesamt	14,1	8,9	29,5	15,1	12,8	15,4	9,4	16,7	3,9	17,8
Region 1	15,9	6,5	26,8	15,2	17,4	13,0	10,1	13,8	3,6	15,2
2	7,9	9,2	35,5	13,2	13,2	9,2	14,5	10,5	7,9	10,5
3	13,8	7,3	26,6	13,8	10,1	14,7	7,3	15,6	1,8	16,5
4	18,3	16,7	33,3	20,0	6,7	30,0	5,0	33,3	3,3	35,0
Geschlecht										
männlich	17,0	9,9	33,7	15,6	13,6	15,6	11,2	18,4	4,1	19,7
weiblich	4,5	5,6	15,7	13,5	10,1	14,6	3,4	11,2	3,4	11,2
Familienstand										
ledig	10,1	5,0	21,2	13,1	7,1	14,1	3,0	12,1	3,0	12,1
verheiratet	15,9	10,5	33,0	16,3	15,2	15,9	12,0	18,1	4,4	19,9
Berufliche Stellung										
Arbeiter	14,9	16,2	37,8	20,3	13,5	28,4	13,5	31,1	2,7	32,4
Facharbeiter	17,1	11,4	34,1	14,6	18,7	12,2	17,1	13,0	6,5	14,6
Angestellte(r) unter 2000 DM/Monat	7,5	5,0	17,5	15,8	9,2	11,7	1,7	14,2	1,7	12,5
Angestellte über 2000 DM/Monat	19,3	3,5	35,1	8,8	8,8	15,8	5,3	14,0	3,5	17,5
Französische Sprachkenntnisse										
nein	19,6	15,6	44,7	20,1	16,8	22,9	11,7	24,0	5,0	23,5
etwas	9,6	2,8	18,5	11,2	10,7	10,1	8,4	11,2	3,4	13,5
gute bis sehr gute	7,7	3,8	–	7,7	–	–	–	3,8	–	7,7

Tab. 9.1 *Einschätzung nicht grenzbedingter Arbeitsplatzbedingungen in Frankreich*
– 1. Einkommen –

Frage: Angenommen, Sie würden Ihre derzeitige Beschäftigung bei einem entsprechenden Betrieb in Frankreich ausüben, wäre damit Ihr Einkommen . . . ? In % der Befragten:

	besser	schlechter	gleich	weiß nicht
Insgesamt	4,7	29,8	6,3	59,3
Region 1	4,3	34,7	8,0	52,9
2	7,9	39,5	5,3	47,4
3	2,8	20,2	6,4	70,6
4	5,0	23,3	3,3	68,3
Geschlecht				
männlich	4,8	35,4	4,4	55,4
weiblich	4,5	11,2	12,4	71,9
Familienstand				
ledig	5,0	22,2	8,1	64,7
verheiratet	4,7	33,3	5,8	56,2
Berufliche Stellung				
Arbeiter	4,0	28,4	–	67,6
Facharbeiter	4,9	45,5	7,3	42,3
Angestellte unter 2000 DM/M.	6,7	18,3	10,0	65,0
Angestellte über 2000 DM/M.	1,8	26,3	3,5	68,4
Französische Sprachkenntnisse				
nein	3,9	29,6	2,8	63,7
etwas	5,1	29,2	8,4	57,3
gute bis sehr gute	7,7	34,6	15,4	42,3

Tab. 9.2 *Einschätzung nicht grenzbedingter Arbeitsplatzbedingungen in Frankreich*
– 2. Aufstiegsmöglichkeiten –

Frage: Angenommen, sie würden Ihre derzeitige Beschäftigung bei einem entsprechenden Betrieb in Frankreich ausüben, wäre dann Ihre Aufstiegsmöglichkeit . . . ? In % der Befragten:

	besser	schlechter	gleich	weiß nicht
Insgesamt	3,7	14,9	8,6	72,8
Region 1	3,6	16,7	11,6	68,1
2	5,3	14,5	10,5	69,7
3	2,8	13,8	3,7	79,8
4	3,3	13,3	8,3	75,0
Geschlecht				
männlich	3,1	18,0	9,2	69,7
weiblich	5,6	4,5	6,7	83,2
Familienstand				
ledig	4,0	7,1	10,1	78,8
verheiratet	3,6	18,1	8,4	69,9
Berufliche Stellung				
Arbeiter	1,4	14,9	1,3	82,4
Facharbeiter	4,1	21,9	12,2	61,8
Angestellte unter 2000 DM/M.	5,8	7,5	8,3	78,3
Angestellte über 2000 DM/M.	1,8	17,5	10,5	70,2
Französische Sprachkenntnisse				
nein	1,7	15,1	7,3	76,0
etwas	4,5	16,3	8,4	70,8
gute bis sehr gute	11,5	3,8	19,2	65,4

Tab. 9.3 *Einschätzung nicht grenzbedingter Arbeitsplatzbedingungen in Frankreich*
— 3. *Arbeitsplatzsicherheit* —

Frage: Angenommen, Sie würden Ihre derzeitige Beschäftigung bei einem entsprechenden Betrieb in Frankreich ausüben. Wäre dann Ihre Arbeitsplatzsicherheit ...? In % der Befragten:

	besser	schlechter	gleich	weiß nicht
Insgesamt	2,3	28,2	12,8	56,7
Region 1	0,7	31,9	14,5	52,9
2	3,9	34,2	9,2	52,6
3	1,8	18,3	15,6	64,2
4	5,0	30,0	8,3	56,7
Geschlecht				
männlich	2,7	32,7	12,2	52,4
weiblich	1,1	13,5	14,6	79,8
Familienstand				
ledig	5,1	23,2	14,1	57,6
verheiratet	1,5	30,4	12,3	55,8
Berufliche Stellung				
Arbeiter	2,7	24,3	6,8	66,2
Facharbeiter	0,8	43,1	13,0	43,1
Angestellte unter 2000 DM/M.	4,2	19,2	16,7	60,0
Angestellte über 2000 DM/M.	1,8	22,8	12,3	63,1
Französische Sprachkenntnisse				
nein	1,7	29,6	7,8	60,9
etwas	2,8	28,1	16,3	52,8
gute bis sehr gute	3,8	19,2	23,1	53,8

Tab. 9.4 *Einschätzung nicht grenzbedingter Arbeitsplatzbedingungen in Frankreich*
— 4. *Arbeitsklima* —

Frage: Angenommen, Sie würden Ihre derzeitige Beschäftigung bei einem entsprechenden Betrieb in Frankreich ausüben. Wäre dann Ihr Arbeitsklima ...? In % der Befragten:

	besser	schlechter	gleich	weiß nicht
Insgesamt	6,5	8,6	15,1	69,7
Region 1	6,5	10,1	15,9	67,4
2	9,2	11,9	18,4	60,5
3	5,5	3,7	11,9	78,9
4	5,0	10,0	15,0	70,0
Geschlecht				
männlich	7,8	10,2	15,3	66,7
weiblich	2,2	3,4	14,6	79,8
Familienstand				
ledig	4,0	3,0	19,2	73,8
verheiratet	7,6	10,9	13,8	67,7
Berufliche Stellung				
Arbeiter	6,8	9,4	5,4	78,4
Facharbeiter	9,7	13,0	17,1	60,2
Angestellte unter 2000 DM/M.	4,2	6,7	19,2	70,0
Angestellte über 2000 DM/M.	3,5	3,5	15,8	77,2
Französische Sprachkenntnisse				
nein	5,0	11,2	10,1	73,7
etwas	9,0	6,7	17,4	66,9
gute bis sehr gute	–	3,8	34,6	61,5

Tab. 10   *Einschätzung rechtlich organisatorischer, grenzbedingter Arbeitsplatzbedingungen*

Frage: Die Regelung der Arbeitsverhältnisse, der Arbeitsbedingungen und der sozialen Sicherheit sind in Frankreich vielfach anders als in der Bundesrepublik Deutschland. Ausbildungsabschlüsse von hier werden dort teilweise nicht anerkannt. Spielen diese Faktoren für Ihre Arbeitskollegen – nach Ihrer Meinung – eine große Rolle bei der Frage, ob sie in Frankreich arbeiten wollen?

	Anteil an allen Befragten in %			Anteil an Ja–Nein– Antworten in %	
	ja	nein	weiß nicht	ja	nein
Insgesamt	53,0	15,1	31,9	77,8	22,2
Region 1	58,0	18,8	23,2	76,5	24,5
2	51,3	14,5	34,2	78,0	22,0
3	52,3	11,9	35,8	81,4	18,6
4	45,0	13,3	41,7	77,1	22,9
Geschlecht					
männlich	52,4	17,0	30,6	75,5	24,5
weiblich	55,0	9,0	36,0	86,0	14,0
Familienstand					
ledig	60,6	13,1	26,3	82,2	17,8
verheiratet	50,4	16,3	33,3	75,5	24,5
Berufliche Stellung					
Arbeiter	43,2	16,2	40,5	72,7	27,3
Facharbeiter	49,6	20,3	30,1	70,9	29,1
Angestellte unter 2000 DM/M.	57,5	12,5	30,0	82,1	17,9
Angestellte über 2000 DM/M.	63,1	8,8	28,1	87,8	12,2
Französische Sprachkenntnisse					
nein	45,3	17,3	37,4	72,3	27,7
etwas	59,6	14,6	25,8	80,3	19,7
gute bis sehr gute	61,5	3,8	34,6	94,1	5,9

Tab. 11   *Einschätzung der Verständigungsschwierigkeiten am Arbeitsplatz in Frankreich*

Frage: Würde es für Sie eine Belastung darstellen, in einem Betrieb arbeiten zu müssen, wo der menschliche Umgang, der Text der Arbeitsverträge und entsprechende Regelungen in französischer Sprache erfolgen? In % der Befragten:

	ja	nein	unsicher
Insgesamt	55,9	24,5	19,6
Region 1	56,5	26,8	16,7
2	56,6	23,7	19,7
3	55,0	23,9	21,1
4	55,0	21,7	23,3
Geschlecht			
männlich	59,2	22,8	18,0
weiblich	44,9	30,4	24,7

Tab. 11 (Fortsetzung)

	ja	nein	unsicher
Familienstand			
ledig	41,4	32,3	26,3
verheiratet	62,0	21,4	16,6
Berufliche Stellung			
Arbeiter	58,1	13,5	28,4
Facharbeiter	60,2	24,4	15,4
Angestellte unter 2000 DM/M.	45,8	28,3	25,8
Angestellte über 2000 DM/M.	66,7	28,1	5,3
Französische Sprachkenntnisse			
nein	69,8	12,9	17,3
etwas	48,9	28,6	22,5
gute bis sehr gute	7,7	76,9	15,4

Tab. 12 *Einstellung zu einem Arbeitsplatzangebot in a) Mannheim und b) Metz*

Frage: Würden Sie einen Arbeitsplatz z. b. a) in Mannheim oder einer anderen deutschen Stadt bzw. b) auch im französischen Metz annehmen, wenn Ihnen netto ... DM monatlich mehr angeboten würden, als Sie jetzt verdienen? „Ja-Antworten" in % der Befragten:

	500 DM		750 DM		1000 DM	
	a	b	a	b	a	b
Insgesamt	6,8	5,0	17,0	9,9	46,7	31,9
Region 1	8,0	5,8	19,6	10,9	43,5	29,7
2	5,3	5,3	10,5	7,9	38,2	31,6
3	6,4	4,6	17,4	11,0	50,5	36,7
4	6,7	3,3	18,3	8,3	58,3	28,3
Geschlecht						
männlich	7,5	4,8	16,7	8,8	48,3	31,3
weiblich	4,5	5,6	18,0	13,5	41,6	33,7
Familienstand						
ledig	8,1	9,1	21,2	15,2	59,6	41,4
verheiratet	6,5	3,6	15,6	8,0	41,7	27,9
Berufliche Stellung						
Arbeiter	5,4	5,4	16,2	9,5	41,9	28,4
Facharbeiter	8,9	5,7	17,9	9,8	47,2	30,9
Angestellte unter 2000 DM/M.	3,3	4,2	17,5	12,5	46,7	30,8
Angestellte über 2000 DM/M.	7,0	1,8	10,5	3,5	50,9	35,1
Französische Sprachkenntnisse						
nein	7,3	5,0	13,4	6,7	44,7	24,6
etwas	7,3	3,9	19,1	10,7	48,3	36,0
gute bis sehr gute	–	11,5	26,9	26,9	50,0	53,8

Tab. 13 *Einstellung zu einem Arbeitsplatzangebot in a) Mannheim und b) Metz*

Frage: Würden Sie einen Arbeitsplatz z. B. a) in Mannheim oder einer anderen deutschen Stadt bzw. b) auch im französischen Metz annehmen, wenn Ihnen netto ... DM monatlich mehr angeboten würden, als Sie jetzt verdienen? „Weiß-nicht"-Antworten in % der Befragten:

	500 DM		750 DM		1000 DM	
	a	b	a	b	a	b
Insgesamt	15,7	14,1	24,0	20,6	19,3	18,8
Region 1	18,1	17,4	26,8	22,5	19,6	22,5
2	9,2	6,6	15,8	18,4	17,1	15,8
3	15,6	13,8	27,5	22,9	22,0	17,4
4	18,3	16,7	21,7	15,0	16,7	16,7
Geschlecht						
männlich	17,0	16,0	26,5	22,1	20,7	20,1
weiblich	11,7	7,9	15,7	15,7	14,6	14,6
Familienstand						
ledig	16,1	9,1	25,3	22,2	22,2	20,7
verheiratet	15,9	16,3	23,9	20,3	18,8	18,8
Berufliche Stellung						
Arbeiter	16,2	13,5	23,0	21,6	20,3	18,9
Facharbeiter	19,5	17,1	26,8	21,1	18,7	18,7
Angestellte unter 2000 DM/M.	11,7	9,2	18,3	14,2	17,5	18,3
Angestellte über 2000 DM/M.	14,0	17,5	28,1	28,1	22,8	19,3
Französische Sprachkenntnisse						
nein	16,2	14,5	27,9	20,7	20,1	20,1
etwas	13,5	13,5	21,3	20,2	18,0	17,4
gute bis sehr gute	26,9	15,4	15,4	23,1	23,1	19,2

Wirkungen der nationalen Grenze auf Betriebe in peripheren Regionen

dargestellt am Beispiel des Saar-Lor-Lux-Raumes*)

von

Harald Spehl, Trier

Gliederung

1. Einleitung
2. Theoretischer Ansatz und methodisches Vorgehen
   2.1 Der theoretische Ansatz
   2.2 Das methodische Vorgehen
3. Grenzeigenschaften und Grenzwirkungen im Saar-Lor-Lux-Raum
   3.1 Wirkungen der Grenze als Trennlinie
      3.1.1 Sprache
      3.1.2 Mentalität, Verbrauchsgewohnheiten, soziale Normen
      3.1.3 Verwaltungen und öffentliche Einrichtungen
      3.1.4 Steuern und Abgaben
      3.1.5 Technische Normen und Vorschriften
      3.1.6 Geld- und Kreditsystem
      3.1.7 Verkehrs- und Transportsystem
      3.1.8 Bildungs- und Ausbildungssystem
      3.1.9 Löhne und Gehälter, Arbeits- und Sozialrecht
      3.1.10 Preise und Marktregelungen
      3.1.11 Wirtschafts- und Konjunkturentwicklung
      3.1.12 Unternehmens- und Niederlassungsrecht
   3.2 Wirkungen der Grenze als Kontrollinie
      3.2.1 Belastungen und Behinderungen des Warenverkehrs
         3.2.1.1 Zölle und Abgaben gleicher Wirkung
         3.2.1.2 Mengenmäßige Beschränkungen und Maßnahmen gleicher Wirkung
      3.2.2 Kontrollen von Waren
         3.2.2.1 Export und Import von Waren
         3.2.2.2 Vorübergehende Ausfuhr von Berufsausrüstung
         3.2.2.3 Art und Organisation der Grenzkontrollen
      3.2.3 Kontrolle von Personen
      3.2.4 Kontrolle von Zahlungsmitteln
   3.3 Zusammenfassung
4. Ergänzende Aspekte
5. Allgemeine Ergebnisse für Grenzräume in der Europäischen Gemeinschaft

---

*) Drs. G. Peters war von März bis August 1981 an der Untersuchung beteiligt und hat den weitaus größten Teil der Interviews durchgeführt und ausgewertet. Als studentische Hilfskräfte haben M. Holst, M. Krewer, A. Künzer und J. Schmitt mitgearbeitet.

1. Einleitung

Die Einschätzung der Auswirkungen politischer Grenzen, vor allem der nationalen Grenzen, auf die wirtschaftliche Entwicklung von Orten und Gebieten ist unterschiedlich. CHRISTALLER[1]) wies darauf hin, daß die Staatsgrenze zu einer Halbierung des Ergänzungsgebietes eines zentralen Ortes führt. Es liegt auf der Hand, daß davon um so negativere Wirkungen ausgehen, je undurchlässiger die Grenze ist. Auf der anderen Seite weist CHRISTALLER aber auch schon auf die Möglichkeit hin, daß sich aus einer solchen nationalen Grenzlage unter bestimmten Voraussetzungen Vorteile für den zentralen Ort ergeben können. Neben der Häufung der Handelstätigkeit nennt er vor allem Absatzmöglichkeiten für begehrte oder relativ preiswerte Güter weit in das Nachbarland hinein, wobei er offene, zumindest aber doch sehr durchlässige Grenzen voraussetzt. LÖSCH[2]) führt dagegen ausschließlich Beispiele negativer Wirkungen nationaler Grenzen an, die sich in unterbrochenen Wirtschaftsbeziehungen, unvollständigen Verkehrsverbindungen und Doppelstädten an der Grenze niederschlagen.

Die Auffassung vom überwiegend negativen Einfluß der nationalen Grenzen auf die wirtschaftliche Entwicklung der Grenzräume war bis in die siebziger Jahre hinein weitgehend unwidersprochen. Erst in jüngerer Zeit hat HANSEN[3]), von empirischen Studien ausgehend, dargelegt, daß die Wirkungen nationaler Grenzen auch positiv sein können. Er hat für das Grenzgebiet zwischen den USA und Mexiko sogar die These aufgestellt, daß dort die nationale Grenze Vorbedingung und wesentliche Ursache einer positiven wirtschaftlichen Entwicklung beiderseits der Grenze gewesen sei[4]). Auch für das Elsaß kommt er zu dem Ergebnis, daß sich die Grenzlage eher positiv auf die Wirtschaftsentwicklung dieses Grenzraumes ausgewirkt habe, während sich negative Einflüsse aus der peripheren Lage in Frankreich und einer nachteiligen „Grenzraumpolitik" der Zentralregierung ergeben hätten[5]). Insgesamt vertritt HANSEN die Ansicht, daß eine stabile Grenze mit relativ unbehinderter Arbeits- und Kapitalmobilität für eine Grenzregion mehr Vor- als Nachteile mit sich bringt[6]).

Die These stellt aber ebensowenig wie die Aussagen der klassischen Standorttheorie oder die aus der Wachstumspoltheorie abgeleitete Behauptung, daß die nationale Grenze sich auf die wirtschaftliche Entwicklung von peripheren Regionen negativ auswirke[7]), eine Theorie der Entwicklung von Grenzregionen dar. Es werden jeweils einzelne Aspekte behandelt, spezifische Räume analysiert und widersprüchliche Schlußfolgerungen gezogen.

---

[1]) CHRISTALLER, W.: Die zentralen Orte in Süddeutschland. Jena 1933, S. 51.

[2]) LÖSCH, A.: Die räumliche Ordnung der Wirtschaft. 3., unv. Auflage, Stuttgart 1962, S. 316 ff.

[3]) HANSEN, N.: The Meeting of North and South: Regional Development and Integration in the Mexican-United States Borderland. Manuskript, Texas o. J.; ders.: The Economic Development of Border Regions. In: Growth and Change, 8 (1977), S. 2–8; ders.: Border Regions: A critique of spatial theory and an european case study. In: The Annals of Regional Science, 1 (1977), S. 1–13; ders.: Economic Aspects of Regional Separatism. In: Papers of the Regional Science Association, 1978, S. 143–152; ders.: Spatial Dynamics in the US, Mexico, and their Borderlands: Is Growth Pole Theory relevant? In: KUKLINSKI, A. (Ed.): Polarized Development and Regional Policies. Tribute to Jaques Boudeville. Le Hague, Paris, New York 1981, S. 273–287.

[4]) HANSEN, N.: The Meeting of North and South . . ., a. a. O.; ders.: Spatial Dynamics . . ., a. a. O.

[5]) HANSEN, N.: Border Regions . . ., a. a. O.

[6]) HANSEN, N.: Border Regions . . ., a. a. O., S. 12.

[7]) BOUDEVILLE, J.: Analyse économique des régions frontières. In: Economies et Sociétés, 5 (1971), S. 773–790. – GAUDARD, G.: Le problème des régions frontières suisses. In.: Economies et Sociétés, 5 (1971), S. 645–670. – GENDARME, R.: Les problèmes économiques des régions frontières européennes. In: Revue Economique, 6 (1970). – URBAN, S.: L'intégration économique européenne et l'évolution régionale de part et d'autre du Rhin (Alsace, Bade, Bâle). In: Economies et Sociétés, 5 (1971), S. 603–635.

Zwei gemeinsame Ergebnisse lassen sich jedoch aus der Literatur zu den Wirkungen der nationalen Grenze und der Vielzahl der vorliegenden Einzeluntersuchungen[8]) ableiten:

- Die Wirkungen der nationalen Grenze auf die Grenzgebiete hängen entscheidend von den Eigenschaften der Grenze im konkreten Fall ab, z. B. vom Grad der Durchlässigkeit, von den Unterschieden der nationalen Politiken beiderseits der Grenze, von den im Hinblick auf die internationalen Wirtschaftsbeziehungen verfolgten Strategien.
- Die Wirkungen der nationalen Grenze hängen ganz wesentlich vom Handeln der Akteure im Grenzraum selbst ab. Wird also der Einfluß der nationalen Grenzlage auf das Verhalten der Akteure deutlicher herausgearbeitet, so könnte dies zu einer besseren Grundlage für eine Theorie der Entwicklung von Grenzräumen führen.

An diesen beiden Punkten setzt die Untersuchung an. Im Mittelpunkt stehen die Betriebe der Grenzregionen als eine wesentliche Gruppe von Akteuren. Zuerst wird theoretisch-systematisch ausgearbeitet, wie die nationale Grenze die Entwicklung von Betrieben beeinflußt. Danach werden die Ergebnisse einer darauf aufbauenden Untersuchung im Saar-Lor-Lux-Raum dargestellt.

2. Theoretischer Ansatz und methodisches Vorgehen

Die Lebensverhältnisse der Bevölkerung einer Region werden von einer Vielzahl von Faktoren beeinflußt, z. B. den politischen Verhältnissen, der Sozialstruktur, den Umweltbedingungen, dem ökonomischen Entwicklungsstand und der Infrastrukturausstattung. Hier geht es um den ökonomischen Entwicklungsstand von peripheren Regionen an der nationalen Grenze. Das wirtschaftliche Niveau einer solchen Region kann durch die Struktur und den Entwicklungsstand der Betriebe in der Region gekennzeichnet werden. Produktion, Umsätze, Beschäftigtenzahlen und Wertschöpfung sind Meßgrößen für das Entwicklungsniveau der einzelnen Betriebe und in aggregierter Form für die gesamte Region. Das regionale Niveau der ökonomischen Entwicklung ist abhängig einerseits von Angebotsfaktoren wie Produktionstechnologie, Kapitalausstattung, Menge und Qualifikation der Arbeitskräfte, andererseits von Art und Umfang der Nachfrage nach den Erzeugnissen der regionalen Betriebe. Diese Größen und damit das Niveau der ökonomischen Entwicklung einer peripheren Grenzregion werden sowohl durch die abseitige Lage als auch durch die Nähe zur nationalen Grenze beeinflußt.

Periphere Regionen sind dadurch gekennzeichnet, daß sie relativ weit entfernt von Agglomerationszentren liegen. Daraus ergeben sich eine Reihe von Auswirkungen auf die Entwicklung der Betriebe in diesen Regionen. Fehlende Transportmöglichkeiten, höhere Transportkosten, lückenhafte Infrastrukturausstattung, Kommunikationshindernisse und Enge des Arbeitsmarktes werden als negative Eigenschaften peripherer Regionen genannt. Der ökonomische, insbesondere der industrielle Entwicklungsstand peripherer Regionen liegt dementsprechend in den meisten Fällen unter dem Durchschnitt des jeweiligen Landes. Die

---

[8]) HEIGL, F.: Zur Theorie der Grenze. In: HEIGL, F. (Hrsg.): Probleme grenznaher Räume, Bd. 2, Innsbruck 1973/74, S. 45–68. – MALCHUS, V. VON: Probleme grenznaher Räume. Innsbruck 1973/74. – MOHRS, E.; HENKELS, J. M.: Die Grenze: Trennung oder Begegnung. Eine Untersuchung über die Bedeutung der Grenze und die Grenzverwischung im deutsch-niederländischen Grenzraum Achterhock und Borken/Bocholt. Gravenhagen 1970. – VORWOHLT, R.: Die Lebensfähigkeit von Betrieben in grenznahen Räumen. Dissertation, Innsbruck 1975.

Randlage in bezug auf die Agglomerationszentren geht einher mit Strukturschwächen, die sich in einem relativ hohen Anteil von Beschäftigten in der Landwirtschaft, geringem Industriebesatz und einer nachteiligen Branchen- und Betriebsgrößenstruktur der Wirtschaft niederschlagen.

Die nationale Grenze markiert den jeweiligen staatlichen Hoheitsbereich. Sie ist durch bestimmte Eigenschaften gekennzeichnet, die auf die Betriebe im Grenzraum negative oder positive Wirkungen ausüben können. Solche Grenzwirkungen gehen aus von unterschiedlichen Verwaltungsstrukturen, Kompetenzverteilungen, Rechts-, Währungs- und Sozialsystemen, von Unterschieden der Sprache, der Konventionen und Verbrauchsgewohnheiten sowie schließlich von den Zöllen und Abgaben, die beim Grenzübergang erhoben werden.

Da alle Einflußgrößen zugleich auf die Betriebe in peripher gelegenen Grenzregionen einwirken, ist die Isolierung des Einflusses der nationalen Grenze naturgemäß schwierig. Um diesen Einfluß zu verfolgen, wird hier der Weg gewählt, die Eigenschaften der nationalen Grenze in einem bestimmten Grenzraum festzustellen, zu systematisieren und die Wirkungen direkt bei den mit der Grenze konfrontierten Institutionen und Betrieben zu ermitteln. Ein solches Vorgehen birgt immer die Gefahr, daß die Ergebnisse lückenhaft und zu stark regions- bzw. situationsgebunden sind, es hat aber andererseits den Vorteil, offen zu sein für neue Fakten. Um den Vorteil zu nutzen und die Gefahr weitmöglichst zu vermeiden, liegt der eigentlichen Erhebung ein theoretischer Ansatz zugrunde, der in vier Arbeitshypothesen mündet.

2.1 Der theoretische Ansatz

Die Analyse der Auswirkungen der nationalen Grenze setzt bei den Betrieben an (vgl. Übersicht 1). Die *Betriebe* als örtliche Einheiten der Leistungserstellung und -abgabe stehen also im Mittelpunkt. Auf ihren Entwicklungsstand wirken die nationale Grenze und andere Einflußfaktoren, die hier nicht weiter verfolgt werden, ein.

Die *Wirkungen* der Grenze gehen von ihren *Eigenschaften* aus. Unterschiedliche Sprache beiderseits der Grenze kann zu Informationsschwierigkeiten über Absatz- und Kooperationsmöglichkeiten führen. Kontrollen und Zölle oder sonstige Abgaben bedeuten für einen Betrieb bei Lieferungen über die Grenze zusätzliche Kosten und damit Absatzhindernisse, sie können aber auch Chancen für die Anbieter im eigenen Gebiet bedeuten, da sie vor Konkurrenz von der anderen Seite der Grenze geschützt werden.

Konzeptionell muß man zwischen den objektiv vorhandenen Eigenschaften der Grenze und den davon auf die Entwicklung der Betriebe ausgehenden Wirkungen einerseits und der *Perzeption* dieser Wirkungen durch die Betriebsangehörigen, d. h. den subjektiv wahrgenommenen Wirkungen der Grenzeigenschaften andererseits unterscheiden. Die Betriebsangehörigen können z. B. mit der Abwicklung der Grenzformalitäten so vertraut sein, daß ihnen deren negative Wirkungen gar nicht mehr bewußt sind. Die Angst, Forderungen auf der anderen Seite der Grenze nicht eintreiben zu können, mag einen Betrieb davon abhalten, dort überhaupt tätig zu werden, obwohl objektiv keinerlei Inkassoprobleme bestehen. Ebenso sind unterschiedliche *Reaktionen* auf wahrgenommene Grenzeigenschaften möglich. Die Betriebsangehörigen können negative Wirkungen der Grenze hinnehmen und resignieren oder aber versuchen, diese zu bewältigen, zu umgehen oder abzubauen. Es ist sogar denkbar, daß bestimmte Eigenschaften der Grenze zur Grundlage eines Betriebes oder seiner positiven Entwicklung werden, weil die Betriebsangehörigen entsprechend reagieren (z. B. graue Importeure von Automobilen)[9].

---

[9] Vgl. zu dieser komplizierten Beziehung zwischen Realität und subjektivem Abbild auch den Beitrag von G. ENDRUWEIT in diesem Band.

Übersicht 1

Einflußgrößen	Eigenschaften	Wirkungen (H 1)		Betriebe		Entwicklungsstand
Nationale Grenze	z. B. – verschiedene Sprache – unterschiedlicher Geschmack – Kontrollen – Zölle	z. B. – Absatzprobleme – Informationsdefizit – Kostensteigerungen – Marktchancen	Perzeption (H 2)	Funktionen (H 3) z. B. – Betriebsleitung – Beschaffung – Absatz – Lagerhaltung – Finanzierung – Rechnungswesen	Reaktion (H 2)	z. B. – Produktion – Umsatz – Beschäftigte – Wertschöpfung
Andere Einflußgrößen z. B. – Periphere Lage – Konjunkturelle Situation – Technische Entwicklung – Wettbewerbsverhältnisse		(wird nicht weiter verfolgt)		Merkmale (H 4) z. B. – Branche – Betriebsgröße – Rechtsform – Betriebstyp		

Anmerkung: H 1, H 2, H 3, H 4 zeigt, an welchen Stellen der Systematik die Hypothesen ansetzen.

Um die von der nationalen Grenze ausgehenden Wirkungen auf die Betriebe differenzierter verfolgen zu können, muß man sich mit den Wirkungsketten innerhalb der Betriebe befassen. Dazu ist eine Aufgliederung der Betriebe erforderlich.

Von den verschiedenen möglichen Ansatzpunkten wird hier eine funktionale Gliederung der Betriebe gewählt, die eine Entsprechung in der organisatorischen Ausdifferenzierung finden kann. Als *Funktionen* bzw. Aufgabenbereiche werden Betriebsleitung, Beschaffung (von Investitionen, Vorleistungen, Arbeitskräften), Produktion, Absatz, Lagerhaltung, Finanzierung und Rechnungswesen unterschieden. Wie ein Betrieb von der nationalen Grenze beeinflußt wird, hängt wesentlich davon ab, ob und in welchem Umfang sich die Eigenschaften der Grenze auf die einzelnen betrieblichen Funktionen auswirken.

Die von der nationalen Grenze ausgehenden Wirkungen auf die Betriebe werden nicht nur von der Perzeption und Reaktion der Betriebsangehörigen und dem Ausmaß der Betroffenheit der einzelnen betrieblichen Funktionen beeinflußt. Gleiche Wirkungen der Grenze können vielmehr unterschiedliche Effekte auf einen Betrieb haben, je nachdem, welche *Merkmale* er aufweist. Es ist anzunehmen, daß Betriebe mit bestimmten Eigenschaftskonstellationen anfällig für negative Wirkungen der Grenze sind, während Betriebe mit anderen Eigenschaftskonstellationen von der Grenze profitieren bzw. der Grenze sogar ihre Existenzgrundlage verdanken können. Branche, Produktionsprogramm, Betriebsgröße, funktionale Differenzierung der Betriebe, Betriebsalter, Produktzyklus, technisches Niveau der Produktionsanlagen, Betriebsart (selbständiges Unternehmen, Konzernunternehmen, Zweigbetrieb), Betriebstyp (alteingesessener, neugegründeter, verlagerter Betrieb, Zweigstellengründung), Rechtsform, Qualifikation der Arbeitskräfte, Qualität der Betriebsleitung sind Betriebsmerkmale, die im Hinblick auf die Grenzwirkungen von Bedeutung sein können.

Es wird also von den Betriebsmerkmalen und der Art, wie die Akteure in den Betrieben die Wirkungen der Grenzeigenschaften wahrnehmen und darauf reagieren, abhängen, ob und in welchem Ausmaß der Entwicklungsstand der Betriebe von der Lage an der nationalen Grenze beeinflußt wird. Auf der Grundlage dieses Ansatzes und der Literatur zur Entwicklung von Grenzräumen wurden vier Hypothesen formuliert, die in einer Erhebung überprüft wurden:

- die negativen Wirkungen der nationalen Grenze auf die Betriebe in peripheren Regionen überwiegen, nur in Ausnahmefällen ergeben sich positive Wirkungen (vgl. H 1 in Übersicht 1)
- die Perzeption der Grenzeigenschaften wie auch die Reaktion darauf ist sehr unterschiedlich, diese subjektiven Faktoren sind von erheblicher Bedeutung für die Stärke der Wirkungen der Grenze auf die Betriebe (vgl. H 2 in Übersicht 1)
- die von der Grenze ausgehenden Wirkungen werden überwiegend in den Bereichen Absatz und Beschaffung wirksam, Wirkungen in den anderen Aufgabenbereichen haben nur geringe Bedeutung für die Betriebe (vgl. H 3 in Übersicht 1)
- Branche, Betriebsgröße und Betriebstyp sind die für die Wirkungen der Grenze auf die Betriebe wesentlichen Merkmale (vgl. H 4 in Übersicht 1).

2.2 Das methodische Vorgehen

Neben den Hypothesen war aus der Literatur und eigenen Vorstudien eine Liste von Eigenschaften der Grenze erstellt worden. In einer empirischen Untersuchung wurden der Katalog der Eigenschaften der Grenze überprüft und ergänzt, die Art der Wirkungen der Grenzeigenschaften ermittelt und die Hypothesen mit der Realität konfrontiert.

Für die Erhebung wurde der Saar-Lor-Lux-Raum ausgewählt (vgl. Karte). Dieses Gebiet, das sich aus dem Saarland, Lothringen, Luxemburg und den westlichen Teilen des Landes Rheinland-Pfalz zusammensetzt, gehört zu den Grenzregionen an den Binnengrenzen der Europäischen Gemeinschaft[10] und entspricht damit dem Gebiet der 1971 gegründeten „Regionalkommission Saarland-Lothringen-Luxemburg-Rheinland-Pfalz", kurz „Saar-Lor-Lux-Regionalkommission" genannt[11]. Dieser Raum ist dadurch gekennzeichnet, daß ihn die Grenzen von drei EG-Staaten durchziehen und daß seine deutschen und französischen Grenzgebiete in bezug auf das jeweilige Land eine periphere Lage haben. Der Saar-Lor-Lux-Raum hat eine bewegte Geschichte hinter sich, die die wirtschaftliche Entwicklung erheblich behindert hat[12]. Er ist immer noch gekennzeichnet durch das Nebeneinander von Zonen der Schwerindustrie einerseits und ländlichen Gebieten andererseits. Allerdings wurden

---

[10] Vgl. dazu DAMS, T.: Die Gebiete an den Binnengrenzen der Europäischen Wirtschaftsgemeinschaft. In: Die Landwirtschaft in der Europäischen Wirtschaftsgemeinschaft, 4. Teil: Agrarische Anpassungsprozesse an den Binnengrenzen (Raum und Landwirtschaft 5). ARL: FuS Bd. 27, Hannover 1964. – RÖPER, B.: Regionalpolitik für EWG-Binnengrenzgebiete, insbesondere für das Aachener Grenzgebiet. In: Beiträge zur Regionalpolitik, Schriften des Vereins für Socialpolitik, Bd. 41, Berlin 1968. – SCHÖNDUBE, C.: Entwicklungsregionen in der EWG. Ursache und Ausmaß der wirtschaftlichen Beteiligung. Bad Honnef 1973. – MALCHUS, V. VON: Partnerschaft an europäischen Grenzen. In: Europäische Schriften des Instituts für Europäische Politik, Bd. 39/40, Bonn 1975; ders.: 2. Europäisches Symposium der Grenzregionen. Die Zusammenarbeit europäischer Grenzgebiete. Europarat, Beratende Versammlung (Hrsg.), Straßburg 1975.

[11] MALCHUS, V. VON: Partnerschaft ..., a. a. O., S. 161.

[12] Vgl. für das Saarland die Untersuchung von G. ENDRUWEIT in diesem Band.

Untersuchungsregion Saar-Lor-Lux

Quelle: Institut für empirische Wirtschaftsforschung an der Universität des Saarlandes: Die wirtschaftliche und soziale Entwicklung im Grenzraum Saar-Lor-Lux. In: Schriftenreihe der Regionalkommission Saarland, Lothringen, Luxemburg, Rheinland-Pfalz, Bd. 6, Saarbrücken 1978.

seit dem 2. Weltkrieg erhebliche Anstrengungen unternommen, die Wirtschaftsstruktur zu verbessern und das Entwicklungstempo zu steigern[13]).

In diesem Raum wurden Gespräche mit Vertretern von Institutionen und Betrieben über die Eigenschaften der Grenze und ihre Wirkungen auf die Entwicklung der Betriebe geführt. Insgesamt wurden 21 Institutionen besucht, die auf unterschiedliche Weise mit den Problemen der Grenzen zu tun haben, und zwar Ministerien, Verwaltungen, Zollämter, Kammern, Vereinigungen und last not least Vertreter des Europäischen Parlamentes. Danach wurden Interviews in 30 Betrieben im Saarland und im Regierungsbezirk Trier durchgeführt. Dabei wurden Kleinbetriebe mit lediglich lokaler Bedeutung nur in Einzelfällen berücksichtigt, da sich ihre Situation, von Ausnahmen abgesehen, nicht von derjenigen unterscheidet, in der sich lokale Betriebe in anderen peripheren Räumen (z. B. im Vogelsberggebiet oder im Sauerland) befinden. Für Großbetriebe mit internationalem Absatz, die ihren Standort in der Untersuchungsregion haben, können sich aus der Grenze negative Wirkungen für den Export ergeben. Entsprechende Betriebe in Agglomerationsgebieten sehen sich jedoch denselben Problemen gegenüber. Es handelt sich also zwar um Wirkungen der Grenze, nicht aber um spezielle Wirkungen der Grenze auf Betriebe in peripheren Regionen. In bezug auf den Absatzbereich hätte diese Gruppe von Betrieben also aus der Untersuchung ausgeschlossen werden können. Da es im Beschaffungsbereich jedoch auch bei Großbetrieben grenzbedingte Probleme geben kann, wenn diese Betriebe ihre Arbeitskräfte und ihre Vorleistungen grenzüberschreitend aus dem Saar-Lor-Lux-Raum beziehen, wurden einige Großbetriebe einbezogen. Auch bei den mittleren Betrieben gibt es eine Gruppe, die von den Wirkungen der nationalen Grenze nicht tangiert wird. Es sind diejenigen Betriebe, die sich bewußt ausschließlich national orientieren. Ihnen können Nachteile aus der nationalen peripheren Lage erwachsen, nicht jedoch aus der Tatsache, daß ihr Standort nahe der nationalen Grenze liegt. Es war jedoch unmöglich, diese Gruppe aus den vorliegenden Unterlagen vor der Durchführung der Befragung zu identifizieren. Aufgrund dieser Überlegungen wurden vor allem Betriebe mittlerer Größe in die Erhebung einbezogen und eine Verteilung über die wichtigsten Merkmale angestrebt.

Alle Gespräche wurden als „offene oder qualitative Interviews" anhand eines Interviewleitfadens geführt[14]), protokolliert und auf Tonband mitgeschnitten, soweit die Befragten damit einverstanden waren. Dabei wurden die Gespräche mit den Betrieben stärker vorstrukturiert als die mit den Institutionen.

Die Ergebnisse der Erhebung wurden ausgewertet und in einem Ergebnisbericht zusammengestellt, wobei auch auf die Literatur- und Dokumentenauswertung zurückgegriffen wurde[15]). Dieser Ergebnisbericht wurde allen Institutionen und Betrieben zugesandt, mit denen ein Gespräch geführt worden war. Damit sollten zum einen alle Befragten über das Ergebnis informiert werden, zum anderen wurden alle Gesprächspartner darum gebeten, die Ergebnisse kritisch durchzusehen, gegebenenfalls zu korrigieren oder sonstige Hinweise zu geben, um so voreilige und einseitige Schlußfolgerungen möglichst auszuschließen. Der Rücklauf war bei den Institutionen erfreulich groß und bis auf wenige Änderungsvorschläge zustimmend, bei den

---

[13]) Vgl. BURTENSHAW, D.: Problem Regions of Europe – Saar-Lorraine. Oxford 1976. – REITEL, F.: Krise und Zukunft des Montandreiecks Saar-Lor-Lux. Frankfurt 1980. – RIED, H.: Vom Montandreieck zur Saar-Lor-Lux-Industrieregion. Frankfurt 1972. – Wirtschaftsministerium des Saarlandes: Über das Saarland – vom Rand in die Mitte gerückt. Saarbrücken 1972. – Regionalkommission Saar-Lor-Lux (Hrsg.): Schriftenreihe, Bd. 1–6.

[14]) Vgl. BROSI, H. W.; HEMBACH, K.; PETERS, G.: Expertengespräche – Vorgehensweise und Fallstricke. Arbeitspapier Nr. 1 des Schwerpunktes Stadt- und Regionalplanung. Trier 1981.

[15]) Vgl. SPEHL, H.: Einfluß der Grenzlage auf Betriebe in peripheren Regionen. Arbeitspapiere Nr. 5 des Schwerpunktes Stadt- und Regionalplanung. Trier 1981.

Betrieben erfolgte dagegen keine Rückäußerung. In den Niederlanden führte der Bericht sogar zu einer kleinen Parallelstudie für die Ems-Dollart-Region, die für die Auswertung sehr hilfreich war[16]). Zusätzlich wurde der Bericht an eine Vielzahl von Institutionen und Einzelpersonen versendet, die sich mit Grenzproblemen beschäftigen. Auch die Stellungnahmen aus diesem Kreis wurden in die nachfolgend dargestellten Ergebnisse eingearbeitet.

3. Grenzeigenschaften und Grenzwirkungen im Saar-Lor-Lux-Raum

Man kann zwei große Gruppen von Eigenschaften der nationalen Grenze unterscheiden, deren Wirkungen für die Entwicklung von Betrieben im Grenzraum bedeutsam sind:
- Eigenschaften der Grenze als *Trennlinie* zwischen Staaten
- Eigenschaften der Grenze als Kontrollinie beim Grenzübertritt.

Die Unterscheidung der beiden Gruppen von Eigenschaften ist wichtig, da die von ihnen ausgehenden Wirkungen verschiedenartig sind: *Die Grenze als Trennlinie wirkt über ihre Eigenschaften auch dann oder sogar gerade dann auf die wirtschaftliche Entwicklung der Grenzräume ein, wenn es keinen grenzüberschreitenden Verkehr gibt.* So behindert die Sprachgrenze die Verständigung, den Austausch von Informationen, die Anbahnung von Geschäftsbeziehungen. Durch die Trennung entstehen beiderseits der Grenze unterschiedliche Mentalitäten und Verbrauchsgewohnheiten, die den grenzüberschreitenden Austausch von Konsumgütern und Nahrungsmitteln erschweren oder gar unmöglich machen können. Die Vielzahl der nationalen Regelungen und Bestimmungen, die teils in rechtlich fixierter, teils in weniger klar faßbarer Form bis hin zu ungeschriebenen sozialen Normen existieren, führt zu einer Trennung der Gebiete beiderseits der Grenze, die für die ökonomische Entwicklung der Betriebe erhebliche Nachteile haben kann. Solche Nachteile können aus fehlenden Absatzmöglichkeiten, geringen Auswahlmöglichkeiten bei der Suche nach Lieferanten oder Kooperationspartnern und fehlendem Arbeitskräfteangebot herrühren. Für einzelne Betriebe kann diese Trennung auch von Vorteil sein, da sie auf diese Weise vor Konkurrenz von der anderen Seite der Grenze geschützt werden.

Ansatzpunkte für den Abbau von negativen Wirkungen der Grenze aufgrund ihrer Eigenschaft als Trennlinie müssen daher vor allem in den nationalen Teilräumen gesucht werden. Solche Veränderungen können relativ einfach sein, wie z. B. Veränderungen der Regelungen des grenzüberschreitenden Zahlungsverkehrs, sie können aber auch sehr schwierig und langwierig sein, wie z. B. der Abbau von Ressentiments oder Sprachbarrieren beiderseits der Grenze.

Die Grenze als Kontrollinie wirkt dagegen direkt auf den grenzüberschreitenden Verkehr ein und kann Waren, Personen und Zahlungsmittel betreffen. Obwohl Zölle und mengenmäßige Beschränkungen sowie alle sonstigen Maßnahmen gleicher Wirkung innerhalb der EG grundsätzlich abgeschafft sind[17]), gibt es auch heute noch finanzielle Be- und Entlastungen des grenzüberschreitenden Warenverkehrs und davon ausgehende Wirkungen auf die Wirtschaft der Grenzregionen. Noch immer existieren verschiedenartige Formulare, die beim Grenzübertritt ausgefüllt, präsentiert und kontrolliert werden, wobei erhebliche Unterschiede zwischen den einzelnen Nationen in bezug auf Art und Handhabung der Grenzkontrollen bestehen. Obwohl

---

[16]) KNEGT, J.; SETZ, J.: Eigenschappen en Problemen van de Grens. M. B. T. het grensoversdrigdend Goederen ver voer Sussen Drenthe en Noord-Duitsland. Manuskript, Assen 1982.

[17]) Durch Entscheidung des Ministerrats vom 26.7.1966 wurden zum Stichtag 1.7.1968 alle Zölle, mengenmäßigen Beschränkungen und alle sonstigen Maßnahmen gleicher Wirkung abgeschafft. Vgl. BECKMANN, A.: Das Recht der EWG. 3. Auflage, Münster 1980, S. 281 ff.

gerade in diesem Bereich durch einzelstaatliches Handeln oder Regelungen der EG-Kommission und des Ministerrates in manchen Fällen Mißstände scheinbar leicht abzubauen sind, wird doch darüber geklagt, daß die Fortschritte auf diesem Gebiet zum Teil nur langsam und mühsam sind, und in einigen Fällen scheinen nicht einmal erfolgreiche Klagen vor dem Europäischen Gerichtshof sicherstellen zu können, daß ungerechtfertigte Behinderungen an der Grenze unterbleiben.

Wie sich im folgenden zeigen wird, sind die Eigenschaften der Grenze als Trennlinie und die Eigenschaften der Grenze als Kontrollinie von unterschiedlicher Bedeutung für die Betriebe im Saar-Lor-Lux-Raum.

3.1 Wirkungen der Grenze als Trennlinie

3.1.1 Sprache

Im Saar-Lor-Lux-Raum ist die nationale Grenze nicht durchweg identisch mit der Sprachgrenze. Die Ursache dafür ist in den mehrfachen Grenzverschiebungen in den letzten Jahrhunderten zu sehen. So ist die Bevölkerung in Lothringen in einem etwa 30 km breiten Streifen entlang der Grenze zweisprachig: Neben Französisch (Amts- und Schulsprache) spricht sie deutsche Dialekte, nördlich der Linie von Thionville in Lothringen bis etwa Völklingen im Saarland moselfränkische, südlich davon rheinfränkische Dialekte, mit zunehmender Nähe zum Krummen Elsaß vermehrt mit alemannischen Einschlägen. Hierbei gibt es jedoch Unterschiede. Kenntnis und Verwendung des Dialektes nehmen von den älteren zu den jüngeren Generationen ab und dies in den industrialisierten Gebieten deutlich stärker als in den ländlichen Gegenden. Die Kenntnis des Hochdeutschen in Lothringen ist in der Hauptsache davon abhängig, wann die Menschen zur Schule gingen. So war die Amts- und Schulsprache vor 1918 und zwischen 1940 und 1944 Deutsch. An den weiterführenden Schulen Frankreichs ist Deutsch erste, Englisch zweite Fremdsprache. In den Primarschulen gibt es in Lothringen, anders als im Elsaß, kaum Deutschunterricht.

In Luxemburg ist die offizielle Sprache Französisch. In der Regel sprechen die Luxemburger aber außer ihrem moselfränkischen Dialekt auch Hochdeutsch. Im deutschen Teil der Region sind dagegen die Französisch-Kenntnisse zumeist in der Schule oder durch Kurse erworben. Im Saarland sind die Französisch-Kenntnisse deutlich besser als im rheinland-pfälzischen Teil der Region. Dies gilt wegen der zeitweiligen Zugehörigkeit zum französischen Wirtschaftsraum insbesondere für die über Dreißigjährigen. Man muß davon ausgehen, daß auf deutscher Seite eine Sprachbarriere besteht und daß sie eher noch weiter wächst, da immer wieder über den Rückgang der Schulkenntnisse in Französisch geklagt wird und Gelegenheiten zum Praktizieren der französischen Sprache im deutschen Teil des Saar-Lor-Lux-Raumes entweder nicht bestehen oder kaum wahrgenommen werden.

Die Aussagen der Betriebe in bezug auf Hemmnisse durch die Sprachgrenze sind nicht einheitlich. Industriebetriebe und Großhandel sehen kein besonderes Sprachproblem, soweit sie über mehrsprachiges Personal verfügen. Dies ist durchweg bei großen Betrieben, aber auch bei einigen Mittel- und Kleinbetrieben der Fall. Für die anderen Betriebe ist die Sprache jedoch ein deutliches Hemmnis für die wirtschaftliche Betätigung in Luxemburg und Lothringen, das in manchen Fällen sogar zu einer Beschränkung auf den deutschen Markt führt.

Als besonders gravierend für den Grenzraum wurde genannt, daß Französisch im Zollverkehr mit Frankreich die einzig akzeptierte Amtssprache ist. Auch öffentliche Ausschreibungen erfolgen nur in französischer Sprache und die darauf abzugebenden Angebote müssen in Lothringen und Luxemburg ebenfalls in französischer Sprache formuliert sein. Selbst für Betriebe mit Erfahrungen auf diesem Gebiet entsteht hierdurch ein erheblicher Mehraufwand im Vergleich zu den Konkurrenten jenseits der Grenze. Teilweise wird versucht, die Sprachbarriere zu überwinden, indem auf der anderen Seite der Grenze ein Vertrauensmann oder ein Partner gesucht bzw. eine Filiale gegründet wird. Auch diese Suchprozesse werden durch die Sprachbarriere allerdings erheblich behindert. Es gibt eine Reihe von Hinweisen, daß Betriebe diese Suche aus Unsicherheit im Sprachbereich unbewußt oder bewußt unterlassen haben.

Während das eigentliche Sprachproblem nur langfristig zu lösen ist, könnten die Barrieren vor allem im Zollverkehr und bei den Ausschreibungen durch Zulassen von Französisch und Deutsch als parallele Amtssprachen erheblich gesenkt werden. So könnten die Ausschreibungen obligatorisch in beiden Sprachen erfolgen und jeweils eine der beiden Sprachen als Angebotssprache zugelassen werden. Im Zollverkehr könnte zudem eine Kooperation beider Zollstellen an der Grenze zu einer Entschärfung der Amtssprachenproblematik führen.

3.1.2 Mentalität, Verbrauchsgewohnheiten, soziale Normen

Die Trennung politischer Gebiete durch nationale Grenzen kann zu unterschiedlichen sozialen Normen, Verbrauchsmustern und Mentalitäten führen, während andererseits auch die Vermutung geäußert wird, es gebe so etwas wie eine ,,Grenzraummentalität".

In der Untersuchungsregion besteht eine deutliche Trennung in nationale Teilräume: Eine gemeinsame Mentalität der Bewohner der grenzüberschreitenden Region Saar-Lor-Lux ist nicht festzustellen. Viele Betriebe äußerten die Ansicht, daß es einen engen Zusammenhang zwischen den sprachlichen Problemen und den Unterschieden in den Einstellungen und Mentalitäten gibt. Manche sehen auch noch immer historische Ursachen für psychologische Probleme deutscher Betriebe in Luxemburg und Lothringen.

Die Unterschiede in der Mentalität der deutschen, französischen und luxemburgischen Kunden wurden sowohl als Grund für die Beschränkung auf den deutschen Markt angegeben, als auch für die Notwendigkeit, sich ein luxemburgisches oder französisches Image zu geben, zum Beispiel durch den Namen und die Rechtsform der Filiale, Beschäftigung einheimischen Personals oder durch die Kooperation mit einem dortigen Partner. Aus demselben Grunde werden zum Teil auch einheimische ,,Vertrauensleute" bei der Aquisition eingeschaltet. Diese Eigenschaften der Grenze und die notwendigen Maßnahmen zu ihrer Überwindung werden allerdings von den Firmen durchweg nicht als gravierende Behinderung angesehen.

Absatzprobleme in Luxemburg und Lothringen aufgrund unterschiedlicher Mentalitäten und Verbrauchsgewohnheiten werden insbesondere im Konsumgüterbereich und bei der Nahrungs- und Genußmittelindustrie gesehen. Hier sind die Verbrauchsgewohnheiten in den Teilregionen so unterschiedlich, daß verschiedene Produkte angeboten werden müssen bzw. bestimmte Produkte jenseits der Grenze nicht verkauft werden können. Daraus resultieren für die Betriebe Ertrags-, Kosten- und Produktionsnachteile. Nur einer der befragten Betriebe hat sich nicht um ein angepaßtes Image bemüht und mit seinen deutschen Markenartikeln auch jenseits der Grenze gute Erfahrungen gemacht.

Daraus kann man ableiten, daß sich die Anbieter überwiegend auf die nationalen Teilmärkte einstellen und dadurch selbst zu deren Verfestigung beitragen. Hier liegt sicher einer der Gründe dafür, daß die Entwicklung eines einheitlichen Marktes im Saar-Lor-Lux-Raum noch nicht weiter vorangekommen ist.

Schließlich muß auch gefragt werden, ob diese Berücksichtigung erwarteter Schwierigkeiten in Lothringen und Luxemburg durch die deutschen Betriebe auf objektiven Unterschieden und Reserven beruht oder ob es sich um ein psychologisches Phänomen auf deutscher Seite handelt. Die Gespräche haben gezeigt, daß viele Betriebsleitungen zuerst meinten, spezielle Grenzprobleme gäbe es bei ihnen nicht. Im Laufe der Interviews zeigte sich dann aber doch häufig, daß die Grenze die Betriebsentwicklung beeinflußt und daß sie zum Teil sogar im Unterbewußtsein als Barriere wirkt. Es ist also nicht auszuschließen, daß auch im Hinblick auf das vermutete schädliche deutsche Image im Hinblick auf die luxemburgischen und lothringischen Märkte eine unbewußte Auslandsangst vorliegt.

Da diese Wirkungen der Grenze kaum wahrgenommen bzw. durch eigenes Handeln der Betriebe antizipiert und somit noch verfestigt werden, wurden auch keine Änderungsvorschläge gemacht.

3.1.3 Verwaltungen und öffentliche Einrichtungen

Der Verwaltungsaufbau in den drei nationalen Teilgebieten des Untersuchungsraumes ist sehr unterschiedlich[18]). Das bedeutet für die Behörden zum Teil Probleme in der grenzüberschreitenden Kooperation und für die Betriebe Such- und Informationskosten, etwa beim grenzüberschreitenden Warenverkehr, der Bewerbung um öffentliche Aufträge oder Betriebsgründungen in den anderen Teilräumen.

Dennoch wird die Zusammenarbeit mit den Behörden der Nachbarländer überwiegend als gut eingeschätzt. Die Betriebe haben keine gravierenden Klagen über die Zusammenarbeit mit den ausländischen Behörden und Kammern, mit Ausnahme des schon angesprochenen Sprachproblems.

Es wurden allerdings öfter Vermutungen geäußert, daß in Frankreich und Luxemburg öffentliche Aufträge bevorzugt an inländische Unternehmen vergeben wurden, deutsche Unternehmen also benachteiligt seien, obwohl grundsätzlich eine Gleichbehandlung innerhalb der EG zwingend vorgeschrieben ist. Es wird allerdings eingeräumt, daß ähnliches auch auf deutscher Seite zutreffen könnte.

Es wurde angeregt, solche Ungleichbehandlungen vor allem durch verbesserte grenzüberschreitende Kooperation der Kammern abzubauen und durch Abstimmung und Vereinheitlichung der Angaben und Statistiken zwischen den Behörden der drei Länder die Grenzhemmnisse abzubauen, die daraus beim Grenzübertritt resultieren.

3.1.4 Steuern und Abgaben

Zwar wurden durch die Errichtung der Zollunion in der EG Zölle und Abgaben gleicher Wirkung abgeschafft, die Harmonisierung der Steuersysteme der Mitgliedstaaten ist aber bislang nicht gelungen. Die drei nationalen Teilgebiete der Region weisen also erhebliche Unterschiede in dieser Hinsicht auf. Hier ist die Grenze noch in vollem Umfang Trennlinie. Dennoch wurden von den Institutionen und Betrieben keine negativen Wirkungen angesprochen, die aus dem Nebeneinander der drei Steuersysteme resultieren. Erst wenn im Warenverkehr die Grenze überschritten werden muß, ergeben sich Belastungen, und zwar vor allem aus der Mehrwertsteuer. Dabei werden Klagen über die daraus herrührenden Belastungen interessanterweise von kleinen und sehr großen Betrieben geäußert, während bei den mittleren Betrieben kaum Schwierigkeiten gesehen werden. Bei kleinen Betrieben können die komplizierten Mehrwertsteuerregelungen so prohibitiv empfunden werden, daß auf den Export ganz verzichtet wird oder bei kleineren Partien auch zweimal Mehrwertsteuer gezahlt wird.

Große Betriebe stellten die Notwendigkeit der Erhebung von Steuern und Abgaben an der Grenze in Frage. Sie plädierten dafür, daß die jeweils zuständigen nationalen Steuerbehörden am Betriebs- bzw. Unternehmenssitz die Be- und Entlastungen vornehmen und daß die nationalen Forderungen zwischen den Behörden der beteiligten EG-Staaten ausgeglichen werden. Von den kleineren und mittleren Betrieben wurde dagegen zuerst eine Vereinheitlichung der Erfassung der Mehrwertsteuer gefordert. Letztlich aber können diese negativen Eigenschaften der Grenze, die sich gerade auf den Warenaustausch des Grenzraumes stark auswirken, nur durch die Beseitigung der Ursache, d. h. durch eine Steuerharmonisierung in der EG aufgehoben werden.

---

[18]) Vgl. dazu die Arbeiten von P. MOLL sowie H. KISTENMACHER und D. GUST in diesem Band.

3.1.5 Technische Normen und Vorschriften

Obwohl mengenmäßige Beschränkungen des Warenverkehrs und Maßnahmen gleicher Wirkung in der EG nicht mehr zulässig sind, trennen die Grenzen im Saar-Lor-Lux-Raum immer noch drei Staatsgebiete mit unterschiedlichen nationalen Normen und einer Vielzahl nationaler technischer Vorschriften, die doch zu solchen Beschränkungen führen können. Mit diesem komplizierten Gebiet haben sich Kommission und Rat der EG und auch der Europäische Gerichtshof in den letzten Jahren zunehmend befassen müssen[19]).

Obwohl es sich hier nicht um ein spezifisches Grenzraumproblem handelt, ist es von den Vertretern der Institutionen häufiger genannt worden.

In Luxemburg soll das Problem nicht bestehen, da hier alle Normen akzeptiert werden. In der Bundesrepublik Deutschland gibt es eine große Zahl von Normen (genannt werden rund 40 000 DIN-Normen im Vergleich zu etwa 20 000 NF-Normen in Frankreich), deren Einhaltung allerdings nicht beim Grenzübertritt, sondern bei der Verwendung der Waren im Inland geprüft wird. In Frankreich erfolgt eine formale Prüfung der Einhaltung der NF-Normen bereits an der Grenze. Hieraus haben sich in jüngster Zeit gerade bei Maschinenbauerzeugnissen Probleme ergeben.

Aufgrund der Betriebsgespräche muß man allerdings zu dem Ergebnis kommen, daß die Probleme aufgrund der Normen und technischen Vorschriften doch wohl überzeichnet werden. Keiner der befragten Betriebe berichtete von Schwierigkeiten in diesem Bereich. Man paßt sich den Änderungen der Normen und Vorschriften an.

Aus den Gesprächen mit den Institutionen ergibt sich, daß die negativen Wirkungen, die von den Normen und technischen Vorschriften ausgehen, für die französischen und luxemburgischen Konkurrenten größer sind als für die deutschen. Der Grund liegt neben der größeren Zahl der Normen in der Bundesrepublik Deutschland vor allem in der Trennung in obligatorische und fakultative Normen, z. B. für technische Geräte, wodurch für ausländische Konkurrenten ein erhebliches Unsicherheitsmoment entsteht. In Frankreich sind dagegen alle Normen im Code du Travail enthalten und damit überschaubar. Luxemburger Unternehmen trifft es besonders hart, da sie sich sowohl auf französische wie auf deutsche Normen einstellen müssen, wodurch Produktionsprobleme und Kostensteigerungen entstehen.

Veränderungsvorschläge werden von den Betrieben nicht gemacht. Die Vorschläge der Institutionen reichen von der Durchsetzung der Linie des Europäischen Gerichtshofes, daß jede nach einer Landesnorm in den Verkehr gebrachte Ware in der gesamten EG ohne Beschränkung gehandelt werden soll, über die Einrichtung eines Informations- und Abstimmungssystems bis zur Forderung nach einheitlichen Normen und technischen Vorschriften auf EG-Ebene.

3.1.6 Geld- und Kreditsystem

Obwohl die Grenzen drei unterschiedliche Währungsgebiete trennen und die drei Teilräume ganz unterschiedliche Finanzsysteme aufweisen, sind aufgrund der Liberalisierung des Zahlungsverkehrs und der freien Konvertierbarkeit der Währungen kaum noch Probleme in diesem Bereich festzustellen.

Die Abwicklung von Zahlungen über Geldinstitute der beteiligten Länder ist nach übereinstimmender Aussage aller Befragten problemlos, sie nimmt allerdings etwas längere Zeiträume in Anspruch (in der Regel eine Woche) und ist mit Mehrkosten verbunden. Einige Betriebe haben deshalb ein Konto bei einer französischen oder luxemburgischen Bank.

---

[19]) Vgl. Kommission der Europäischen Gemeinschaft: Vorschlag für eine Entscheidung des Rates über ein Informationsverfahren auf dem Gebiet der Normen und technischen Vorschriften. EG-Dok., Nr. 9285/80.

Die Betriebe klagen zum Teil über die Währungsrisiken, die trotz des Europäischen Währungssystems noch immer bestehen und vor allem bei längerfristigen Verträgen zu erheblichen Problemen führen könnten. Man versucht, dieses Risiko durch Fakturierung in DM oder Kurssicherungsgeschäfte zu mindern. Das erste wird allerdings nicht immer akzeptiert und das zweite führt zu zusätzlichen Kosten. Ein nennenswertes Hindernis für grenzüberschreitende Wirtschaftsbeziehungen wird in diesen Faktoren allerdings nicht gesehen.

3.1.7 Verkehrs- und Transportsystem

Die Grenzen im Untersuchungsraum sind heute sehr durchlässig. Das war bis zum zweiten Weltkrieg in der Zeit der deutsch-französischen Frontstellung jedoch ganz anders. Das Grenzgebiet wurde verkehrlich unter militärischen Gesichtspunkten erschlossen, und das findet seinen Niederschlag bis heute. Die verkehrliche Anbindung der deutschen und französischen Teilregionen an den jeweiligen Nationalstaat ist wesentlich ausgeprägter als die innerregionalen Verkehrsverbindungen.

Die Grenzen trennen zudem unterschiedlich nationale Transportsysteme auf Schiene, Straße und Wasserstraße und damit verbunden auch unterschiedliche Tarifsysteme und Transportbestimmungen. Daraus resultieren spezifische Wirkungen auf die Wirtschaft des Saar-Lor-Lux-Raumes im allgemeinen und das Transportgewerbe im besonderen.

Von den Vertretern der Institutionen wurde wiederholt das Verkehrssystem angesprochen. Es wurde vor allem auf noch immer bestehende Unzulänglichkeiten der innerregionalen Straßenverbindungen hingewiesen, aber auch im Eisenbahnverkehr werden Verbesserungen für erforderlich gehalten. Probleme ergeben sich im Wasserstraßenbereich an der Mosel. Durch die unterschiedlichen Möglichkeiten der Tarifgestaltung bei Frachten aus der Bundesrepublik Deutschland zu luxemburgischen Häfen (die keinen Bindungen unterliegen) und zum Hafen Trier (die einer nationalen Bindung unterliegen), könne es zu einer Verlagerung von Transporten, die für die Region Trier bestimmt sind, vom Trierer Hafen auf die luxemburgischen Häfen kommen.

Offensichtlich führt das Nebeneinander von nationalen Tarifsystemen, bilateralen Tarifabmachungen und internationalen Tarifen sowohl im Schiffahrts- wie vor allem im Straßengüterverkehr im Grenzraum zu erheblichen Problemen für das Transportgewerbe. Die Betriebe berichten von Kalkulationsspielräumen zwischen der Bundesrepublik und Frankreich in Höhe von 20–30 %. Hinzu kommt, daß die Abgrenzung des Güternahverkehrs unterschiedlich ist (50 km in der Bundesrepublik, 120 km in Frankreich) und die Bestimmungen unterschiedlich scharf überwacht werden. Daraus können für die deutschen Unternehmen Nachteile resultieren. Weiterhin wird über Probleme geklagt, die dann auftreten, wenn Speditionen in Luxemburg oder Lothringen eine Zweigniederlassung führen. Fahrpersonal kann dann nur ausgetauscht werden, wenn es den Lkw-Führerschein beider Länder besitzt, und es dürfen nur die im jeweiligen Land zugelassenen LKWs gefahren werden. Der Einsatz eines LKWs im anderen Land ist nur auf Antrag möglich, wenn Engpässe im Unternehmen auftreten. Nach Angaben der Firmen dauert die Bearbeitung dieses Antrages eine Woche, so daß eine flexible und kurzfristige Disponierung des Wagenparks über die Grenze hinweg unmöglich ist.

Diesen Nachteilen der Grenzlage für das Transportgewerbe stehen keine entsprechenden Vorteile gegenüber. Wegen der relativ schlechten internationalen Verkehrsverbindungen ist der Saar-Lor-Lux-Raum eben keine Drehscheibe des europäischen Warenaustausches.

Es ist nicht klar festzustellen, ob diese Besonderheiten des Aufeinandertreffens verschiedener Tarifsysteme und Transportbestimmungen für die übrige Wirtschaft einen Vorteil dergestalt darstellen, daß sie in den Genuß relativ preiswerter Transportleistungen kommt.

3.1.8 Bildungs- und Ausbildungssystem

Auch in diesem Bereich trennen die nationalen Grenzen noch in erheblichem Maße. Zwar ist in der EG grundsätzlich die Freizügigkeit der Arbeitskräfte und auch die Niederlassungsfreiheit garantiert, aber die gegenseitige Anerkennung der Bildungs- und Berufsabschlüsse steht immer noch am Anfang [20].

Nach den Gesprächen ergibt sich, daß diese Probleme vor allem zwischen dem französischen und deutschen Teil der Untersuchungsregion bestehen. Hier sind z. B. im Handwerksbereich erst 10 Ausbildungsabschlüsse von beiden Ländern anerkannt. Nur in diesen Bereichen kann sich ein Handwerker im Nachbarland niederlassen, während eine unselbständige Arbeit problemlos möglich ist. In Luxemburg sollen alle deutschen und französischen Ausbildungsabschlüsse anerkannt sein.

Neben der Sprachbarriere und den Mentalitätsunterschieden dürfte in diesem Bereich ein sehr wesentliches Hindernis für das weitere wirtschaftliche Zusammenwachsen der Grenzregion liegen.

3.1.9 Löhne und Gehälter, Arbeits- und Sozialrecht

In den drei Staaten bestehen unterschiedliche Organisationen der Tarifparteien, auch Arbeits- und Sozialrecht sind in der EG noch lange nicht harmonisiert.

Früher bestand in der Region ein ausgeprägtes Lohngefälle zwischen dem Saarland und Lothringen, das zu einem erheblichen Pendlerüberschuß lothringischer Arbeitskräfte in das Saarland geführt hat. Dieser Pendlerüberschuß ist in den letzten Jahren geringer geworden, besteht aber immer noch. Zwischen dem Regierungsbezirk Trier und den französischen und luxemburgischen Teilräumen bestehen dagegen nur relativ geringe Arbeitspendelverflechtungen.

Nach Ansicht der Betriebe haben sich Löhne und Gehälter zwischen der Bundesrepublik und Frankreich in den letzten Jahren im Durchschnitt angeglichen, für den einzelnen Arbeitnehmer können sich jedoch je nach Familienstand und Kinderzahl durchaus noch ins Gewicht fallende Unterschiede ergeben [21].

Eine Reihe von deutschen Betrieben sieht in der Möglichkeit, Hilfskräfte, aber auch Fachkräfte aus Lothringen zu rekrutieren, einen Vorteil der Grenzlage.

3.1.10 Preise und Marktregelungen

In der EG gilt das Prinzip des freien Personen- und Warenverkehrs. Betriebe und Personen aus allen drei Nationen können also prinzipiell im gesamten Saar-Lor-Lux-Raum als Anbieter und Nachfrager auftreten. Es gibt jedoch noch immer nationale Marktregelungen, Preisgestaltungsvorschriften und auch nationale Hilfs- und Förderprogramme, die zu Behinderungen und Verzerrungen des Wettbewerbs gerade im Grenzraum führen.

Behinderungen wurden vor allem von Betrieben des Nahrungs- und Genußmittelgewerbes angesprochen, wobei als Beispiele unterschiedliche Handhabungen des Nachtbackverbotes im Saarland und in Lothringen oder die unterschiedlichen Wein- und Sektrechtsbestimmungen zwischen Luxemburg und Trier genannt seien. Handwerker berichten, daß die Kalkulation in Luxemburg nicht so reglementiert sei wie in der Bundesrepublik. Verschiedene Betriebe klagten über offene und versteckte Subventionierung ihrer Konkurrenten in Luxemburg und Lothringen.

---

[20] Vgl. zu dieser Problematik auch den Beitrag von R. H. SCHMIDT in diesem Band.
[21] Vgl. dazu auch den Beitrag von K. GUCKELMUS in diesem Band.

Es handelt sich hierbei offensichtlich überwiegend um branchen- oder gewerbetypische Einzelprobleme, die am besten durch Kooperation der Kammern und Behörden im Grenzraum ausgeräumt werden können und in ihrer Gesamtbedeutung nicht überschätzt werden sollten.

3.1.11 Wirtschafts- und Konjunkturentwicklung

Obwohl die Europäische Gemeinschaft ein einheitliches Zollgebiet ist und zunehmend zu einem einheitlichen Wirtschaftsgebiet werden soll, gibt es immer noch nationale Sonderbewegungen der Wirtschaftsentwicklung.

Einige Handwerksbetriebe aus dem Trierer Raum berichteten, daß für sie aus solcher Verschiebung der Konjunkturphasen zwischen Deutschland und Luxemburg ein Vorteil der Grenzlage resultiere, da sie je nach Wirtschaftslage stärker in Luxemburg oder im Trierer Raum tätig werden.

Nennenswerte Produktionsverflechtungen im Saar-Lor-Lux-Raum bestehen mit Ausnahme des Montanbereiches offensichtlich nicht. Es handelt sich eher um drei getrennte Wirtschaftsgebiete als um einen zusammenhängenden Wirtschaftsraum. Als Begründung für die geringen intraregionalen Wirtschaftsverflechtungen werden neben Sprachproblemen und Mentalitätsunterschieden auch fehlende Angebote aus den anderen Regionen genannt. Dabei kann nicht festgestellt werden, ob es sich hierbei um ein Informationsdefizit der Betriebsleitungen handelt, oder ob die Wirtschaftsstrukturen der Teilräume wirklich kaum komplementär sind, wie erste statistische Untersuchungen zu belegen scheinen[22]).

3.1.12 Unternehmens- und Niederlassungsrecht

Auch im Bereich des Unternehmensrechts bestehen noch erhebliche Unterschiede zwischen den drei Nationen. Das ist von besonderer Bedeutung für das grundsätzlich garantierte Recht der freien Niederlassung in allen Teilräumen, das an die unterschiedlichen nationalen Vorschriften gebunden ist. Deutsche Firmen haben nach ihren Angaben Filialen in Luxemburg und Frankreich gegründet, um Problemen zu begegnen, die aus der Eigenschaft der Grenze als Kontrollinie resultieren, oder auch um wirklichen oder vermeintlichen nationalen Unterschieden in der Mentalität und den Verbrauchsgewohnheiten Rechnung tragen zu können. Insbesondere saarländische Firmen haben bei der Rückgliederung des Saarlandes französische Filialen gegründet, die heute noch den größten Teil der grenzüberschreitenden Eigentumsverflechtungen im Saar-Lor-Lux-Raum bilden. Nach übereinstimmender Aussage der Befragten ist das nationale Niederlassungs- und Unternehmensrecht zwar unterschiedlich, wird aber in den jeweiligen Teilregionen für In- und Ausländer gleich angewendet. Das Gründen einer Filiale ist somit heute in Frankreich und Luxemburg von der rechtlichen Seite her problemlos. Betriebe finden es nicht außergewöhnlich, sich auf das Ausland vorzubereiten, wenn sie eine Filiale gründen oder ein Betriebsbüro eröffnen wollen. Bei einer Bank eine Bürgschaft hinterlegen zu müssen oder sich im Ausland eines Steuerberaters zu bedienen, finden sie ebenfalls normal, da dies in der Bundesrepublik ebenso erforderlich wäre. Es wurde jedoch auch darauf hingewiesen, daß gerade die Sprachprobleme oft ein erhebliches Hindernis für die Durchführung der Niederlassungsabsicht jenseits der Grenzen darstellen. Zusammenfassend kann man feststellen, daß die Grenze keine Behinderung für die Niederlassung in Luxemburg oder Lothringen darstellt, wenn keine sprachlichen oder psychologischen Hindernisse bestehen.

---

[22]) Vgl. Institut für empirische Wirtschaftsforschung an der Universität des Saarlandes: Die wirtschaftliche und soziale Entwicklung im Grenzraum Saar-Lor-Lux. In: Schriftenreihe der Regionalkommission Saarland – Lothringen – Luxemburg – Rheinland-Pfalz, Bd. 6, Saarbrücken 1978, S. 41 ff.

3.2 Wirkungen der Grenze als Kontrollinie

3.2.1 Belastungen und Behinderungen des Warenverkehrs

3.2.1.1 Zölle und Abgaben gleicher Wirkung

Die EG ist eine Zollunion, d. h., sie hat einen gemeinsamen Außenzoll, während im Warenverkehr der Mitglieder untereinander Zölle und Abgaben gleicher Wirkung abgeschafft sind. Das bedeutet aber nicht, daß im innergemeinschaftlichen Warenverkehr alle Abgaben abgeschafft wären. Verboten sind nur Abgaben mit zollgleicher Wirkung; werden dagegen an der Grenze Abgaben erhoben, um die importierte Ware genauso zu belasten wie eine im Inland produzierte Ware, widerspricht dies nicht dem EWG-Vertrag[23]). Folglich gehört die Erhebung der Mehrwertsteuer, sonstigen Verbrauchssteuern und Grenzausgleichsabgaben auch heute noch zum Grenzalltag. Insbesondere kleine Betriebe haben mit diesen Regelungen, den dafür erforderlichen Formularen und den daraus resultierenden finanziellen Be- und Entlastungen erhebliche Probleme. Insgesamt wird aber von den Betrieben in diesen finanziellen Regelungen keine gravierende Beeinträchtigung gesehen. Sie sind Bestandteil des betriebswirtschaftlichen Kalküls geworden und werden nicht mehr als Sonderbelastungen empfunden, es sei denn, daß sie geändert werden.

3.2.1.2 Mengenmäßige Beschränkungen und Maßnahmen gleicher Wirkung

Seit dem 1. 7. 1968 sind innerhalb der EG alle mengenmäßigen Beschränkungen des Warenverkehrs und Maßnahmen gleicher Wirkung abgeschafft. Es gibt jedoch im EG-Vertrag einige Artikel, die Ausnahmen zulassen. Artikel 36 EWGV lautet:

„Die Bestimmungen der Artikel 30–34 (in denen die Freiheit des Warenverkehrs geregelt wird, H.S.) stehen Einfuhr-, Ausfuhr- und Durchfuhrverbote und -beschränkungen nicht entgegen, die aus Gründen der öffentlichen Sittlichkeit, Ordnung und Sicherheit, zum Schutze der Gesundheit und des Lebens von Menschen, Tieren oder Pflanzen, des nationalen Kulturguts von künstlerischem, geschichtlichem und archäologischem Wert oder des gewerblichen und kommerziellen Eigentums gerechtfertigt sind. Diese Verbote oder Beschränkungen dürfen jedoch weder ein Mittel zur willkürlichen Diskriminierung noch eine verschleierte Beschränkung des Handels zwischen den Mitgliedsstaaten darstellen"[24].

Und Artikel 115 EWGV lautet:

„Um sicherzustellen, daß die Durchführung der von den Mitgliedsstaaten im Einklang mit diesem Vertrag getroffenen handelspolitischen Maßnahmen nicht durch Verkehrsverlagerungen verhindert wird, oder wenn Unterschiede zwischen diesen Maßnahmen zu wirtschaftlichen Schwierigkeiten in einem oder mehreren Staaten führen, empfiehlt die Kommission die Methoden für die erforderliche Zusammenarbeit der Mitgliedsstaaten. Genügt dies nicht, so ermächtigt sie die Mitgliedsstaaten, die notwendigen Schutzmaßnahmen zu treffen, deren Bedingungen und Einzelheiten sie festlegt.

Es sind mit Vorrang solche Maßnahmen zu wählen, die das Funktionieren des gemeinsamen Marktes am wenigsten stören und dem Erfordernis Rechnung tragen, die Einführung des gemeinsamen Zolltarifs nach Möglichkeit zu beschleunigen"[25].

Gestützt auf diese Bestimmungen ist es gerade zwischen Frankreich und der Bundesrepublik Deutschland in den letzten Jahren doch zu mengenmäßigen Beschränkungen des Warenverkehrs und zum Ausschluß ganzer Warengruppen aus der Gemeinschaftsbehandlung gekommen.

Die Gespräche mit den Institutionen haben ergeben, daß von diesen mengenmäßigen Beschränkungen wesentlich stärkere Behinderungen des Warenaustausches ausgehen als von den finanziellen Be- und Entlastungen.

---

[23]) SCHWEITZER, M.; HUMMER, W.: Europa-Recht. Frankfurt/M. 1980, S. 190 ff.
[24]) GROEBEN, H. V. D.; BOECKH, H. V.; THIESING, J.: Kommentar zum EWG-Vertrag. 2. Aufl., Baden-Baden 1974, S. 287.
[25]) Ebenda, S. 1458.

3.2.2 Kontrollen von Waren

Beim Grenzübergang von Waren sind innerhalb der EG immer noch Kontrollen erforderlich. Sie stellen unausweichlich eine Behinderung des Warenaustausches dar und wirken sich besonders in Grenzregionen aus. Die Behinderungen bestehen einmal im Beschaffen, Ausfüllen und Präsentieren der erforderlichen Grenzdokumente, zum zweiten im Grenzaufenthalt und zum dritten in Art und Umfang der vom Zoll vorgenommenen Kontrollen.

Dabei gibt es unterschiedliche Regelungen für den endgültigen Ex- bzw. Import von Waren einerseits und für die vorübergehende Ausfuhr von Berufsausrüstung andererseits, die im Grenzraum von einiger Bedeutung ist. Art und Organisation der Zollkontrollen sind ein Problemkomplex, der sich teils auf die beiden vorgenannten Fälle bezieht, teils gesonderte Fragen beinhaltet. Dieser Komplex wird daher in einem eigenen Abschnitt behandelt.

3.2.2.1 Export und Import von Waren

Normalerweise muß bei der Ausfuhr von Waren aus den deutschen Tarifgebieten des Saar-Lor-Lux-Raumes nach Luxemburg und Lothringen eine Ausfuhranmeldung ausgefüllt werden, die Waren sind beim Grenzzollamt vorzuführen und dürfen nach der Zollkontrolle über die Grenze gebracht werden. Bei Ausfuhren im Wert unter 2000 DM genügt eine vereinfachte Kleinausfuhranmeldung. Beim Ausfüllen der Formulare bestehen dabei offensichtlich keine Probleme, die Formulare sind mehrsprachig und eindeutig. Lediglich über die komplizierte Klassifikation der Waren beim Export nach Frankreich und die Verpflichtung zur Einschaltung eines französischen Zollkommissionärs wird geklagt. Offensichtlich sind die Betriebe, soweit sie exportieren, mit diesen Formularen so vertraut, daß sie darin keine besondere Behinderung des Geschäftsganges durch die Grenze sehen.

Da sich bei der normalen Abfertigung am Grenzzollamt oft Wartezeiten und Terminprobleme ergeben, hat die EG das „gemeinschaftliche Versandverfahren" eingeführt, das auch einhellig begrüßt wird, da in diesem Fall die Abfertigung bei den Binnenzollämtern erfolgt. An der Grenze wird in diesem Fall nicht mehr kontrolliert und der Grenzübergang somit erheblich erleichtert und verkürzt.

Allerdings hat die Befragung ergeben, daß im Grenzraum die Vorteile dieses Verfahrens um so weniger zum Tragen kommen, je näher ein Betrieb an der Grenze liegt und/oder je grenznäher der Bestimmungsort der exportierten Waren in Luxemburg oder Lothringen ist. In solchen Fällen müßten entweder zeit- und kostenintensive Umwege ins Landesinnere zum Binnenzollamt in Kauf genommen werden oder die Abfertigung muß doch im Normalverfahren an der Grenze erfolgen.

Vorschläge zur Beseitigung oder Minderung dieser Behinderung im grenznahen Verkehr können nach Meinung der Befragten nicht beim gemeinschaftlichen Versandverfahren ansetzen, sondern direkt bei den Grenzzollämtern.

3.2.2.2 Vorübergehende Ausfuhr von Berufsausrüstung

Für den Grenzraum sind die Regelungen in bezug auf die vorübergehende Ausfuhr von Berufsausrüstung von besonderer Bedeutung, einmal da vor allem Handwerksbetriebe in den luxemburgischen und lothringischen Nachbarregionen tätig werden, zum anderen weil grenznahe Verkaufs- und Exportmöglichkeiten oft entscheidend vom Angebot eines schnellen und guten Kundendienstes abhängen.

Soweit die Betriebe keine Filialen, Lager oder Partnerunternehmen in Lothringen und Luxemburg haben, hilft ihnen hier die Möglichkeit der vorübergehenden Ausfuhr von Berufsausrüstung. Dazu muß ein sogenanntes Carnet A. T. A. verwendet werden. Über die Kosten, die zeitraubende und damit wieder kostenträchtige Beantragung und über die Handhabung des Carnets an der Grenze wurde von vielen Betrieben Klage geführt. Inzwischen haben sich die Kommission der EG und das Europäische Parlament mit diesem Problem befaßt, und es liegt der Entwurf einer Verordnung der EG-Kommission vor, der für den innergemeinschaftlichen Verkehr Erweiterungen und Erleichterungen durch ein innergemeinschaftliches Carnet A.T.A. bringen soll[26].

Die bisherige Regelung ist für die Betriebe mit großen Belastungen verbunden. Einmal macht das Auflisten aller mitgeführten Arbeitsgeräte erhebliche Probleme, zum anderen stellt sich immer wieder die Frage der Behandlung von Verlusten von Arbeitsgeräten und auch verwendeten Ersatz- und Kleinteilen bei der Überprüfung an der Grenze; schließlich ist das Carnet nur ein Jahr gültig und muß nach fünf Grenzübertritten erneut beantragt werden, was neue Fahrten zur Industrie- und Handelskammer und zum Binnenzollamt erforderlich macht. Es liegt daher nahe, daß die Betriebe versucht sein könnten, das ganze umständliche Verfahren zu umgehen und ohne Carnet zu ihren luxemburgischen und lothringischen Arbeitsorten zu fahren. Abgesehen von den Problemen, die dadurch für die Zolldienststellen entstehen, ist das aber sicher keine Lösung, da sich die Betriebe so in den illegalen Status von Schmugglern manövrieren würden.

Obwohl offensichtlich in komplizierten Einzelfällen konstruktive Lösungen in Kooperation zwischen den Zolldienststellen und den Betrieben gesucht und gefunden werden, sind Erleichterungen für den Grenzraum in diesem Bereich dringend erforderlich und würden sicher zur Intensivierung des grenzüberschreitenden Leistungs- und Warenaustausches beitragen. Die Vorschläge reichen von der Erhöhung der Zahl der möglichen Grenzübergänge auf 20 bis 100, über die Forderung, daß die Ausstellung und Kontrolle des Carnet A.T.A. nur von einer Stelle vorgenommen werden sollte, bis zur Forderung nach einem völlig freien Grenzübergang für Berufsausrüstung innerhalb einer festgelegten Grenzzone.

3.2.2.3 Art und Organisation der Grenzkontrollen

Da Waren und Berufsausrüstung im Saar-Lor-Lux-Raum bei Export oder Import im Gegensatz zu einer nationalen Binnenregion nicht einfach vom Versand- zum Bestimmungsort transportiert werden können, sondern die begrenzte Zahl von Grenzübergängen passieren, dort deklariert, präsentiert und kontrolliert werden müssen, ergeben sich für den innerregionalen Warenaustausch eine Vielzahl von kleineren Belastungen und Behinderungen durch Formulare, Grenzaufenthalte und die eigentliche Kontrolle bis hin zur teilweisen oder völligen Zurückweisung von Waren an der Grenze. Hier wurden von den Betrieben die meisten Klagen geäußert. Es handelt sich also offensichtlich um ein Problem des Grenzraumes, dessen man sich annehmen muß.

Da sind einmal die Abfertigungsmöglichkeiten zu nennen. Die Güterabfertigung erfolgt nur zu bestimmten Dienstzeiten der Zollämter. Außerdem ist nicht immer eine ausreichende Zahl von Fahrspuren für Lkw vorhanden, so daß bei Staus in der Grenzabfertigung zusätzliche Wartezeiten entstehen. Teilweise fehlt es auch an Personal. Da das gemeinschaftliche Versandverfahren oft keine Erleichterung gegenüber dem normalen Grenzübergang bringt, erfolgt die Abfertigung überwiegend am Grenzzollamt. Besondere Probleme tauchen immer wieder bei bestimmten Gütern auf, die nur von fachlich geschultem Zollpersonal kontrolliert werden können, das jedoch nicht an allen Grenzübergängen verfügbar ist, so daß zeit- und kostenträchtige Umwege in Kauf genommen werden müssen. Schwierigkeiten ergeben sich auch aus den nach Artikel 36 und Artikel 115 EWGV zugelassenen Verboten und Beschränkungen, die von Zeit zu Zeit bei bestimmten Warengruppen zu großen Unsicherheiten bezüglich der Zollbehandlung, vor allem durch den französischen Zoll, führen.

---

[26]) Vgl. Entwurf der EG-Kommission, Amtsblatt der EG, Reihe C, Nr. 227, vom 8.9.1981. Obwohl die Kommission ein Inkrafttreten dieser Erleichterungen für den Sommer 1982 vorgesehen hatte, ist dieser Entwurf allerdings bis zum August 1982 noch nicht einmal vom Ministerrat beraten worden!

Dabei ergab die Untersuchung erstaunlicherweise, daß sich die Kritik am Verhalten des Zollpersonals, die naturgemäß auch geäußert wurde, in erster Linie auf den deutschen Zoll, dann erst auf den französischen und kaum auf den luxemburgischen Zoll bezog. Bei den deutschen Zollstellen wird eher die peinlich genaue Beachtung der Vorschriften bemängelt, während beim Grenzübertritt nach Lothringen der Wechsel zwischen den Perioden relativ lockerer und dann wieder sehr intensiver und auch als kleinlich empfundener Kontrolle ins Gewicht fällt.

Der obligatorische Zwang zur Einschaltung eines Zollkommissionärs bei Exporten nach Frankreich wird häufig kritisiert, weil er für die exportierenden Betriebe mit Kosten verbunden ist und vom deutschen Speditionsgewerbe als klarer Verstoß gegen die in der EG garantierte Niederlassungsfreiheit empfunden wird[27]. Ebenso wird moniert, daß der französische Zoll im Gegensatz zum deutschen keine Hilfestellung bei der Klassifikation der Waren gibt und nur Französisch als Amtssprache zuläßt.

Zudem wird berichtet, daß der französische Zollbeamte allgemein, insbesondere aber in bezug auf Zollvergehen große Ermessensspielräume habe, die sehr unterschiedlich genutzt werden. Auch in der Regelung, daß die französischen Beamten über eine Solidaritätskasse mit 1 % an den Zollstrafen beteiligt sein sollen, wird ein Grund für die zeitweise strengen Kontrollen an der lothringischen Grenze gesehen. Es wird auch über Zurückweisungen aufgrund von jeweils neuen französischen Normen und technischen Vorschriften berichtet sowie über das Verlangen, an sich nicht gestattete Ursprungszeugnisse beizubringen. Auch die Güterverkehrsgenehmigungen im Güterfernverkehr werden in Lothringen stichprobenartig kontrolliert, während in Luxemburg eine solche Kontrolle offensichtlich nicht erfolgt.

All dies fügt sich zu einem Bild von kleinen Nadelstichen und in der Grundtendenz bestehenden Unsicherheiten an den Grenzen, die auf die Unterschiede des Zollrechtes und der Zollverwaltung vor allem zwischen der Bundesrepublik Deutschland und Frankreich zurückgehen, zusammengenommen aber doch ins Gewicht fallende Behinderungen des innerregionalen Warenverkehrs bedeuten. Demgegenüber tritt der Stellenwert finanzieller Be- und Entlastungen an der Grenze und der auszufüllenden Formulare eher in den Hintergrund.

Naturgemäß wird hier auch eine Vielzahl von Vorschlägen geäußert. Sie reichen von der Verlängerung der Öffnungszeiten der Zollämter (jetzt von 8–12 Uhr und von 14–18 Uhr) über die Einrichtung einer eigenen Abfertigungsspur für den grenznahen Warenverkehr, eventuell kombiniert mit speziellen vereinfachten Zollanmeldungen für den Grenzraum und der Möglichkeit der Beantragung, Ausfüllung und Kontrolle eines vereinfachten Carnet A.T.A. an diesen speziellen Abfertigungsspuren bis zur besseren Zusammenarbeit der Zollstellen beiderseits der Grenze, der Vereinheitlichung der Zollverwaltung, der Abschaffung des Monopols des französischen Zollkommissionärs und schließlich zur Vereinheitlichung des Zollrechtes und der Zollverwaltung im Saar-Lor-Lux-Raum.

Solange so weitreichende Harmonisierungen nicht erreicht sind, könnten die in Saarbrücken und neuerdings auch in Trier unter Initiative und Leitung der Industrie- und Handelskammern abgehaltenen Zollkonferenzen ein nachahmenswertes Beispiel für die gesamte Region sein. Bei diesen Konferenzen werden Vertreter der Kammern und Institutionen mit Mitarbeitern von Betrieben zur Besprechung eines konkreten Problems im Bereich der Zollkontrollen zusammengerufen, um möglichst in gemeinsamer Anstrengung aller Beteiligten eine schnelle und unbürokratische Lösung zu finden.

Auf bestimmten Gebieten ist durch solche innerregionalen Initiativen sicher am schnellsten Abhilfe zu schaffen, zum anderen könnten solche Initiativen aber auch zu einer einheitlichen Position aller Verantwortlichen im Saar-Lor-Lux-Raum in solchen Fällen beitragen, in denen die Lösung nur national, durch bilaterale Abkommen oder auf EG-Ebene erfolgen kann.

---

[27] Vgl. MATTHIES, J.: Der französische Zollkommissionär und seine Stellung in der Europäischen Wirtschaftsgemeinschaft. Dissertation, Köln 1978.

3.2.3 Kontrolle von Personen

Die im EWG-Vertrag garantierten Freiheiten scheinen auf diesem Gebiet am weitestgehenden realisiert. Keiner der Gesprächspartner hat in diesem Bereich über Probleme berichtet. Die Abfertigung der grenzüberschreitenden Arbeitspendler erfolgt problemlos, gleichgültig, ob sie individuell die Grenze passieren oder in Werkbussen transportiert werden.

3.2.4 Kontrolle von Zahlungsmitteln

Grundsätzlich bestehen keine Beschränkungen im Hinblick auf die Konvertibilität der Währungen und den Transfer von Devisen in der EG. Von einigen Institutionen wird jedoch über Vorschriften in Frankreich berichtet, die dem entgegenstehen.

So sind die zulässigen Anzahlungen französischer Importeure in Devisen bei Konsumgütern auf 10 %, bei Investitionsgütern auf 30 % des Kaufpreises limitiert. Auch bei der Gründung von Unternehmen in Frankreich sind spezielle Devisenvorschriften zu beachten. In letzter Zeit sind auch Beschränkungen in bezug auf das Mitführen von französischen Franc erlassen worden, so müssen Gebietsfremde bei der Einreise mitgeführte Beträge über 5000 FF an der Grenze deklarieren.

In keinem Fall wurde darin bislang eine besondere Behinderung der wirtschaftlichen Betätigung im Grenzraum gesehen.

3.3 Zusammenfassung

Trotz der Einführung der Zollunion in der Europäischen Gemeinschaft seit 1968 bleibt eine Vielzahl von Eigenschaften der Grenze bestehen, die für den freien Austausch in der Gemeinschaft hinderlich sind. Einige von ihnen treffen den Saar-Lor-Lux-Raum in besonderem Maße und behindern die Entwicklung der grenznahen Betriebe. In Übersicht 2 sind die relevanten Eigenschaften der Grenze und die Beurteilung ihrer Auswirkungen auf die grenznahen Betriebe, wie sie durch die Institutionen und Betriebe selbst erfolgte, zusammengestellt. Die negativen Wirkungen der Eigenschaften der *Grenze als Kontrollinie* sind besonders ausgeprägt. Die größten Probleme für die Betriebe ergeben sich aus den Belastungen und Behinderungen des Warenverkehrs und den eigentlichen Kontrollen der Waren an der Grenze. Die Untersuchung hat ergeben, daß in diesen Bereichen durch regionale Initiativen am ehesten Abhilfe geschaffen werden kann.

Soweit es sich um die Eigenschaften der *Grenze als Trennlinie* handelt, ist das Bild nicht so einheitlich und bedarf detaillierterer Betrachtung. Die entscheidenden Probleme resultieren aus der Eigenschaft der Grenze als Trennlinie im Bereich der Sprache, der Mentalität, der Verbrauchsgewohnheiten und sozialen Normen, des Verkehrs- und Transportsystems und des Bildungs- und Ausbildungssystems. Auf regionaler Ebene können Lösungen in diesen Bereichen oft nur für Randprobleme gefunden werden, hier sind die nationalen Politiken für die jeweiligen Teilräume entscheidend, oder es sind bilaterale bzw. sogar multilaterale Anstrengungen erforderlich, die von einer Grenzregion allein kaum angestoßen, geschweige denn maßgeblich beeinflußt werden können.

Im Hinblick auf die vorab formulierten Hypothesen[28]) über die Wirkungen der nationalen Grenze auf Betriebe in peripheren Regionen lassen sich unterschiedliche Ergebnisse ableiten. Die Erhebung bestätigt, daß im Saar-Lor-Lux-Raum die *negativen Wirkungen der Grenzeigenschaften überwiegen*. Nur im Fall der versetzten Konjunkturzyklen und der Arbeitskräfte konnte für einen eng begrenzten Kreis von Betrieben ein Vorteil aus der Grenzlage abgeleitet werden. Alle anderen Beispiele für positive Wirkungen der Grenze sind nur am Rande zu erwähnen, z. B. die

---

[28]) Vgl. dazu Absatz 2.1 und Übersicht 1.

Übersicht 2   *Wirkungen der Eigenschaften der Grenze in der Saar-Lor-Lux-Region*

Eigenschaften der Grenze	Auswirkungen auf Betriebe in der Region
1. Trennlinie zwischen Staaten	
1.1 Sprache	–
1.2 Mentalität, Verbrauchsgewohnheiten, soziale Normen	–
1.3 Verwaltungen, öffentliche Einrichtungen	0
1.4 Steuern und Abgaben	(–)
1.5 Technische Normen und Vorschriften	(–)
1.6 Geld- und Kreditsystem	0
1.7 Verkehrs- und Transportsystem	–
1.8 Bildungs- und Ausbildungssystem	–
1.9 Löhne und Gehälter, Arbeits- und Sozialrecht	0/+
1.10 Preise und Marktregelungen	(–)
1.11 Wirtschafts- und Konjunkturentwicklung	0/+
1.12 Unternehmens- und Niederlassungsrecht	0
2. Kontrollinie beim Überschreiten	
2.1 Belastungen und Behinderungen des Warenverkehrs	
2.1.1 Zölle und Abgaben gleicher Wirkung	(–)
2.1.2 Mengenmäßige Beschränkungen und Maßnahmen gleicher Wirkung	–
2.2 Kontrollen von Waren	
2.2.1 Export und Import von Waren	–
2.2.2 Vorübergehende Ausfuhr von Berufsausrüstung	–
2.2.3 Art und Organisation der Kontrollen	–
2.3 Kontrollen von Personen	0
2.4 Kontrollen von Zahlungsmitteln	0

0   keine Auswirkungen
–   erhebliche negative Auswirkungen
(–) teilweise bzw. eng begrenzte negative Auswirkungen
+   positive Auswirkungen

grauen Importeure, zeitweiliges Profitieren bestimmter Einzelhandelssparten von günstigen Währungsrelationen, die zu verstärkter Nachfrage aus den lothringischen und luxemburgischen Regionsteilen führen, verstärkte Nachfrage deutscher Käufer bei luxemburgischen Tankstellen. Alle diese Beispiele zeichnen sich dadurch aus, daß sie zeitlich begrenzte Marktvorteile in einem der Teilräume zur Grundlage haben. Für die ökonomische Gesamtentwicklung der Region sind sie ohne Bedeutung, und dem Gewinn auf der einen Seite der Grenze stehen meistens entsprechende Verluste auf der anderen Seite gegenüber. Im Hinblick auf die *subjektiven Faktoren*, die die Wahrnehmung der von den Grenzeigenschaften ausgehenden Wirkungen und die Reaktionen darauf beeinflussen, ist das Ergebnis der Erhebung keineswegs von der gewünschten Klarheit. Das liegt einmal an den methodischen Problemen, die mit der Erfassung solcher Tatsachen verbunden sind, das liegt aber auch an der relativ geringen Zahl von Gesprächen, die noch kein einheitliches Bild ergeben. Es zeichnet sich aber doch ab, daß die Grenze und ihre Eigenschaften sowie die davon ausgehenden Wirkungen eher verdrängt werden, von vielen Einwohnern der Grenzregion und Betriebsleitungen nicht mehr bewußt wahrgenommen werden und daß Betriebe zum Teil unbewußt Selbstbeschränkungen auf den deutschen Teil der Grenzregion vornehmen. In bezug auf die Bedeutung der *betrieblichen Funktionen* für die Wirkungen der Grenzeigenschaften ist das Ergebnis eindeutig und entspricht den Erwartungen. Es ist vor allem der *Absatz*, der durch die Wirkungen der Grenzeigenschaften negativ beeinflußt wird. Hinweise auf Behinderungen der Beschaffung gab es weder im Hinblick auf die

Vorleistungen noch im Hinblick auf die Arbeitskräfte. Auch bezüglich der anderen betrieblichen Funktionen wurden von den Betrieben keine spezifischen Grenzbehinderungen gesehen. Hinsichtlich der Bedeutung bestimmter *Betriebsmerkmale* für die Wirkungen der nationalen Grenze auf die Entwicklung der Betriebe ergeben sich unterschiedliche Ergebnisse. Bei aller gebotenen Vorsicht wegen der kleinen Fallzahl kann die Hypothese aufgestellt werden, daß die *Branche* für die Wirkung bestimmter Eigenschaften der Grenzen eine Rolle spielt. So werden das Nahrungs- und Genußmittelgewerbe und das Speditionsgewerbe durch die negativen Wirkungen bestimmter Grenzeigenschaften deutlich stärker getroffen als andere Branchen. Auch die *Betriebsgröße* ist von Bedeutung für die Wirkung der Grenzeigenschaften. Probleme, die sich aus der Trennlinie in bezug auf Sprache, Steuern und Abgaben sowie Unternehmens- und Niederlassungsrecht und aus der Kontrollinie z. B. in bezug auf die notwendigen Formulare ergeben, werden von den größeren Betrieben als weniger hinderlich angesehen als von den kleineren. Im Hinblick auf die anderen Merkmale, für die ein Einfluß der Wirkungen der Grenze auf die Betriebe vermutet worden war, ergeben sich keine klaren Ergebnisse. Aus der Untersuchung ergibt sich jedoch die zusätzliche Vermutung, daß auch die *Entfernung der Betriebe von der Grenze* einen Einfluß auf die von ihr ausgehenden Wirkungen hat.

Insgesamt kann als ein wichtiges Ergebnis der Untersuchung festgestellt werden, daß die nationalen Teilgebiete des Saar-Lor-Lux-Raumes eher eigenständige Wirtschaftsgebiete darstellen als einen großen innerlich verbundenen Wirtschaftsraum. Die von den Eigenschaften der nationalen Grenzen ausgehenden, überwiegend negativen Wirkungen tragen dazu sicherlich in erheblichem Ausmaß bei.

Auf der regionalen Ebene kann zum Abbau der negativen und zur Verstärkung der positiven Wirkungen der Grenze am erfolgversprechendsten bei den Eigenschaften der Grenze als Kontrollinie angesetzt werden. Hier sind eine ganze Reihe von Initiativen denkbar.

So könnten die Zollbeamten an den Grenzübergängen angewiesen werden, die bestehenden Ermessensspielräume voll in Richtung auf Erleichterungen des Waren- und Dienstleistungsverkehrs auszuschöpfen. Es gibt sicher auch noch verbesserte Kooperationsmöglichkeiten der Zolldienststellen und vor allem der Kammern und Behörden im Grenzraum.

Besondere Schwerpunkte könnten dabei Fragen der Abschaffung oder wesentlichen Vereinfachung des Carnet A.T.A. für den vorübergehenden Export von Berufsausrüstungen im Grenzraum und andere mit dem Export von Dienstleistungen verbundene Probleme sein. Ein anderer Schwerpunkt könnte die Verbesserung der Information über wirtschaftliche Zusammenarbeitsmöglichkeiten und Absatzmöglichkeiten im Grenzraum sein, wodurch dann auch mittelfristig ein Beitrag zum Abbau der Sprachbarriere geleistet werden könnte und Schritte zu einem stärker verflochtenen einheitlichen Wirtschaftsraum Saar-Lor-Lux möglich werden könnten.

4. Ergänzende Aspekte

Die im vorigen Abschnitt dargestellten Ergebnisse lassen sich durch zwei Untersuchungen ergänzen, die von anderen Institutionen durchgeführt wurden und Teilaspekte der Grenzwirkungen behandeln.

In einer Erhebung der Handwerkskammer Trier wurden 1981 Fragen zu den rechtlich-organisatorischen Beziehungen, den Wirtschaftsverflechtungen und der zwischenbetrieblichen Zusammenarbeit an die Handwerksbetriebe des Regierungsbezirks Trier gestellt. Dabei wurde jeweils unterschieden nach den Verbindungen innerhalb der Region Trier, mit der restlichen Bundesrepublik Deutschland und dem Ausland. Der Rücklauf der Befragung war erfreulich gut, so daß die Ergebnisse die Situation des Handwerks in diesem Teilgebiet des Saar-Lor-Lux-Raumes korrekt wiedergeben dürften.

Als Indikator für die rechtlich-organisatorischen Beziehungen wurden die Zweigstellen erfaßt. Danach waren unter den antwortenden Betrieben 2653 Einbetriebsunternehmen, während sich 228 Betriebe als Zweigniederlassungen bezeichneten und 176 angaben, daß sie außer ihrem Betrieb noch einen oder mehrere Zweigbetriebe haben. Die Untersuchung bestätigt damit die Feststellung der amtlichen Handwerkszählung von 1977, daß Mehrbetriebsunternehmen im Handwerk immer noch relativ selten sind. Von den 176 Handwerksunternehmen mit Zweigstellen haben 142 jeweils eine Zweigstelle, während die restlichen über zwei oder mehr Zweigstellen verfügen. Betrachtet man die regionale Verteilung der Zweigstellen, so überwiegt eindeutig die regionale Orientierung auf den Regierungsbezirk Trier. Von den insgesamt 226 Zweigstellen liegen 193 (85,4 %) im Regierungsbezirk Trier, während 27 (11,9 %) in der restlichen Bundesrepublik und 6 (2,7 %) in Luxemburg liegen. Zweigstellen im sonstigen Ausland werden nicht angegeben. Betrachtet man die Postleitzahlen der Zweigstellen in der übrigen Bundesrepublik genauer, so stellt man fest, daß der größte Teil in den an den Regierungsbezirk Trier angrenzenden Landesteilen von Nordrhein-Westfalen und Rheinland-Pfalz sowie dem Saarland liegt. Von den 228 Zweigniederlassungen geben 64 an, daß ihr Hauptbetrieb außerhalb der Region in der übrigen Bundesrepublik Deutschland liegt, bei zwei Betrieben liegt der Hauptsitz in Frankreich und bei einem in Luxemburg. Der überwiegende Teil der erfaßten Zweigbetriebe gehört also zu Unternehmen, die ihren Hauptsitz in der Region Trier haben. Auch hier zeigt sich eine starke regionale Orientierung, da der größte Teil der Hauptsitze außerhalb der Region Trier ebenfalls in den angrenzenden Räumen der Länder Nordrhein-Westfalen, Rheinland-Pfalz und im Saarland liegt.

Angesichts der relativ geringen Zahl von Zweigstellen und der geringen räumlichen Ausdehnung der rechtlich-organisatorischen Verflechtungen lassen sich keine direkten Aussagen über den Einfluß der nationalen Grenzen machen. Es fällt aber doch auf, daß Zweigstellengründungen über die nationalen Grenzen hinweg im Handwerk der Region die große Ausnahme darstellen.

Um ein Bild von den Wirtschaftsverflechtungen zu erhalten, wurden die Handwerksbetriebe nach dem Anteil ihres Auslandsabsatzes befragt, wobei unterstellt wurde, daß der überwiegende Teil dieses Auslandsabsatzes wegen der im Handwerk in den meisten Fällen begrenzten Absatzradien im Saar-Lor-Lux-Raum erfolgt. Von den 3117 erfaßten Betrieben berichteten 271 (8,7 %), daß sie einen Teil ihres Umsatzes im Ausland tätigen. Dabei fällt ins Gewicht, daß 174 Betriebe den Anteil dieses Auslandsgeschäftes unter 10 % des Gesamtumsatzes schätzen, während die restlichen 91 Betriebe einen Auslandsumsatzanteil von über 10 % angaben. Nur insgesamt 19 Betriebe geben den Anteil ihres Auslandsumsatzes mit über 50 % an. Ohne Vergleichsdaten für andere Regionen kann aus diesen Ergebnissen keine Schlußfolgerung über positive oder negative Einflüsse der nationalen Grenzlage gezogen werden. Dennoch zeigen die Ergebnisse, daß weniger als 10 % der Handwerksbetriebe den Sprung über die Grenze wagen und daß bei den meisten dieser Betriebe wiederum der Anteil des Auslandsumsatzes unter 10 % liegt. Eine Aufgliederung nach Betriebsgrößen und Branchen zeigt, daß es vor allem die Betriebe mittlerer Größe und bestimmter Branchen (Metallgewerbe, Holzgewerbe, Glas, Papier, Keramik) sind, die grenzüberschreitende Absatzbeziehungen aufweisen. In diesem Rahmen könnte systematisch nach Hindernissen gesucht werden, die sich für eigentlich geeignete Exportbetriebe durch die Grenze ergeben, zum anderen könnten die Probleme untersucht werden, die sich der Ausweitung des Auslandsumsatzes bereits exportierender Betriebe entgegenstellen und die auf die Grenze zurückzuführen sind.

Als letztes wurden die Betriebe nach ihrer Zusammenarbeit mit anderen Betrieben gefragt. Dabei fällt auf, daß nur ganz wenige Betriebe grenzüberschreitend mit anderen Betrieben im Saar-Lor-Lux-Raum zusammenarbeiten. Das rechtfertigt die Vermutung, daß vor allen Dingen die Eigenschaften der nationalen Grenze als Trennlinie die grenzüberschreitende zwischenbetriebliche Kooperation negativ beeinflussen.

Zusammenfassend kann man feststellen, daß die Untersuchung der Handwerkskammer ergeben hat, daß eine deutliche regionale Orientierung des Handwerks im Regierungsbezirk Trier vorliegt. Dies ist zugleich eine nationale Orientierung, auf einen negativen Einfluß der nationalen Grenze kann daraus jedoch nur mit Vorbehalten geschlossen werden. Immerhin unterstreicht das Ergebnis, daß die über die Region hinausgehenden Verflechtungen von relativ geringer Bedeutung sind, und die Ergebnisse unserer eigenen Betriebsbefragung deuten darauf hin, daß negative Einflüsse der Grenze eine der Ursachen der „regionalen Selbstbeschränkung" von Betrieben in Grenzregionen darstellen.

Nach Vorliegen der Erhebungsergebnisse für den Saar-Lor-Lux-Raum wurde in der Ems-Dollart-Region eine kleinere Erhebung auf der Basis des hier entwickelten Ansatzes durchgeführt[29]. Sie stützt sich vor allem auf Expertengespräche und konzentriert sich auf die Probleme im Transportgewerbe, die Gespräche wurden ausschließlich auf holländischer Seite geführt. Diese Untersuchung kann erste Anhaltspunkte darüber geben, welche Ergebnisse der Erhebungen verallgemeinerbar und welche stärker regionstypisch sind.

Mit einer Ausnahme stimmen die Beurteilungen der Wirkungen der Grenzeigenschaften in beiden Regionen überein. Diese Ausnahme ist allerdings gravierend. Während im Saar-Lor-Lux-Raum die Sprachprobleme ein erhebliches Hindernis für die grenzüberschreitenden Wirtschaftsverbindungen darstellen, werden in der Ems-Dollart-Region von holländischer Seite in diesem Bereich keine Probleme gesehen. Besonders belastende Grenzwirkungen werden von holländischer Seite in der Ems-Dollart-Region im Bereich der technischen Normen und Vorschriften und der Belastungen und Behinderungen des Warenverkehrs gesehen.

5. Allgemeine Ergebnisse für Grenzräume in der Europäischen Gemeinschaft

Abschließend sollen die Punkte aufgelistet werden, die über den Saar-Lor-Lux-Raum hinaus für alle Grenzregionen innerhalb der EG Geltung haben könnten:

– Regionen, die an den inneren Grenzen der Europäischen Gemeinschaft liegen, sind tendenziell doppelt in ihrer wirtschaftlichen Entwicklung behindert: Neben den Nachteilen der peripheren Lage in dem jeweiligen Nationalstaat wirken sich die Eigenschaften der Grenze trotz der erreichten Fortschritte der Europäischen Wirtschaftsgemeinschaft überwiegend negativ aus. Dieses Ergebnis steht im Gegensatz zu der von HANSEN aus einer Untersuchung des Elsaß abgeleiteten These, daß eine stabile Grenze zusammen mit relativ unbehinderter Kapital- und Arbeitsmobilität insgesamt mehr Vorteile als Nachteile für eine Grenzregion mit sich bringt[30].

– Die Unterscheidung der Eigenschaften der Grenze in solche, die von der Trennlinie, und solche, die von der Kontrolllinie ausgehen, dürfte für alle Grenzregionen fruchtbar sein. Der Vergleich der Untersuchungen für den Saar-Lor-Lux-Raum und die Ems-Dollart-Region hat zwar gezeigt, daß sich unterschiedliche Gewichtungen einzelner Eigenschaften der Grenze in verschiedenen Grenzräumen ergeben können, die Bildung der beiden großen Gruppen von Eigenschaften macht jedoch unabhängig davon grundsätzliche Unterschiede in der Wirkungsweise der beiden Gruppen von Grenzeigenschaften deutlich und verweist auf unterschiedliche Ansatzpunkte zur Milderung oder Beseitigung auftretender negativer Wirkungen.

---

[29] KNEGT, J.; SETZ, J.: Eigenschappen en Problemen ..., a. a. O.
[30] HANSEN, N.: Border Regions ..., a. a. O., S. 12.

- Kleine und ein Teil der mittleren Betriebe werden von den negativen Wirkungen der Grenze stärker betroffen als Großbetriebe. Dies ist deshalb besonders gravierend, weil in den Grenzregionen die Gruppe der Klein- und Mittelbetriebe von erheblicher Bedeutung für die wirtschaftliche Entwicklung ist.

- Positive Wirkungen auf einer Seite der Grenze, zum Beispiel infolge der Verbesserung des Arbeitskräfteangebotes durch Grenzpendler, des Ausnutzens unterschiedlicher Wirtschaftsentwicklungen oder von Preisdifferenzen in den nationalen Teilräumen, bringen nur einseitige Vorteile, nicht jedoch Vorteile für die Grenzregion insgesamt. Häufig steht in diesen Fällen dem Vorteil auf der einen Seite der Grenze ein entsprechender Verlust auf der anderen Seite gegenüber. Entwicklungsprozesse in den Grenzregionen können dagegen am ehesten eingeleitet oder beschleunigt werden, wenn es neben der sicher notwendigen Konkurrenz der Betriebe untereinander auch zu verbesserter und fortschreitender innerregionaler Kooperation kommt. Einer solchen Kooperation stehen jedoch in den Grenzregionen der EG immer noch Probleme entgegen, die aus den Eigenschaften der Grenze als Trennlinie, vor allem aber als Kontrollinie herrühren.

- Die Grenzregionen können durch verbesserte Information und Kooperation zwischen den Behörden, Kammern und Verbänden selbst viel dazu beitragen, daß die negativen Wirkungen, die von den Formalitäten und Kontrollen an der Grenze herrühren, gemildert oder beseitigt werden. Die bestehenden grenzüberschreitenden Gremien werden hier überwiegend noch nicht hinreichend genutzt.

- Durch gegenseitigen Gedankenaustausch der Grenzregionen untereinander könnten darüber hinaus auch beispielhafte Lösungen ausgetauscht und nachgeahmt werden. Zudem würde ein verbesserter Informationsaustausch und eine Kooperation zwischen den Grenzregionen die Möglichkeit bieten, mit verstärktem Nachdruck den Abbau solcher Behinderungen zu fordern und durchzusetzen, die alle Grenzregionen in der EG betreffen, aber nur auf EG-Ebene beseitigt werden können.

Als vordringlich für ein solches gemeinsames Vorgehen der Grenzregionen bietet sich die Suche nach Lösungen für zwei Problemkomplexe an:

- Die internationalen Bestimmungen für die vorübergehende Ausfuhr von Berufsausrüstung und das dazu verwendete Carnet A.T.A. sind für die Grenzregionen völlig ungeeignet. Sie müßten daher versuchen, daß bei der jetzt anstehenden Neuregelung durch die Europäische Kommission und den Ministerrat die Belange der Grenzregionen berücksichtigt werden.

- Das gemeinschaftliche Versandverfahren bringt für den Export und Import im Grenzraum kaum Erleichterungen. Die Grenzregionen sollten daher gemeinsam nach Lösungen suchen, die den Warenaustausch im wohl definierten Grenzraum analog dem großräumigen gemeinschaftlichen Versandverfahren erleichtern.

Forschungs- und Sitzungsberichte
der Akademie für Raumforschung und Landesplanung

Band 148

Beiträge zur Raumplanung
in Hessen/Rheinland-Pfalz/Saarland
4. Teil

Inhalt

Hartwig Spitzer, *Gießen*	Vorwort	VII
Günter Endruweit, *Stuttgart*	Untersuchungen zur saarländischen Kommunalreform	1
Günter Strassert, *Karlsruhe*	Zur Problematik der raumordnungspolitischen Steuerung von Einkaufszentren und Verbrauchermärkten	19
Günter Preuß, *Landau*	Ergebnisse der neuen Naturschutzgesetzgebung in den Ländern Hessen, Rheinland-Pfalz und Saarland	29
Hans Joachim Steinmetz, *Wiesbaden*	Zur Zukunft des ländlichen Raumes	51
Ingomar Bog, *Marburg*	„Wie sicher lebt der Mensch" oder „Sicherheit im Raum" – Historische Evidenz für konstante Probleme	61

Der Band umfaßt 99 Seiten; Format DIN B 5; 1983; Preis: 25,– DM
Best.-Nr. 751

Auslieferung
CURT R. VINCENTZ VERLAG · HANNOVER

Sonderveröffentlichungen
der Akademie für Raumforschung und Landesplanung

Daten zur Raumplanung
Zahlen – Richtwerte – Übersichten

Loseblattsammlung
3 Grundwerke mit Ergänzungslieferungen
2., völlig neu bearbeitete und wesentlich erweiterte Auflage

Teil A
Allgemeine Grundlagen und Gegebenheiten

1981. 550 Seiten mit zahlreichen Abbildungen und farbigen Karten. Kunststoffordner, Best.-Nr. 475, 156,– DM

Inhaltsübersicht

I. Begriffe der Raumplanung
II. Organisation der Raumplanung
III. Institutionen der Raumforschung mit öffentlich-rechtlichem Charakter
IV. Raumgliederungen
V. Wissenschaftliche Grundlagen und Hilfsmittel
VI. Natürliche Grundlagen
VIII. Grunddaten

Teil B
Zusammenfassende überfachliche raumbedeutsame Planung

1983. Ca. 650 Seiten mit vielen Abbildungen und über 70 farbigen Karten. Kunststoffordner, Best.-Nr. 901, 129,– DM

Inhaltsübersicht

I. Planungen und Maßnahmen internationaler Organisationen
II. Pläne und Programme von Nachbarstaaten
III. Ziele und Inhalte von Plänen und Programmen der Deutschen Demokratischen Republik
IV. Ziele und Inhalte von Plänen und Programmen der Bundesrepublik Deutschland
V. Ziele und Inhalte von Plänen und Programmen der Bundesländer
VI. Grundlagen und Inhalte ausgewählter Regionalplanungen
VII. Typische Inhalte der Kreisentwicklungsplanung und Kreisentwicklungsprogramme
VIII. Typische Inhalte gemeindlicher Planung
IX. Grenzüberschreitende Raumplanung
X. Finanzaufkommen und Einsatz raumwirksamer Finanzmittel

Grundriß der Stadtplanung

Handbuch. Systematische und komprimierte Darstellung des gesamten Gebietes
der Stadtplanung und des Städtebaues.

1983. Ca. 530 Seiten mit zahlreichen Abbildungen. Best.-Nr. 903, 88,– DM

Inhaltsübersicht

1. Wesen und Entwicklung der Stadtplanung
2. Aspekte der Stadt
3. Komponenten des Stadtgefüges
4. Wissenschaftliche Methoden zur Analyse und Beeinflussung der Stadtentwicklung
5. Der rechtliche und institutionelle Rahmen der Stadtplanung
6. Zur Arbeitsweise der Stadtplanung
7. Ansätze städtischer Entwicklungspolitik
8. Wichtige Einzelprobleme der Stadtplanung

Auslieferung
CURT R. VINCENTZ VERLAG · HANNOVER